遗失在西方的中国史

中国祠堂

[德]恩斯特·伯施曼 著
赵省伟 编　贾金明 译

中国建筑摄影鼻祖伯施曼作品集

重庆出版集团　重庆出版社

出版说明

20世纪初，德国建筑学家恩斯特·伯施曼（Ernst Boerschmann）来到中国，对中国各地的建筑进行了细致全面的考察，拍摄了数千张照片，包括皇家建筑、宗教建筑和民居等。1914年伯施曼出版的《中国祠堂》一书不仅是西方最早系统研究中国祠堂建筑的著作，也是研究中国祠堂建筑的珍贵史料。

一、全书共分七章，约14万字、250余幅图片。

二、编排时尽量保持书籍原貌，章节顺序依照原书，未作改动。为了使行文整齐，便于阅读，我们对原书中的图片做了统一编排。

三、由于年代已久，部分照片褪色，导致颜色深浅不一，为了更好地呈现照片内容，保证印刷整齐精美，我们对图片色调做了统一处理。

四、由于能力有限，书中个别人名、地名无法查出，此种情况皆采用音译并注明原文。

五、由于原作者所处立场、思考方式与观察角度不同，书中有些观点和我们的认识有一定出入，为保留原文风貌，我们均未作删改，但这不代表我们赞同作者的观点，相信读者能够自行鉴别。

六、作者原文中有一些历史知识的错误，比如说魏徵是凌烟阁二十四功臣之首，二王庙是纪念李冰之子二郎的祠堂（二郎庙），编者在相应位置添加脚注，进行说明和更正；朝代终始、帝王在位的年份等错误，编者按照现在通行的说法，直接予以改正，未作单独说明。

七、由于时间仓促，加之编者能力有限，书中仍不免会有疏漏、错讹，恳请广大读者批评指正。

最后，感谢赵娟老师授权使用由她翻译的《中国建筑艺术研究之先驱——伯施曼》一文，并对本书的编辑提出很多宝贵意见。

编　者

目录

001 中国建筑艺术研究之先驱——伯施曼
008 前言

第一章 上古时期的祠堂

002 1. 综述
003 2. 上古时期
005 3. 山西省蒙城黄帝祠
008 4. 山西省平阳府尧王庙
021 5. 山西省介休县周代介之推庙

第二章 三国人物祠堂

030 1. 汉代历史与著名人物简介
031 2. 历史事件
035 3. 陕西至四川官道两侧山中的三国英雄祠堂
044 4. 四川省绵州罗江县白马关庞统祠
050 5. 武侯祠，四川省成都府诸葛亮丞相祠堂
057 6. 四川省邛州大邑县赵子龙将军祠
060 7. 老爷庙，武圣关帝庙
078 8. 张飞祠
083 9. 长江峡谷与激流处的三国英雄遗迹

第三章　中古与近代的祠堂

- 088　1. 唐代
- 088　2. 四川汉州高宗寺
- 090　3. 四川广元县武后寺
- 091　4. 四川绵州李杜祠
- 095　5. 四川梓潼县文昌宫
- 097　6. 四川成都杜公祠
- 102　7. 苏东坡祠
- 107　8. 近代
- 108　9. 河南开封府二曾祠
- 109　10. 李鸿章祠
- 111　11. 西安府育婴堂
- 112　12. 社群祠堂

第四章　张良庙

- 124　1. 位置与概况
- 127　2. 张良的历史地位
- 130　3. 历史上的张良
- 133　4. 传说中的张良
- 137　5. 关于张良的文章
- 140　6. 紫柏山与张良祠的周边环境
- 149　7. 七十二洞
- 159　8. 张良庙的历史
- 163　9. 张良庙结构综述
- 168　10. 张良庙中各局部建筑

第五章　二王庙

- 203　1. 时代背景和地理位置
- 204　2. 灌县和成都府平原
- 205　3. 治水成果
- 209　4. 李冰、二郎和他们的祠堂
- 210　5. 李冰的传说与历史故事
- 220　6. 伏龙观
- 224　7. 二王庙
- 252　8. 灌县二王庙的铭文、对联和匾文
- 257　9. 摘自我的日记

第六章　文庙——孔庙

- 266　1. 综述
- 272　2. 曲阜孔庙
- 299　3. 曲阜颜庙
- 305　4. 华中和华北地区的孔庙

第七章　宗祠

- 338　1. 综述
- 339　2. 湖南祠堂
- 344　3. 长沙府左文襄公祠
- 351　4. 长沙府陈家祠堂
- 357　5. 长沙府习家祠堂
- 359　6. 广州陈家祠堂

- 373　**参考文献**
- 375　**附录　主要祠庙平面图**

中国建筑艺术研究之先驱——伯施曼[1]

　　1949年4月30日，伯施曼教授在巴德皮尔蒙特[2]辞世，这是德国中国学研究的一个重大损失。他的名字一直与中国建筑艺术研究联系在一起，他筚路蓝缕，开辟了这一研究领域，并将其提升到重要高度。这位谢世之人的人生道路，与学界条条框框中的那些陈规有着迥然之别，值得人们进一步研究。

　　1873年2月18日，伯施曼出生在昔日东普鲁士的梅美尔[3]，1891年他在家乡高中毕业后，到夏洛腾堡工学院[4]学习建筑工程。通过资格考核之后，从1896年到1901年，他在普鲁士一些政府机构中担任建筑和军事事务官员。在此期间，他还在卡尔斯鲁厄[5]工作过一年。1902年，他作为高级建筑官员，随德国东亚驻军被派往中国，这段经历对伯施曼未来的人生道路有决定性意义。伟大而自成一体的东方文明和东方世界观，正如它们在建筑遗存中所呈现出来的那样，深深地打动了这位年轻建筑师，他是那么着迷，以至于决意把余生投身于中国建筑艺术研究。带着这个决定，他于1904年回到德国。由于一些有识之士的奔走和层层游说，德国国

伯施曼教授

---

[1] 原载于《艺术设计研究》2013年第3期。
[2] Bad Pyrmont，德国西北部城市，属于下萨克森州。
[3] Memel，曾经长期是东普鲁士领地，位于普鲁士与立陶宛的边界。1919年被列为协约国保护地。在《凡尔赛和约》签订之后，梅美尔从德国分离，成为法国占领之下的自治区。1923年在布德瑞斯（Budrys）指挥的立陶宛部队攻击下，法国部队撤离。1930年更名为克莱佩达（Klaipėda）。1939年被合并到德意志第三帝国。1945年1月被苏联红军占领，纳入立陶宛苏维埃社会主义共和国。二战后，该地区的许多居民被遣送到西伯利亚或者驱逐到德国。
[4] Die Technischen Hochschule Berlin-Charlottenburg，即今天的柏林工业大学（Technische Universität Berlin），位于柏林的夏洛腾堡区，该校最早可以追溯到腓特烈二世在1770年10月发起创立的采矿学院。另外两个源头分别是1799年3月创建的建筑学院和1821年的皇家职业学院。1879年三个学院合并成立皇家柏林工业高等学院（Königliche Technische Hochschule zu Berlin），也称为夏洛腾堡工学院。该校是德国始创最早的高等工业学院，1899年开始颁发博士学位。
[5] Karlsruhe，德国西南部城市，属于巴登—符腾堡州。

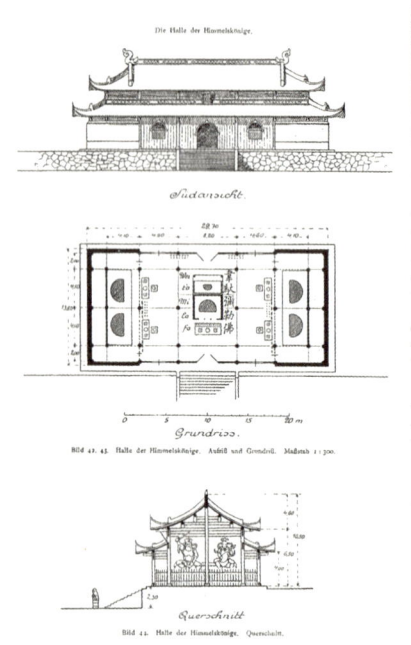

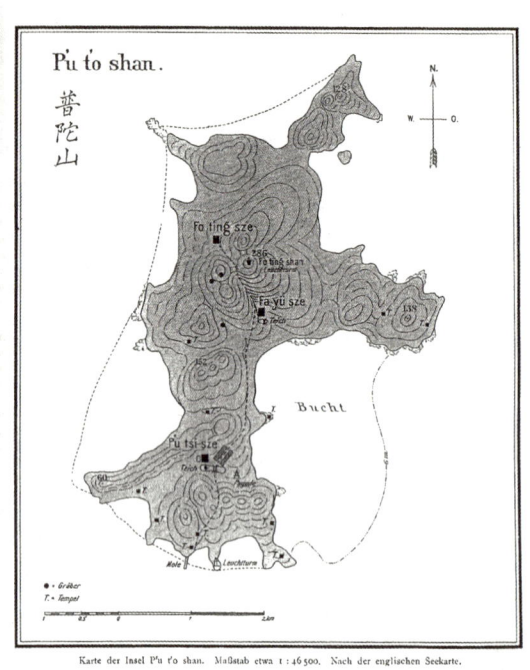

普陀山四大天王殿的建筑测绘图　　　　伯施曼绘制的普陀山地图

会在公决中同意提供必要的经费，支持伯施曼的中国建筑研究。随后，伯施曼以学术顾问的身份被正式派往德国驻北京公使馆。1906年8月，伯施曼开始了他的东亚之旅，这次他选择了经由美国和日本去往中国。接下来的三年之中，这位受其研究使命驱使、激情澎湃的研究者，长途跋涉，穿越了晚清18个行省中的14个，从北部的五台山到南部的衡山，从西部的峨眉山到东部的普陀山，收集了丰富的材料，其中不仅有拍摄的照片和素描图，还有寺庙、塔、墓和其他一些建筑的测绘图，数量之多，令人叹服。回国之后，他在收集到的大量材料的基础上，拟定了写作计划，决定以"中国建筑艺术与宗教文化"为总题，将中国建筑分为几个相对独立完整的类别，进行个案描述和阐释。很快，他在1911年和1914年连续出版了前两卷，分别是《普陀山》和《中国祠堂》。这两本书印刷精致豪华，早已售罄，现在几乎不太能买得到了。他在写作第一卷舟山群岛上著名的观音道场时，

第二卷祠堂的整理和研究差不多也是万事俱备了。这些祠堂因国事之故，为先贤圣王而建——尤其是为孔子建的文庙，此外还有显赫而富裕的家族为祖先所建的宗祠。在这部鸿篇巨著中，作者试图努力阐述中国建筑艺术的重要特征，即中国人的古代建筑艺术是他们宗教观念和生活方式完美而恰切的表述。

伯施曼这一出色的、刚刚起步的文案工作，不幸被中断——第一次世界大战爆发了，他被迫投笔从戎。作为连长，他参与了在马祖里亚[1]的冬季战事。1915年春，他感染了风寒，康复之后，重操旧职，担任军事建筑官员，并于1918年到1921年主持了东普鲁士所有战争墓地的拆迁和改建工作。是时，在知识界和政治界，人们预感到《凡尔赛和约》对梅美尔地区的分裂意图，他担任梅美尔乡党会主席期间，曾暂时领导东普鲁士的国家联合行动。梅美尔地区在当时隶属于施特雷泽曼[2]领导的德意志人民党。

尽管政治事务缠身，伯施曼还是坚持不懈地继续自己的写作计划。1923年，他结束了自己的政治生涯，也是在这一年，他出版了非常精美的《中国建筑艺术与景观》一书。此书的书名就已经表达了中国建筑的一个独特之处，即建筑与景观的紧密联系：赋予自然以灵性，崇拜自然，对远近自然环境一以贯之的讲究，使得与建筑相关的一切，都恰如其分、几近完美地融入自然景观之中。接下来《中国建筑》（1926）两卷本的完成，标志着他的写作事业达到高潮。在这部优

《中国祠堂》（封面）

---

[1] Masurenland，曾为德意志领土，第一次世界大战后被划入波兰。
[2] Gustav Stresemann（1878—1929），魏玛时期的"百日总理"（1923）和六年的外交部长（1924—1929）。

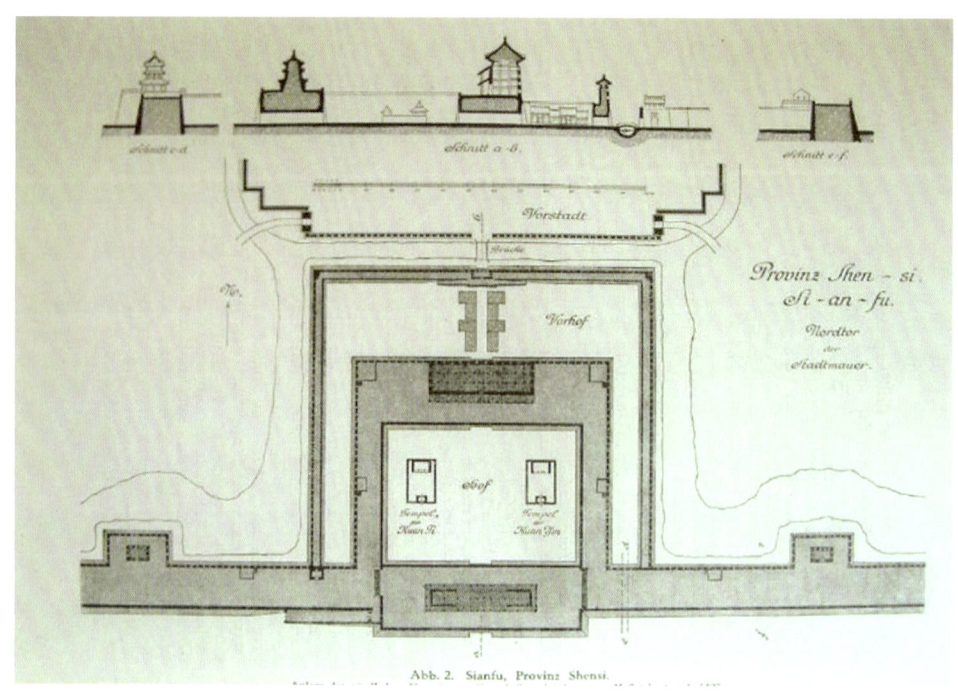

西安的城墙（《中国建筑》卷一）

秀的著作中，他没有对中国建筑艺术的历史背景进行过多描述（此类讨论或许要留待将来用专著来论述），而是插入了大量精美的摄影图片。他将自己限定在"纯粹艺术形式"描述的范畴中，与此相应，用20小节篇幅对一些重要的建筑类型和建筑部件进行了探讨。在这一过程中，作者发现，处处都是洞悉和阐明中国人的性格特征、世界观、哲学和宗教思维方式、审美观念以及感知他们建筑环境和建筑形态艺术的机会。随后《中国建筑陶艺》（1927）的出版，则可视为对这两卷的有益补充。

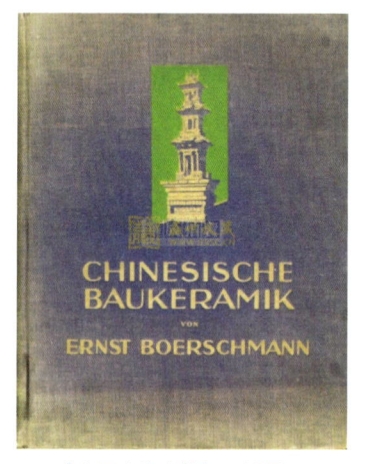

《中国建筑陶艺》（封面）

在这期间，伯施曼孜孜不倦地从事研究工作，成绩斐然，也得到了官方的认可和赞许：早在1924年，伯施曼就被任命为夏洛腾堡工学院的荣誉教授，担任中国建筑艺术的教席职位。接下来的时间里，他频繁参与有关中德文化的社会活动。他将自己的关怀倾注在柏林的中国留学生身上，并得到了他太太的理解和全力支持。与此同时，他还热心地为公众做讲座，多次将丰富的研究材料拿出来举办展览。1931年，尽管经济大萧条，他最终还是将计划中的第三卷《塔》（第一部分）出版，形式外观与此前的《中国建筑艺术与宗教文化》相一致。1943年，第二部分（包含对天宁寺喇嘛塔的描述和研究）手稿也完成待印。中国的塔，于内于外都是世所罕见的艺术财富，理应属于东亚艺术史最重要的研究议题之一。这是德国学术界应担当的光荣使命。德国应拿出负责任的态度，克服排印上的经济困难，尽可能地清除出版道路上的障碍。只可惜，第二部分的出版已经不可指望了，因为现在它沦为了遗产中无关紧要的内容。

宝塔（《塔》）　　　　　　作为景观构成的中国宝塔（《塔》）

任何研究某一特定文化的学者，都需要一直不间断地亲自接触他们的研究所涉及的国家。对于中国来说，尤其如此，因为在此期间，中国的文化和社会状况发生了天翻地覆的改变。伯施曼乐于接受来自现实生活的考验，克服重重困难，他的第三次中国考察之旅于1933年8月得以成行，此行离乡一年有半。他首先在广东驻留了差不多三个月，接下来再次去了中部和北部的一些地区，尤其是在位于西北部的陕西省，收集了大量新的有价值的材料。在此过程中，他将中国现代城市规划问题也纳入了自己的研究范围。回国之后，他将之前的所有资料和新收集的材料进行了整合，存放在临时的私人研究机构中，据说这个机构并入了柏林大学的汉学系，伯施曼从1940年开始在那里担任讲座教授。1943年8月柏林遭到轰炸，他迁居到巴德皮尔蒙特。那些研究中国的材料，因没有放到遭炮轰的柏林工业大学，及时转移才有幸躲过一劫，得以保存。

由于伯施曼将汉学研究视作自己继续研究的重要支撑和值得追求的方向，1945年秋他获得调动许可，进入汉堡大学，同时被委任为汉学系的临时负责人。伯施曼怀着许多愿望到汉堡，如果说这些愿望未能全部实现的话，只能怪时间不允许。尤为遗憾的是，最后他甚至无法认出他研究所的美丽所址，该研究所现在与福兰阁[1]图书馆合并为一，不过，至少他病榻前的最后一位访客是来自这里。现在大多数工作内容和计划都还未完成，直到生命的最后阶段他还在为此孜孜不倦地努力。对他而言，是要将他倡导的中国建筑研究，作为中国学不可或缺的分支发展下去。可是如果要基于建筑遗迹和文献资料，写一部真正的中国建筑史，还需要数代人的不懈努力。继中国建筑研究的日本学者如小川一真、关野贞[2]、伊东忠

---

[1] Otto Franke（1863—1946），德国著名汉学家，曾任德国驻中国领事馆翻译、中国驻柏林使馆参赞、汉堡大学汉学系教授。
[2] Sekino Tadashi（1868—1935），日本建筑史学家，东京大学教授。因致力于文化遗产的保存而为人所知。1920—1928年，和建筑学家常盘大定以重要佛教寺院为目标，在中国做了五次长期调查，注意到了古建筑自身的发展。

太[1]等之后，在欧洲已有学者如喜仁龙、艾术华[2]、梅尔彻斯（B. Melchers）和艾锷风[3]，他们接过伯施曼点燃的知识火炬，并将其传递下去。中国现有文物遗产保护的大致框架同样也受益于他的首创精神。我们依然翘首以盼，能够有新的研究者在这个领域中开辟新的天地。

如果我们不在文末对其人格做一个简短评价的话，以上这些文字或许并不怎么完整。这里无须过多的词语：正直而真诚的品性、崇高的精神境界、孜孜不倦地助人为乐、对汉学研究赤诚的兴趣，更别提他追求人世间一切美和高贵的热情和能力，这些对于那些有幸与他相识，感受到他的魅力的人来说，会永远留在心中。有一句诗，是对他真实的写照[4]：

"把控制我们大家的凡庸平常，抛在他身后，成为空虚的假象。"

本文为世界亚洲研究信息中心资助项目"追溯建筑纪念碑的终极意义"，以及北京对外文化交流与世界文化研究基地青年项目（项目编号：BWSK201312）"德国汉学家伯施曼镜头中的北京古建和景观"之阶段性成果。

作者：颜复礼（Fritz Jäger，1886—1957）：德国汉学家，曾任职于汉堡大学汉学系。原文出版信息为：Fritz Jäger: Ernst Boerschmann (1873—1949). In: Zeitschrift der Deutschen Morgenländischen Gesellschaft, 99 (N.F.24)/1945—1949 (1950), S. 150—156.

译者：赵娟，中央美术学院博士后。

---

[1] Itō Chūta（1867—1954），日本著名建筑史学家，工学博士、东京帝国大学教授。他一生致力于日本传统建筑以及亚洲建筑的研究，其著作包括《日本建筑研究》《东洋建筑研究》《见学记行》等。
[2] Johannes Prip-Moller（1889—1943），丹麦建筑师，著有《中原佛寺图考》等。
[3] Gustav Ecke（1896—1971），著名的远东文化研究学者、艺术史学者。出生于德国，先后在波恩、柏林等地学习美术、文学和哲学。
[4] 该诗句出自歌德《席勒大钟歌跋》。

前言

本系列丛书第一本《普陀山》出版于1911年11月。正如我在该书前言中强调的，这得益于约瑟夫·达尔曼（P. Joseph Dahlman）先生的鼎力相助，本人的研究才有所成效。达尔曼先生的重要贡献在于强调了1911年是德国对华关系具有里程碑意义的一年[1]。50年前的1861年9月2日，艾林波（Graf Eulenburg）在天津签订了普鲁士与清朝的第一个条约。作为普鲁士特使随员的李希霍芬便开始了他在华的首次研究。随着研究的不断深入，他的巨著《中国》诞生了。该书正式完稿于1912年。达尔曼先生说道："从德国与中国建立经贸关系的那一天起，德国对华研究这一概念才真正出现。"在此我要补充一句：中德经贸关系也促进了德国对华研究的热潮。50年过去了，在政治上，旧中国已然结束，新时代已经开启，在前言的末尾我们将对此进行详细描述。

《普陀山》主要介绍了为尊奉神灵、纪念历史上的英雄人物和家族祖先而建造的寺庙。在该书中，我们先描述了寺庙建筑，之后则从中国古代的思想观念着手，对它们进行分析。《中国祠堂》采用了与《普陀山》相同的行文方式。书中介绍的这些建筑蕴含着丰富的佛教文化与中国传统文化，二者交替出现，详尽地展示了中国宗教文化的构成。

在《普陀山》一书中，我们简单介绍了大量不同种类的寺庙和地方祠堂。本书将进一步介绍更多的此类遗迹，它们均源自著名历史人物和重要历史事件。书中还会对与这些人物和事件密切相关的地区加以说明。中国文人中的旅行家们满怀敬意地饱览了全国的历史遗迹，并忠实记述了他们的发现。对他们来说，追寻古迹是一大享受。在中国，这种享受可能比在德国更为强烈。这不仅是因为这些与著名人物和历史事件紧密相关的中国民间宗教场所，在史书与文学作品中有着生动的描述，而且它们本身也蕴含着深厚的历史。而在德国，人们知道的无非是远古

---

[1]《德国社会的东亚博物学与民族学报告》（*Mitteilungen der Deutschen Gesellschaft für Natur-und Völkerkunde Ostasiens Bd*）第十三卷，东京，1912年，119页。

图1 庙台子[1]的庭院

---

[1] 庙台子是山中的一片小谷地,位于秦岭柴关岭南麓,紫柏山东南脚下,距陕西汉中留坝县城17公里的庙台子街上。——译者注

时代的历史事件及其发生地，我们能考察到的无非是某些历史的残影或文化传统的遗存，要想探究真正宏大的历史，要么去考察古罗马或古希腊出土的遗迹，要么去埃及和美索不达米亚进行探索[1]。尽管上述这些文明的遗迹加在一起，要比中国丰富，但是它们的历史传承已经完全中断了，学者只能将那些过去可能存在过的事物拼出一个骨架来。反观中国，古代英雄人物至今仍然血肉丰满，他们在陵墓、庙宇和民众生活中得到了不朽。可以说，整个中国就是活的历史书，即便是那些文化水平较低的旅行家也能领会到这一点，他们可以在旅途中深入群众学习历史。

本书的思路是：根据我们现有的中国建筑与艺术遗迹的资料，按照省份和地区，有计划地整理中国各地的历史文物和遗迹。对于欧洲文献中散见的材料，以及表一列出的文物，我们将在正文中进行深入介绍，并扩充有关历史遗迹地理位置的资料，意在列出完整的中国建筑遗迹分布目录。虽然为了补全历史风貌，有时要使用纯粹的文献记录，但是通过建筑遗迹确定历史地点这个方法本身还是很规范的。1909年在北京时，受"中国文物协会"（China Monuments Socitey）的弗雷德里克·麦考密克（Frederick McCormick）所托，我参与《皇家亚洲文会北中国支会研究》（Journal of the North-China Branch of the Royal Asiatic Society）1912年年刊的撰写，曾首次尝试列出一个中国建筑遗迹的清单。虽然这次尝试的结果远不完美，但我却由此走上了专业研究之路。完整记述中国建筑遗迹的概况是研究中国建筑艺术与宗教文化的基础。在现有的汉学研究中，并不是所有学者都像沙畹[2]那样追根问底，试图考证遇到的所有历史遗迹地点，学者们大多使用古代地名，并不考证这些古地名对应的现今名称。一般来说，最困难的工作是从地理上证实某个古地名的确切位置。对此，除了通过研究历史来进行考证外，我

---

[1] 德国历史相对较短，而古罗马、古希腊文明是公认的欧洲文明之源，并且德国与古埃及和古巴比伦文明关系密切，因而德国考古学家也积极地参与到了对上述文明的考察工作之中。——译者注

[2] Édouard Émmannuel Chavannes（1865—1918），19世纪末20世纪初世界上最有成就的汉学大师之一，公认的"欧洲汉学泰斗"。他也是世界上最早整理研究敦煌与新疆文物的学者之一，被视为法国敦煌学研究的先驱。——译者注

伯施曼考察建筑遗址分布			
序号	行政区	序号	行政区
1	天津	33	剑州
2	北京	34	梓潼
3	涿州	35	绵州
4	保定府	36	罗江县
5	济南府	37	汉州
6	泰安府	38	成都府
7	曲阜	39	眉州
8	邹县	40	灌县
9	济宁州	41	大邑县
10	太原府	42	嘉定府
11	介休县	43	叙州府
12	平阳府	44	泸州
13	尧帝陵	45	自流井
14	蒙城	46	丰都县
15	安邑县	47	万县
16	解州	48	云阳县
17	猗氏县	49	巫山县
18	开封府	50	巴东县
19	陕州	51	宜昌府
20	河南府	52	当阳县
21	南阳府	53	洞庭湖
22	西安府	54	长沙府
23	韩城县	55	醴陵县
24	凤翔府	56	衡山
25	宝鸡县	57	梧州府
26	凤县	58	广州
27	庙台子	59	上海
28	汉中府	60	苏州府
29	勉县	61	杭州府
30	新铺	62	绍兴府
31	广元县	63	普陀山
32	昭化	64	龙虎山

图 2 伯施曼考察建筑遗址分布

表一 本书介绍或提及的建筑古迹地理分布图

图2中编号	行政区	城市（县）	方位	建筑古迹描述或历史建筑旧址	文中位置
					直隶省
1		天津		李鸿章祠	109—110 页
2		北京		白云观	002 页、174 页
				帝王庙	003 页
				故宫太和殿	017 页
				前门、南大门	
				李鸿章祠	109 页
				孔庙	266 页、335 页
				故宫	274 页、277 页
				天坛	288 页、295 页、296 页
3		涿州		张飞桃园	033 页、078 页
				刘关张结义旧址	078 页
4		保定府		李鸿章祠	109 页
					山东省
5		济南府		大明湖	114—115 页
				李鸿章祠	109 页
			南部	灵岩寺	002 页
6		泰安府		孔庙	305 页、306 页、307 页、308 页、311 页、313 页、332 页
			北部	泰山	266 页、306 页
7		兖州府	曲阜	神农帝故里	004 页
				孔庙	266—299 页、图 251
				衍圣公府	267 页
				颜庙	299—305 页、图 252
				文昌庙	267—268 页、331—332 页
				奎星阁	267 页、331 页
			北部	孔子墓	267 页
			东部	少昊陵	004 页
				周公祠	022 页
8		邹县		孟庙	299 页
9		济宁州		文庙	306 页、307 页、311 页、313 页、318 页、319 页、320 页、322 页、328 页、331 页、图 254
				东坡楼	102 页、104 页

续表

图2中编号	行政区	城市（县）	方位	建筑古迹描述或历史建筑旧址	文中位置
山西省				
10	太原府			文庙	306页、307页、314页、318页、320页、327页、328页、331页、332页、图253
11	汾州府	介休县		门楼	025页
				介之推庙	021—027页
			绵山	云峰寺	026页
				介之推祠	026页
12		平阳府		尧帝故里	008页
				仓颉庙	005页
				供有佛首的古塔	063页
			南部	尧王庙	008—021页、326页、图248
13			蒙城东南	尧陵	008页
14				黄帝陵	005—008页
15	解州	安邑县		禹王故里	008页
				禹王牌楼	008页
16				关帝庙	063—069页
17	蒲州府		紧邻解州（见16号）	舜帝故里	008页
		猗氏县	峰山	黄帝祠与黄帝故里	008页、020页
河南省				
18	开封府			二曾祠	108页
19	陕州			据称是平阳府佛首对应的铜制佛身（见37号）	063页
20	河南府			关帝陵（另见117号）	063页
21	南阳府		卧龙岗	诸葛亮庙	054页
陕西省				
			桥山	黄帝陵	005页
22	西安府			八仙庵	054页、161页
				城北门	072页
				育婴堂	111—112页
23	同州府	韩城	芝川	司马迁祠	030页
24	凤翔府			东湖	115页
				东湖畔苏东坡祠	103—106页
25		宝鸡县	义门陈村	关帝庙	035页

续表

图2中编号	行政区	城市（县）	方位	建筑古迹描述或历史建筑旧址	文中位置
26	汉中府	凤县		南天门、关羽、观音、吴玠、吴璘庙	035—036 页
27		留坝厅	柴关岭以东	庙台子、张良庙	124—200 页
28				紫柏山七十二洞	149—159 页
			鸡头关	关帝庙	042 页
29		勉县		诸葛亮祠	042 页
				马超祠	040 页
			南部	诸葛亮墓	039 页
30			新铺关	平明祠	041 页
四川省					
31		广元县		女皇武后祠	090—091 页
32	保宁府	昭化	城边	飞卫墓	
				诸葛亮、飞卫与丁氏之祠	041 页
				纪念吴三桂的门楼	041 页
				纪念某位将军的门楼	041 页
			城边天雄关	关帝庙	042 页
33		剑州		诸葛亮祠	042 页
			剑门关	姜维祠	042 页
34	绵州	梓潼县	武连	诸葛亮、魏征与杭建山之祠	043 页
			石牛坡	老爷庙	043 页
			北部	文昌庙	096—097 页
35			东部	李白杜甫庙	093—095 页
36		罗江县	白马关	庞统祠堂	044—050 页
37		汉州	南部	高宗寺	088—089 页
38	成都府		城内	官办造币厂	112 页
			南部	武侯祠与刘备祠	050—057 页
			西部	杜公祠	097—101 页
				草堂寺	097 页
				浣花草堂	098 页
39		眉州		苏东坡祠堂	102 页

续表

图2中编号	行政区	城市（县）	方位	建筑古迹描述或历史建筑旧址	文中位置
			城边	伏龙观	220—223 页
				二王庙	224—257 页、图 249
				斗鸡台	224 页
				禹王庙	224 页
				丁宝桢纪念堂	225 页
			城内	孔庙	306 页、307 页、309 页、313 页、314 页、320 页、321 页、323 页、326 页、334 页、图 249
			北部	灵皑寺	260—261 页
			青城山	天师洞	230 页
41	邛州	大邑县	北部	赵子龙祠	057—060 页
42	嘉定府	峨眉县	峨眉山	吕祖祠	081 页
				万年寺	085 页
				孔庙	306 页、314 页、319 页
			岷江东岸	东坡祠	104—107 页
43	叙州府		城内	孔庙	306 页、307 页、309 页、319 页
44	泸州		城内	文庙	306 页、307 页、310 页、311 页、320 页、321 页、322 页、328 页、331 页、334 页
45	叙州府	富顺县	自流井	关帝庙与祭坛	071 页
				宗祠	343 页
46	忠州	丰都县		张飞祠	078 页
47	夔州府	万县	下部	风箱峡	083—084 页
				白帝庙、刘备祠	083—084 页
			城内	文庙	307 页、311 页、312 页、314 页、319 页、320 页、321 页、322 页、323 页、328 页、329 页、333 页、334 页
			东部	镇江阁关帝庙	075—078 页
				桓侯宫	079—080 页
48		云阳县	长江南岸	张飞祠	080—082 页
49		巫山县		优美建筑	083—086 页
			巫山峡	棺材峡	085 页

续表

图2中编号	行政区	城市（县）	方位	建筑古迹描述或历史建筑旧址	文中位置
					湖北省
50	宜昌府	巴东县	城内	孔庙	314页、318页、332页
51	宜昌府		城内	孔庙	318页、319页、327页、328页、334页
52	荆门州	当阳县		关帝祠堂	061页
					湖南省
53			洞庭湖中君山岛	舜帝陵	008页
				尧帝两位女儿之墓	008页
				历史遗迹与庙宇	008页
54	长沙府		城内	左宗棠祠	345—350页
				长沙府孔庙	318页、323页、326页、331页
				湖南州县孔庙	323页
				文昌庙	331—332页
				陈家祠堂	351—356页
				习家祠堂	357—358页
			湘江左岸以西	大禹碑	009页
55		醴陵县		文庙	326页
				宗祠	341页
56	衡州府	衡山县	衡山	大禹碑	009页
				天师洞	178页
			湖南南部	宗祠	339—344页
					广西省
57	梧州府		城内	大禹碑	009页
					广东省
58	广州府	广州	城内	五层城门楼	072—075页
			城郊	陈家祠堂	359—372页
					江苏省
59	松江府	上海	某下辖城镇	供有塑像和祭坛的关帝庙	071—072页
60	苏州府		城内	孔庙	319页、322页、331页、332页、335页
				范文正公祠	120页
				沧浪亭	121页
			城郊	留园	357页
				李鸿章祠	109页

续表

图2中编号	行政区	城市（县）	方位	建筑古迹描述或历史建筑旧址	文中位置
浙江省					
61	杭州府		西湖畔	仓颉祠	005 页
				岳飞墓	049 页、115 页
				武圣宫或称三义庙，刘备、关羽、张飞三人之祠	069—071 页
				浙江先贤祠	119—121 页
				苏东坡祠	115 页
				女诗人苏氏墓	115 页
				陆宣公庙	115 页
				左文襄公祠	115 页
				李鸿章祠	115 页
				张曜祠	116 页
62	绍兴府			与尧帝相关的祠堂	008—009 页
				两座舜帝庙	008—009 页
			会稽山	禹王祠堂	008—009 页
63	宁波	定海	舟山群岛	普陀山、法雨寺	075 页
江西省					
64	广信府	贵溪县	龙虎山	天师府	133 页

们还可以采取反向考证法，即先探明该地的建筑遗迹和祠堂，然后以此为基础进行历史研究。另外，阐明历史关联是认识建筑风貌及其发展的前提，这一点在对华研究中尤其重要。相比之下，在欧洲艺术史研究中，我们可以自然而然、不费力气地使用前人的历史研究成果，不会遇到语言问题。如今在中国却存在着这种困难。因为翻译成欧洲语言的中国历史文献少得可怜。如果史学家没做好必要的准备工作，艺术研究者便不能获取深入的历史研究成果。若不能充分了解中国历史，那么艺术史研究就缺少了坚实的基础。

在本书中，我们为汉语词语"祠堂"创造出集合名词"Gedächtnistenpel"，用来代指那些纪念历史上英雄人物的寺庙。这些杰出人物和历史事件被赋予了神性，超越了世俗生活，直达宗教领域，也再次反映了中国文化深受宗教观念的影响。从内部关联来说，祖先和家庙也在此之列。在我的中国之旅中，"祠堂"这个概念是后来发展起来的，刚开始我并未把它作为一种特殊的建筑类型来研究，因此我的研究中还有很多严重缺陷。比如对整个远古时期及祠堂的研究，本书还远不能详尽介绍这类内容，但是就目前来看，在中国宗教建筑艺术这个刚起步的专业领域内，我们的考察较为广泛，也知道了下一步该做些什么。我的描述基本上来源于旅途中的见闻，并且遵守着逐一描写的行文方式，在第一卷中我将其称之为这一整套作品的创作原则。我同样重视对研究对象进行系统分类和处理，以便清晰呈现主要内容，并为进一步研究提供支撑。

除了介绍中国的概况，我们还必须重视各种信息来源。本书涉及一些我在各地获得的汉语书籍，然而这类内容也只是偶然出现。换句话说，有些书籍完全没有用到，比如一本详细介绍勉县诸葛亮祠的书。同样，其他浩如烟海的材料也很少得到利用，它们散落在其他汉语文献中，比如在百科全书里，在介绍各地的典籍以及关于名山与庙宇的专著里，而且它们大部分可以在柏林的图书馆，尤其是在王室图书馆中阅览。而这些资料的翻译明显迟于本书的成书时间。因此，尽管本书第四、五章对庙宇的描述已经很详细了，但对每个庙宇的单独介绍，远远不能达到穷尽一切资料的要求。所以本书不如说只是我整理的基本材料。虽然这些材料本身已经可以作为文献使用，但经过我的梳理、完善，它们更加统一而规范。可以肯定的是，详尽了解汉语文献将大大有助于理解本书的内容，包括对中国古建筑建造目的和建造形式的解释。作为笔者，我深刻地认识到，对那些建筑构件的评论，甚至仅仅在描述上，本书都还处在初级阶段。如果想要全面认识研究对象，就不能仅满足于现状，还要探讨其他方面，进行其他研究——但愿这一天并不遥远。当下的许多工作还只停留在初级阶段，尚未达到既定目标。这一现状虽然令人沮丧，但我们绝不能气馁。即使是在第一卷完结之际，面对进一步研究中可能出现的种种困难，我仍决意在介绍中国建筑艺术的领域更进一步。在本书的一些部分，尤其是第二章和第四章中，我们对相关历史内容进行了深入探讨。在这些部分中，我们只是引述了少量的汉语资料，其他的一切研究都建立在欧洲文献基础上。在文字叙述上，对英雄人物的描写是为了便于理解与之相关的建筑遗迹和所引述的寺庙碑文。虽然一些原始资料和部分历史文献没能用上，但是这样也能独立地选取观察历史事件和英雄人物的框架和视角，以便进行传记式的记述。

　　本书的第四章对"祠堂"有比较详细的叙述，试图穷尽一切相关的资料。由于历史、地理和乡土等因素，人们将英雄人物加以神化，并为他们建造祠堂。这些祠堂是历史和自然的产物，其内涵和艺术形式是对历史和自然的反映。这种思路贯穿全书各部分，尤其适用于第一章。第一章中提到了大量庙宇，但与祠堂相比，描写得没有那么详细。历史和乡土风貌是理解这些建筑的起点，而本书主线则是笔者在中国自北向南的旅程。沿途建筑风格各异，对建筑群细致入微的描写或许能够使人直观地认识到各种建筑在建造方式和风格上的差异，由此描绘出一幅中国建筑风貌平面图。肃穆的北方和多姿的南方都被囊括其中，说明精神文化和自然景观对祠堂建造形式的深刻影响。这为下面的叙述打下了基础，我们可以进一步利用中国古建筑和宗教文化的相关内容，来阐释历史与地理沿革对祠堂建造方式的影响。当下，认识历史对我们来说既有趣又有益，中国今后发展问题的研究也为人们关注。在这里我会提到一些相关信息。

在本系列作品的第一本书和这本书出版的间隔时期，中国以革命的方式完成了国内政局的洗牌。第一本书出版于1911年。那一年，中国爆发了辛亥革命，清朝崩溃，皇室被废除，这些事件接连发生。这不仅具有政治意义，同时也意味着那些古老而被神化的信条被彻底颠覆了。这些信条以稳固的传统为基础，而我在上文中已经指出，这些传统对建筑艺术也具有精神层面的影响力。因为本书意在阐释中国文化艺术的内涵及其传承，为何在几个世纪中几乎没有变化，也不会受到突发事件甚至重大政治事件的影响。在辛亥革命期间，有洞察力的在华外国人士都一致认为，中国人的生活状况还与往常一样，受到波及的只是大都市，比如北京、南京、武昌和成都府[1]。这些地方发生了流血事件，古代艺术遗存惨遭毁坏。不过人们也应当意识到，最近战乱的破坏程度远不及19世纪的太平天国运动。即使历经这次兵祸，中国文化也没有发生巨大变化，更没有消亡。如上所述，那些研究中国历史遗存、中国精神以及艺术财富的学者，绝不会认为一次突发的革命会对文化发展产生重大影响，革命带来的影响只是政客所追求的。不过我们也要意识到，革命预示着新时代的来临，中国人这些潜移默化的内在转变，终将发生质变。我们西方国家也经历了类似的时期。但是这种转变的效果，在很长一段时间后才能显现。

一方面，革命可能会产生新的理念，引起艺术与文化的复兴，这点固然振奋人心；另一方面，战乱的直接后果是对珍稀艺术品的严重毁坏，这种破坏是无法弥补的。提到战乱，人们首先想到的就是那些被火与剑直接摧毁的文物，但比这更加可怕的是人们的冷漠和忽视，以及对艺术品的轻蔑。这些情绪在战乱时被唤醒，与贫困、自私以及良知泯灭等乱象一起爆发。社会需要专注、热诚和安静，只有这些要素才能创造艺术品及其旨趣，而兵荒马乱时，艺术家和普通民众一样纷纷避乱，无意继续创作，甚至也无心保护现存艺术品。更致命的是，这一切发

---

[1] 本书一律使用当时地名及行政等级称谓，如成都府这一行政区始设于唐代，1913年废置，1928年设成都市。——译者注

生在中国。中国几乎从未有过妥善保护建筑古迹的习惯,更何况是全国衰颓之际,人们更不会关心与自己实际利益无关的建筑古迹。最严重的是,除了一部分中国人对艺术作品肆意妄为之外,许多欧洲人对中国艺术品极为热衷,这也极具威胁。他们出于盲目狂热或自私自利,企图将中国的文物劫掠回本国收藏,毫无顾忌地私自动手毁坏这些文物,或者招募一些无知的中国人去实现他们的掠夺目的。因此,一些石像的头被切下,以便让那些欧洲人运往本土;反观欧洲,人们则很注意保护当地的建筑和艺术遗迹。这种对古迹的摧残使中国艺术和文化爱好者大为震怒,同时产生了这样的愿望:至少要以文字和图片的形式为后世保留这一财富。在《普陀山》的前言中,我曾担心中国的古代文物会很快消失,现在这一忧虑已经变为惨痛的现实;我还催促过学者们加快记录建筑古迹的进程,如今看来也愈加地正确了。这些文物古迹至少应该用研究者们现有的手段记录下来,使我们的记录能经得起后人的严格考验。但愿德国能够在这项文化使命中完成好自己的那一部分任务。

本书的创作过程中有几点重要内容,需要提一下:

第一章从头到尾几乎都用到了对汉语名词的转写,只有少量例外。对于地名、地区名、山脉、山口、河流以及类似的概念,我用一个合写的词表示出来。人物的绰号也是如此。庙名则是分开书写。专有名词为大写。

由于这种转写方式确定时,插图已经被打印出来了,因此文本的书写方式经常和图上的不一致。

图2的"建筑遗址分布图"对中国各地及其古迹做了最基本的介绍。对于建筑学的概念、特征以及纹饰中的宗教象征元素,本书尚未设置索引。从本书开始,本系列每一本书都会就相关内容做重复介绍,并对个别说明进行补充,但是各类说明的并立与交错,整体上必然会使人对这些名录感到漫无头绪,无法采纳。鉴于此,将来出版的最后一本书,应当会对此前诸卷中有关建筑形式、纹饰以及宗教文化思想的材料做全面的总结,并提供一份有条理的说明。

在处理汉语文本方面，我已经提到了一些帮助过我的中国友人与学者，之后还要再行介绍。我谨对他们致以最诚挚的谢意。

感谢德国帝国印刷厂热情地提供了汉字印刷样式。

图149、152、157、169由建筑师罗特克格尔（Rothkegel）和阿梅隆（Amelung）帮忙拍摄。除了个别照片是我从中国各地的摄影师处购得外，其他影像均由我自行拍摄和加工处理。

恩斯特·伯施曼

1914年2月5日，夏洛腾堡宫

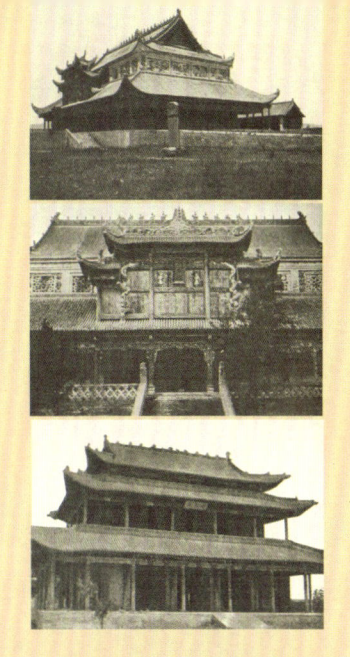

第一章　上古时期的祠堂

1 综述

世人建立庙宇所纪念的人，要么是王侯将相，要么是鸿儒硕学。在这里，我们要介绍三种祠堂，它们的区别与等级层次基本上可以根据庙内建筑结构辨识出来，但很难严格区分，因为各种建筑样式在其中互相交织，想要确定各种祠堂的根本区别几乎不大可能。因此，一个合理的分类方法是，按照所纪念人物的历史影响来选取样例，以此为依据探究中国祠堂建筑的发展状况。这种方法相比于其他方法更胜一筹。所以，本书从头至尾围绕历史人物来展开。书中介绍的各位圣贤，曾经对整个民族的政治和精神生活都具有非凡意义；至于一代重臣，他们至少对其治理的地区产生了重要影响。因此从广义来说，虽然这些人在空间上相隔甚远，但他们的祠堂承载着他们的品格，乃是国家级别的庙堂。这类祠堂一直从官府那里获得不菲的资助，即使是庙里的和尚道士也会中饱私囊。另外，还有一些女性，比如命妇与才女，也通过后世的庙宇被人们纪念。

古代的名僧和名道组成了一个特定群体，他们在宗教文献里，在宗教学者的圈子内，有时也在群众中享有极高赞誉。然而这些人似乎并不能与正史中的卓越人物相提并论，至少我没有找到专门纪念这些僧道们的庙宇。不过这些人通常在寺庙里受到高规格的供奉，有时特定的僧道会在特定的庙宇受到祭祀，他们甚至能享有一个专属的大殿。山东济南府南边的灵岩寺便是这样一座庙宇，该庙因纪念公元629—645年赴印度取经的僧人玄奘而闻名。公元1221—1224年赴撒马尔罕和喀布尔拜见成吉思汗的丘处机道长，被北京白云观作为道教圣人供奉至今（参见173—174页）。后面我们在详细描述庙台子和二王庙时还会有所提及。有时，人们甚至将帝王奉为道教或佛教圣人。尽管只有对佛教贡献卓著的佛教徒才能被尊为罗汉，但是康熙皇帝和他的孙子乾隆皇帝也被奉为罗汉，他们几乎出现在所有塑有全部罗汉的大殿里。然而这只是特例，对民众的影响有限。对于民众来说，民族与精神层面的古迹遗存才是更值得关注的，这也涉及国家利益。因为作为最高级别的代表，国家通过祠堂向历史上的伟人亡灵表达敬仰，同时满足了保守民众的需求。这些民众将诸位英雄看作其先辈中的杰出人物，把自己视为其后裔，将英雄功绩与家乡联系起来。中国人并不认为自己的父母与先祖死后就会消逝，而是相信逝者的灵魂对家族来说仍然重要，还能够"显灵"。这种思维从上古时代百家姓诞生起便存在了，并且为今天的民族性格、法律与习俗奠定了基础。由此，人们通过物质、精神和宗教上的传承将中华民族统一了起来。这种思想并没有因时代的变迁而止步，反而与神话传说中人类早期各重要阶段的杰出人物紧密相连。

2 上古时期

带我们从蒙昧无知跨入文明时代的是神话中的三皇：天皇、地皇、人皇。

这个可见的世界，乃是从一团混沌中分离出阳性的天空与阴性的大地而产生的。在天地的相互作用中，首位居民诞生了，当时他仍是半人半兽。"三皇"这一称呼意义有二：一是象征着一种宇宙起源观；二是代表着在漫长的早期，人们试图构想出人类本身发展的过程。实际上，这三个名字所对应的只是最原始的时期，据称距今有数百万年之久。重要的是，这种建构性的力量依托上述的象征手法，仅凭逻辑推断就构想出上古时期的社会体系。清晰明确的哲学观点与艺术上的象征手法一直是中国文化的特点，在其诞生之初就已经存在，这便更加吸引人了。三皇被塑造成真实的形象，归为纯道教的神仙之列，成为道观的组成部分。他们有着自己的大殿，甚至在许多地方还有专门的祠庙。最引人注意的是，三皇被官方正式纳入中国帝王的行列。北京有座著名的帝王庙，十分宏伟，在法律上被官方承认的前朝帝王可以享有一块牌位，并得到牺牲祭祀。[1]庙内牌位的顺序就是从天、地、人三皇开始，直至近年。

---

[1] 有关平面图和描述，参见格鲁贤《中国志》（*Description de la Chine*）总图 52，1785 年。

在远古时期，哲学的概念和思想寓于无法考据的历史故事中。就这样历经了漫长的时期，到了史前时期，人们才对世界有了些许认知。与远古时期的情况类似，史前时期的中国人再次试图用特定的概念与数字来表述这一时代，于是便有了传说中的五帝。为了方便传播和统一记叙，人们将这一时期定为公元前2852—前2205年[1]。此前只是三位神话中的帝王，现在又多了五位圣明的君主，我们不禁得出结论：即使是这一时期，人们仍试图对传说中的人类发展阶段做出总结，其象征便是特定的领袖。此外，人们也喜欢用某些复杂的概念和一些能与特定地名联系的传说，来证实历史故事的真实性。在五帝中的前三位与后两位之间，还有几位相对不太重要的帝王被归入了传说时期。不过即使是这些统治者，也还有陵墓存世，比如位于孔子的故乡山东省曲阜的少昊陵[2]。少昊把首都从陕西省迁至此地。少昊陵位于曲阜城东一片宽阔的墓园中，被重建成金字塔状。陵前有一座祠堂，里面供奉着各帝王的牌位。墓园内有古树及大量坟墓，墓石已经被多次翻动，但大多得到了保留。墓园没有围墙遮掩，南端有一座高大朴素的牌楼。牌楼立在无边的旷野上，周围蔓延着颓圮和荒芜，令人心绪万千。

令人熟悉的五帝名字是：伏羲（前2852—前2737年）、神农、黄帝、唐尧、虞舜。

这五位帝王深受人们敬仰与爱戴，其形象与图画常见于庙宇和住宅中。伏羲居住在今天的河南省，但我并不知道有哪些专门供奉他的祠堂。神农时的都城是我们提到过的山东曲阜。尽管我在这里及其他地方都没有见过他的遗迹，但是到处都有纪念这位农耕始祖的祠堂。同样，汉字的创始人、天子的大臣之一仓颉及其助手沮诵，也被作为书法之神一并祭祀在很多祠堂与祭坛中。此外，我还对山西平阳府和杭州西湖的仓颉祠逐一做了考察。在这里，仓颉的特征通常为厚嘴唇

---

[1] 通常认为五帝时代约为公元前3076年—约公元前2029年，下文提及的伏羲时期的起止时间尚不可考。——译者注

[2] 沙畹《北中国考古图录》（*Das Grab ist abgebildet Chavannes*）图893；亦见韦廉臣《中国北方游记》（*Journeys in North China*），234、235页。

和上下排列的两双眼睛[1],人们一直称其在当地生活过。我在研究黄帝、尧和舜时发现了更为特殊的传承关系。尧、舜和禹(中国第一个真正的朝代夏朝的第一位天子)[2]被民众一并称颂,由此打破了该时期的五帝框架。黄帝和尧之间还有四位帝王在位,也是类似的情况。这再次验证了一项推测:人们所关心的是真实的历史,而历史是不能强行用命理学来解释的。下文中将介绍两座庙宇,一座是黄帝祠,一座是伟大的帝王尧、舜、禹之祠,相应地还会有关于这些帝王的详细介绍。

3 山西省蒙城黄帝祠

蒙城是一座被城墙围绕的小镇,位于平阳府南边的驿道旁,距平阳府一日行程。据当地流传的说法,五帝中的传奇帝王黄帝的陵墓就位于此地。文献记载称,黄帝下葬之地位于陕西省桥山。蒙城的黄帝陵久已颓圮殆尽,目前只有一座小庙告诉人们这里是黄帝的下葬之地,但这座小庙的状况也很糟糕,破败不堪。我的日记描绘了如下的风景,以及我对那年春季的回忆。

1908年5月19日上午,在离开支村(Chíhtsún)后,我们到达了一处巍峨雄浑、风景优美的黄土高坡。我无法忘记从山路西侧岩壁豁口处看到的风景,山崖不像通常山顶下的陡坡,而是悬崖峭壁,如隔墙一般。往下看可以看到一片谷地,地形复杂,黄土地貌呈齿状,看起来非常奇怪。谷地的前方是辽阔的平原,绿色的树林和村落相衬,呈现出一些生机。往西远眺则是青色的群山。一路上风景不断变换,刚刚走出单调的平原,我们又置身于起伏的丘陵之中。小丘不时遮挡视线,人们只能凭想象感知远处的山峦。平缓而不规则的小丘一直通到宽阔的汾河谷地。漫步在小丘上,东方的山脊看起来好像正朝我们走来。终于,我们到达了蒙城西南的山坡,在地势最为特别的地方见到了这座为纪念中国上古时期

---
[1] 据史书记载,仓颉有"双瞳四目"。——译者注
[2] 夏朝的建立者为禹的儿子启。——译者注

图3 蒙城黄帝祠平面

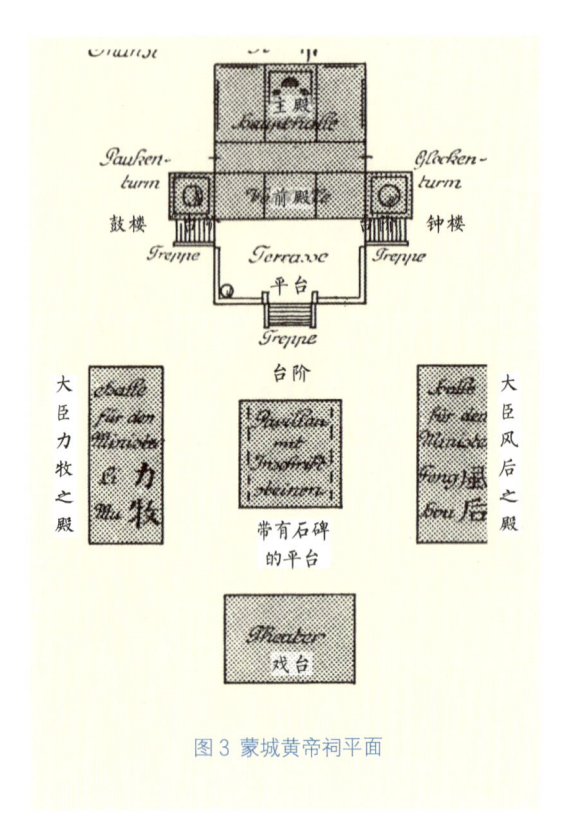

的黄帝而建造的祠堂（图3）。祠堂造型生动的大门、各种石碑和门楼以及各式各样的城堡建筑，好像给丘陵和山坡加上了王冠。丘陵和山坡没有共同轴线，却排布得如画卷一般。长久以来，这片地区就引人关注。我们站在古老的黄帝祠中，遥想这里曾是远古时期黄帝陵所在的位置，而现在，帝陵早已消失不见。除了主殿（参见007页，图4）以外，整个黄帝祠都已破败，只有一座刻有明代碑文的亭子还保留着，它和几棵古树、坍塌的建筑以及精美的大殿一起散发出几分意蕴。从这里出发，我们再次沿平原穿过一片美丽的金合欢林荫道，就进入黄土地。在一个由峭壁形成的隘口，正午的太阳照亮了发皱的黄土，黄土好像完全融在光影之中，而在另一个黄土覆盖的山谷，崖边有野柏点缀，风景十分美丽。下午，我们又进入了呈波浪状的平原，漫步在平原上，遥望远山，前方的南面与河马村（Homatsún）相接，东面与群山相连，山前地带从支村分开，止于南面的又一排山岭。

黄帝祠就立在路边，匾额上书黄帝的全名：

轩辕黄帝

前两个字"轩辕"是其本名，这个名字要么是他居住地一带的某个村落的名字，要么是他发明的一种战车的名字。除了祠堂，还有一座戏台，里面有时会有表演。此外，祠内有两座偏殿，东侧供奉黄帝的六位大臣之一——天文学家兼占星师"风后"，西侧供奉的据说是牧人"力牧"。中间的亭内有几块明朝的石碑。主殿前有一座平台，平台四周围有砖砌的栏杆，可以通过正中间和两侧角落的台阶上去。平台上有两尊古旧的铁狮子和一座华丽的铁香炉，炉脚的造型颇具艺术感。主殿由三条轴线构成，里面供奉着黄帝坐像。黄帝双手持象征皇权的细长笏板，头上戴着冕，冕的前方边缘垂下九条珠玉串成的旒。两边的侍从一人持玺，一人持剑。墙上的四幅壁画中绘有龙虎，两个主方向的神兽均有少年和五位老者相伴。

图 4 蒙城黄帝祠中带有平台和两侧楼阁的主殿

这座位于山西的黄帝祠，是一座独特的建筑。前殿两侧分别有一座阁楼式建筑，为钟楼和鼓楼，左边可鸣钟，右边能击鼓。侧楼建筑结构庞大，但其高度并未超过主檐，它们和正中间的主殿共同构成了一幅等级分明的立面。这种建筑风格在此处只是稍有显露，在其他地方，比如从山东泰安府到山西南部的许多庙宇则普遍采用这样的格局，建筑风格更加明显。

在这座祠堂中，庙前的戏台、中间带有碑文的大殿、有三道台阶的平台、前殿的钟鼓楼以及中轴线上的黄帝塑像等，整体的建筑风格具有重要的参考价值。后面我们在介绍其他祠堂的建造思路时，还会更详细地叙述这些风格，以便为研究古代中国祠堂的发展过程打下基础。

据说康熙年间（1662—1722年在位），黄帝祠仍住着几位道人，现在这里除了一名守门人外，没有其他人居住。祠堂虽然没有人为损坏，但时不时还会出现建筑维修方面的问题，据说，前不久主殿才刚刚被修缮过。据说另一座较著名的黄帝祠，坐落在猗氏县[1]境内沂山的黄帝故里，在解州西北方向一百三十里，更具体的信息就无法确定了。

4 山西省平阳府尧王庙[2]

尧舜禹三位帝王的祠堂

山西省自称保存了古代著名帝王留下的最早遗迹。尧、舜、禹三位伟大帝王被人们一齐列为楷模，他们的故里据说位于山西。传说尧曾经在山西平阳府居住过，夏朝的第一任天子禹则定都于潞村盐湖附近的安邑县。我在安邑县的一座牌楼上看到了四个大字：

神禹旧都

三皇对中国文化的重要意义被史家不断称颂，这已有定论。三皇所处时代被认为是太平盛世，他们的出现使人们摆脱了上古时期的艰难困苦。现在我们来说说后两位帝王。湖南现在还保存着舜帝陵。传说舜的两位妃子葬在洞庭湖中的一个小岛上，她们是尧帝的女儿，听闻父亲死讯后投洞庭湖而死[3]。同样，在中国很多地方都能找到纪念尧、舜、禹三位帝王的庙宇和山川，那里流传着他们的传说。其中最出名的是浙江省绍兴县[4]，此地早在尧时代就被提到过。紧邻绍兴城有两座精美的舜帝祠，每逢农历六月二十六（舜的生日）以及农历九月二十七这两天，庙里就举行盛大的庆典。绍兴城内及其周边地区的民众对关于大禹的传说

---

[1] 旧县名，初置于西汉，属河东郡，今属山西临猗县。——译者注
[2] 参见本书第 376 页，图 248：山西省平阳府尧王庙平面图。——译者注
[3] 在中国的传说中，舜死后，其妻娥皇、女英跳江自尽。——译者注
[4] 华立熙《绍兴古城》（*The Ancient City of Shaohing*）第三十三章（第三部分），27—29 页。

都特别熟悉，一提到大禹，人们想到的通常是他治水，尤其是治理黄河的伟大功绩。在水资源丰富的四川，城里、村庄与旷野上有无数装潢华丽的大禹祠，这些祠堂是帮会与各省同乡会私下集会的场所。这里有几块非常知名的禹王碑，碑上面刻有尚未被破译的文字。禹王碑真迹位于衡山，其他的虽然是临摹品，但也历史悠久，其中一块在湖南省省会长沙府，另一块在广西西江中游的梧州，其他地方可能也有。绍兴县发达的水网可以追溯到禹王时期。绍兴因自称是禹的下葬之地而闻名天下，传说大禹葬在绍兴的会稽山上[1]。按照习俗，当地人会在每年的春秋两季屠宰牺牲祭祀大禹。公元前221年，秦始皇就曾在此为大禹献祭。不过，在陵墓前建立屋舍还是百年后的事情，这些屋舍就是现在祠堂的雏形。

山西平阳府周边地区担负起了纪念尧帝的重任。尧是三位帝王中的第一位，他和善而睿智。平阳城正南边是尧王故里，那里有座为神圣的三位帝王建造的庞大祠堂。平阳城往东七十里是尧陵所在地。因为时间紧张，我未能拜访此地，只能从当地人的传说中获取信息。要想去这座陵墓，可以先乘板车走三十里到山脚下，然后再步行或者骑马走四十里。陵墓前有一座小庙，庙里住着两个看门人。院中有七棵古柏，代表大熊座七星；庙外还有二十八棵柏树，对应二十八星，也称二十八宿，或二十八舍。这里每年有两次祭祀活动。

平阳府境内的祠堂

这座为尧、舜、禹三位帝王所建的巨大祠堂，位于平阳府城南5000米处，紧邻旷野中的大路。[2]辽阔的黄土平原上，树木稀少，放远望去，可以看到平原尽头的青色群山，西面的山看上去比东面的更近一些。这片辽阔而孤寂的土地，为供奉古代伟大帝王的庙堂营造了富有意蕴的环境。祠堂往南不远，还能看到村子的遗址，据说原是尧王后人的定居地。现在祠堂旁边是一个小型的村落，内有几家客栈和农场。

---

[1] 花之安《中国史编年手册》（*Hist. of Ch.*），5 页。
[2] 韦廉臣《中国北方游记》，341—343 页。亦见沙畹《北中国考古图录》图 1068。

这座巨大的祠堂宽310米，长360米，占地约11.1万平方米，其面积大大超过了曲阜孔庙（孔庙仅有约9.8万平方米）。整座祠堂由围墙环绕，里面分成四个部分，各部分之间仍由围墙隔开，每个部分都坐北朝南。这些建筑群中，东面三座庙宇建筑群可能是最初建造的，西面的建筑群可能是后来建造的。因为有三位帝王（中国人对数字颇有讲究，上古正好有三位圣明帝王，这一史实正好满足了中国人的这一需求），而且三位帝王的地位不同，因此，三座祠堂的轴线也都不均等，这是典型的中国建筑风格。中间的尧王庙，由于建造时间最早，因此占地面积最大。宽敞的前庭将庙宇一分为二，每一部分都可以通过围墙的门廊进入，前面各有一对看门护院的狮子立在基座上。最中间的宽阔前庭大门是双扇门，而两边的边门则是单扇门。

进了大门，沿着中间笔直的石板路可以通向主轴线上的主殿，路两旁各有一排柏树点缀，尧帝像身旁还有古老的木质树木模型。两块石碑立在前庭中，它们由两只石龟驮在身上。一座木质门楼的两侧各有一座简易的建筑，到了特定时间，祭祀官员会在里面备好牺牲。横墙上开了三道门通往主殿，中间的大门造型宏大，有三个门洞，两侧各有一尊坐狮守卫。大门两侧是小门。主体部分的建筑都各自独立，相互没有连通。进入大门首先映入眼帘的是正对面的"光天阁"（参见011页，图5），它开有两道门，下层是坚实的台基，它的四面围墙以及筒形穹隆都由木柱围绕着，顶层的构造是一样的，但我没有发现通往顶层的楼梯（楼梯可能在侧面的墙壁里）。柱子的排列与雄伟的三重屋檐，使整座建筑的布局令人印象深刻。中间的三个开口大小相同，两端柱子间的间隔要更小一些。和主殿的立面设计不同的是，这里的柱子、屋梁和地脚线所组成的长方形棱角分明，没有通过柱头的装饰物或者雕刻图案的中楣加以柔化和点缀。这种结构设计以及分明的横竖线条，让整座建筑显示出中国早期的建筑风格，而内外的有机结合又使这一特点更为鲜明。因为缺乏确切的年代信息，我只能把它与我在中国各地见到的貌似更加久远的类似建筑物在风格上加以比较。一番对比过后，我把这种建筑形式归为公元7世纪唐代的建造风格，据说这座祠堂就是始建于唐朝（现在讨

第一章 上古时期的祠堂 | 011

图 5 平阳府尧王庙内的光天阁

论的这座建筑未必修建于唐朝，可能是后来重修）。另外，筒形拱的出现显然也说明这种独立的建筑母题是因当时频繁的中西交流而传入中国，但并未被广泛应用。

两侧偏殿各由七条轴线构成，内部空空荡荡的，其功能已无法知晓。两座偏殿间的主轴上有座不太高的台了，台上是一座井亭（参见012页，图6）。这是一座六角亭，中间是井口，据说几年前还在供水。小亭的外墙上绘有云彩和龙。偏殿旁边的两座向前敞开的方形小亭引起了我的兴趣，亭子的用途尚不清楚。东面的亭子里有一尊古旧的石羊，高1.30米，据说建造于公元581—619年的隋朝（参见012页，图7）。我通过一位日本学者了解到，日本文献中已经记载了这座雕像。我在山西和陕西一些人家的门前或桥头，也发现了一些类似这种石羊的雕塑。尤其是在陕西省会西安府，石头塑成的公羊非常常见。这种羊往往比人还高，有着

图 6　平阳府尧王庙内井亭与主殿远景

图 7　平阳府尧王庙主庭前东侧亭内的石羊

图 8 平阳府尧王庙，从东南方看巨大的主殿

华丽的弯弯羊角，成对地守卫在房门前。这些石羊可能是平民百姓家用来替代石狮的，因为石狮只能用于高官府邸或祠堂。我走访尧王庙的时候，西面亭子里与石羊相对的只有一张空桌，但韦廉臣于1866年在此处考察时，还看到了用铁铸成的某种植物，不过他也不了解这种东西代表的含义。

主殿前方的道路两旁有几块赑屃驮着的纪念碑（图8）。雄伟的大殿建造在一个48米×30米的台基上，前面轴线上有一座平台，伸出三道台阶。同样的设计在旁边的两座祠堂中也可以见到，这是中国古建筑的一个显著特点。大殿的供奉区域通过坚实围墙南端的入口可以到达，前面安放着一钟一鼓，四周被回廊围绕着。供奉区的祭台上安放着尧帝坐像，坐像两侧各有一个侍从，祭台两侧又有一对，总共四人。内部立柱的位置安排得很有规则，顶上有格子图案[1]，里面绘有常见的太极图。太极是中国的一种深奥理论，把阴阳两仪融合在一个圆圈内。前殿中有一个木质球体，突出了轴线的位置。

这座建筑独特的外部结构，将细节上丰富的造型与巨大肃穆的线条和平面统一起来，制造出壮观的效果。身处广阔寂寥的天地，站在宏大的庙堂里，面对这座大殿，我几乎不用回想庙主人那些光辉的时刻，就可以领略这令人崇敬的建筑艺术。中国人正是借此来表达对上古模范帝王的赞颂。这些建筑历经数百年，从外表上来看状况尚佳，因为现在的祠堂采用的主要形式和轮廓，来自已经毁坏的原来建筑，论风格特色可以追溯到很早的年代，因此，我们看到的是古老建筑形式的轮廓，而非细节。

这座建筑的画龙点睛之笔是双檐屋顶的设计——重檐歇山顶，这也是中国重要祭祀建筑常用的设计。下层檐完全是单坡屋顶的样式，它围绕核心结构呈环状覆盖着前殿，通过中间层独立的宽阔格状中楣饰带与上端主顶相分离，看上去并未连成一个整体。对于双层檐或者三层檐这种独特的中国风格，我们可以这样解释：它们是单层屋檐的派生，重檐首先趋向建筑的核心，然后和最上方的屋顶相接，再向其靠近，最后形成了多檐屋顶这一独立的建筑母题。我只是在分析以上建筑后才得出了这个结论，中国建筑经历了漫长的发展过程，从民居到多层的大门与楼阁都参照了这种建筑母题。这一母题最开始纯粹是为了实用，因为产生了意想不到的效果，人们才意识到其美学效用，于是开始有意识地运用这一造型。这个问题这里只作简单介绍，等到另一处我再进行详细说明。

与之前已经提到的大殿核心部分相比，主建筑的供奉区域也立着高大坚实的墙壁，墙壁通过两层屋顶之间的宽阔中楣装饰直达上层屋顶。这些结实的墙壁风格也很可能起源于唐朝。这便为我们提供了一个非常重要的提示，即那个时代已

---

[1] 一般指被划分出来的方形区域，其中多有装饰图案，如中楣或栏杆上带有绘画或浮雕的方形格子。——译者注

经引入了一些新的建筑艺术流派。中国各地的拱形建筑为我提供了足够的案例，帮助我探究中国建筑风格对拱顶的潜移默化的影响，但是这种转变的力量还不足以使中国人偏离他们古老而独特的艺术理想，眼前这座完全中国风格的建筑就证明了这一点。

另一个十分古老但引人注目的独特母题位于屋顶。主顶已经显示出略带弧度的雄伟的重檐歇山顶风格，而下方为山墙装饰的单坡屋顶构造，但是，不太常规的陡峭坡面把建筑过度地向上拉起，使其整体造型看起来不同于一般中式大殿屋顶的那种成熟的经典样式，这就为我们推测中式屋顶早期样式提供了条件。我们可以将这种屋顶与南亚及其邻近岛屿上的茅草屋进行类比。那里的屋顶框架通常也有较大的坡度，直到人们发明了瓦片，屋顶的坡度才有所限制。

上层屋檐超出下方墙面的部分很短，这种古代的建筑母题并不符合中国人对雄伟的理解，但这一特点使这座建筑看起来十分独特。其实，屋檐超出下方墙面这一设计，本身并没有什么必要，一方面是因为落在屋顶的雨水已经被其他构造提前引走了，雨水不会从屋檐上落下打湿下面的人；另一方面是因为主顶本来也要先与单坡屋顶相连接。在中国建筑艺术此后的发展过程中，上方屋檐伸出的部分逐渐变长，后来建筑中还出现了多重屋顶，以及装饰精美的飞檐，这无疑符合了美学上的要求，使屋檐进一步向外延伸成为可能[1]。

尽管我们只能在此间接地推测，但仍可进一步考察这座建筑建造时的情形。因为这座庙宇本身就是一段活生生的历史，可以由此准确推断出当时的建筑传统。在这些中国建筑建造年代不明确而又不断翻新的情况下，研究中国建筑唯一的办法就是细致严谨，用批判性的眼光，不时地记录建筑的明显特征，只有这样才能一步步摸清中国建筑发展的历史，而且，只有收集大量带有某一特征的建筑案例，才能得出我们想要的结论。

上文提到的上层屋檐延伸部分过短这一特点，使宽大的格状中楣饰带十分明

---

[1] **本系列第一本书《普陀山》，58 页、74 页、85 页。**

显，因为这样就没有阴影能够遮挡视线了。在这座建筑的上层屋顶和下层屋顶之间的中楣饰带上，我基本上没有找到特别的母题，只有屋梁构架上的饰带可供考察，这种饰带的作用通常是连通上下屋顶，使其不至于分割开来。此处的中楣饰带令上下层屋顶的中间层十分醒目，饰带上每一个格子里都有用彩绘石膏和釉陶制作的极为华丽的人物形象与纹饰，图案包括生动的神话传说、各种人物、驭象者、龙、鸟（此处或是凤凰）以及植物。北面的中楣饰带分为九个部分，两侧的八个格子里是八仙，中间的格子里是艺术作品中经常出现的福禄寿星，他们的形象分别是一位老父亲、一位官员和一位睿智的老人。南侧的四个大格子里是丰富的几何花格，中间有四个大字：

民无能名[1]

中楣饰带围绕三角楣饰的一侧，其造型与丰富的屋顶装饰浑然一体。在山西地区，建筑屋顶因广泛使用精致的釉陶而闻名古今。这座建筑也是一样，屋脊上布满了雕刻生动、活灵活现的龙、狮、象、骑士、武士以及纹饰浮雕，它们或从中间打通或从下面斜切，浮雕的釉色主要是淡黄色，但远远看上去好像是白色。大殿的外部结构非常独特，入口上面有高高突出的牌楼，牌楼共有三个格子，装饰得尤为生动。

建筑结构柔和而优雅的母题使大殿显得特别宏伟。牌楼作为规则建筑立面的延长部分建在入口上面（参见017页，图9），与之类似的几例出现在四川。这种对大线条的打破违背了中式建筑风格，因此采取这种建筑构造肯定有其特殊的原因。要了解其原因，我们还要到建筑主体的构造中去寻找。在牌楼的中间一格处，无论是底层还是中楣部分，前面供奉区域的墙壁都缺少了一个对应部分，这就在建筑上留下一个窟窿，上部只是暂时被遮盖住了。中国人并未想过运用新的坚实的建筑样式，所以并未在上面的中楣上添加内容，显然，他们没有打算将木

---

[1] 此句出自《论语》中孔子对尧的评价："大哉！尧之为君也。巍巍乎！唯天为大，唯尧则之。荡荡乎！民无能名焉。巍巍乎！其有成功也。焕乎！其有文章。"——译者注

图 9 平阳府尧王庙，带有前牌楼的主殿

质中楣做适当的延伸。因此，他们在前面建起了一座宽大厚实的牌楼，用以遮挡这个窟窿。即使是站在中国人的视角上，这个解决方案也令人费解，我想最根本的动机一定是宗教文化方面的。或许这种入口能追溯到古时候这座建筑立面的最初结构，只是后来被打造成了纹饰丰富的牌楼。今天，这种牌楼在宏伟宫殿的门前以及庙宇院内的中轴线上都能见到，而且有的非常靠近主体建筑。如果在这座祠堂建立之时，即公元3世纪末期，人们也有这种古老的传统，那么这种母题或许就会在祠堂于唐朝改建和后来翻新时得以保留，最后与主建筑有机地融合在一起。不管怎样，这座大殿主入口的独特设计在建筑史上的意义毋庸置疑。有趣的是，在1913年北京故宫太和殿前举行的光绪皇帝遗孀（隆裕太后）的发丧仪式上，大殿前面临时建了一座类似的大门。

在我们眼前的这个祠堂，前牌楼的宽阔木板被方形框架划分开，双坡屋顶的下方被分成了三个部分，中间部分比较宽阔，两端有柱子支撑。这两根柱子立在下面格子的中间，这种设计似乎与美学原则相矛盾，因为美学要求建筑形式必须具有艺术感。当然，总的来说，从中式建筑结构出发，也可以产生合乎美学原理的建筑构造，但中国建筑师在主持建造时并没有这些顾虑。我们必须意识到，虽然轴的关系比较杂乱，但是那两条龙朝中间张开大口，尾巴在顶端形成一个弧形，龙的巴洛克式线条、屋顶纹饰的生动线条、柱子和构架间方格上的精美雕刻和带有华丽彩绘的边框装饰物，所有这些搭配在一起又显得十分和谐。整个建筑结构从富有动感的中楣扩展开来，又被单坡屋顶分隔开，两个人物浮雕中间的牌匾作为首要部分，逐渐在上面屋脊顶饰处收尾。如果从中国建筑设计观出发，我们并不能对牌楼方格子上带有龙浮雕之间的布局进行批评，因为这是一种有规则的建造方式。这种建造方式也适用于大殿，它使宏伟的重檐建筑的对称成为可能。[1] 只有在严谨的建筑设计逻辑与大胆想象的冲突中，才有可能产生艺术的生命，这几乎成了中国艺术的一个基本准则。自由创作与结构上的束缚、不受约束的轮廓线条与对称性的要求、自由与规则的矛盾，这些冲突是不可调和的。最终，中国人常用一种不羁的方式来处理这种矛盾。

大殿平台的一条斜坡通向大殿两侧的小门和旁边的庙堂。从前庭末端横墙处的门洞进去，便是尧王庙与另一座庙宇建筑群间的走廊。尧王庙大殿北墙轴线处开了一扇大门，后面有一条抬高的大路通向最后一座较小的殿，那里的圣坛上供奉着尧帝及其夫人的坐像。

紧邻尧王庙的是舜、禹两个帝王的庙宇。这两座庙设计得更加简洁，只有大门、摆着祭台和帝王雕塑的主殿以及主殿后面帝王和帝后的卧室。或许它们先前也曾有过侧殿，但随着时代变迁而消失了。这三座为三皇而建的祠堂是整个建筑群的主要部分，也是基础，使人很容易就辨认出三重轴线这一中国建筑学中意义深远的母题。西面并入的建筑看起来结构更为复杂，但它与尧帝庙的主要部分很相似。进入大门后先是一个带有石碑的宽阔前庭，前庭有三扇大门，中间的中等

---

[1] 本系列第一本书《普陀山》，112—115 页。

大小，旁边两个是侧门。前庭里两座独立而修长的侧殿与主殿共同构成了一个中间建筑群。就我的观察，这个部分是天子的旧宫，最早可追溯到康熙年间。大殿则是纪念康熙皇帝的祠堂（图10）。据说康熙皇帝在出巡和游猎时，曾多次居住于此。他的牌位立在绘有闪亮龙像的背景前。屋檐下的走马板上陈列着十二幅形象逼真的王侯或官员的半身像。大殿北面的一座小殿中保存着皇帝题字的碑。殿内的墙上嵌着数座石碑，上面凿刻了碑文，上面所有的文字都是康熙皇帝一人所书，有的是一个汉字，有的是数字，有的是整首诗。这说明这座小殿是专为保存康熙皇帝题字的石碑而建。康熙皇帝和他的孙子乾隆皇帝一样，都喜欢巡游天下，乐此不疲，并在巡游途中留下了大量的诗文，后来这些诗文被刻在当地的石碑上。前一个轴线上的六角亭里有一块石碑（图11），上面刻着四个大字：

图 10 平阳府尧王庙，纪念康熙皇帝的大殿

图 11 平阳府尧王庙，康熙祠堂最北端的亭子

天子万年

前文关于祠堂的描述，有一些建筑的历史日期可考。据记载，此庙建于西晋惠帝（290—307年在位）时期，石碑题记中显示的建造年份是公元294年。在公元7世纪的唐朝，这座庙宇经历了翻修，或者说是在现在的位置上重建。西边的部分修建于康熙年间，这一点刚刚提到了。清朝咸丰年间，整座建筑在太平天国运动

中被太平军彻底捣毁。19世纪50年代，韦廉臣曾参观过这座庙，并描述了它遭到的严重毁坏的情况，屋顶倒塌、浮雕残破，到处显出的颓圮景象令人极度痛心，只有两层的前部建筑结构"观天口"躲过了一劫。尽管如此，这座建筑还是令他印象深刻。"最初的设计显然很出色，那些建筑先前的模样一定很雄伟。那些瓦砾、一排排美丽的柏树以及庭院的划分都可以体现出这一点……远处屹立的群山尤其引人注目，因为这是留下的唯一景观，当年尧帝的目光就曾落在它们的身上。"当时民众想重建这座庙，但手头没有资金。平阳府的将军和太原知府从京城争取了28000两白银（在19世纪70年代约为200000马克）。给我提供信息的人告诉我，负责重建的人并没有得到特殊的报酬，工人的报酬也很低，但人们为了圆满完成工作牺牲了很多，这些都是出于对尧帝的敬仰。在农历二月和八月，这里会有高级官吏主持国家祭祀。

祠堂建筑特点

为了给以后系统性地阐述中国祭祀建筑的建造结构和特点打下基础，我们需要总结一下在建筑史上有重要意义的几个建筑特点，就像考察黄帝祠堂以及其他被收录的重要建筑群的建造时所做的那样。其实，这些在描述中已经有所涉及，一般都是一些被频繁应用的简洁定式。对于平阳府尧王庙，我们观察到以下几点：

1. 用墙包围和分隔整个建筑。整个建筑用墙包围，并用墙分隔。
2. 大主轴、方形的建筑构型。建筑有主轴线，构型为方形。
3. 三个平行轴线将建筑平面三分。一些入口的三重大门、宏大主殿的神道和主入口大门将祠堂三分。
4. 入口大门开在围墙上，两侧敞开的大殿有一道墙，上面有一扇或多扇门。从这里开始我将称之为"中式大门"。
5. 前庭的布局。
6. 建筑内多次利用排列整齐的树木，尤其是柏树。

7. 侧楼的分隔与轴上主建筑的完全分隔。偏殿很长。

8. 局部母题：门楼、石碑、六角亭中井、特殊建筑内的特殊崇拜对象（羊与花朵）。

9. 把抬高的台基作为大殿的下层建筑结构。

10. 建筑物前的祭祀平台可以由三道台阶到达，主台阶在前，两个侧台阶在角落。

11. 供奉区域周边的回廊，与斜倚的单坡屋顶相连。

12. 供奉尧帝及夫人坐像的大殿在祭台后面，与祭台隔着一段距离，有过道相连但没有回廊，只有前殿、简单的双坡屋顶和山墙。

13. 有康熙皇帝题字石碑的殿后有小亭，与供奉尧帝及夫人坐像的大殿相平行。

14. 中间主殿两侧的低矮斜坡。

5 山西省介休县周代介之推庙

从禹帝起，中国开始了漫长的夏代（前2205—前1766年[1]）与商代（或称殷代，前1766—前1122年[2]）。中国人认为这些朝代都是真实存在的，但还有一定的不确定性。到了周代（前1122—前225年[3]），才开始有了确切的纪年。周朝的建立者武王（前1122—前1116年在位[4]）和他的父亲文王，是两位圣明的君主，一文一武，分别代表在文化上的造诣和战争中的英勇。在中国历史早期，这种以意思相对的两个字作为相邻两位君主谥号的习惯就这样被确立下来，或许最初只是一种巧合，但此后中国人就习惯用"文""武"二字称呼后世的君主。这两种谥号（或庙号）频繁用于各君主，比如元朝开国皇帝忽必烈（1260或1280—1294年），他除了世祖这一庙号外，还有"文武"这一谥号，也就是"圣德神功文武皇帝"。这一发现对研究中国的神仙谱系以及祠堂的发展

---

[1] 一般认为夏朝兴亡年代为约公元前2070年—约前1600年，存在470年左右。——译者注
[2] 一般认为商朝起止时间为约公元前1600年—约前1046年。——译者注
[3] 一般认为周朝起止时间为约公元前1046年—约前256年。——译者注
[4] 一般认为公元前1043年周武王去世。——译者注

历史非常重要。中国人需要将历史片段与宗教、国家层面的文化剥离开来，分别进行理解。然后他们以象征手段表现宗教的概念和形态，并用建筑艺术加以展示。[1]

周武王时有一位著名人物姬旦，他是武王的弟弟，史称周公。他身为周朝贵族，被他的哥哥武王封在鲁地。鲁地是孔子的故乡，即今天的山东省。周公居住在我们多次提到的曲阜，后来他的同乡孔子将他誉为君子的典范。[2]曲阜有一座为周公建造的祠堂，里面所供奉的周公像广受人们的赞誉。祠堂四周被方形的围墙环绕（图12），形成了一个院落。祠堂坐落于院子北面。在祠堂屋顶处，还可以发现这里原先存在的楼阁的痕迹。院子南面和东西两侧的入口处，建有石质牌楼，牌楼的大门则是木质的。祠堂庭院长满了参天古树，有柏树、槐树和金合欢。角落的楼阁和三扇门样式的大门使人很容易想起孔庙的母题（这一点我们会在第六章讲到）。

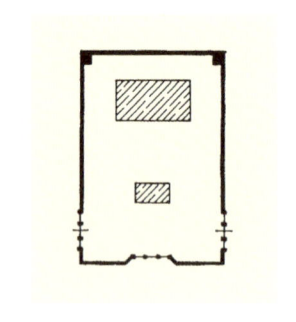

图12 曲阜周公祠平面图

周朝始于武王这位勇武的君王。周朝国祚近900年，但它本质上只是在各诸侯国中处于领导地位的一个诸侯国。周王室一直维系着整个国家名义上的统一。孔子就是周朝人，闻名列国，建立了自己的私人学堂。本书后面专门有一章介绍纪念这位圣贤的祠堂。下文所介绍的祠堂，纪念的是这一时代的另一位名人，他便是介之推。

介之推庙

距山西省省会太原府大约三日路程的地方，有一个中等大小的县城——介休县。离介休县城不远处，有一座黄土地貌的独特山丘——绵山。这一带与著名人物介之推的事迹紧密相关，因此建有多座庙宇。关于他的介绍与事迹，除了汉学

---

[1] 本系列第一本书《普陀山》，109页。
[2] 周公受封鲁地，但他仍留在镐京辅佐天子，由长子伯禽赴任。——译者注

第一章 上古时期的祠堂 | 023

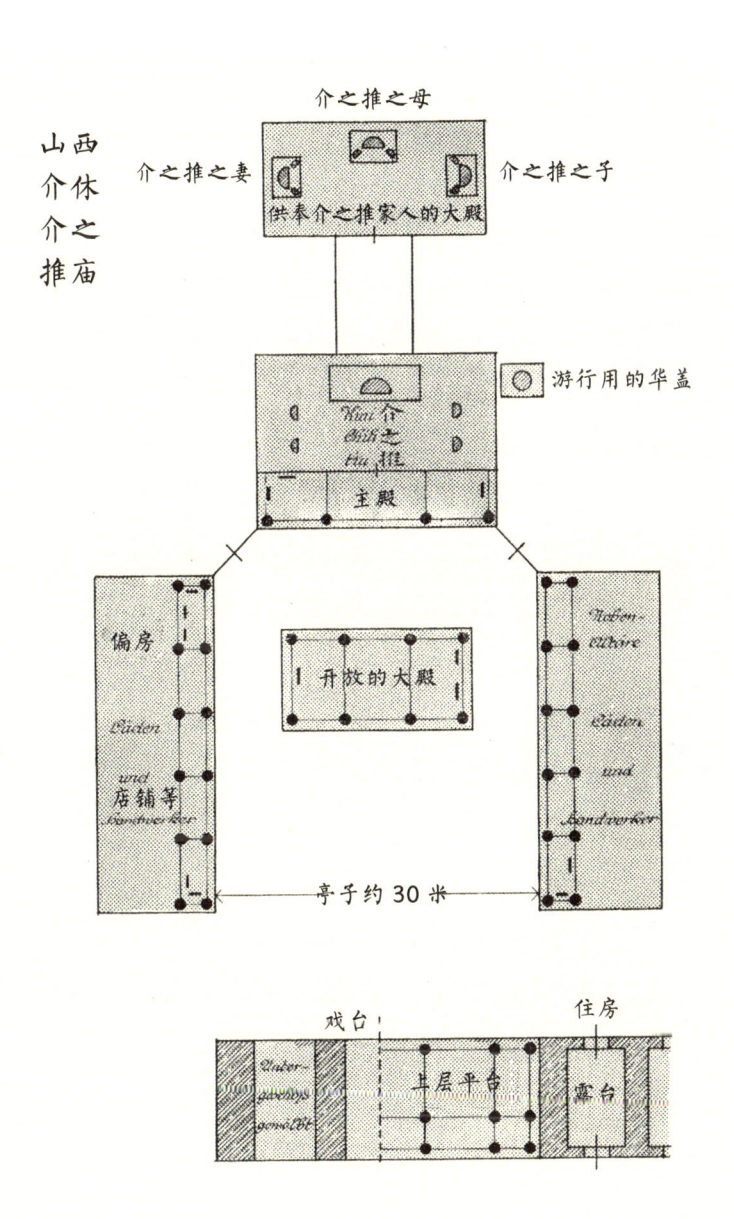

山西介休介之推庙

介之推之母
介之推之妻　介之推之子
供奉介之推家人的大殿

游行用的华盖

Kai 介
chih 之
tui 推

主殿

偏房
店铺等

开放的大殿

Untercultur
Läden
und
Handwerker

亭子约30米

戏台　　　　　　　　住房

Untergewölbs
gewölbt

上层平台　露台

图13 介休介之推庙的平面图

家梅辉立和翟理斯有记录外，我在当地也搜集到一些民间故事。

介之推是山西人，是晋公子重耳忠心耿耿的臣子。重耳是晋国君主，世称晋文公，生于公元前697年，公元前636—前628年在位。晋国就位于今天的山西省。重耳受到他父亲的妃子骊姬的迫害，在手下的忠心护卫下逃至胡地。介之推便是重耳手下的一员。重耳主要就是受到他的照顾，才得以熬过十九年的流亡生活，回到自己的国家，继承爵位成为国君。重耳当上国君后，论功行赏，要特别嘉奖介之推，而介之推却推辞一切封赏，文公一再催逼，他逃回家乡，藏身于绵山林中。根据史家记载和民间传说，古代很多功臣都跟介之推一样在功成后自行隐退，给其他年轻的朝臣让出位置，因为他们相信自己已经完成了尽心辅佐君主的使命。这种思想在后面介绍张良的部分我会进行更详细的阐述。介之推的行为正是他价值观的最好诠释，这种价值观反映了他的自信与谦逊。晋文公广泛散布消息，四处搜寻介之推，呼吁他的这位朋友兼恩人回去，但是一切都是徒劳。听说介之推和他年迈的母亲藏身于绵山密林中，于是晋文公下令焚烧森林，只在森林中留下一条大路，让介之推和他母亲脱身。不知是没能找到出去的路还是宁死不从，介之推母子最后都葬身火海，据说最后只找到了他们的遗骨。晋文公感叹道，介之推是我的第一位谋士，贡献卓著，现在本该是由他做我的首任丞相呀。

为纪念被焚身亡的介之推，晋文公敕令每年农历三月清明节的前一天禁止生火，只能吃冷食，尤其要吃上色的鸡蛋，并在门前插柳枝。这条规定在公元5世纪前被废止，但插柳枝的习俗保留了下来。五月我在山西游历的途中，曾见到县城与乡村的每条街都有柳枝装点。不过，这样做最主要的目的还是为了求雨，因为我在春旱时期的山西、陕西很多地区都见到了这种风俗。通过观察我们发现，人们把介之推的灵魂与上天赐雨联系在了一起。

介休县城得名于介之推。这个名字很早就有了，只在北魏（386—534年）时一度更名。[1]大概在那个时期，介休县所属的城市曾更名为解州。介休地区以名字这

---

[1] 白挨底（George MacDonald Home Playfair）《中国城乡地理词典》（*Dict. of China*），853、1749页。

种方式，始终强调着与这位忠烈人物的联系。介休这座小而安宁的县城里居住着许多古老而富裕的家族，城内保存着许多精美的古迹（尤其是门楼），介休也因此而闻名。介之推庙在介休县城西门外，并不算华丽，很多部分还年久失修，但建筑布局和各种纹饰图案仍然引人注目。

这座庙在一条轴线上展开（参见023页，图13）。一栋二层的建筑是主殿，位于庙宇的中心，主殿底层有三个筒形香炉。这种大型建筑结构是山西的建筑特色。主殿的东侧连接着一排相似的房间。在中间，与主殿相对的位置有一座戏台，说明这座庙宇尽管古老但受到了老百姓的膜拜。宽阔的中间庭院两侧，有几座半开放的殿，殿内的祭台上供奉着不同的神祇，有几个商人和手艺人在此居住。庭院中间还有一座开放的大殿，此殿叫做拜殿，里面有几块石碑。这种拜殿在山西的客栈中也很常见，大概是中国古老的建筑传统。在本书讲述庙台子时，我们还会讲到一个拜殿的典型例子。主殿中开放的前殿里有几块石碑，祭台上供奉着介之推像，身旁有四位侍从。这种布局与尧王庙中的布局一模一样，也是中国古代习俗的体现。主殿的旁边有一个华盖，用于节庆游行时遮盖神像。主殿后面是供奉介之推家人的大殿，其中位于轴线显要位置上的是介之推的母亲，东面的男性是他的儿子，西面的女性是他的妻子。每个神像都有两个侍从。这个大殿的布局应该也符合中国古代传统建筑格局，因为介之推庙虽然为介之推的母亲安排了位置，但她并不能超出主要人物的地位。在这里也略微暗示了介母同儿子一起赴死的悲剧命运。

碑上有如下文字：

节烈格天忠孝两全旌善维风不文而显智仁勇。

民众把对介之推的怀念之情，寄托于周围的地理风光，其中的绵山成为当地的第一圣地。太原府通往南方的驿道横贯整个山西，途经各种黄土地貌。1908年5月11日，我从介休出发，偏离主路朝东南方向行进，很快就到达了一处宽阔的山谷。主路上高高的黄土丘将山谷的东西两面分隔开来，这条路在东面止于绵山山岳。一股泛着泡沫的水流在青石构成的土地上侵蚀出一条长而破裂的山坳，山坳里有陡立的尖角和奇特的洞窟。最大的洞窟在山坳起始的位置，十分宽敞，内有一处圣地，即云峰寺。在我拜访时，这里正聚集着数千名朝圣者。云峰寺尽管外形是佛教寺院，但本质上是一座道观。在后文中我还会讲到这座建筑。有趣的是，这座特别的寺庙里同样供奉着介之推。这里的介之推塑像手持笏板，立于下层的祭台上，上层是介母的塑像。

绵山的另一处地方有介之推最重要的祠庙，据说是他当年殉难的地方。上文提到的山谷往南3000米左右，紧靠着山的西侧有一片通往平原的坡地，坡地上覆盖着茂密的森林，坡地前面是两座同样被密林覆盖的小山，侧面则是陡峭的峡谷地带。这片森林就是当地人所说的圣林。森林里长着茂密的柏树和白皮松，枝干横斜错落。介之推最重要的祠庙就在这片林子里，它造型美观，富有意境，内含多座建筑。我去的时候，祠庙刚刚修缮完成。几座庭院和三个亭子间栽了许多花草树木，还立着几块碑，整个祠庙里散发着玫瑰（芍药属）等花卉的阵阵芳香。主殿内立着介之推的塑像。祭台前的两个柱子上各刻有一条盘龙，龙尾指向中轴线。我在干旱的山西省常常发现这种与求雨有关的建筑母题。因为伟大的功绩和悲壮的殉难，介之推被归入绵山诸神之列，所以在人们崇拜的有助于降雨的神灵中，自然也有介之推了。庭院中的一块石碑上写道，介之推听到了百姓的请求而普降甘霖，地方官因此对他表示感谢。黄昏时，我站在树林西边入口处，在晚霞中欣赏寺庙与森林的美丽风光。这时，平原已被西面黄土山峰的宽阔阴影遮蔽了，在一片寂寥中，我远眺被最后一缕夕阳笼罩的远山，感觉整个区域似乎都因对介之推的崇拜而神化起来。天黑以后，我们在明亮的月光下返程，走在草地上，越过牧人的篝火，最后抵达了营地。

中国人将介之推奉为整个绵山周边地区的神灵，通过这一行为我们可以发现这种崇拜风俗的特点。这种风俗与特定的历史场景相联系，人们所缅怀的人物在本地出生、行事，留下特别的影响，并在这里受到至高无上的尊崇。如果这一地区又有某种特殊的自然条件，那么这种人物崇拜的传统就会更根深蒂固。出于某种需求，人们把这些人物奉为神灵，赋予他们某些对当地人来说最重要的力量，比如把他们奉为雨神或保护神。

关于对介之推的崇拜，有以下两个特点非常引人注意：一是人们对介母的敬仰，介母随介之推一起殉难，在庙中一直被供在介之推的旁边；二是对圣林的崇拜，介之推葬身于此，于是这片树林也被一并纪念。

对先辈与亡灵的敬畏之心支撑着中国人对先人的纪念，这样的例子不胜枚举。通过研究这种纪念习俗，我们可以在对应的案例中，对那些年代久远又缺少相应文字记载的个体建筑进行推断。同之前一样，我们也将这一方法用于对介休祠庙建筑格局的判定。通过这种方法，可以将这座古代中国建筑的形式简要归纳如下：

1. 主殿对面有戏台。
2. 侧殿和中轴线上的大殿分开。
3. 庭院中间大殿的布局。
4. 祭台两侧有四位侍从，与中轴线平行。
5. 后殿的布局。此处是供奉家人的大殿，或者是宗庙，里面供有其母和其他先人，表明此人的家族渊源。我们还记得，平阳府尧、舜、禹庙中，相应供奉的是他们的妻子，她们被供奉于位置靠后的大殿里。按照布局安排来看，这类建筑都是这座宫殿中较为私人的居住区。

第二章 三国人物祠堂

1 汉代历史与著名人物简介

东汉末年,各方诸侯愈加强大和独立,最终他们相互攻伐,致使天下大乱。与周王朝的分崩离析相反,秦朝和之后的汉朝逐渐形成了长期而伟大的大一统,这种大一统模式为今天中国的政治结构奠定了基础。在后面的内容中,我们将介绍汉朝初年的名臣张良,此人在汉朝的建立过程中功勋卓著。本书关于他的几处描述都是为了能够更好地刻画这位著名政治家的形象。汉初政治的核心就是追求帝国的统一和中央集权的维系。早在公元前225年的秦朝,大一统的局面就已开始,但是到了两汉时期(前202—220年)大一统才得到巩固。正是这个时期,有计划性修史成了一种必然而非偶然。司马迁(前145—前80年[1])是中国史学家中最重要的代表人物之一,是中国的史学之父。后人通过在他家乡陕西建造墓碑和祠堂延续着对他的追思。在黄河中游,著名的龙门以南的山、陕交界处,黄河的一条支流流经韩城地区,司马迁的家乡就位于这条河的右岸。司马迁祠建在一座山丘上,沿着一条经过扩建的道路可以抵达山丘之上,道路中间有多座门楼。[2]

乱世也是名士辈出之时,汉代出现了许多英雄人物。为了纪念汉代的诸位英雄人物,全国各地都建造了陵墓和庙宇,并且得到了官方的许可,由此存留至今。这些人里面既包括了伟大的帝王汉高祖、汉武帝和将佛教引入中原的汉明帝,又有三国时期杰出的女性,还有把中原兵器引入匈奴的将军以及令这个时代文化璀璨闪耀的众多文人与艺术家。其中很多人的出生地或者建功立业之地为人们所熟知。遗憾的是,我们的文献中还缺少对这些地区的系统介绍。

幸运的是,我在山西和四川游历时,看到了一系列纪念汉末著名将领的祠堂。这些祠堂从本质上来说都可以归为同一类一并介绍。在前文中,我曾提到我在历史最悠久的山西考察过中国上古君王的祠堂,而当我在四川,遍地都能见到

---

[1] 一般认为,司马迁卒年不可考。——译者注
[2] 沙畹《北中国考古图录》,图1047—1056。我并未造访此地。

纪念汉末将领的古迹。正是这些人之间的争权夺利导致了汉王朝的分崩离析，分裂成魏、蜀、吴三国。蜀国大概位于今天的四川，定都于汉水谷地上游的成都府；魏国拥有中国中部和北部省份，都城在河南彰德府；而吴国位于长江以南，定都建业[1]。三国存在时间是220—280年，但这里将要提到的英雄人物的政治功绩主要发生在公元190—220年。这里我们主要介绍一个特定群体，即建立了蜀汉的皇帝刘备及其麾下的各位大臣。

在历史上的其他时期，几乎找不到像蜀汉群英一样受到如此高规格纪念的同类型人物。在介绍他们的祠堂之前，我想先用一段历史，来简要评价一下这些英雄人物的历史地位，说明他们为什么会被冠以英雄和神灵的名号。这些英雄在他们各自的地区被奉为圣贤，享有自己的祠堂，甚至在全国都被敬若神明。要解释皇帝刘备及其亲信在历史中所取得的地位，就需要对那段历史一探究竟。虽然仅以历史为依据也有其局限性，但对于理解这些人物和相关的祠堂已经足够。

2 历史事件

汉王朝的没落和最终崩溃，始于公元184年的黄巾起义。那一年，大约36000名起义军一日之内在36个地区同时发起叛乱。尽管起义军的主力及其首领在同年就被围歼殆尽，但整个运动持续了十年之久。相当一部分的汉朝将领参与了清剿黄巾起义的行动。但是，此前在战斗中得到历练、实力增强的各路将领及其部队，随即又成为对手，互相混战。在连年战乱中，个别将领脱颖而出，公元220年最后一位汉朝皇帝被废之后，三位将领平分了天下。刘备（161—223年）是汉高祖刘邦的后裔，他在公元221年成为蜀国的统治者。曹操（155—220年）以其极大的魄力和独到的用人之术，为其子曹丕（187—226年）后来称帝打下了基础。孙坚死于公元192年，他死后，其弟孙权（182—252年）继位，并于公元229年自立为吴国

---

[1] 即今南京。——译者注

君主[1]。在反映三国历史的作品中，最重要也是最著名的自然是历史小说《三国演义》了，但这本书并非完全基于史实，而是在历史事实的叙述中增加了文学演绎的成分。

曹操由于被汉灵帝（168—189年在位）身边的大太监收养[2]，因此得以接近天子，而其他两位主公，早年生活惨淡，哪怕是出身高贵的刘备也是如此（据说刘备早年以编草鞋为生）。刘备先是通过镇压起义军扬名，此后则快速攀升，孙权的父亲孙坚也是如此。公元189年汉灵帝的驾崩，成为宦官与皇族之间激烈冲突的导火索。最终皇族凭借将军董卓的支援而取胜，但董卓居功自傲，残暴专横。后来，董卓立汉灵帝次子为帝，是为汉献帝，并将都城从洛阳迁回长安。但此时，他却成了其他将领的敌人，终被击败并遭到谋杀，死后尸体还遭受了侮辱。董卓的一位追随者将凶手灭门，为他报了仇。[3]

在这期间，这些在对抗董卓时同仇敌忾的将领们，在董卓死后相互敌对，陷入了持久的混战。刘备、曹操、孙策以及袁绍这四支人马，时而互相结盟，时而开战。时势造就了一批英雄人物。这些人被调往各地任职或者冲锋陷阵，他们是精干的武将，但绝非可靠之臣。此外也有一些人通过裙带关系来擢升。刘备就是孙坚的女婿，孙权的妹夫[4]，而孙权后来成了吴国国君。据说，刘备的夫人为一位强悍的女性，如布伦希尔德[5]一般。十分有趣的是，据文献记载，她豢养了上百名全副武装的女侍者，令她们仗剑守卫门房，即便刘备来访也惶惶不安。

在这个到处充满自私、不忠和彼此谋害的纷乱社会中，只有一种忠诚超过了一切战局的变化，那就是刘备与关羽、张飞之间的交情。关、张二人极力辅佐刘备谋大业，并最终帮助他赢得了蜀汉的统治权。公元184年这三人相遇于现在的直

---

[1] 孙坚死于公元191年，他死后，其子孙策继位，孙策死后，孙策的弟弟孙权继位。——译者注
[2] 曹操的父亲曹嵩是宦官曹腾的养子，这位太监历侍四代皇帝，在桓帝时被封为费亭侯。曹嵩继承了曹腾的侯爵，在灵帝时官至太尉。——译者注
[3] 董卓为吕布所杀。随后董卓旧部击败了吕布，并未杀掉吕布。——译者注
[4] 刘备是孙坚的女婿，孙策和孙权的妹夫。——译者注
[5] 北欧神话中奥丁神的女儿，是一名女武神。——译者注

隶省涿州（即刘、张的家乡），并在张飞的桃园结为异姓兄弟。三位结义兄弟名垂青史，他们彼此间的忠诚被编成无数故事，世代相传。

公元192年，曹操大败黄巾军，据说他俘获了30余万的叛军。公元194年，他击败刘备的军队，此后节节胜利，最终"挟天子以令诸侯"。曹操在河南征集百万担粮食作为战争补给，而天子却在暗中支持刘备，以肃清曹操。公元199年，刘备果然出兵讨伐曹操，结果兵败，第二年（200年），他陷入了更大的败局，甚至自己的两位夫人被俘。[1]关羽被俘后，曹操授予这位被俘的将领很高的荣誉，赐予他高官厚禄，并把这位猛将留在身边参与军务，尤其是讨伐公开反曹的袁绍。但当得知结义兄长刘备在袁绍阵营效力时，关羽便向这位暴戾的丞相请求放行，而曹操也慷慨地满足了他。

现在看来，曹操与刘备间似乎有一段和平共处的时期，直到公元207年，刘备结识了他的军师，即足智多谋的诸葛亮，也就是后来的蜀汉丞相。诸葛亮生于山东，长久以来过着隐居生活。他与刘备的相遇被演绎得颇具文学色彩。皇帝刘备两次拜访诸葛亮，但都遭到拒绝，直到第三次拜访才得以与诸葛亮会面，二人就当时的天下形势和未来宏图大业的举措不谋而合。此前关羽和张飞不同意请诸葛亮，但这时也听从了这位睿智谋士的诸条建议。诸葛亮上任后做的第一件事便是与孙权结盟，此时孙权在江东的地位已经相当巩固，和刘备一样也是曹操的天然敌手。公元208年，刘备先兵败于湖北当阳，此役中张飞表现出众；就在曹操自认为无人能敌时，同年，孙刘联军在赤壁的夏口沉重打击了曹操的80万大军。曹军舰队和营地焚毁在熊熊烈火中，后来的文人苏轼（苏东坡，1037—1101年）还曾见过被烟熏黑的岩石。但是曹操非但不知收敛，反而变本加厉，胁迫天子。然而这也丝毫无法阻挡刘备，公元214年，刘备的远亲刘璋率精兵投降后，刘备完全占据了四川。此后的战役中，公元215年，孙权败于曹操，公元217年，再次大败于曹操。

公元215年，曹操自封为魏王，自称霸主，视孙权为穷寇，但他和刘备尚未决

---

[1] 本系列第一本书《普陀山》，135 页。

胜负。虽然曹操于公元215年一举夺取了汉中地区，但刘备在公元217年又收复汉中，并于公元219年自立为汉中王。刘备称王的同一年，派关羽讨伐长江流域的孙吴政权，而孙权设下陷阱，在当阳将猛将关羽擒获并杀害。刘备为报关羽被杀之仇，进兵征讨孙权。公元220年，曹操死于洛阳，其子曹丕继位。当时，已经半独立的孙权因为惧怕曹丕而屈服魏国，让曹丕册封自己为吴王。此后，孙权再次脱离魏国，并在公元226年曹丕死后宣布独立。公元220年，汉朝最后一位傀儡天子（汉献帝）被废，刘备与曹丕皆称帝。公元229年，孙权称帝。从此，三国鼎立局面完全形成，一直持续到公元280年。

在这三个短命王朝中，刘备虽然仅仅建立蜀汉，并传位给其孱弱的儿子刘禅，但他却被世人视为汉朝的合法继承者，因为蜀汉刘氏与汉朝同属一脉。后主刘禅是懦弱无能之辈，作为丞相的诸葛亮直到去世前都在尽心尽力地辅佐他，对魏国的战争也时胜时败。据记载，在诸葛亮的指挥下，蜀国的兵锋最远到达安南，但此后便开始衰落。公元263年，后主刘禅乖乖放下武器，将都城成都交给魏国大将邓艾。与此同时，长期镇守剑门关的蜀国大将姜维奉命率军投降。自此，蜀国彻底消亡，但"蜀"这个字却保留下来，用来指代四川省。

所有的三国英雄祠堂，尤其是刘、关、张三位结义兄弟的刘备祠、关羽祠和张飞祠（也有其中二人或三人共享的祠堂），最著名的几座都在四川省。汉室后裔刘备在此建立蜀国，于是纪念刘备及其手下文臣武将的祠庙就在这里被建造起来，并受到特别供奉。历史文献对此已经有一定记载。蜀国的兴亡在三国这一重大战乱时期留下了浓墨重彩的一笔，纪念蜀国英雄的几座建筑基本上也都在四川省境内。我的旅行路线基本上是按照历史进程来规划的。几座庙宇因为在历史上不断被重建，所以多种建筑风格相互交织。为了探寻建筑群的特点及发展过程，我们可以采用另一种方法，即利用历史和建筑结构的信息，分别收集每一类庙宇的建筑风格，这样就可以描述出这类庙宇的一般特征，以及与其他类别的庙宇的不同之处。我们在研究山西那些极其古老的庙宇时，也应当采取类似的方法。在地理上进行归类研究，其优势在于可以找到地域特点与当地祠堂情况之间的联系，这对于理解当时中国人建立这些圣迹的背景十分必要。四川省别致的建筑艺术和美丽的山水景观，总能使人心潮澎湃。

我们首先要提到的就是那些建立在从北方到四川山道上的祠堂。从正对成都平原的山脉南坡上的庙宇到成都府本身，再到四川省西部的祠堂，最后沿长江上游直至湖北省内的庙宇，这些在史书中都有记载；不论是建筑群的规划和建造，还是供奉的方式和特点，都有详细的描写。所以我们必须从一开始就对历史文献加以关注，有时在此过程中也能探查到其他年代而非三国时期的历史线索。虽然这些原本属于其他历史阶段，但因其地理关联一并算在此内。

3 陕西至四川官道两侧山中的三国英雄祠堂

很早以前，从北京经山西、陕西至四川成都府的官道就已修筑。官道上最著名的一段路是通往陕西南部和四川北部的群山（参见125页，图73），它是秦岭的一部分。后面我们讲到庙台子（张良庙）时还会详细讲述秦岭的特色。沿着这条路，七天便可以翻越秦岭，再用十四天便可以穿过大巴山的整个西部支脉，抵达成都平原北端的罗江县。早在汉高祖刘邦争霸和统一中国的战争中，这条道路就意义非凡。在此后的历次战争中，这条道路始终具有重要的战略价值，比如三国时期刘备和曹操的军队就反复争夺该地。为了纪念关羽，人们在秦岭的一处要地为他建了一座庙宇。关羽是刘备的结义兄弟，后来被称为"关帝"，并被奉为武圣或战神。紧靠义门陈村的围墙边有一座较小的庙宇，虽然只是一座小庙，但却是通往北方群山和宝鸡地区的入口，以及旧时山路的起始点。一道叫青沙岭的关口，是黄河与长江的分水岭，不过这里并没有什么建筑物。凤县南边靠近秦岭山路中段的位置有一道关口叫做凤岭。这道被称为"南天门"的凤岭关高达1800米，是秦岭最高的一处关口，群山环绕，山峰最高可达2450米。凤岭有座关帝庙，位置就在制高点上，正好突出了这一险要地形。附近还有一座小庙，里面供奉着关帝和宋朝的两位将领吴玠（1093—1139年）、吴璘（1102—1167年）兄弟，[1]后二人因在抗金战争中多次破敌而闻名，据说就死于这附近。这座关隘地理位置险要，周边景致十分秀丽，在我的日记中有如下描述：

凤县西大门正后方约1100米处，道路开始偏离宽阔的东河河谷，向着东南方曲折地延伸，攀上光秃秃的、有陡崖和深谷的黄土山。1908年7月6日，我登上满是黄土和岩石的山头，回望壮观的峡谷与山色，银色的河流在纷乱的群山东部蜿蜒而出，又消失于群山的西面。山上在海拔1450米以下都是黄土，往上则是裸露的岩石。我朝最低处行进，进入了一个向西敞开、面向东河的山谷。走出山谷后，沿东河上游穿过稀疏的村落和贫瘠的荒野，接着再攀爬一段，就到达了陡峭的山坡。这里险峻的山路通往著名的"南天门"。然而，从望见大门到最终抵达需要一个小时。我吃力地在光秃秃的山道上攀登，前路好像无止境，但回头望去，北面的群山苍莽如画，这种美景大大减少了我的疲惫。站在关口的顶峰远远眺望南方，可见庙台子所在的紫柏山高处，近处可见乌土山的生动轮廓，脚下则是一个深谷以及朝向西面的东河。山口高处简约的大门和祠堂处有许多石碑，碑上刻有诗句及其他碑文。康熙年间一位凤县的地方官写下了如下诗文：

鸟飞云天，马前峰顶一片白。彩云环拥千秋雪，[2]险径去向成都府。环顾可赏雨后虹，贯连天地。策马山间云雾中，有龙挂金鳞，凤披锦羽。土地薄收，乡民清贫。然太平常驻，贼盗不兴。信步山中，怡然自得。访者流连愿重游。

南天门上有一副对联赞美这个地方：

万山争地立；
千骑送人行。
横批：去天尺五

---

[1] 翟理斯《中国概要》，2324、2339 页。
[2] 此处是夸张，该地并无终年积雪。

秦岭山脉的美景和古代豪杰的英雄气概激发了我的朋友兼向导杜芳洲的诗意，他在此处附近写下了一篇优美的诗文。诗中提到的华容位于湖北省武昌县，因三国时期曹操败走华容道而闻名。当时关羽在该地设伏，将赤壁之战（208年）败走的曹操拦下，本应杀之，但想起曹操曾经对他的大度，便在这时回报于他。从此关羽有了"华容客""华容英雄"等名号。诗中的太白山是秦岭山脉的一个山头，支脉延伸到我们所处的地方。

诗云：

> 策马蜀川路，崎岖不易行。
> 群山迎面起，万树旁头生。
> 遥拟华容客，终成太白翁。
> 径音石砺砺，涧乐水净净。
> 正叹夕阳去，恰逢皎月明。
> 平生无可取，只在画图中。

凤岭关口有一条便道。这条道地势平稳，路上石头较少，也没有黄土。沿道路稍稍爬升，便到达一片平缓的山坡。在山坡上向南方和西方望去，可发现每一个转弯处都有不同的风光，近处的乌土山林木葱郁，远处南面的群山由紫柏山和凤岭等组成。山坡陡峭难行，奔流的小溪穿过光秃秃的山谷，再往后，山谷就被灌木和小树林覆盖了。但这优美的山林风光并不是我翻越秦岭山脊后想看到的景致。

从这里往南走一日便可到柴关岭，后面就是庙台子。接下来的两天行程中，我们一路穿过秀美的山脉，第三天便到达了秦岭的尽头。秦岭山脉在这里延伸至汉江平原。这里的石壁几乎与地面垂直，布满了裂纹，以至于不断有大块的石头碎裂并滚入山谷。黑龙江[1]的阶地和河床上布满了大大小小、形状各异的漂砾，漂

---

[1] 此处指褒河，又有"山河""乌龙江""黑龙江"之称，为长江支流汉江上游左岸的较大支流，位于陕西西南。——译者注

砾从上往下慢慢地沉到谷底，因此山下和山坡上一样都无法筑路。绕过了危险的位置，我们沿蜿蜒曲折的道路通向上面十分陡峭的关口。最后这一段攀爬尤其辛苦，在短短的一段路程中，我仿佛把七天翻山越岭的劳顿又重新经历了一遍。对此中国人有一句话来形容：

过了鸡头关，两眼泪不干。[1]

这是一段艰难的石头路，由石板和石子铺成，但大部分失修，只有几处地方状况良好。我们经过一座带有岗哨的大门，就到了鸡头关。关隘是一面与地面垂直的巨大石壁，大概1米厚，12～15米高，显得极为险峻。近处立着几座小型庙宇和其他建筑，比如土地庙，还有无数写着感谢与纪念文字的石板，或随意放置在路上，或斜靠在山岩壁上，或嵌入墙中。但最令我们感兴趣的，是一座武圣关帝庙。这里的关羽在宗教意义上就如同罗兰[2]一样，他守卫着秦岭山路的末端以及位于中间最突出位置上的凤凰关天门。从鸡头关望去，广袤壮丽的汉中平原一览无余。鸡头关的脚下便是几座村庄，朝东南方向看去是大都市成都府。那里的河流闪闪发光，从西面的山间流出，又消失在平原中。在平原的南面，大巴山遮挡了我们的视线。我们意识到我们距四川省已经不远了。

在广阔的平原上，通向成都府的大路沿汉江逆行而上。南北的群山互相靠拢，不断挤压着山谷，终于在勉县汇合。在城后西边小支流的后面有一处风景秀美的山谷。勉县是一座被城墙围绕的小城镇，几乎夹在两山之间。此地有非常重要的战略意义，因为它如同一把钥匙，占领此地就可以同时控制山路或平原。在此人们怀想起三国时期著名的故事"空城计"。有一次诸葛亮占领了勉县，但当时他率领的大军主力距此地还很远，这里只有少量兵马，以这股力量根本不可能抵御一次强攻。当司马懿率领大军兵临城下时，这位原本陷入困境的丞相用了计策。他将东门打开，命一些兵士身着制服，不带武器去清扫道路。他自己则高坐

---

[1] 原文的意思是从鸡头关往下看，下面的关中平原很贫瘠，因此感到很悲凉。——译者注
[2] 查理大帝麾下十二圣骑士中的首席骑士，一些城市中有其塑像。——译者注

在显眼的城门楼上，弹琴放歌，使远处的人听到。敌军闻之，疑有埋伏，吓得面色惨白，不仅放弃了攻城，而且迅速撤退。

诸葛亮与此地还有另外一层密切的关系。据说这里的山路就是他修筑的，一路上我们不断发现后人对此善举的纪念遗迹。近处，南边的河流对面有三座显眼的山峰，山峰脚下有一座诸葛亮墓，连带一座小小的祠堂。在城的东门前，人们为他建立了一座规模宏大的祠堂，即武侯祠。祠的大门是一座双门牌楼，立在路的中间。祠内有一座戏台，是两座入口，两侧有石狮子、旗杆、钟鼓楼等，内有几座庭院、厢房、侧楼以及一座官办的大殿。殿中最主要的位置供奉着诸葛亮的坐像，坐像前面除了摆着常见的供品和其他用品外，还有一把古琴作为对"空城计"的纪念，另有一把扇子和一面老式铜鼓，据说它们是由诸葛亮发明的。我清楚地记得还有一位棋手在那里，因为据说诸葛亮除了是著名的政治家和军事家，还是一位围棋大师。在成都府的武侯祠里甚至有一座特殊的亭子，里面陈列了一张石棋盘。接下来，在一座较小的殿里存有大约十五个石碑，也许是用来纪念诸葛亮后代的。最后一座狭长的庭院中，有一座小亭和一棵枯萎的老古柏，古柏上缠绕着藤蔓，院子正好到河边截止，由带有防御通道的坚固围墙环绕。出于迷信，人们将一块精心打磨的石头放在此处，用来抵挡水灾，名曰"天石"。

城墙外围的现状还算良好，里面只有一层壁垒，外墙仅在东面和西面各开一扇大门，并没有多余的建筑结构。东南角有一座魁星楼。魁星是主宰文章兴衰的神。和陕西南部的情况一样，在这里人们把他和其他多位神仙供奉在一起。勉县城内差不多是空的，里面几乎没什么住房。这里的土地一部分用作耕地，但仍有部分荒芜。在此我只发现了城隍庙、孔庙和关帝庙。从汉代开始，勉县这个小城镇就被称为空城。也许这种真实的空旷状态与诸葛亮的"空城计"之间存在着某种臆造或实际的联系。在这座东方小城中，商业和公务都有条不紊地进行着。这里有座诸葛亮的大庙，庙东面的尽头是一座20米高的宝塔。

勉县往前不远的街上有一座马超祠。马超是刘备麾下一员猛将，据记载是甘

图 14 勉县马超祠中的马超像

肃凉州人。在制作精良、绘画精美的马超将军像后面,可以看到描绘战争场面的壁画(图14)。壁画中的马超骑在马上,身旁有两名武装的随从,马超手握长枪,在潼关厅(黄河转弯处)追击丞相曹操。被追的曹操同样骑在马上,飘着长长的黑色胡须,逃跑时甩下红色的袍子。与曹操一同骑马的是他麾下博学而受人尊敬的谋士荀彧,但他后来失去了曹操的赏识,自尽而亡。[1]圣坛前面立着几尊持械武士像,其中一人手持四爪铁戟[2]。戟可靠在后背,用于突然袭击。

我们出了勉县后路沿官道行进,穿越了数个景色优美的峡谷,翻过西面的大巴山(这大巴山有多个名字),到达勉县后方一座叫新铺关的小镇。这里有一座祠堂,祠堂主人名为平明(或有误,不可考),是汉朝早期的一位将军。越过四川边

---

[1] 翟理斯《中国概要》,810 页。
[2] 戟有"一条龙"的说法,即上有龙头、龙口、龙身、龙四爪、龙尾。——译者注

界，很快便抵达嘉陵江，继续前行大概一天的时间我们便到达了广元县。这是一座较大的城镇，满山都是历史遗迹，其中就有唐代著名女皇帝武则天的庙（参见090—091页）。这座庙十分有名，我们会在后面的章节详细描述。沿途多次出现纪念诸葛亮的遗迹，并且位于路中间最显眼的位置。后来我们从广元县乘船到达了昭化。这里是白水河和嘉陵江交汇处，风景秀丽。城西大门前的路上有飞卫将军[1]的祠堂，1907年才新整修过，前殿里有祭奠他的石碑，后面的主殿里没有雕像，只有三块碑，中间是丞相诸葛亮的，旁边一块是飞卫的，另外一块上面的字迹模糊，名字是丁□□，可能是丁宝桢，我们在后面还会提到他。昭化的另一处历史遗迹是纪念吴三桂的门楼。吴三桂这位著名将领先是与清军交战，但后来倒戈，并为公元1644年清军入关立下汗马功劳。清廷为了嘉奖他封其为平西王，他在四川和云南拥兵自重，不久就自立为帝，对抗朝廷。这一政权后来葬送在吴三桂的儿子吴世璠[2]手中。吴世璠自我了断后，头被送入京城。1678年，才刚刚下葬的吴三桂的尸首也被挖了出来。叛乱省份的残余人马则依皇命被驱散。[3]然而，半个逆臣半个王侯的吴三桂，至今仍然受到昭化人的供奉。纪念吴三桂的门楼旁还立着另外一座门楼，这座门楼纪念的是一位于此地大败吴三桂的清军将领。

在接下来的几天里，我们沿着昭化通向成都府的宽阔官道偏离了嘉陵江，穿过苍莽群山。在第一天前往剑门关的途中，沿路景色尤为优美，但山路蜿蜒曲折，崎岖不平。这段路的艰难已经被中国人编成了俗语（见下文）。

城西便是牛头山[4]，山上第一个关口有座陡坡，需攀爬两小时。穿过一片柏树下的林荫路，我们到达了天雄关。天雄关就在牛头山最高峰的脚下，站在那里，群山中的两江流域一览无余。有碑文如下：

日丽中天，嘉陵图画。

---

[1] 这里指廖化，三国时期蜀汉的将领。——译者注
[2] 吴三桂之子为吴应熊，吴世璠是吴三桂之孙。——译者注
[3] 花之安《中国史编年手册》，235 页。
[4] 位于今四川省广元市，清江河南岸，嘉陵江西岸。——译者注

在这显要的位置处有一座武圣关帝庙。庙的入口处立着其他几位神仙像，包括马王、灵官和佛教中的护法韦驮。从这里起道路还算平坦，但是仍然一直上坡和下坡。整日的行程可以用当地一段俗语来形容：

从老山到四川，最怕昭化奔剑关。
牛头山不算山，许多锯齿要你攀。

整日劳顿的行程过后，剑关（剑门关）前壮丽的裂谷呈现在我们的眼前。从这空荡狭窄的裂谷中流出一条小河，河水如血一样红，正应了"红色盆地"[1]这一称呼。我们需要走一条陡立的阶梯，穿过一座别有意境的关门才能到达峡谷。这座关门造型硬朗，周围岩石环抱。这些岩石都是质地坚硬的砾岩，它们堆叠成柱状，磨圆了的尖端组成巨大的面包状。峡谷虽然不长，不到2000米，但历朝历代都有着重要的战略地位。关口后方不远处有个同名[2]的小地方，二者间有一座门楼和一座祠堂，用来纪念将军姜维（卒于公元264年），他是丞相诸葛亮的忠实追随者。可以推测，这位将军要么是此地生人，要么就在这块要地作战过。公元264年，姜维被迫在此缴械，这在历史记载中已经提到。我又走了一天，晚间还找到了一座诸葛亮祠。这座祠堂坐落在大城市剑州的门户位置。剑州城位于三座山谷交汇处，几乎被夹在山中，毗邻一片高地，城内的山头高过了城墙。

苍莽峻峭、壁立千仞的山脊到这里截止（或许人们就是根据这个特征，以"剑"来称呼这个地方和这个关口），紧接着山势平缓下来，渐渐地延伸至南面支脉。这种山地的平缓地带被划分成几段特定的路。其中一段路的终点是武连镇，一日可达。此时已是黄昏时分，我登上武连镇的制高点，俯瞰这座小城。下面宽阔山谷里，点缀着绿树和各色岩石，欢快的小河曲折流淌。其中一座山谷的缓坡上有一小段道路，路上的房屋如羊群一般密密麻麻地挤在一起。这些房屋高度一致，只有几座牌楼和庙顶略显突出，打破了这一整体。东南边远处的高地

---

[1] 即四川盆地，也称紫色盆地，因红色的砂岩和页岩而得名。——译者注
[2] 原文不详，此地为营盘嘴。——译者注

上，矗立着白色的风水宝塔，具有护佑城镇的宗教功能，同时也是该城的象征。我所站的位置也是一座诸葛亮祠，是通往成都府的崎岖道路上的最后一座。此祠叫作武侯祠，或称丞相祠堂，武侯是对诸葛亮的一个尊称。建筑整体显得比较寒酸，在设计上没什么特色，但选址和周边环境都很好。诸葛亮的塑像被供奉在最重要的位置，据说是因为他重修了此地的山路。在古时，这条重要的军道曾被彻底翻修，此后这件事便被视为一项特殊的功绩被人不断歌颂。据一段碑文记载，乾隆四十二年（1777年），一位李姓将军在同一地点重修了道路。丞相诸葛亮的雕像旁有两幅图，里面画的都是山神，每幅图里都有一位拄杖持伞的长须隐士。这二人本是历史人物，其事迹与此地相关。其中一位是魏徵（580—643年），他是唐代开国皇帝李渊的忠诚谋士。唐高祖李渊退位后，魏徵继续忠心地辅佐继任者唐太宗，因此位列二十四功臣之首[1]。唐太宗为诸贤臣建造了一座凌烟阁，以纪念和彰显他们的伟大功绩和节操。魏徵的谥号刻在他的牌位上，为"唐魏文贞公"。另一幅画中的隐士据说是一名宋代大臣，名叫杭建山。于是这两位不同时代的杰出人物，就在一座祠庙里享受人们的敬仰。除祠庙之外，这里还有一座小亭，游人可以在此欣赏美好的平原风光。

在我们接下来游览的地方中，较大城市里的祠堂数目更多，设计风格也更为丰富。其中供奉武圣的老爷庙（关帝庙）比较引人注目，对此我有过多次记录，先是在武连和梓潼县，然后是在小城石牛坡（因路中间一道石栏后的石牛而得名）。石牛坡位于一片谷地，但是即便在这里，老爷庙仍远远可见，可见其建筑之高。城市中祠庙的数目繁多，更加宏伟的建筑群体现了百姓较好的生活条件。下面的三个小节便是四川祠堂建筑的详细案例。最后我们将对关帝庙加以考察，进而对关羽的特殊地位加以阐述，他已经多次作为守护神出现了。

---

[1] 凌烟阁二十四功臣之首应为长孙无忌。——译者注

4 四川省绵州罗江县白马关庞统祠

庞统籍贯湖北，青年时代籍籍无名，直到有人从他的面相上预言他前途无量后，才逐渐为人所知。刘备与他结谊，并任命他做湖南耒阳的地方官。但庞统在这一职位上并不顺利，无奈离任并来到诸葛亮手下，陪伴出师到四川。在罗江的一次战役中，庞统阵亡于附近的高地上。根据当地的传说，他在战斗中把自己的战马换成了刘备醒目的白马（或者是诸葛亮的马，因为他和诸葛亮都被供在庙里），引得敌军袭击，为主上献出了自己的生命——这个故事与他担任皇家马官的故事相并列。刘备一提到庞统就潸然泪下，赐其谥号为"靖"。庞统，字士元，最为人熟知的是他的绰号"凤雏"。类似地，诸葛亮的绰号是"卧龙"。后人在讲到庞统殒命之地时，出于敬意保留了"凤雏"这个绰号，并将战役发生的高地称为"落凤坡"，如今这里建有祠堂，而通向丘陵的关口叫做垂凤岭。"白马关"这一称呼也很容易引起人们对庞统牺牲这一事件的回忆（图15）。

图 15 罗江谷地上的白马关远景

该地区的地理和自然风景与历史完全相符。四川北部是一片山地，止于成都平原北端。罗江城位于山地南面的支脉上，高710米的垂凤岭连接落凤坡，被当地民众和游客称为成都府前的"最后一关"。第一道关是二岭关，也就是1600米高的青沙岭，处于秦岭北端，从陕西省宝鸡县起程第二天即可到达，那里是山路的起始位置。这里是从北边到成都府的宽阔官道上独特的一段路，几乎都分布在群山之中，在前文已经详述。我走这一段路用了四个星期，沿途必须翻越许多关隘。经过一番艰苦旅程，人们在最后一道关口很容易喜不自禁，充满感恩的旅行家在祠堂围墙的石砖上贴了许多大大的"福"字。山地向南方逐渐平缓，差不多走了一个半小时，我便到达了宽阔平坦的成都平原，这里距成都府还有三日行程。这里特殊的地理交通条件使其具有非常重要的政治和战略意义。人们常常想起这里曾进行过一场决定性的战役，因此这里现在仍然保留着这场战役中各位英雄的祠堂。

在四川秀美而变化多端的自然风光中，这座山的景色尤其引人入胜。事实上，昨晚在到达罗江之前，我就已经看到了由岩石构成的高原以及上面的森林清晰的轮廓。1908年8月5日早晨，我和旅行团从西门离开了这座城市，经过几座山坡上的漂亮祠堂，就开始登山，一个小时我们便到达了山顶。庞统祠矗立在一片茂密的柏树林中。从山顶向北方回眺，一片宽阔的山谷映入眼帘，中间有一条小溪、一座拱桥、门楼以及多座庙宇，其中一座佛寺天台寺广受人们赞誉。整个山谷里都是稻田，稻田从谷底沿斜坡层层往上延伸，直到谷顶，形成一片梯田。向东北方望去，城市的支脉清晰可见，向西越过山区，远处地平线上是险峻的老君山高耸的黑色岩壁。雄伟壮丽的山峰在迷蒙翻腾的云雾中若隐若现，山崖的线条偶尔也会显露出来，不一会儿又重新隐匿在浓雾之中。这道山脉如同当地的一个象征，从罗江开始，四天里陪伴着我一路走来，在之后几天的行程中它依然可见。

主路直接经过庞统祠和庞统墓（参见046页，图16—18），沿途随处可见由石头和砖构成的独立建筑。此外，常见的木柱也被方形截面的细长石墩所取代。一些门

图 16 罗江庞统祠前庭带门的大厅

图 17 罗江庞统祠中的庞统墓

图 18 罗江庞统祠墓园中的主殿

窗有半圆拱，而柱顶的雀替[1]是常见的木质。屋顶是传统的样式，简约的屋顶坡面略呈弧状，坡度很大。主殿不是双层顶，平整的灰色仰合瓦直接铺在屋梁上，呈鳞片状，并且没有黏土作为底层。屋脊和横梁构造复杂，这种情况在四川很常见。彩绘石膏、陶片和彩色瓷片构成了各式各样的动植物图案以及肖像群。

该建筑的平面图轴线精准，布局清晰简约，三座大殿之间是两座庭院，它们意蕴活泼，轮廓生动（参见047页，图19）。侧楼与主殿有机地连在一起，呈寺庙样式，比如第一个庭院里有一道回廊。最明显的是轴线上前庭的南面和庞统墓北面的圆形收尾，使整个建筑结构看上去十分完整。前庭侧面入口的一座门楼旁有几座小屋，前庭的围墙中部凸显出来成为影壁。一座戏台紧贴围墙，建在轴线上，侧面有一座四川特有的宝塔造型香炉。门厅两侧守卫着石狮，狮子立于底座上，造型夸张生动。过道是一座开放的大厅，由一个三轴带门的墙壁分割成两个部分。第一座庭院东面的侧楼正对着为几名神职人员修建的住宅，侧楼中间的房间是一间小巧精致

[1] 中国古建筑构件，位于建筑的横材与竖材相交处。——译者注

第二章 三国人物祠堂 | 047

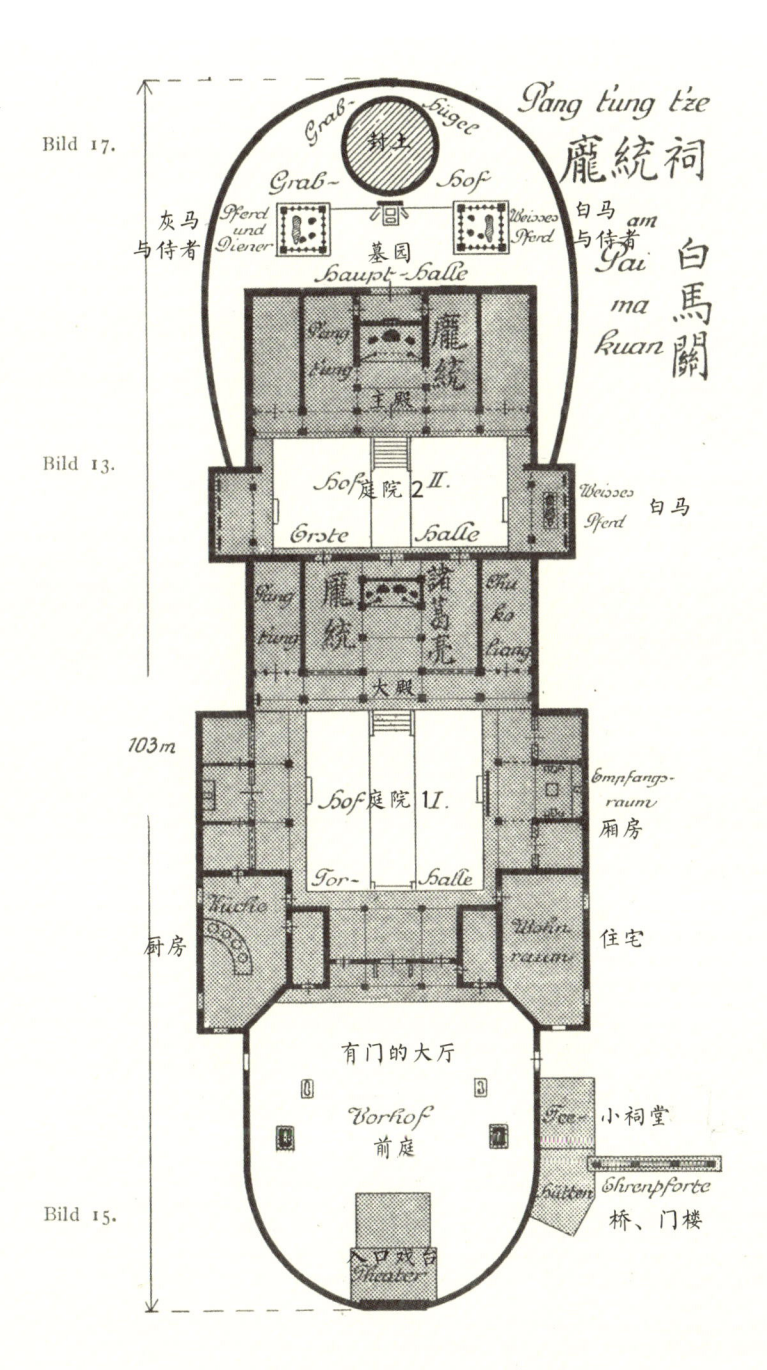

图 19 罗江县白马关庞统将军祠墓平面图

的接待室。这间屋子对庭院敞开，前面有一道横轴上的木质隔墙遮挡。这种母题创造了一种舒适的氛围。

主殿中间的主祭台上有两尊相邻的坐像，东面最重要的位置是诸葛亮，他右边是庞统。二人都身披绿色刺凤锦袍，手中持扇，头系红绸。将庞统与诸葛亮放在一起，不禁令人猜测庞统的牺牲与丞相而非刘备有关，但历史记载与我在祠堂中的发现为什么不一致，原因无法解释。庙中甚至有两处供奉着那匹白马的地方。祠堂最里面有一座大殿，大殿内精美的祭台上只供奉着庞统一位主神的塑像。在供奉庞统的大殿前，与庭院只隔一道栅栏的东面侧楼里，有一座与真实马匹一样大小的白马立像。大殿正后面有一座小院子，院中的圆形墓就是整座建筑的尽头。墓冢的前方立着两间由栅栏围绕的攒尖式屋顶的方形小屋，每间小屋内有两匹马，东面的是那匹白马，表示地位较高，西面的则是地位较低的灰马，每匹马身边都有三名侍者。这样，这段传说的核心和主题就用雕塑保存了下来。

圆形封土的外围是方形石块构成的筒状围墙，上面是平而略呈弧状的攒尖屋顶，也是石头质地的（参见046页，图17）。八条独特而坚固的垂脊装点了圆形的屋顶，垂脊在檐口处向上挑起，形成一个结实而规整的扣状结构，看起来非常生动。封土前面是墓碑。古柏环绕着坟丘，将小院罩在阴影之中。

祠堂不同的房间里保存着许多石碑，碑上以诗的形式详细记述了庞统为官时的大小政绩，以及他对主公刘备的忠诚。

大殿侧面的几座小祭台上，供奉着庞统几个随从的牌位。偏房内，道家和佛家的小雕像孤零零地摆在那里，无人关注。其余一律都被清理干净了。

在众多石碑中，我只记录下最引人注目的一副对联。这幅对联短小精悍，一语中的，将庞统与卧龙诸葛亮对比。对联中也描述了庞统作为地方官的政绩、他的足智多谋及其坐骑：

舍卧龙莫与比肩，不仅才非百里；
虽良骥未曾展足，固知数定三分。

对于这座祠堂独特的中国古代建筑特色，以下几点很有意义：

1.庞统墓、祠堂与对百姓开放的戏台之间相互连接，并没有特别照顾道家或者佛家的神仙。

2.双重主殿的安排，即一座大殿设在墓前，只供奉庞统一人。而前面的大殿则将庞统与地位卓越的诸葛亮一同供奉，因为要是没有诸葛亮，庞统也就无用武之地。二位英灵相互昭彰，与这座庙宇形成统一的整体。

3.庞统最著名的事迹通过白马石像流传下来。墓前两匹马的设置十分罕见。角落处由石栏围绕、栏杆四角立着石柱的小屋在中国很常见，可能属于古代风格。我知道有一座与这种风格类似的墓穴，即位于杭州府西湖畔的忠勇将领岳飞之墓。昏庸的宋高宗（1127—1162年在位）受奸臣秦桧及其妻子的蒙蔽而将岳飞（1103—1142年）杀害。继任的宋孝宗在西湖修筑了岳飞墓和岳飞祠，以高规格墓葬祭奠岳飞。奸臣秦桧死后被剥夺了一切荣誉，直到今天还是人们唾弃的对象。岳飞墓前一座栅栏围起的小屋内，设置了秦桧及其妻子的铁质跪像，他们的双手被锁链反剪在背后，中国人将在此解手（即便溺）看作是行好事。我的随从正如其他参观岳飞墓的游客那样，立即露骨地行使了这一权利（这里的情形是我们很难想象的）。

4.祠堂建筑的圆形尾端。北面的围墙构成了马蹄铁形状的边界，中国中部和南部的墓葬多是这种形式，但这种形式在四川并不多见。或许是特意选择这种造型来模拟卢马[1]真正的蹄铁，因为这符合中国式思维。此外，祠堂南面的圆形开端是典型的四川风格，众多祠堂与孔庙都保留了这一设计。

5.向西敞开的开放式大殿是四川建筑的典型特征，也是整个中国南部的典型建筑结构，北方则没有这种设计。作为"中式大门"，门厅对应着家族祠堂以及所有中国古建筑群的入口。佛教寺庙中几乎不会出现这种建筑结构，佛寺里一般都是全封闭的大殿，入口有神像。

---

[1] 即上文中的白马，刘备的坐骑。——译者注

6.平面图具有整体性。偏殿和主殿的有机结合，体现了对北方建筑结构的继承和发展。北方建筑结构在宽阔的空间中展开，显得冗长，而南方建筑结构在占地面积上加以限制，让各建筑聚拢在一起，使它们合而为一，成为一个整体，这就在布局上给建筑平面图添了几分生气。

5 武侯祠，四川省成都府诸葛亮丞相祠堂

在原蜀国的所在地四川省内，最重要的三国时期祠堂应该是武侯祠，从这个名字就能联想到这是纪念被封为武侯的名相诸葛亮的祠堂。此外，这座祠堂里还供奉着三位家喻户晓的结义兄弟，即刘备、张飞和关羽，以及一大批杰出的文臣武将。他们的塑像排列成一个群英殿式的长廊，令人印象深刻。在后建的部分葬有诸葛亮的遗骨，甚至还有刘备的陵墓。尽管这座祠堂是以伟大的受人爱戴的丞相之名命名，但实际上供奉的首要人物是刘备。

我们先介绍一下武侯祠的地理位置。我在那里时正值八月盛夏时节，广阔无垠的成都平原非常平坦，无边无际的稻田一直延伸到成都府周边地区，景致优美。无数运河和小溪灌溉着农田，此外还有大片林地。林地里多是竹子，高耸的竹子形成了一片片深绿的竹林，纤细而浓密的枝叶向四面展开，又弯垂下来。竹林疏密有致，中间掩映着农民的屋舍和大户人家的宅院。宅院一般是长方形的房屋，建筑外围涂得雪白，在翠绿竹影中十分突出。屋顶的线条和装饰非常生动，与随风摆动的竹子相映成趣。成都这座省会城市中的祠堂多得出奇，有些也坐落在竹林中。一道白色方形城墙将整个成都府城围起来，并将其分成三部分，各部分之间彼此分隔又相互联通。武侯祠位于城外，离城墙不远，从南大门往西约十五分钟路程。这座被高大树木环绕的祠堂造型宏大，相比其他祠庙显得格外突出。

下面来介绍祠堂本身的情况。一条道路通向祠堂南端，道路两旁是简约的影壁与三层高的入口大门，这座大门是中国古代建筑的宫门母题，两扇较小的侧门

第二章 三国人物祠堂

与主大门一同突出了三分的设计思路（图20）。前庭里有两个造型敦实的亭子，里面有石碑，碑上并没有特别的纹饰，另外在旁边露天处还有大小不同的两块石碑。第二座门厅通向巨大的庭院1，从第一座庭院开始，统一的白墙和角落处呈斜坡状的环形屋顶就十分醒目。庭院1完全由回廊围绕，这一特点令人不禁联想到孔

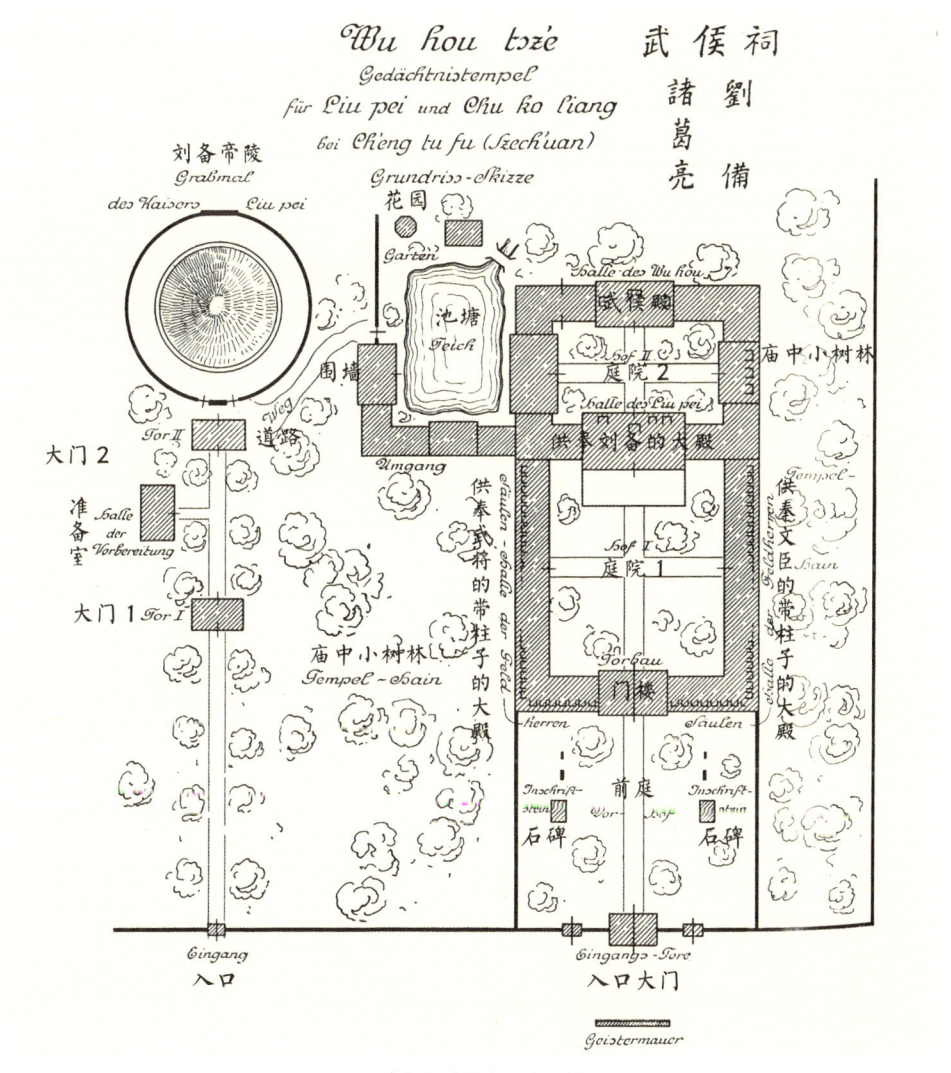

图20 成都府诸葛亮祠庙平面图

庙中供奉孔子弟子的偏殿。因为这条长廊[1]供奉着半人高的群英坐像，这些英雄听命于刘备及其将领，为蜀国开疆固土。塑像大约有五十多尊，其中有几尊塑像是后世四川地区的名人。这种混合并不奇怪，就如同在孔庙里一样，通过某种精神层面的联系，将生活在几百年后的学者也归入孔子入室弟子的行列，并在孔庙中为其设一个位置。此外，人们经常怀有这样的观念，即在自己家乡的这片土地上，通常一段时期之后就有杰出的后人继承先贤的精神遗产，并将其知识和艺术发扬光大。按照我们的理解，刘、关、张三人和诸葛亮不仅是四川地区的英雄，也是与这个地区、这片土地牢牢连在一起的伟大神灵，永远指引着后人前行。因此，每一位英雄人物的侍从及与其有关的后来人都可以被归入这个行列。生活与历史构成一个连续的整体，在生与死之间、在遥远的过去与现在之间并未设置界限。直到今天，三国时代的英烈还有着巨大的影响力，今人对他们仍然十分崇敬，就像他们还活着一样。大殿中关于一些官员祭拜诸葛亮以表感怀的记载能够帮助我们理解这种情结。

壁龛中供奉着将军的塑像。有的是成对放在同一壁龛中，其余的则单独放置。神龛造型简约，所有这些塑像的彩绘都很丰富。尽管塑像的姿势是静态的，但是每个人物都有面部表情，脸孔各异，栩栩如生，不会让人混淆。这些英雄人物的象征意义是相同的，因此整个祠堂横轴上的各座建筑并未加以突出，在建筑设计上显示出各个人物地位的平等。

在庭院的后端，一道露天台阶通向宽阔的平台，平台上放置着几座青铜香炉。平台与主殿相衔接，整个殿群有七条轴线（参见053页，图21）。宽阔雄伟的主殿被护墙围绕，正对平台的中间位置有一个开口，通过这里可以看见并进入中部的大厅。大厅南敞，中间有一座祭台[2]，自成一体，造型典雅，但是雕琢不多。上面的坐像据说是皇帝刘备。刘备身后侧面的角落里是他的长子，据说是一位猛

---

[1] 这里指的应是武将廊和文臣廊。——译者注
[2] 即图 20 中"供奉刘备的大殿"，也即今日的汉昭烈庙。——译者注

将，但并未承袭父业。[1]刘备的次子刘禅继承了皇位。刘禅是个孱弱无能之人，正是在他在位时的公元263年，蜀汉这个最初兴盛的王朝惨遭灭亡。供奉刘备的大殿确有帝王气派，这种殿宇在四川很常见。参观者从平台望去，视线被两侧的群英廊阻断，但越过庭院和较低矮的门厅，可以直达南端。这种建筑格局是宗法观念的体现，而将个别建筑结构，如入口大门、前庭、门厅、高出地面的通道、平台、前殿和主殿等抬高，又进一步增强了这一观念。在最重要的主殿内，由红色砂岩抛光制成的柱子和纤细的梁托形成了一种独特的雀替，使大殿显得宏伟非凡。

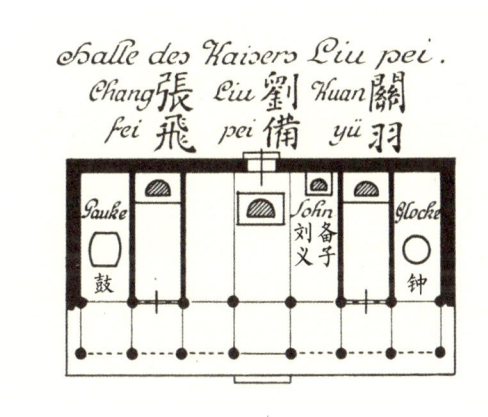

图21 成都武侯祠供奉刘备的大殿

侧面的房间有门，室内祭台上供奉着两位结义兄弟关羽（关老爷）和张飞，二人被围墙分开，关羽在东，张飞在西。最外面几间南敞的房间内，东侧有钟，西侧有鼓。

供奉刘备的大殿后方有门，通向最后一座庭院。后面是第二座主殿，主殿中间是诸葛亮（武侯）本人的坐像。在诸葛亮祭台前面的桌子上放着很多祭祀用品，其中有古老的青铜鼓，在现在的四川还能经常见到此物。在大殿的侧面，有两座更小的祭台，祭台上的坐像是诸葛亮的两个儿子。北边墙上有多块石板，上面刻着诸葛亮为刘备写的奏章[2]。认真学习这篇充满智慧、文笔精彩的文章，是每一位中国文人的必修课程。在很多祠堂和房屋内都能发现这篇文章的刻本，它经常刻在石头上或者木头上，凿刻精美，字形硕大。这篇文章已经传遍全国，我

---

[1] 此处应指刘封，实为刘备义子。——译者注
[2] 此处应指《前出师表》，为诸葛亮写给刘禅的奏章。——译者注

曾在西安府通过知名道观八仙庵的道长寻到了这篇奏折的一个刻本。这一刻本现置于八仙庵门厅内，来自河南省西南部南阳府地区的一座著名的诸葛亮祠堂——卧龙岗的武侯祠。这篇奏折，由宋朝将领岳飞所书，后来岳飞命人将它刻在石头上，立于卧龙岗。云阳县的张飞祠里也有这篇奏章。

当我在大殿参观时，有三名通过科举府试的士子正在祭拜武侯，以表感谢。祭师唱歌、朗诵、奏乐，供上香、酒水和其他祭品。这几名士子虔诚地进行着仪式，不停鞠躬，在蒲团上叩头，在间歇时又肃立，像武士一样笔挺肃静。庭院东面，在建筑群的横轴上立着一座较小的庙宇，庙宇四周有过道，供奉的是低等级的神仙，如财神和土地。庭院的西侧，有一座敞开的门厅。门厅后面是这座建筑的第二部分，即花园与池塘（参见055页，图22、图23）。环绕池塘的回廊可以从这里通过门厅到达，也可先通过武侯殿旁边的出口，再跨过一座又小又高的斜拱桥到达。池塘占据了整个花园的中间位置，被巨大的荷叶和艳丽芬芳的红莲覆盖。池塘四面是回廊，每边都有凉亭。在北岸附近还建有一座六角圆顶的开放式凉亭，屋顶用草覆盖，亭中有一张石桌，桌上有石刻棋盘。传说睿智的战略家诸葛亮同时也是一名优秀的棋手，他还发明了一种围棋战法。中国人自古以来就乐于弈棋，早期的历史记载、神话和传说中常提到这一风气。身处这座园中小亭，人们可以品味荷塘美景，可以鉴赏小亭深棕色木质结构间的精美白色三角楣，也可以观赏南面凉亭细高的小塔楼以及园中茂密的树冠。这座祠堂的建筑设计充满了闲适自得的静谧，没有刻意的华丽和艺术上的过度追求——否则就会显得矫揉造作，毫无兴味可言。这里的各种造型都让人感到熟悉而亲切，艺术与自然的协调，使观者的心与眼达到平衡。尽管我只是粗略地参观了这座祠堂，但在夕阳西下之际，也能感受到荷花池不同寻常的魅力。荷花池旁边就是为纪念伟大时代的英雄人物而建造的群英殿。

我造访祠堂这天正逢诸葛亮的诞辰庆典。后面的庭院和池塘周围全是欢乐的群众，他们不停地扇着扇子，品着茶水，吃得津津有味，侃得不亦乐乎。如果我

图 22 成都府武侯祠，荷花池内向东南方向所见景观

图 23 成都府武侯祠，荷花池内向东北方向所见景观

图 24 成都府武侯祠，皇帝刘备陵墓前开放的二号大殿

没搞错的话，有一个人正"十分友善"地向我大力掷来一块瓦片[1]，除此之外，大家还是彬彬有礼的，尤其是年迈的祭祀主事人，他给我做了一番详细的讲解。祠堂里没有戏台，但显然是需要的，因为民众在此欢度节庆，平时也会经常来游玩。因此，人们在后面庭院中间搭起了一个开放的帐篷，代替戏台用于曲艺和皮影戏表演。这种戏台在四川很常见，也很受欢迎，就跟我们德国戏剧的受欢迎程度一样。

西边的部分是皇帝刘备的陵墓，从荷花池可以直接到达那里。其主入口位于围墙的轴线上，通常是锁住的，如果从主入口进入会先到达一座宽敞的前庭，那里草木繁茂。庭中有一座门厅，再远处左面的一座建筑用于更衣及集合祭祀官员，在真正的陵墓前面还有一座开放的大殿（图24）。

[1] 此处应该是讽刺。——译者注

墓冢直径约20米，周围紧邻着约4米高、带有垛口的砖墙，两旁有两道门通往这个封闭的区域。周围一切都沉浸在竹海之中，墓冢上则种植着高大的柏树，遮天蔽日。夕阳温情地将竹子映成了金色，结实的竹枝在林中摇曳。这里不是北京周边高贵华丽的帝陵，但自有其喜庆之美。这个神圣的场所显得很接地气，民众就在旁边消遣娱乐。

6 四川省邛州大邑县赵子龙将军祠

赵云，字子龙，是刘备手下一名忠诚的将领，生得伟岸俊美，非比寻常。据记载，他两次救了刘备儿子（继任皇帝刘禅）的性命，最著名的一次是在公元208年的长坂坡之战中。当时刘备败给了曹操，仅带少数亲兵逃命，赵云单骑救主，把幼小的刘禅护在胸前，边战边退，在自己遍体鳞伤的情况下，终于将这个孩子交还给刘备。于是便有了那句俗语："子龙浑身是胆。"另一句俗语也与此相关，叫做："刘备摔阿斗——笼络人心。"后面这句是指为了获取人心，故作伤子的行为给人看。赵子龙死后被封为顺平侯。

大邑县城位于人烟相对稀少的道路上。这条路从西面灌县的岷江开始，经砾岩所构成的青城山通往邛州。此地有成都府通往雅州府的宽阔官道，顺着这条路可以到达西藏。从汾州青城山南坡附近的集镇开始，几乎一直是富庶的平原。平原地势平缓，有时深入西面群山，有时向东延伸并越过岷江。这是典型的四川地貌，温和亲切，秀美的村庄点缀着各式各样的小型建筑物，比如桥梁、宝塔、路访祭坛以及石碑，田野里到处是丰产的稻田。道路围绕着北面闭合的山脊，通向一处宽阔的山谷，山谷尽头便是大邑县城。北边群山聚合于峻峭的圆形山顶处，那里有一片茂密的小树林，林子里矗立着赵云祠。

这座建筑有两条轴线，相应的也就由两部分组成：祠堂（同时也是陵墓本身）和祠堂东面有几栋建筑的花园。祠堂的平面图和罗江县的庞统祠类似，看起来富有活力，在头尾处有围墙半遮挡着，前后部分合为一体（参见059页，图25）。庭院与建筑的布局也和庞统祠类似，前庭有戏台，主庭被通道分为两个部分——1号庭院和2号庭院，随后是3号庭院，最后是垒着墓冢的4号庭院。4号庭院有一座带过道的门厅、一座主殿，陵前还有一座祭拜用的大殿。通过侧面两道各分三栏的栅栏门到达前庭，前庭被基墙环绕，基墙上有木条栅栏，轴线上竖起一块结实的影壁，上书：

汉顺平侯

影壁前面是戏台，有高大的木柱支撑。门厅中间部分的顶层是灵官塑像。灵官这一形象在四川尤其常见，他被供奉在门厅的阁楼上，这种主题完全是四川的建筑特点。在1号庭院的前部，左面壁龛里是土地神，过道两个角落里开敞的小屋中各有一匹马，每匹马旁边有两名侍者。主殿向南敞开，位于一座有两层阶梯的平台上，平台有两道护栏。室内深处轴线的圣坛上供奉着高大的身披彩袍的赵子龙坐像。与成都府武侯祠类似，庭院两侧建筑有连续的长廊，里面供有刘备麾下将领以及赵子龙部下的塑像约五十尊。后面祭拜用的大殿就在墓前，大殿向南敞开，后壁上有高大的石碑抵着屋顶，上面有将军的姓名和纪念他的文字。4号庭院的尽头处是墓冢和围墙，围墙的中间部分处在轴线上，与南端的起始段相对。这种对应关系被一段更厚实且题有文字的围墙突显出来。

主殿旁边是一座开放的园子，园子里有一座敞开的大殿。殿中是会客厅，有炕和桌椅，从这里可以看到下面半圆形的荷花池。荷花池周围是石墙，中间有座石台立于荷花池之上。北面不远处的一座大平台上，一座美丽的二层六角亭从树荫中显露出来。在这座亭子以及整座庭院中，都可以闻到八月时节特有的阵阵桂花香。八月也称为桂月。桂花家喻户晓，为人传诵，经常被用来形容少女的香气、美德和秀丽。桂树还被人与学识之兴联系起来（士人在秋季科考中及第）[1]，传说月亮上也有一棵桂树。

---

[1] 梅辉立《汉语指南》，300页。亦见顾赛芬《中文古文词典》，"桂"字。

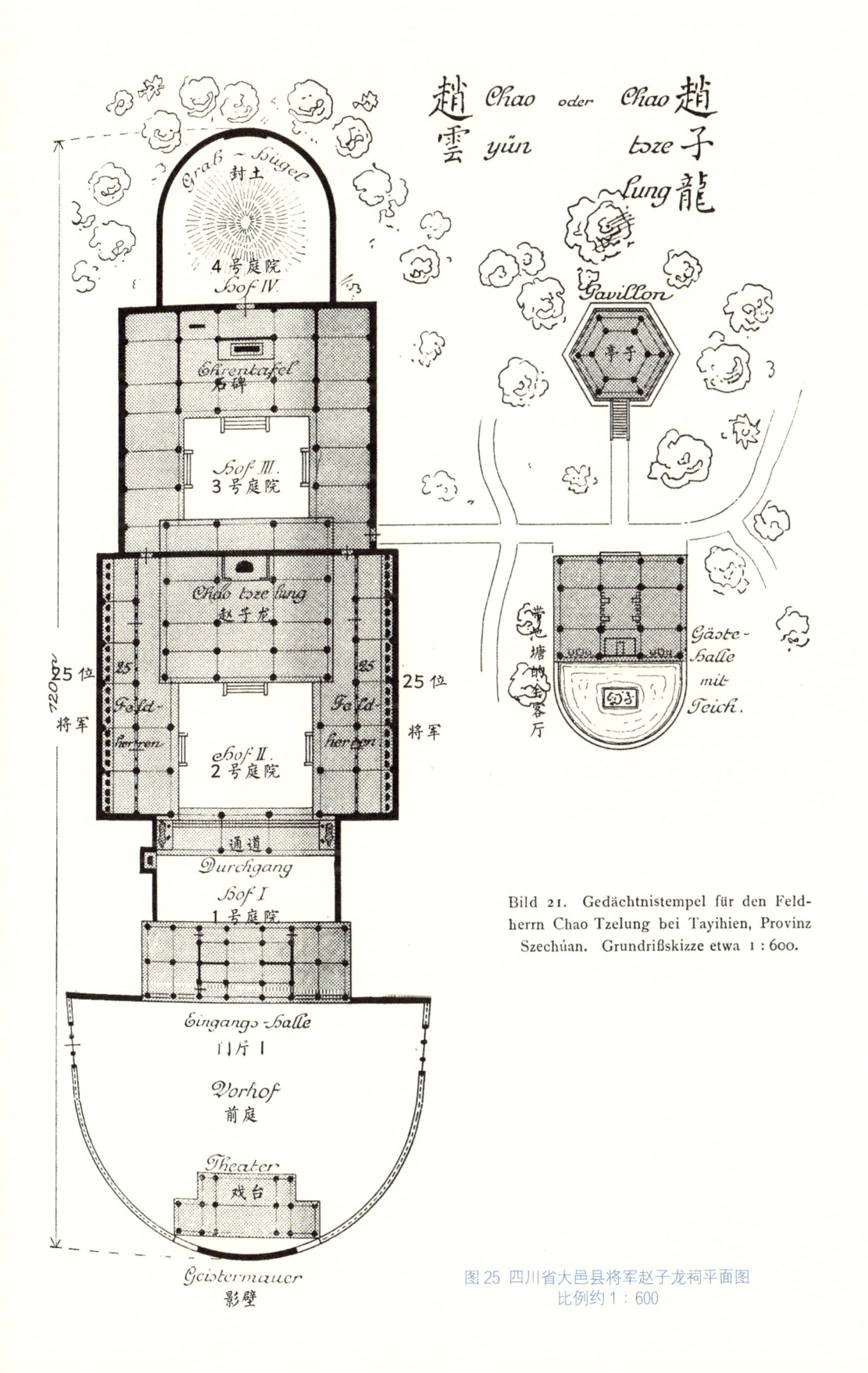

Bild 21. Gedächtnistempel für den Feldherrn Chao Tzelung bei Tayihien, Provinz Szechúan. Grundrißskizze etwa 1 : 600.

图 25 四川省大邑县将军赵子龙祠平面图 比例约 1 : 600

在这座祠堂中，重要的建筑主题如下：

1. 尽头处以圆形收尾，如园中荷花池处。
2. 前庭中两侧均有入口。这也是孔庙的特征。
3. 与主殿相连的供奉群英的长廊。
4. 祠堂与陵墓的连接。
5. 花园和前庭中的戏台表明这是一座对公众开放的祠堂。
6. 将灵官和土地这两位有名的道教神仙归入纯粹的中国古代宗法制的祭拜范围。

7 老爷庙，武圣关帝庙

关羽，字云长，是三国时期三位结义兄弟中最为传奇的英雄人物。正如人们通常对他的称呼，他注定成为最受敬仰的武圣和战神。即使是在危急关头，他对刘备依然保持忠诚，这一点使他成为千古忠烈的榜样，而赫赫战功则表明了他的英勇无畏和军事谋略，令后人盛赞。后来他被封侯，可见对他的表彰，但是当刘备公开宣布反曹、准备兴兵讨伐时，关羽对丞相曹操说："我若不谢丞相大恩，则为不义之辈。然刘备乃我首位主公，主仆情深，不可动摇。如今我岂能违背誓言，做不义之人？"曹操赞赏他的忠义，于是放他离开。关羽在无数次为刘备东征西讨后，终于罹难。公元220年，他落入后来吴国的建立者孙权之手。孙权果断将他杀害，并将其首级送给曹操。但即使已经斩杀这位可畏的敌手，孙权还是十分尊敬他。关羽被斩杀后，首级被木头替代，人们视他如王侯，给予了无上尊敬。

关羽很早就是家喻户晓的战神，在历朝历代受到追封，最终被奉为神明。曹操最早赐予关羽爵位。[1]刘备之子和唯一继承人——刘禅，在公元260年赐予了他

---

[1] 曹操在关羽生前封其为汉寿亭侯。对于这一爵位的高低，史学界尚有争论。——译者注

更高的爵位。[1]北宋倒数第二位皇帝,也就是北宋亡国的直接罪人宋徽宗(1100—1126年在位),崇尚迷信,他既是一位道教信徒,也是有名的艺术爱好者和画家。他于1102年追封关羽为公,之后在1111年(或1128年)[2]封关羽为武安王。元文宗于1330年将关羽册封为王,谥号"庄严纯良"。[3]明万历年间,1594年,关羽终被封为大帝。最后一个封建王朝清朝认为,打胜仗与关羽显灵有一定的联系。1813年,嘉庆皇帝又将关羽尊为武帝,道光皇帝甚至给他取了个文绉绉的名号"关夫子",使他成了士人中的武士,兼具文韬武略。自近代以来,对关羽的崇拜极为广泛,这位民族英雄至今还是极受人爱戴的神明。尚武的清朝也一直视他为守护神,民众则简称他为"关老爷"。

我们已经提到,人们对汉朝末年著名战役的事发地大致已经十分熟悉,因此人们对战神老爷的了解也更为详细。首先是他的故乡山西省南部的解州城出了名,直至今日,他仍在当地一座精美的大庙里享受着香火。关羽在四处征战中与跟多人结了仇。将军庞会[4]的父亲就是被关羽所杀,他发誓要报血海深仇,于是在关羽死了多年以后攻入解州,尽灭关氏家族。关羽的遇害地点位于湖北省荆门州当阳县,离长江畔的宜昌不远,此地的一座大庙里有他的墓。但我当时没能从宜昌出发拜谒此庙,只是看到了几张照片。从照片上可以看出,庙由白墙围绕,可通过大门进入,庭院里有古柏和宏伟的大殿(参见062页,图26)。粗略雕刻的石墙建在高高的墙基上,围绕着巨大的墓冢,墓冢上长满树木,在轴线上立有巨大的石碑,上面刻着英雄关羽的名号。石碑旁有一座带有石柱的凉亭,上面刻有文字(参见062页,图27)。在凉亭前端安放有五件用石头刻成古代样式的宗教法器,即一座香炉、两盏灯具和两个花瓶。这五样法器经常被称为"五宰器"或"五供",一般被供奉在寺庙内以及大型陵墓前的祭台上。

---

[1] 刘禅追谥关羽为"壮缪侯"。——译者注
[2] 梅辉立《汉语指南》。
[3] 元文宗封关羽为"显灵义勇武安英济王"。——译者注
[4] 庞会为庞德之子。原文为 Pang Tsang,似有误。——译者注

图 26 湖北省当阳关帝庙的入口与围墙

图 27 湖北省当阳关帝庙中的封土与碑亭

这座关帝陵并不是唯一的一座。河南府南边还有一座关帝陵，[1]此处的关帝陵也与一座大庙相连，在美观和建筑构造上似乎超过了湖北当阳县的那座。可以推测，这两座庙宇的出现与历史上关羽被斩首后首级传与曹操，遗体身首异处有关。因为当阳是关羽遇害之地，或许由此可以得出结论，他的真身葬在当阳县，而河南府葬的是前面提到的木身。

在这里我联想到一座独特的雕像。这座雕像一些游客已经有幸参观过了，并对其进行了描述。在山西省平阳府，一个佛寺内有一座细高的宝塔。宝塔第一层有拱顶，内有一个高5.50米的巨大佛首。佛首被粉刷、镀金并加以彩绘，因此无法确定佛首内部的质地是铁还是青铜。佛首的下面有脖子，被安放在坚实的基座上，但没有佛身。据说佛身现在在河南省陕州——位于黄河沿岸，距解州不远。关羽的身首分离让我想到了这个佛首，而且这两地相距不远，在之后的考察中我还会进行详述。相似的身首分离的情形，在讲云阳县张飞祠的时候还会讲到，张飞是关羽的结义兄弟。

要考察关帝庙和关帝的宗教地位，需要先描述一下关羽最知名的遗迹。1908年5月24日，我造访了关羽故乡山西省南端的解州，意外地见到了雄伟的关帝庙，尽管保存不佳，但仍是关羽祠堂中最华贵和最著名的。由于时间有限，我只能走马观花地参观，照了几张照片。

解州的地质很有意思，它是一片广大的盐碱地，其中以潞村（Lutsun）的盐碱地最人最知名。自古以来，潞村兴盛的食盐贸易对于20公里开外的解州十分重要，并给当地人们带来了大笔财富，催生了一批大户，其中就包括关羽的家族。

在我造访期间，城内、城外以及祠堂内的庙会，人多得望不到边，这一盛况差不多贯穿整个农历四月。上千座临时搭建的茅屋挤满了街道与广场，茅屋间的缝隙形成了新的小道，通向一座开放的大殿。这座大殿似乎是为庙会而建，与祠堂合为一体。因为大客栈已经没地方了，无数的车马牲口挤满了宽阔的庭院和广

---

[1] 沙畹《北中国考古图录》，图 951—954。

场。衣着鲜艳的欢乐的群众在喧闹中进行交易。摊位上摆放着非常精美而珍稀的物品，甚至还有欧洲的罐头——我没想到在这种偏僻地方还能见到这东西。他们对我非常欢迎，因为我的手头还有余钱。这种庙会只可能出现在某个人口稠密的中部地区。北京、苏州和济南府的庙会可没有这种气象，只有后来在四川，尤其是在成都府，我才发现了这样的庙会。

关帝庙，即老爷庙，位于城镇西大门外，坐北朝南。这是一座占地广阔的寺庙，主体建筑和钟鼓楼高高耸立，有多座门楼，但全被泥浆涂成白色。尽管民众经常修缮，但寺庙仍然老旧而荒废了。而且，1908年1月，两座巨大的门厅因倒塌和失火也完全毁掉了。现在，两座幸存下来的高大门神像立在天空下，俯视着芸芸众生和庙里满院的茅草屋组成的黄色海洋。庙的入口处有两头铁狮子蹲在基座上，铁狮子旁边各有一个铁铸的重甲武士，他们头戴造型独特的盔帽，表情坚毅（参见065页，图28、29、30）。华丽的青铜四脚香炉上刻满纹饰，看起来非常古朴，但实际上铸于康熙年间。刚刚提到的铁像是山西省的建筑特色，那里的建筑大量使用铁，尤其是在塑像上。根据塑像风格，或许可以将其归为明朝的作品。院中还有两匹站在基座上的铁马，每匹马都配有侍者。主殿前端两侧立有两座碑楼，碑楼底层的桌子上东面置盾，西面放剑，象征着英勇的将士。

这座建筑大量使用石料。大殿露台被石栏杆环绕，栏板上刻有各种人物和纹饰（参见065页，图31）。第一座单层大殿的外面被完全封闭。外围有一圈柱子，上面刻着龙腾祥云的高浮雕。这些浮雕都十分粗犷，丝毫不精美，而且已被风化和磨损，附着明显的尘泥，但建筑石料的使用使祠堂显得庄严肃穆。

主殿层次分明，轮廓优美，高大宏伟，有上下两层（参见066页，图32）。在底层的台基上，关帝的塑像正襟危坐。每逢农历四月初一，潞村的道台以及解州的小官吏都会献上祭品，里面必定有"牺牲"：猪、牛、羊各一头。1900年，清朝皇室从北京逃亡到西安府，第二年又返回，返回途中，慈禧太后和皇帝在此祭祀。只有在以上情况下，主殿才对公众开放。主殿的上层只在极特殊的时候才允许官

第二章 三国人物祠堂 | 065

图 28 山西省解州关帝庙入口铁铸的狮子和武士

图 29 山西省解州关帝庙祠堂中铁铸的狮子和武士

图 30 图 28 中铁质武士的细节

图 31 山西省解州关帝庙大殿中的石柱与石栏杆

图 32 解州关帝庙，二层主殿御书楼

图 33 解州关帝庙主殿中的关帝像

吏进入，因为此处供奉着一座非常著名的关帝像（参见066页，图33），这座像保存得非常精心。开始时管理人员不肯让我看，在经过长时间的礼貌交涉后，这位管理人员终于给我行了方便，将钥匙交给其子并让他监督我参观了这座雕像。在我考察过程中，这种困难很少遇到，我在这里详细地提及此事，是因为这与付不付小费没有什么关系，不然也不会这么麻烦。实际原因就是当地百姓对这尊圣像极度崇拜，努力使其免于亵渎。一般情况下，中国人对待这类宗教物品表面上比较随意，貌似不太重视。旅行家们常将这种表象视为中国宗教的实质，然而这种错误的判断只停留在表面，没有切中在实践中必然形成的宗教本质。通过上面提到的情形，这种宗教本质就显露出来了。

这尊关帝像的动作和表情都极其自然（参见068页，图34），须髯是成绺的，头戴古代官帽，身披一件精美的刺绣彩袍，英雄关羽正在读儒家经典"五经"中的《春秋》，正因如此，这尊塑像备受人们喜爱。这类画面也经常出现在各类庙宇中。通过人们的想象，关羽就进一步被描述成文章的守护神，但实际上他肯定不是。正如本章所提到的，人们把他与文章之神魁星和文昌联系在一起了。魁星和文昌经常被供奉在塔楼上，或者是某座建筑的顶层，这样做似乎是有意把它们与星宿，尤其是与它们所在的大熊座相关联。关帝在主殿顶层读《春秋》这一安排或许与此相关。但不管怎样，关羽都完美地诠释了忠义精神，是无瑕的化身。他坐在轴线上，后面墙壁两侧有两条龙向中间靠拢。

那位负责人允许我照了一张相，只请求我不要向任何人说起此事。那位受人尊敬、一本正经的午迈负责人对此的说法是，我按规矩行事，没有逾越之举。大家都信任这位老人家，因此都相信了这番话，尽管心里都对此表示怀疑。不过他全程都站在那里，脸面是保住了。

大殿中刻有精美的文字。这座大殿叫：

麟经阁

图 34 武圣关帝

"麟经"指的是关帝阅读的在他面前摊开的《春秋》一书。"麟"是雌性的神兽,和雄性的"麒"一起象征着玄奥的圆满,常人极少见到它们。麒麟曾在孔子的时代"现身"。孔子亲自编撰并付梓的《春秋》被视为大智慧之书。《春秋》在文献中因此而被称为"麒麟绝笔",在大殿中有相关的文字:

华夏震明威,此地自应崇俎豆;
明星炳大义,当年不愧读春秋。
威震华夏
忠贯天人

从肃穆的祭台上栩栩如生的关帝像所在位置朝外望去，人们可以看见花园城市解州的祥和景象，以及树荫中露出的城墙。城墙下面是宽广的平原，一望无际的麦田向北延伸，中间有一片盐湖。远处地平线上是层叠的群山，因为正是午后时分，前面的山峰还能看到明亮的青色，再远一些的就裹挟在云雾中了。祠堂华丽的主庭中有众多巴洛克风格的建筑、老树以及古旧的青铜器。在另一个庭院中，众多黄色的茅草间里放着花花绿绿、色彩斑斓的商品，善良的百姓拥挤喧闹，互相说笑不停。

刚才简单介绍的这座解州关帝庙，看上去并没有混入太多的道家色彩，虽然包含的元素很多，但还是属于纯粹的祠堂。像这样的常见祠堂还有一类，那就是祭拜刘、关、张三位结拜兄弟的祠堂。成都府武侯祠尽管是诸葛亮祠堂，但也可以归为这一类，因为在武侯祠前部的主殿中供着的通常合称"三义"的这三位英雄，是对这一祠堂主题的延伸，也是对这座建筑的定性和诠释。如果一座庙宇仅仅或主要供奉这三人，那么就称为"三义庙"或"结义庙"。这种祠堂几乎在山西的每个地方都能见到。下面我们要讲述一个其他省的例子，或许能说明这种祠堂的规划。即便是在这类庙中，三兄弟中的关帝，依然是祠庙的主神。

常被人歌颂的西湖位于浙江省杭州府，周围环绕着茶楼和各种庙宇，尤其是祠堂（参见102—103页、115—118页）。一座纪念浙江杰出人物的庙宇旁边就是三义庙，也叫"武圣宫"（参见070页，图35）。"武圣宫"这个名字也用来指代关帝庙。庙的入口门厅是庙的主要部分，十分雅致，有"照胆台"之称。中间的二层主建筑为三义阁，顶层供奉着著名的刘备、关羽和张飞的塑像，旁边是丞相及谋士诸葛亮的塑像。阁中的大殿背面上方有一面铁镜（参见070页，图36）。铁镜将庙里供奉的三兄弟神力集合在一起，与后面主殿中的关帝画像相互作用。在住宅和庙宇入口的影壁上，常常都有体现这种精神的镜子。镜子的放置更令人印象深刻，通过镜中三位英雄的形象，这种神力的内涵被直接地传达出来。关帝塑像旁边有两名持械侍者。正对主殿的通道上有两尊浮雕，为龙盘石柱，它们指向正中，即

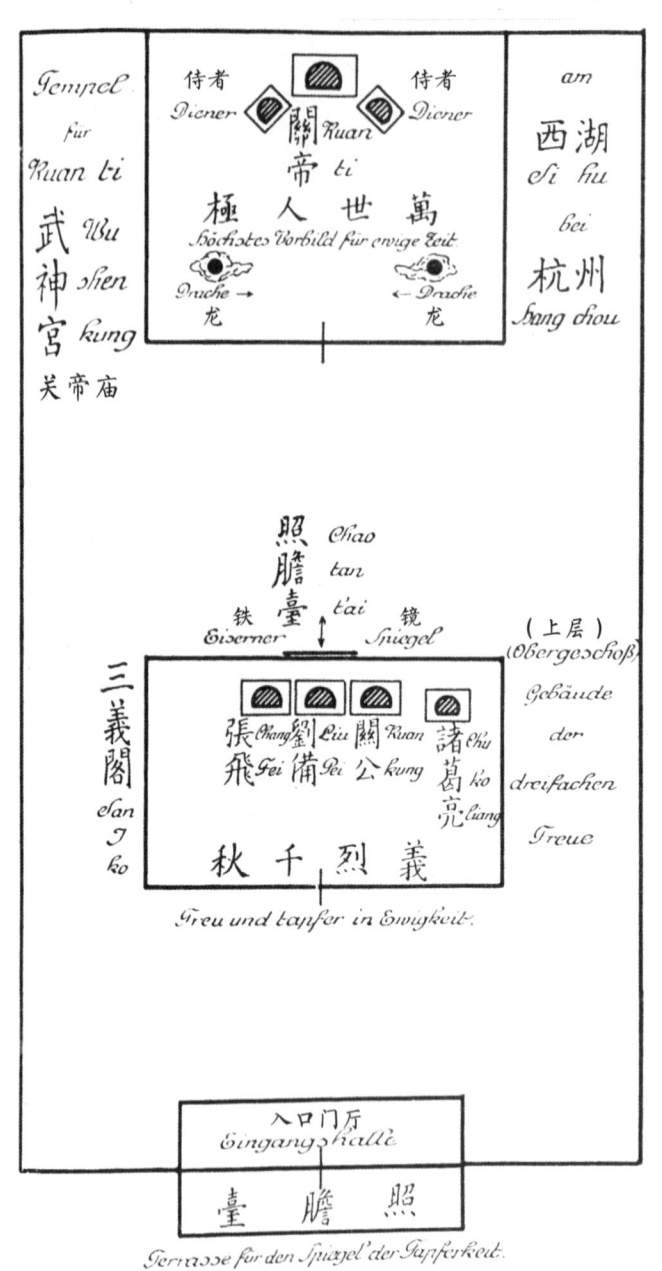

杭州武圣宫正对主殿的铁镜（图 35）

图 36 杭州武圣宫（图 35）铁镜

图 35 浙江省杭州西湖三义庙（武圣宫）平面图

主殿所在的那条路。两座大殿中各有四个字：

义烈千秋

万世人极

到现在为止，我们描述过的建筑群都是纪念关帝的。关帝虽然被追随者奉为神明，但他首先是一个历史人物，人们普遍视他为纯良忠义的典范，这与中国古代的观念是一致的，符合儒家清教徒式的价值观。后来植根于广大群众的道教欲与关公拉近关系，凭借中国士大夫对关公的评价，将这位英雄拉入天界，使其成为受人喜爱的神。

关公的塑像在中国许多房屋的入口、庭院或者房间内都可以看到，或者至少是在供奉牌位的祭台上。旅客、商铺和店家将他视为勇气、才干、坚韧、可靠的象征以及他们的守护神。最崇拜关羽的就是他的山西老乡。那些温和而精明的山西商人遍布各地，经营着许多大银号。他们发家后就带着钱财回归故里，因此山西中等城市和村庄有许多古老而富有的大家族。由于山西对白银的崇拜十分盛行，在节庆期间，比如春节时祭台上就会摆放巨大的银锭，它们和其他祭品在一起。每座庙里主神旁边的神大多是关帝，一般用上釉的陶瓷塑成。每个村子至少有一座关帝庙，一般位于村子的门楼里或路边的祭坛里，在那里关羽和土地、财神的坐像被一同供奉，这和陕西和四川一些宝塔样式的组合建筑是一样的。有时关羽也会和灵官一起出现，但一般关羽都是和文章之神魁星及其搭档文昌一起供奉在山西各个村镇县的东南角楼阁中。山西人可能因为赚钱太多，想通过崇拜文章之神来附庸风雅，保住自己的面子。不过论文才，山西人在全中国确实是首屈一指的。文章之神旁边供奉着关帝，作坊也想得到关公的保佑。我印象最深的是大型产盐区自流井，那里有大量关羽的祭坛和庙宇（参见343页）。票号商们不仅个人供奉关羽，还会集体供奉。关公经常会作为主神，被供奉在帮会会所高大的主殿内最重要的位置。票号商们看重的是结义兄弟精诚团结的品质，这是票号业与一省同乡共同的追求。上海一所票号行会建筑的入口上方写有"如在桃园"四

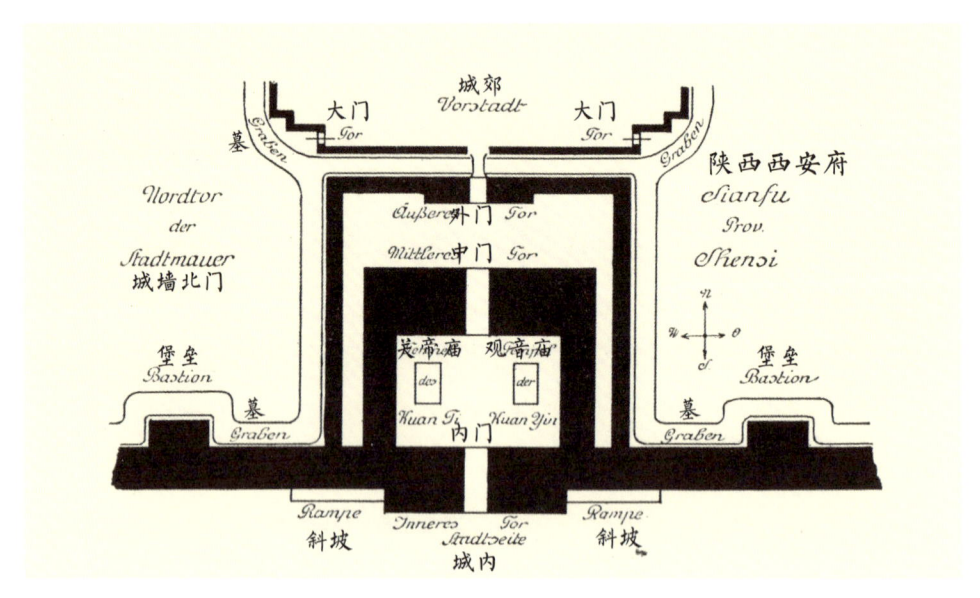

图 37 陕西西安府北门内的关帝庙（左）和观音庙（右），前者在西，后者在东

个字，指的是刘、关、张三人在张飞的桃园立誓结义。

不仅是城市，在市内各城区，甚至在街道上都有关帝庙或至少有一座神龛。有时关羽被供奉在城中的显要位置，守护着整座城市。在北京和陕西省西安府老城的正大门瓮城内，中轴线两边各有一座小庙，分别供奉关帝和大慈大悲观世音菩萨（图37）。有入城仪式的时候，统治者或级别最高的官员都会祭拜这两位神仙。1900年，光绪皇帝和慈禧太后被外国军队赶到了西安府，1902年1月7日又返京，期间就举行了祭拜活动。皇帝在东面跪祭战神和清朝的保护神关帝，太后在西面跪祭大慈大悲观世音菩萨。

将关帝和观音一起供奉是一种二元论思想的体现，另一个更典型的例子是中国人对"文""武"这对概念的喜爱。这两种互补的概念指导着治国理政、护佑百姓，尤其是在大城市中多有体现。广州就是一个明证。这座中国最大最富庶的城市位于一座山丘南面的平原上，处在山的遮挡和保护之下（参见073页，图38）。北端城墙有一座高大的五层城门楼，傲立在广州大地上。这个醒目的建筑是城市的象征，

第二章 三国人物祠堂

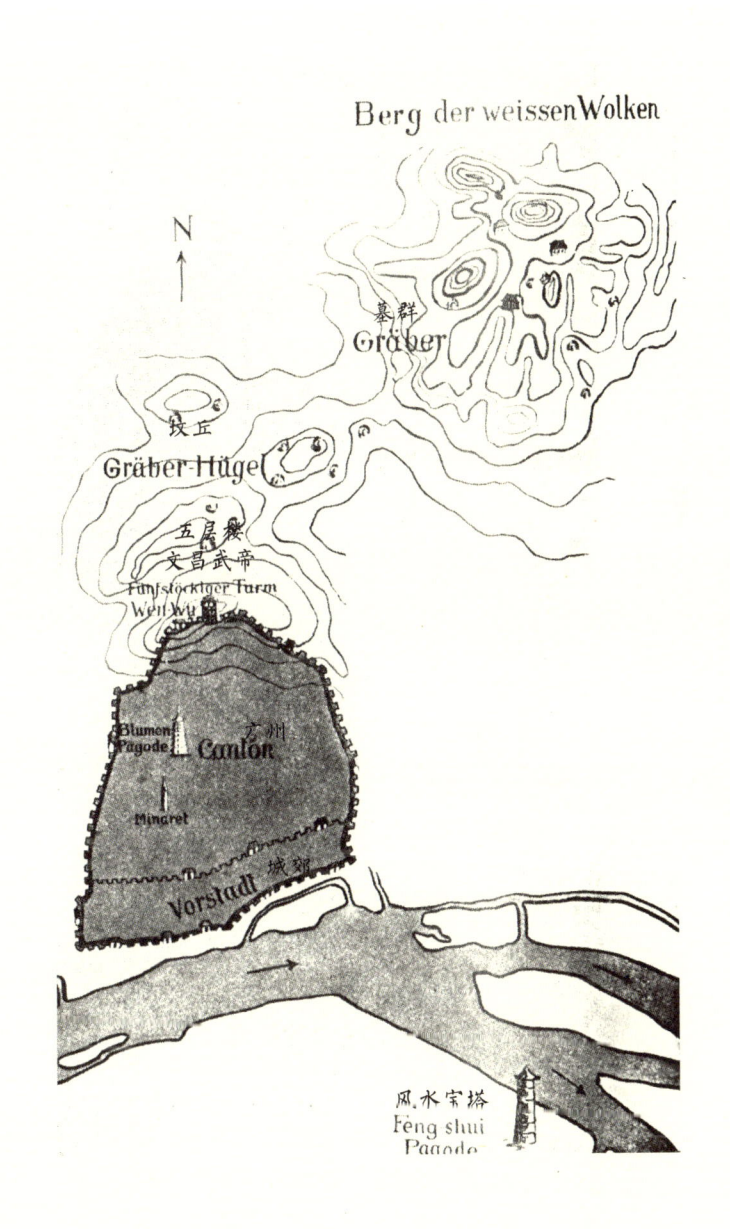

图 38 广东省省会广州总体规划与地理情况，北面有五层楼

在最顶层的祭台上同时供有文武二神（图39），东面是文章之神文昌，西面紧挨着的是勇武之神武圣——关帝（参见075页，图40）。两尊神像服饰华贵，有红、白、黄、金、蓝等颜色的彩绘。祭台两侧各侍立二人，东面是文昌的两名文官随从，西边是关帝的两位手持长刀的武将。这些人物都由栅栏围着。关帝旁的两位武将始终是关帝庙内守护关羽的随从，或许是他忠诚的手下周仓和他的儿子关平，据历史记载关平和关羽一同赴死。

通过面对面以及相邻安放的形式，如关帝与观音以及文昌一起供奉，这种独特的观念体现出宗教发展的趋势，有效地解答了一个问题，即神的概念和形象来源于古代英雄，也是为了宣扬特定伦理而产生。对关帝的崇拜有两个方面：最开始时，人们将这位历史人物作为忠勇干练的传统品德的化身；后来，对这位神灵的崇拜逐渐发展为国家与社会秩序的基石。关帝在各种群体、行会、大城市乃至首都中被人们视为国家象征，被当成天才，与其他重要的神一起构成了宗教和社会生活的秩序，成为二者的推动力。观音和关帝象征着人类生活中的阴阳两面，

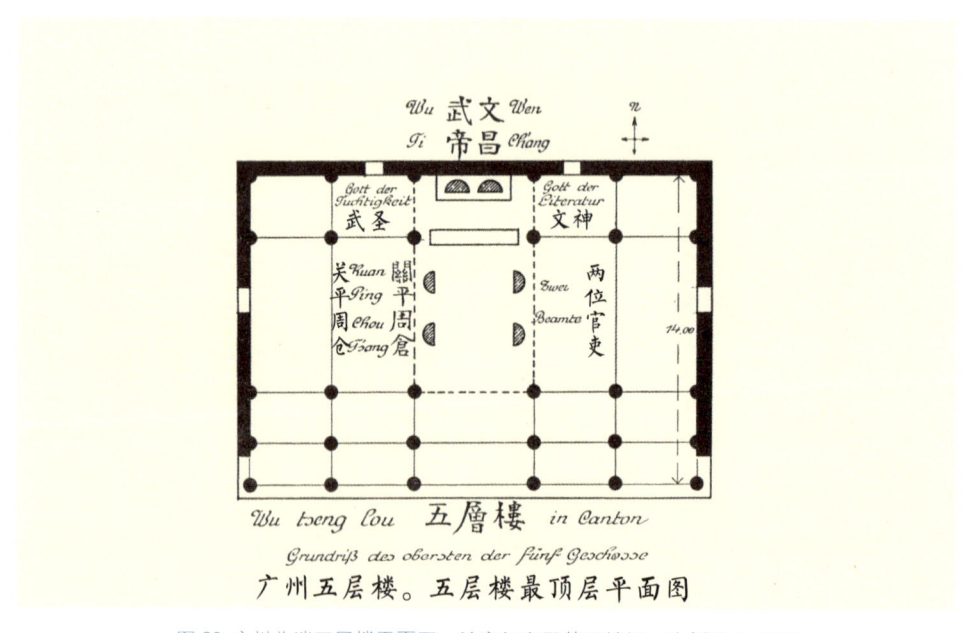

图 39 广州北端五层楼平面图。关帝与文昌的双神坛。比例尺 1∶300

图 40　广州五层楼关帝与文昌的双神坛

把家中的日常生活与外面的事业区分开。关帝还和文昌一起，对应着人生价值的两类追求，即外在的果敢与才学的精专。这种哲学赋予生命方向与内涵。由此涉及人类存在的本源，关帝进入了形而上学的领域。关公象征着某种普世的、绝对的、伦理的规则，体现出儒家的追求。中国古代价值观中也含有佛教哲学元素，受此影响，关帝也被归入佛家的万神殿。人们可以在佛寺的前殿和主殿中找到他，有时关公作为重要的组成部分，还会拥有自己的大殿。[1]

通过与其他神灵的联系，关帝有时也被归入道家的神仙行列，他被解释为自然力的一部分，赋予周围自然环境相关的特定功能。四川万县就有一个这样的例子，关羽在此地被看作掌管滚滚长江的神仙。万县西面有一座大型佛教寺院——镇江阁，矗立在长江北岸的高地上。这座建筑直接体现了各宗教领域独特的交

---

[1]　本系列第一本书《普陀山》，133—135 页。在普陀山法雨寺中关帝是准提菩萨的补充，位置在其对面。亦见《人类学杂志》，1911 年，430、434 页。

遗失在西方的中国史：中国祠堂

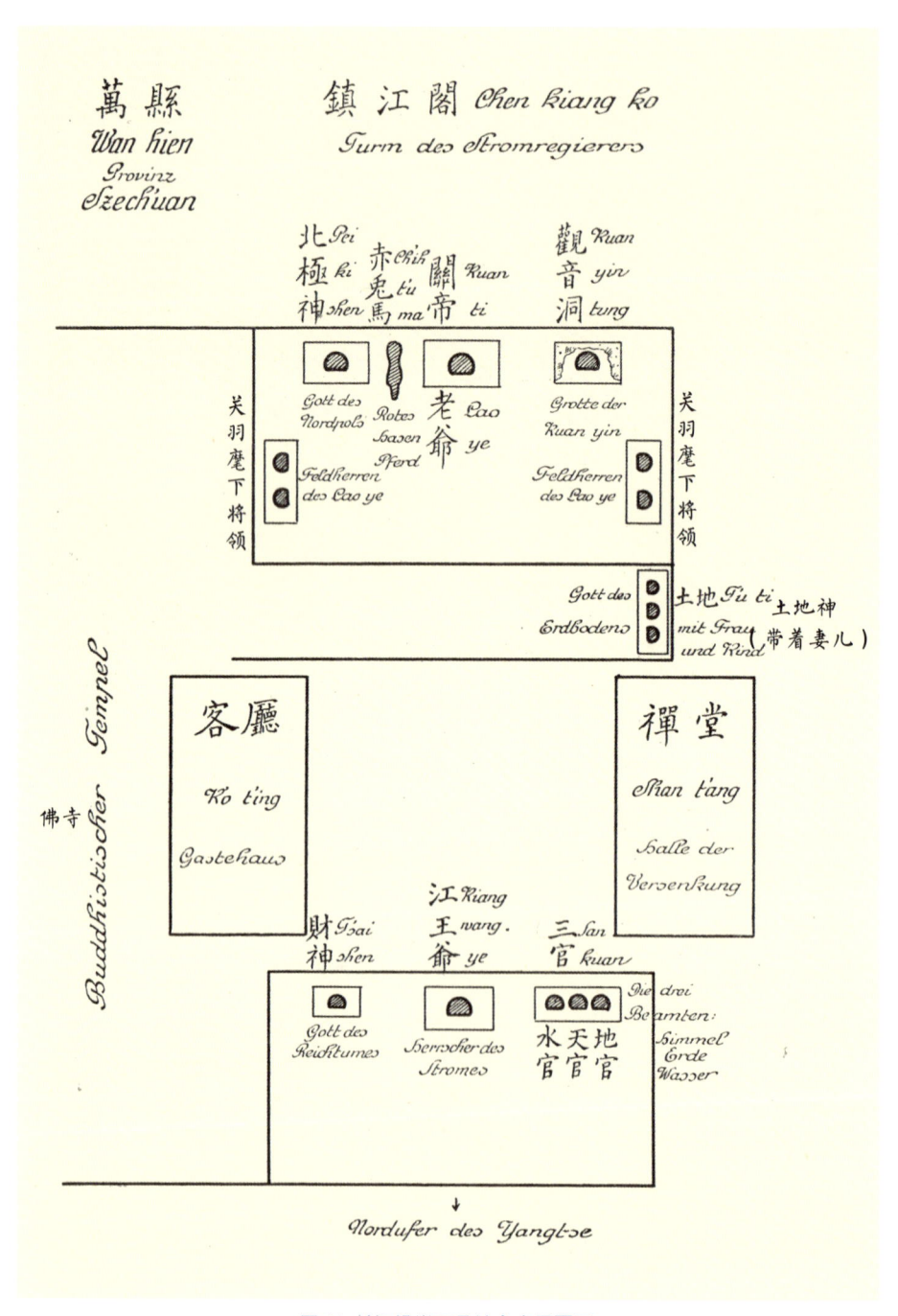

萬縣 Wan hien Provinz Szechuan

鎮江閣 Chen kiang ko Turm des Stromregierers

北極神 Pei ki shen — Gott des Nordpols
赤兔馬 Chih tu ma — Rotes Hasen Pferd
關帝 Kuan ti / 老爺 Lao ye
觀音洞 Kuan yin tung — Grotte der Kuan yin
关羽麾下将领 Feldherren des Lao ye
关羽麾下将领 Feldherren des Lao ye

土地 Tu ti 土地神（带着妻儿）— Gott des Erdbodens mit Frau und Kind

佛寺 Buddhistischer Tempel

客廳 Ko ting — Gastehaus
禪堂 Shan t'ang — Halle der Versenkung

財神 Tsai shen — Gott des Reichtumes
江王爺 Kiang wang ye — Herrscher des Stromes
三官 San kuan / 水官 天官 地官 — Die drei Beamten: Himmel Erde Wasser

↓ Nordufer des Yangtse

图 41 长江沿岸万县关帝庙平面图

融，因为建筑的一部分是道教风格，关帝在此占据着最重要的位置（参见076页，图41）。一道阶梯通向高大的入口建筑（图42）以及高耸的门楼，生动的山花样式和屋顶一起形成当地一景。建筑内部的中间位置供奉着一位完全虚构的神仙——江王爷，关于它更详细的信息无法考据。然而，江王爷只是主神关帝的一种体现形式，按照排布来看，关羽站在主轴上，位于江王爷的前面，因此他一定是关羽某一方面的分身，真正镇守江流的是关帝。关帝和江王爷身边各自陪侍着一些掌管自然的著名神仙，包括分管天、地、水的三官，财神，土地（只有他带着妻儿）以及掌管北极的北极神[1]。关帝旁边是他的战马，名叫赤兔马。"赤"色代表力量充沛，"兔"表示迅捷，这是对宝马常用的称呼，并不限于关帝之马。两侧有四个人像，其中两个是常伴关帝的随从，即持械的周仓和关羽之子关平，另外两个人我无法考证。观音菩萨有一座精美的祭坛。庭院中东面的侧楼是佛家禅堂，禅堂中间是主坛，供奉的是阿弥陀佛、观音和普贤菩萨的立像。这些佛教神仙在西面的纯佛教寺院的大殿内也占据着最重要的位置。寺院内也有方丈的住处，那是一栋有坚实围墙的小型八面塔，顶端是一座楼阁。围墙的砖雕为一些带文字的宗教图画，房里有绘着小型佛图的蒲团。通过对万县这座寺庙的描写，我们可

图 42 长江沿岸万县，通往关帝庙——镇江阁的坡地

---

[1]　本指北极星。——译者注

以看到中国民众在宗教崇拜中独特的混合现象，这也是绝大多数中国庙宇建筑的特色。

中国人对关帝的爱戴不断加深，因此他的宗教地位不断提高，最终被道教和佛教吸收到各自的神仙谱系中。人们首先通过祠堂建筑群表示对他的崇拜，又按照泛灵论将他的灵魂与他所在的土地和人民联系在一起。人们将他视为人伦的典范和神灵的化身，赋予他永久的神力。所以，关帝逐渐成为维系社会生活秩序的基石，拥有了形而上的力量，成为主宰自然最高等的神仙，并被吸纳入佛道两家。这种变化可以从庙宇建筑和神像的排布中看出。

8 张飞祠

张飞是刘、关、张三位中的第三位英雄，公元184年在他位于涿州的桃园中与刘、关二人祭拜结义。"桃园在涿州城南几里外，今天从北京到保定府的铁路经过那里。当地有一座纪念这一事件的大庙。现在，在附近的一座桥上还能见到张飞那把吓人的一丈八蛇矛，整个地区保存着各种三国时期的纪念物，相关历史事件也被民众口口相传。"在当阳县撤退战役中，张飞甚至还战胜了曹军一次，这也是他最有名的战功。公元220年，关羽在同样的地点落入孙权手中，惨遭枭首。紧接着，张飞也在同一年对孙权的战争中，被手下两名军官杀死在夔州府或者云阳县，那里有一座著名的张飞庙。[1]

四川很多地方为张飞建造了祠堂。我曾经在长江畔的重庆和万县之间的丰都县见过一座纪念张飞的大庙。丰都是一个著名地区，山顶上有鬼城九重天的入口。我仔细参观过两座张飞庙，这两座庙宇地处山下的峡谷和激流地带，位于三国古战场的中间，一座在万县县城，另一座在云阳县。这两座庙宇之间存在内部关联，并将张飞的形象与道教联系在一起。

---

[1] 张飞的两名部下于四川阆中杀掉张飞后，携带张飞的首级投奔孙权，造成张飞身葬阆中，头葬云阳。——译者注

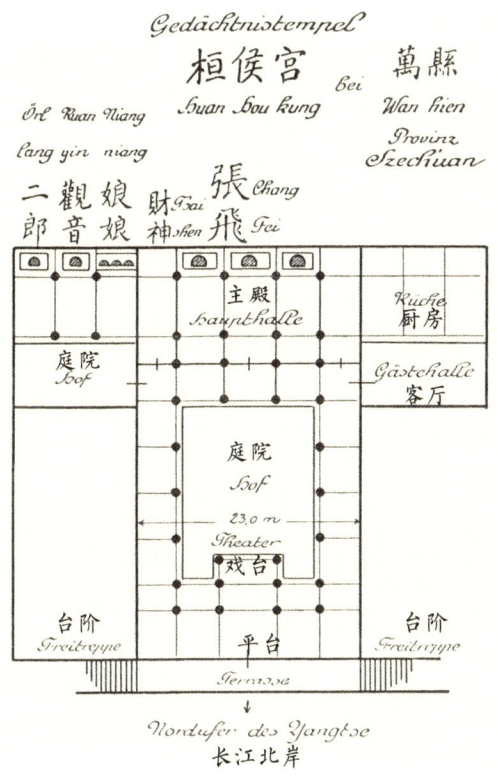

图 43 万县张飞祠平面图

万县桓侯宫

万县的这座张飞庙紧邻供奉关帝的望江阁，与望江阁一样位于陡峭的北岸，临近长江，建筑造型宏伟（图43）。两道台阶通向一个平台，可以俯瞰风景，平台上有一面大白墙，顶上是生动多彩的屋顶和山花。庙中其他建筑物的屋顶造型也很奇特，表现出四川建筑艺术的特征。大门上方有一块石碑，用庄重风格的浮雕镶边。浮雕上刻着两个人物，分别是唐代著名的猛将郭子仪（697—781年）和他的儿子郭暧（752—800年）。郭暧是当时的驸马，[1]在与公主争执时，仗着父亲势

---

[1] 翟理斯《中国概要》，1075 页。

大，打了身为公主的妻子，父亲郭子仪——那位大忠臣为此大怒，就绑了自己的儿子送到皇帝那里认罪受罚。不过皇帝没有追究，反而表彰了这位父亲的忠诚。这个事件反映了祠堂的伦理观念。同样，猛将张飞的忠君事迹也被历代史书重点强调，并通过绘画、碑文、纹饰和人物塑像的方式记录下来。四川到处都是此类遗迹。

主殿门前有个庭院，其入口门厅的内侧是戏台，台上有三座神坛。大殿最重要的位置上供奉着张飞，西面供奉着财神，东面供奉着第三位神仙。西侧的小祠堂里也供奉着三位立成一排的神仙，中间神坛上是大慈大悲观音菩萨——对应着主殿里的张飞。张飞是这里的保护神，就像关帝一样。观音西面是二郎神——四川之神——李冰的儿子，本书的第五章还会讲到他。二郎作为振兴四川的鼻祖，对应着主殿的财神。观音的东面供有三位娘娘。

四川省云阳县张桓侯庙

云阳县张飞祠位于县城西江畔山北坡（参见081页，图44），如同云阳的一座影壁。从风水上讲，这里是这座城中的绝佳宝地。此外，这里也是长江最危险的几处激流的开端，因而很适合祭祀神明。若干年前，曾有一位官吏命人在此处的石头上刻下两个字：

龙吟[1]

这一妙语既指宏大的历史事件，同时也表示自然的力量，象征着高山与大河。人们在这里受到上天雷电的拷问，接受自然降下的福祸，或许这就是张飞在这座以他命名的庙中与道家神仙密切联系在一起的原因。这座祠堂虽然具备了很多特色，拥有众多的历史碑文、张飞塑像以及其头葬在此地的传说，但实际上不太符合史实，似乎是故意仿效关帝身首分葬的故事。告诉我这件事的祭师就对此表示怀疑。我们会发现，大众在纪念某些历史事件和人物时，常常将一个人物的

---

[1] **本系列第一本书《普陀山》，129页。**

图 44 长江畔云阳张飞祠

情节逐渐转嫁给另外一个人，听者开始时还有所怀疑，但几代之后传言就变成了历史，人们便会轻易上当受骗。这种发现非常有趣。庙里再远一些是一座开放的亭子，里面的三道墙上嵌着石碑，碑上是诸葛亮写给刘备的奏章。此外，还有一座六角亭，亭子里的石碑上用古老字体刻着纪念张飞的碑文。

侧面建筑中的道家诸神受到了特别的崇拜。一座楼阁建筑的顶层有吕祖的卧像，他是八仙中最受人喜爱的一个。吕祖穿着衣服躺在左侧一张真正的床上，床上有被单和枕头，他睡在床帘后面（参见082页，图45）。在峨眉山的山庙中，我就曾见过类似神情和姿态的吕祖，仙洞和石头庙内也有他的卧像（参见091、241页）。吕祖床后面正对他头的位置上，有一尊仙鹤塑像，鹤嘴伸入背部的羽毛中，同样也在休憩。在窗前的位置，这位神仙的脚边有一名侍童。更有趣的是，这座楼的最高层中有吕祖的神坛（参见082页，图46）。在神坛中间，吕祖骑在一只仙鹤上，腾云御风，非常生动。衣带飘扬，人物身旁就是云彩，吕祖完全飘在天上

图 47 吕祖驾鹤腾云

图 45 云阳张飞祠沉睡中的吕祖

图 46 云阳张飞祠内一座楼阁的顶层

（参见082页，图47）。吕祖身边有四位弟子，与他一同行进。吕祖左边是雷祖。雷祖的样子令人生畏，由二人陪侍，右侧是其副手雷神，配有凿子、锤子，长着翅膀、鹰嘴和爪子，左侧是年轻貌美的电母，衣着典雅，双手各持一面闪电镜，动作优美，仿佛要打出电火花。这两个人物分别代表雷和电，有时造型十分优雅，在中国非常常见。奇怪的是，吕祖右边坐着年轻的诸葛亮，他的袍子上有五色纹饰。

瀑布边上一座美丽的小花园与祠堂相连。人们在此开凿了一个洞穴，堆起怪石，怪石中露出了一只石龟的头。

9 长江峡谷与激流处的三国英雄遗迹

前文已经多次提过，人们对汉代末年和三国时期的各大战役与历史事件的发生地记忆深刻。各地区都争相保护历史遗迹，相关的故事在民间口口相传。尤其在四川与湖北交界处，强劲的水流横向打通了大巴山脉，出现了许多著名的峡谷与激流。就在这些中国旅行家们反复赞美、描绘的宏大自然中，有关刘备的人马及其对手的遗存大部分被保留了下来，尤其是刘备与战功彪炳的曹操数次战斗的遗迹。在匆匆的沿河行程中，旅行家们将那个时代的部分遗迹记录了下来。

宽阔的河床在夔州府下游处变窄，几乎直接打入狭窄的山谷。山谷岩石峭立，顶峰直入云天，如同当地的标志（参见084页，图48）。山谷中强劲的东风吹卷江流，掀起浪涛，江中总有漩涡暗流，小船像陀螺一样旋转，无法继续行进。我就曾遇到这样的情况，在一阵徒劳而且危险的尝试后，我坐等了一天，直到风浪平息。这里的山谷叫风箱峡，自古以来虔诚的民众在谷洞内放置大小不一的风箱，表示对上天的祈求或感恩。[1]在北面山崖高处有一条道路，其侧面的岩壁上刻着一些文字：

开辟奇功
天梯津隶

南侧山崖上刻着：

孟良梯

在这座壮丽峡谷的入口，有一处低矮但引人注目的孤立山丘。白帝城的村落散落在半山腰。目光可及处的山顶，有一片茂密的树林，里面有一座刘备及其结义兄弟的祠堂，即昭烈帝庙。

---

[1] 有传说称"风箱"为鲁班遗物，后经科考证实为悬棺。——译者注

图 48 夔州府风箱峡与长江交汇处

"昭烈帝"是刘备皇帝的庙号。由于建筑中有大量的佛教式样,因此也称白帝寺。"寺"是对这个佛教庙宇的称呼,"白帝"这个名字指什么我无法确定。[1]主殿中最重要的位置供奉着刘备的塑像,东面相对的是刘备的儿子即唯一继承者刘禅(参见085页,图49)。墙上镶嵌着许多刻有文字的石碑和图画,大院中的基座上立着一块明代的铜板。庙中的宗教人员是佛僧,在供奉前任住持的祖堂里,一位住持画像前的小盒子中有一座25厘米高的隐士坐像,体形瘦削,正在出神地凝望。传闻说这里曾经存有刘备的帝冠和袍子,或许现在还有。这座庙在周边百姓和长江上的船夫及其家人中家喻户晓。人们对这段历史的热忱与此地的地理和自然风景特征在这座庙里交融。

---

[1] 白帝指公孙述。王莽篡位时,公孙述割据四川,公元25年自称"白帝",所建城池取名"白帝城",山亦改名为"白帝山"。——译者注

从风箱峡往下游走几个小时，就可以看到陡峭河岸上风景如画的小城巫山县。小城房屋和寺庙的造型生动美观，相比四川其他地方，在艺术上造诣非凡。这里是长江上游著名的巫峡。巫峡从巫山直到巴东县前边的西江口，横穿四川省与湖北省边界，长约40千米。在这凄清寂寥之地，高耸入云的山崖之间，中国人可以感受到人类自身的渺小以及在自然力量面前的绝对屈服。第一章我们已经提到禹帝，据说他发明和实施了通过劈开隘口疏导治水的方式，这是他的最大贡献。著名的文人用文章、歌赋与传说赞颂着这条峡谷。[1]在四川西部神圣的峨眉山万年寺中，一名高僧曾告诉我一些诗文，形容此地闻名四川的几处名胜，即：

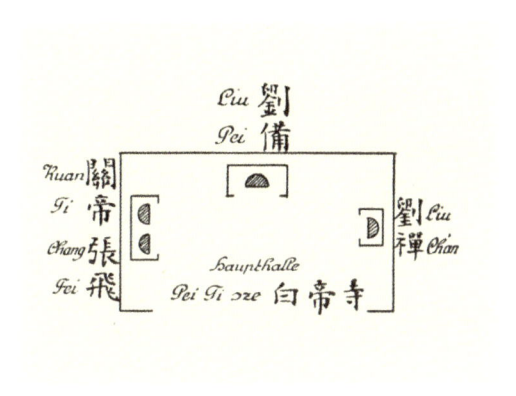

图 49 风箱峡的白帝寺主殿

剑关天下险，峨眉天下秀，巫山天下景。

据记载，在巫山这一地区，曹操曾勇敢地孤身乘舟侦察敌人船队。有一处石碑叫诸葛碑，因蜀汉统帅诸葛亮命人在高不可攀的石壁上刻上他所书的文字而得名。此外，人们相信有一个山洞中藏着石棺，因此这座山谷被命名为"棺材峡"。一路上船夫向我们介绍了多处深刻的景观，令人难以忘怀，至少给我留下了很深的印象。我到达的湖北省第一座大城市夔州府下游是一段15千米长的狭窄山谷，名为"兵书宝剑峡"。传说诸葛亮曾仗剑乘舟，只身从宜昌下游的荆州出发，将刘备的重要文书送达这里，交给一位与曹操作战的将军。荆州还存有两口古旧的铁

---

[1] 梅辉立《汉语指南》。

锅，据说属于关羽遗物，供奉在专门建造的亭子里。[1]

以上这些只是我在这片地区偶然考察到的三国时期遗迹，但它们与四川北部的遗迹以及我详细记述的英雄人物祠堂联系在一起，充分说明对这些英雄的缅怀已深深扎根于这片土地。历朝历代都非常重视此地的战略意义。作为古代蜀国的所在地，四川经过那段豪杰辈出的黄金时代的洗礼，一直深受被神化的英灵的影响。

---

[1] 今湖北荆州博物馆内陈列着两件三国时期的文物，一件是关羽用过的石马槽，另一件据说是曹操行军用锅，赤壁一战被关羽缴获，作为战利品放置在荆州护国寺。——译者注

第三章 中古与近代的祠堂

1 唐代

在汉朝结束后的几百年中，公元1世纪被官方引入的佛教大大发展。这一时期，中国只在公元265—429年相对统一，接下来的170年则分裂成多个部分，形成南北两大对立势力。北魏（386—534年）为佛教在中国的传播提供了巨大助力。佛教这一外来宗教推动了中国对西域诸国的建筑、艺术和文化的了解，进而促进了各个领域的新发展。此后，中国进入了一个新时代——伟大的唐朝。在经历了长期的分裂后，唐朝通过新兴势力和战争实现了更高的大一统，这在历史上是开先河之举。从伟大的汉朝到短命的小王朝及帝国的分裂这两个正反命题中，诞生了唐朝这一综合体。唐朝皇帝治下的统一帝国，政府强力高效，国祚近300年。这一时期保存下来的著名遗迹和纪念名人、王侯和文士的祠堂，在乡村与城市中比比皆是。

2 四川汉州高宗[1]寺

汉州是四川一座富庶的城镇，位于广袤的成都平原，从成都府往北约一日路程。从汉州往南行进一小时，可以到达一片幽暗的树林，树林里点缀着金黄的

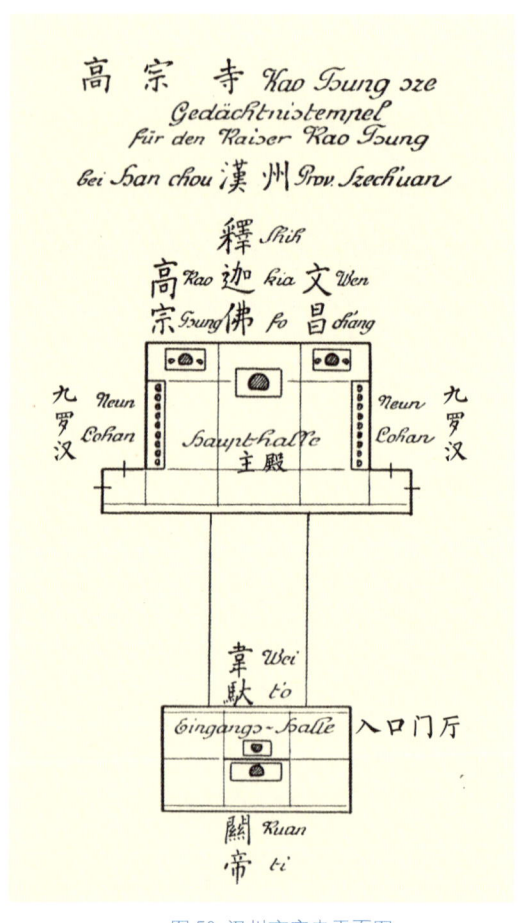

图 50 汉州高宗寺平面图

---
[1] 唐高宗李治，公元649—683年在位。

第三章 中古与近代的祠堂 | 089

图 51 汉州高宗寺高宗像

稻田，里面大多是民居和墓地，更深处还有一小片被围墙环绕的小树林。小树林被精心打理过，里面有一座佛寺，建筑并不特别，但是作为唐朝第三位皇帝唐高宗之庙，引人注目。唐高宗和其他的唐朝皇帝一样，是佛教的大力倡导者，所以被列为佛教的圣人，位居佛陀之下，与中国古代诸神并列。这样一来，佛教与中国古代神仙就融合在了一起。主殿入口门厅供奉的是武圣关帝（参见088页，图50），他在这里的身份是佛家的守护神，他的后面正对着主殿供奉的是佛教护法韦驮。[1]主殿内中间位置供奉着释迦牟尼佛。在释迦牟尼佛东面的独特祭台上坐落着文运之神文昌，西面坐落着高宗皇帝（图51）。每位神仙人物都带着两名侍者。皇帝塑像身着蓝色神衣，身披黄袍，袍子上有白色和金色的花纹，头戴帝冕，面容生动，留着长须，人物造型富有艺术感。大殿两侧墙上有造型独特的十八罗汉塑像，他们都是佛陀的弟子，因为有隐士气度，在洞穴中打坐，最终成佛。

---

[1] 汉传佛教中常以关公为伽蓝菩萨，与韦驮菩萨并称为佛教寺院两大护法神。——译者注

3 四川广元县武后[1]寺

武则天这位家喻户晓又臭名远扬的女皇，最早发迹于唐朝第二位皇帝唐太宗的后宫。她在太宗驾崩后削发为尼，但只是暂时出家，后来太宗之子——继位者高宗不顾她与太宗的关系，执意封她为后，使她在外朝和内廷中都身居高位，掌握大权。高宗死后不久，武后就被公认为绝对的君主。她安坐帝位，统治天下，是当时声名最显赫的女性。她残暴无道，没有丝毫的良知。[2]武则天是热情的佛教推崇者，她对于佛教的爱好甚至体现在挑选男宠上，有时会选择僧侣作为她的情人。武后的祠堂位于传说中她的出生地——四川北部嘉陵江上游的广元县，建在一处极显要的位置。广元广大的城区位于嘉陵江东岸的一片高地上，坐落在一座山丘脚下。这座山丘的北面和东面有城墙围绕，山顶都是庙宇，对面的西岸上尽是陡峭的山脊（参见091页，图52）。早在雕刻石像之风举国盛行的唐代，这座庙内就有许多刻着石佛的神龛，其中一座神龛的佛像特别大，展现了释迦牟尼佛和两位弟子的伟岸身姿，至今其面目仍然依稀可辨。这三位神仙源于自然本身，是永恒的体现，他们面城而立，保佑着广元城。佛像脚下是武后寺，轴线朝向东边的城市。

这座寺庙名叫皇泽寺。虽然寺庙保存状态不佳，许多部分都已经破败，里面只住着几名僧人，但这并没有影响整座庙宇的气势。主殿内供奉着大慈大悲观世音菩萨和其他佛教神仙，这些塑像被视为寺院后面那座尊贵石佛的陪衬，而石佛则体现了这座山的神圣性。女皇塑像位于前庭，她身披黄袍，穿黄色马褂，朝东面向广元城，好似主殿诸神及石佛的一种映射。人们有意识地将众神相互关联，并将远离尘世的神人格化。这一理念不仅体现在佛教中，[3]在道教建筑中的祭台上也得到反复体现。这一思想通过这位著名女皇体现得格外深刻，她尊号"则天"[4]，意为上天

---

[1] 武则天，于公元690年称帝，改国号为周，公元690—705年在位。
[2] 作者此处以偏概全，武则天在位时亦多有善政。——译者注
[3] 本系列第一本书《普陀山》，22、85、121页。
[4] 武曌退位后被唐中宗尊为"则天大圣皇帝"，后去其帝号，称为"则天大圣皇后"。——译者注

图 52 广元县对面石佛脚下唐代女皇武后祠堂
（石佛的细节见《民族学杂志》1910 年刊，415 页）

之榜样，或称"天后"。庙的后面紧邻高耸的山崖有一个池塘。池塘由一条溪流供给水源，人们赋予它一个具有佛教色彩的名字——"小南海"。在数座大小不一的佛窟中，有一座佛窟的门被锁起来了，上面有八仙中一位神仙的画像，即我们在云阳张飞庙见过的吕祖（参见081、241页）。吕祖的形象多位于洞中和山上，呈睡卧姿态，这或许与其字"洞宾"有关。他出现在庙里的重要位置上，或许是因为其历史原型吕岩出生于武则天临朝之后，并在唐朝时便享有盛名。可惜的是，现在吕祖的洞穴里住着戏班子和抽大烟的人。

4 四川绵州李杜祠

唐朝是中国诗歌艺术的鼎盛时代，高潮时期的代表人物是三位大诗人：

李白，字太白（701—762年）；

杜甫，字子美（712—770年）；

韩愈，字退之（768—824年）。

李白与杜甫堪称中国最著名的诗歌双杰，"文章光焰，为诗坛不祧之祖"，人们在绵州为他们合建了一座祠堂。李白因其狂放不羁的性格而闻名，据记载他饮酒无度，因其才华久居于长安的宫廷[1]。但他放浪形骸，最终招致太监和后宫的嫉恨，无奈之中又开始了云游生活。在诗歌生涯之初，他与五名好友隐居在山东徂徕山中，六人并称"竹溪六逸"[2]。后来，处于唐朝文学巅峰的他，又与另外七名著名的诗人并称为"酒中八仙"[3]。

在西安时，李白就和杜甫结下了深厚的友谊。杜甫虽然无缘当时文学的巅峰，却不断担任要职，甚至进入监察部门。有一段时间他执掌负责国家建设的部门——工部，因此也被称为"杜工部"。[4]和李白及其他中国诗人一样，杜甫也热衷游历。他在生命的最后几年，几乎走遍了四川和几个中部省份，探访古代遗存。[5]人人都知李白好酒，杜甫好垂钓。中国画中常有杜甫垂钓的形象。钓到鱼象征着获得成就，藏于深水中的鱼使人联想到暗中隐藏的力量。李、杜二位诗人的人生历程也对应着他们的结局。李白醉酒乘舟时想要抓到水中的月影，不慎从船上跌落溺亡；[6]杜甫孤舟泛于长江，被洪水冲到一个人迹罕至的岛上，几天后被救才没饿死，但随后却在一次宴会上由于所食过于丰盛而发病离世。[7]

李白来自四川绵州，[8]据记载杜甫也在此停留过一段时间。四川人自然为拥有这两位诗人而感到自豪，正如他们所自诩的，四川是诗人之乡。有言道：

---

[1] 李白在宫廷任职时间并不长，前后不过一年半。——译者注
[2] 其余五人是孔巢父、韩准、裴政、张叔明、陶沔。——译者注
[3] 其余七人为贺知章、李适之、李琎、崔宗之、苏晋、张旭、焦遂。杜甫曾作《饮中八仙歌》。——译者注
[4] 杜甫历任右卫率府胄曹参军、左拾遗、华州司功参军、检校工部员外郎等职，都是低级职位，从未曾担任要职。至于他是否达到了文学巅峰，见仁见智。——译者注
[5] 杜甫后期生活困窘，所谓"云游"，实则是漂泊。——译者注
[6] 此外还有醉死和病死两种说法。——译者注
[7] 《新唐书》记载："大历中，出瞿塘，下江陵，溯沅、湘以登衡山，因客耒阳。游岳祠，大水遽至，涉旬不得食，县令尝馈牛炙白酒，大醉，一夕卒。年五十九。"——译者注
[8] 一说李白出生在安西都护府所辖的碎叶城，后迁至绵州。——译者注

文章属三江，诗豪出四川，北方尚武颇有精神。[1]

"欲说四川风光，必先有诗人之文采。四川本身便是诗，由神仙与豪杰一同写就。"在这个问题上，四川人也许并没有说错。

绵州位于秦岭向南面延展的丘陵地带，大巴山西部支脉，涪江的右岸。我七月到访的时候，涪江波宽而浪急。从绵州出发南行仅一天就到达罗江，罗江后面不远处就是成都平原。在绵州地界有两座名山，大康山和小康山。[2]据说李白曾在大康山学习。他热爱自然，以大自然为伴，漫步时常常采花。据当地人说，李白离开四川后再也没回去。不过，巴州和四川东北部的广元县留下了许多石碑，上面刻着他的诗歌。杜甫后来也来到绵州，因性格友善受到人们的欢迎。据说河岸上原有一座春酣亭，杜公曾经在那里垂钓、烹调和用膳。在绵州一所建于光绪年间的学堂里，纪念李、杜的石碑被放在一起，上有碑文：

杜公好垂钓，李白狂纵酒。[3]

绵州境内的天池山，据说也有两位诗人共同的祠堂。绵州的渡口有一头据说可以抵御水患的巨大石牛，栩栩如生。渡口的对面，也就是涪江左岸是一片略高于江面的小平原。人们在这里为李白和杜甫合建了一座著名的祠堂（图53）。这座祠堂被

图53 绵州李杜祠

---

[1] 梅辉立《汉语指南》第二卷29页。
[2] 大康山又名"大匡山"或"待天山"，小康山又名"小匡山"或"点灯山"。——译者注
[3] 此处根据原文意译。——译者注

围墙包围，几乎完全藏身于美丽的竹林中，只有屋顶显露出来。祠堂主入口上面写有如下字迹：

万人之中，独行正道。[1]

主殿祭台上（图54），中间是李、杜二人的牌位，两侧立着另外四位文人的牌位（左祀黄庭坚、陆游，右祀邓文原、赵鹏飞）。在李白牌位的顶部装饰有金色的浮雕造型，即著名的鱼跃龙门。牌位的侧面有云中飞翔的蝙蝠和海浪中游弋的海马图案。杜工部牌位的同样位置有一对凤凰，凤凰朝中间的太阳飞去，排位的侧面有龙和蝙蝠。深蓝底的牌位上有两行金字：

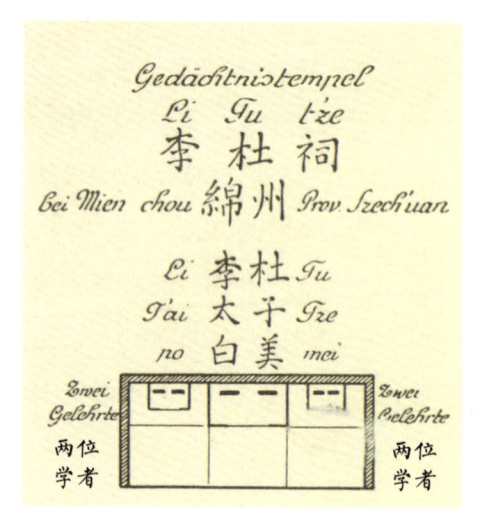

图54 诗人李白杜甫绵县祠堂中的双祭台

唐翰林学士左拾遗李公神位
唐检校尚书工部员外郎赐绯鱼袋杜公神位

祭台上方的横匾上书：

尊崇恭敬[2]
度白马关来，落凤卧龙，汉室盐梅如俎豆；
步鲂鱼津上，酒仙诗史，唐贤香火焕文章。

这里的"步鲂鱼津"或指经过绵州的涪江。[3] 上联所讲内容我们已经在之前庞

---

[1] 此处根据原文意译。——译者注
[2] 此处根据原文意译。——译者注
[3] 应为杜工部东津观打鱼处。东津为今芙蓉溪下游、芙蓉桥下的溪岸。杜甫凿池引流，葺屋于其上，称为"寻棕问鱼之舫"，陆游诗云："走马朝寻海棕馆，斫脍夜醉舫鱼津。"——译者注

统祠这一章节提到了。祠内一个角落有一座敞开的双层六角亭,亭子下层一侧立着一块石碑,另一侧是一幅精美的浮雕,画着杜甫携鱼竿与鱼篓垂钓,旁边是一位带书的童子。顶层挂着一幅对联:

酒圣诗仙同千古;
云彩波光入一楼。

精心修建的池塘表明杜甫爱好垂钓。池塘旁边的院子里有一座小房子,房子里面有一副对联:

常引清流供洗竹;
特留闲地为栽花。

在主殿祭台上也挂有一副颂扬李杜的对联:

诗补蜀风,李杜文章千古在;
人歌乐土,芙蓉景色四时新。

5 四川梓潼县文昌宫

上述诗文中所说的七曲山位于绵州以东,两天前我刚刚经过那里。这座山与文人墨客关系密切,据说这是文运之神文昌的家乡,因而也称为"文昌故里"。据记载,文运之神文昌原名张亚子,唐代四川梓潼人。他相貌堂堂,文采飞扬,在负责科举考试的部门担任重要职务,后来辞掉礼部的官职,归隐山林。[1]

文昌宫位于武连和梓潼之间道路上的显要位置上。一条山脊伸入西河谷地,形成七座突起的山峰,因而此地被称为"七曲山九曲水"。要是连在一起说,就是

---

[1] 一说张亚子本是起义抗击前秦苻坚的蜀人张育与梓潼神亚子两位人物合并而成的神灵。参见翟理斯《中国概要》,2301 页。

"七曲或九曲风光"。

山脊的线条被形容为一条龙,最后一个山丘就是龙首,上面高高地耸立着文昌庙。俯瞰江面,这里同时也有一座武圣关帝的大庙。我们在描述关帝庙的时候已经讲过二者的关联,也讲了二者与观音的关系,在这里关帝和文昌被一同供奉就是这种关联的突出表现。在此我们要进一步解释一下。在文人墨客之乡四川,我们造访了多座关帝和文昌的祠庙,这两位神仙都是同时现身。这是因为文人不仅崇拜赐予他们才华的文昌,也崇拜关帝,因为关帝是勤勉与成功的楷模,是忠于职守和勇武的榜样。因此文昌和关帝二者缺一不可。李杜祠中的碑文进一步暗示二位神仙把守着艺术与文化的殿堂,这座庙宇也因此家喻户晓。庙宇所在的山也称为"大庙山",在农历二月会举行盛大的朝圣活动,这一活动我在讲到武连诸葛亮祠时就已提及。

以下是我在1908年7月30日从武连到梓潼县的日记:

> 昨日刮了大风之后,今天穿平常穿的轻薄衣物已经感觉较冷了。昨天夜间和今天早上又下起了大雨,上路一小时后我们浑身就湿透了。我们在雨中攀爬陡峭的山岩,回头望去,城内整个秀丽的山谷都隐在雨中,只能看到十三层的白塔。今天的景色和昨天一样,山脉高耸,呈连绵之势,陡峭的坡面上有几处平地和无数梯田,一直延伸到地平线处。我们的北面和西北面,直到中午都还能看到五指山的五座山峰。我们的西面远处则有巍峨的老君山相伴,现在山的大部分都笼罩在云雾中,也许这是中原最高的山脉了。西南地平线上出现了新的山峰,但它带有梯田的整个丘陵明显更低、更平缓,也不太有情趣。丘陵之间的河谷更宽,河谷中有广阔的稻田。稻子长势喜人,现在已经很少见到农人在田间劳作了。道路仍旧水平通往山的斜坡和山脊,接下来是平地,回望可以看到优美的景致。

> 下午我们经过了几座山峰,俯瞰临近的一条河流。河道蜿蜒,水量丰沛。山坡下的部分谷地是绿色的稻田,南边远处则出现了新的更低的山

脉。下午我们到达了文昌庙，这里的景色最为美丽。庙的入口和出口处都有高大的牌楼，上面的碑文是关于"七曲山"和"九曲水"的。此前我们曾沿分水岭行进至龙的背部，山峦的末端就是龙首，如同一座城堡耸立在河水之上。这里主路上只有一座高高的祭台，路两旁大部分树木的年代不长，我们行走时头一直抵着茂密的柏树林。关帝庙与文昌庙毗邻而立。两座庙中有许多楼宇、殿堂、亭子和台阶，规模宏大，其中龙的造型十分生动，堪称完美。远处是神圣的老君，老君是世界的本源，是人们的祖先，也是宇宙本身。[1] 在近处的山间平地，美丽的田野、树林和祠堂为诸神创设了一片净土。三位一体的理念在此体现出来：宇宙和众神作为推动力，人工建筑与自然之美作为结果。这就是此地神圣性的来源。

天很快就黑了，开始下起了雨。大家匆匆赶路，我只能草草参观了大殿。大殿里的关帝像全身镀金，大概有六人高，殿中还供奉着文昌。此外，这里还有文殊菩萨和其他佛教神灵。大殿里铭文无数，有对联、碑文、词句与诗歌，这座庙适合进行详细研究。庙周围的山上没有森林，只覆盖着灌木丛。雪松林使龙头更活泼，让人想起"蛇头戴金冠"的童话，从本质上来说二者是同样的构想。

6 四川成都杜公祠

在绵州，杜甫与李白被一同祭祀，但在四川还建有多座杜甫个人的祠堂。根据人们的描述，我记录下了位于成都府西南双流的一座祠堂，然而最著名的一座还当属成都府的那一座。除城墙西南角有一座供奉老子的大庙外，向西距城墙两公里处有三座相连的寺庙，十分引人注目。这三座庙地处河流拐弯处的宽广区域，几乎占据了整片地方，其主要部分是草堂寺。这是一座纯佛教的寺庙，内有

---

[1] 道教认为，"太上老君"化生出无量无边的世界。——译者注

美丽的庭院和古树。建筑富有艺术感，特征并不突出，有鼓起的马赛克瓷砖和陶构成的精美屋脊。大殿前面有一排石柱，凸起的雀替上全是精致的雕刻纹饰。德高望重的住持管理着寺内约一百名僧侣，同时还协助管理紧邻的草堂寺和浣花祠这两座祠庙。

图 55 成都杜公祠平面图

这两座祠庙的名字合起来代表了杜甫所居住的著名宅院——"浣花草堂"[1]。这个简单的词语表现了诗人与自然的内在联系。浣花祠纪念的是一位女诗人，她的坐像被供奉在装有玻璃的神龛里，人们称她为"冀国夫人"，据说她生活在唐代。可以猜想，她与杜甫也许有比较密切的联系。[2]

这座祠堂小而静穆，完全隐藏在绿树丛中，旁边是更大的杜甫祠堂，即杜公祠。这里也不是单独供奉杜甫，他和其他两位诗人一起端坐在主殿中的三重祭台上（图55）。杜甫的左侧是书法家及诗人黄庭坚（1045—1105年）。黄庭坚位列宋代"四大家"，[3]也被列入"二十四孝"中，[4]因有深刻的宗教思想而被称为"山谷道人"（实为自号）。杜甫右侧是文学家和诗人陆游（1125—1210年），因被排斥而颓废，索性自号"放翁"。三尊精美的坐像不足一个真人大，它们被放置在简约又十分典雅并且含有彩绘的龛内（参见99页，图56）。主殿前面立有三块碑，上面刻着三位诗人的作品。这些文字在本书的其他地方也会提到。

杜甫为何会和两位宋代诗人联系在一起，还需要进一步考证。或许是因为他们也和杜甫一样，思想深刻，才华横溢，如同杜甫的化身，体现着他的精髓。他

---

[1] 公元760年春，杜甫在成都西郊浣花溪畔修建茅屋，称为浣花草堂。——译者注
[2] 唐代著名女将、曾率军保卫成都的冀国夫人也称"浣花夫人"，但她与杜甫并无关联。——译者注
[3] 北宋四大家为苏轼、黄庭坚、米芾、蔡襄。——译者注
[4] 本系列第一本书《普陀山》，98页。

图 56 成都府杜公祠中供奉诗人杜甫的祭台

们与短暂供职于成都府的杜甫一样，曾在此地有所作为。而将几位人物供奉在一起也可能是为节约成本。不过此后中国人对他们的内在联系深信不疑。

据说在唐宋时期，三座庙宇所在的位置是一座美丽的大花园。这座花园在杜公祠中还有一大部分遗存，现在的部分景致还能追溯到遥远的古代。大殿内有多条门廊（参见100页，图57、58），从开放的顶层向外望去，可以观赏掩映在绿叶中的众多院落，院中的多座假山间有小径相交。一条人工河分成两支，流过庭院，周围有绿竹围绕，小桥装点。这条水道不过百年。一块古老的石板上刻有这座花园的规划图，但图中并没有这条河。花园里还有几个较大的沟渠以及鱼池，塘中有龟和鱼。鱼主要是银黑相间的鲤鱼，人们可以在开放的亭子里向池中投食。鱼儿竞相追逐人们所掷的大块食物，时沉时浮，颇为有趣。在中国寺庙与花园中，这种鱼池广受欢迎，然而在此处它有着特别的含义，象征着杜甫这位著名

图 57 花园及其鱼池、小桥与凉亭

图 58 带沟渠与小桥的大门通道

的钓鱼与养鱼爱好者的灵魂在大殿内永存不朽。这座庙俨然成了一个度假与郊游的好去处，来自城市与乡下的大量游客催生了当地的餐饮业。人们在此消磨时光，吃吃喝喝，抽烟、闲聊，或者下棋。我怀着对杜甫的感激之情，在鱼池河沟边的茅草亭子里享受着晴朗的天气与可口的早餐，在临近小丘的亭子里品尝美酒。杜公祠里各座建筑甚至石壁上都装点着铭文，其中一句是：

诗卷长留；
草堂不朽。

传教士古伯察[1]在1846年拜访了成都府，他在其杰出著作中写到了一座位于城外的寺庙，但他没有提到名字。但我确信他指的是我们现在所讲的祠堂群，也许就是杜公祠。[2]这里引用一下他当时的见闻也是有意义的。

> 这座古色古香的寺庙是我们在中国参观过的寺庙中最华丽也是保存得最好的。我们品过一杯茶后，庙内住持邀请我们观赏美景。厚重的建筑样式和丰富的纹饰吸引了我们的注意。但令我们尤其赞叹的是寺庙周围花园中的小树林和花圃。我们已经想象不出比之更鲜活与优美的景致了。我们在一个大鱼塘边上悠闲地逗留了片刻，塘内的水面上有昆虫在游水，底部有好多乌龟在自在地嬉戏，另一个较小的池塘里面全是红色与黑色的鱼。一位僧人把米做成小丸子用来投食，并乐在其中。他新剃了头，耳朵又大又长，十分滑稽。那些鱼既贪食又缺乏耐心，它们将头伸出水面，一直半张着嘴，好像要亲吻空气一样。

---

[1] Evariste Régis Huc（1813—1860），法国人，精通汉语、满语、蒙语等，1839年来到中国，曾在广州、北京、西藏等地游历生活。——译者注
[2] 古伯察《中华帝国纪行》（*Das Chinesische Reich*）第一部分，德国莱比锡，1856年，21—22页。

7 苏东坡祠

刚刚所述的祠堂中陪伴杜甫的两位诗人生于宋朝（960—1279年）。这一朝代的文章与造型艺术都达到了高度繁荣。这一时期最著名的人物当属诗人、政治家和热忱的佛教徒苏轼，但他也崇尚道教。苏轼的父亲是四川成都府以南的眉山人，但苏轼、苏辙的家乡是陕西凤翔府，[1]那里也有一座东坡祠。苏轼在仕途中或得友人相助，或遭敌人打压，时而得宠时而失宠，人生忽起忽落。他在京城只短暂地停留了一段时间，更多时候是被贬官或流放到偏远地区任职。他的外放生涯始于浙江杭州，他在那里美化了市容，现在杭州城内的西湖还有一些纪念他的遗迹。他在湖北省黄州一处山丘的"东坡"上建造了一座宅子，其号"东坡"就缘于此。他还曾被流放到广东惠州，乃至蛮荒之地海南。[2]但身为小官他不甘颓废，和他的先辈李白、杜甫一样，始终也不安闲，直到逝世于江苏常州。作为诗人，他留下了很多足迹，在他生活过的地方都有纪念他的祠堂。祠堂内叙述他生平的碑文称他是一位天才。他的自强、善思和亲民的品格使他成为广大群众最喜爱的诗人。

人们经常在城墙上为他建一座小庙或是小祠堂。山东省济宁州城墙的东南角就有一座这样的小庙，名字叫东坡楼，与城墙东南角的魁星楼互相映衬。在他祖籍眉山，据说有一座更大的苏东坡祠堂。

我走马观花地参观了杭州西湖的东坡祠。一套四卷本的书简单地介绍了这片常被人称颂的湖泊（参见本书115—118页），里面收录了一些庙中的碑文，现在我选几句呈现于此：

> 泥上偶然留指爪，
> 故乡无此好湖山。[3]

---

[1] 陕西凤翔是苏轼第一次出京任职的地方。——译者注
[2] 包腊《中国评论》第一卷，1872—1873年，32—37页。
[3] 此联为清朝人华秋槎所作。

第三章 中古与近代的祠堂

在下面的一段诗文中，句子的排比与内容的对仗贯彻到了各个细节，其中提到了他三位政敌的名字，这里就不详细介绍他们了。

> 一生与宰相无缘，始进时魏公误抑之，中岁时荆公力扼之，即论免役，温公亦深厌其言，贤奸虽殊，同怅军门违万里；

> 到处有西湖作伴，通判日杭州得诗名，出守日颍州以政名，垂老投荒，惠州更寄情于佛，江山何幸，但经宦辙便千秋。

在西湖畔有一座小小的纪念祠（图59），实际上是一座凉亭下的坟冢。这座坟与苏轼有些关联，因为墓主人是苏轼的同姓人，名伎苏氏，即人们所说的"苏小小"。苏小小生活在公元500年前后，因其诗歌、演唱和乐曲闻名。她是苏东坡一生最欣赏的女文人，在艺术造诣上，二苏各有千秋。[1]

图 59 杭州西湖女文人苏氏墓

嘉定府（参见104页，图60）乃地方重镇，位于岷江、东湖与青衣江的相接处，在雅江的下游。嘉定具有优越的地理位置，而且这座没有围墙的城市轮廓如同凤凰，这从风水上看就更加吉利，也给这片狭长三角洲上的居民带来了福气。城市北面连着一座山，山上有寺庙，往南看则是铜河。在城市的东南方，岷江的

---

[1] 克劳德（Cloud）《杭州——天堂之城》，上海，1906年。

对岸，陡峭的巨石高耸出水面，上面有大量的建筑群和塑像，为这里平添了几分神圣的气息。江岸的石壁上有许多凿刻出的石佛，其中有一尊尤为巨大，仅手部就将近六米。石佛的后面是大佛寺，那里凿有许多石窟。有的石窟中供有观音，并陈列着许多石碑，碑上刻着玄妙而原始的奥秘，即宇宙的崇高法则——太极。在一座宝塔凸出的塔身内，有一座华贵的神龛，龛中有一位肉身佛，全身镀金，充满生气，似乎正从天国凝视着人间。风水塔位于嘉定城的东南方，位置恰好与城内的宝塔遥相呼应。江岸有两处岩石伸入江中，显得富有生气，其中一处朝向一片因灌溉丰沛而产量丰硕的宽阔谷地。对面倚靠着一只凤凰，这便是嘉定城。真是风水宝地！

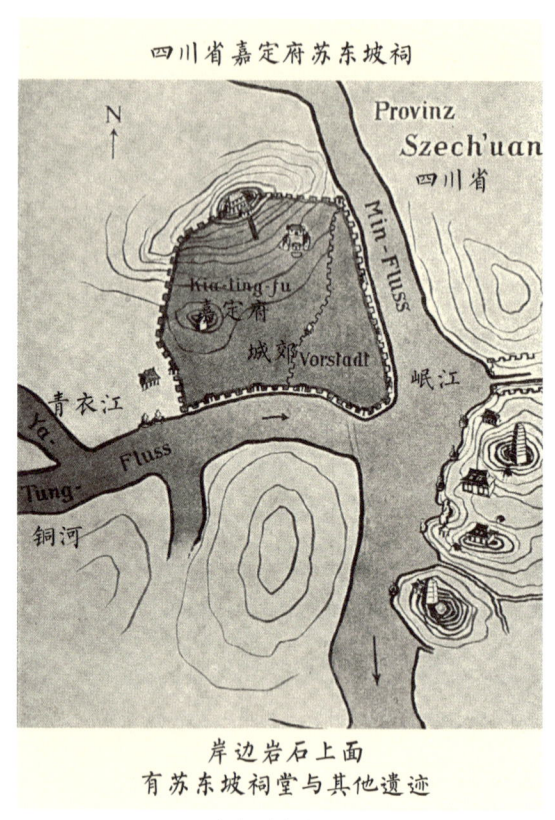

图 60 岷江畔嘉定府平面图

苏东坡就在此地获得了绝妙灵感，这里也有一座他的祠堂（参见105页，图61）。他的英灵与岩石和江岸上的圣迹一道，长期赐福于这里的土地和人民。从祠堂向外远望，可见灌木与树丛，景色怡人。民间将这座祠堂称为东坡楼。之所以称作"楼"，是因为主殿有两层高。"楼"这一称呼让我们联想到供奉魁星（文章之神）的魁星楼和文昌阁等阁楼样式建筑，之前在讲到济宁州时我就提到了这一点。可惜许多文人与将领的祠堂都保护得不太好，这里也一样。但这里通过地理位置以及石碑上精美的文辞和图画得到了补偿，增添了宏大之势。祠堂的布局引

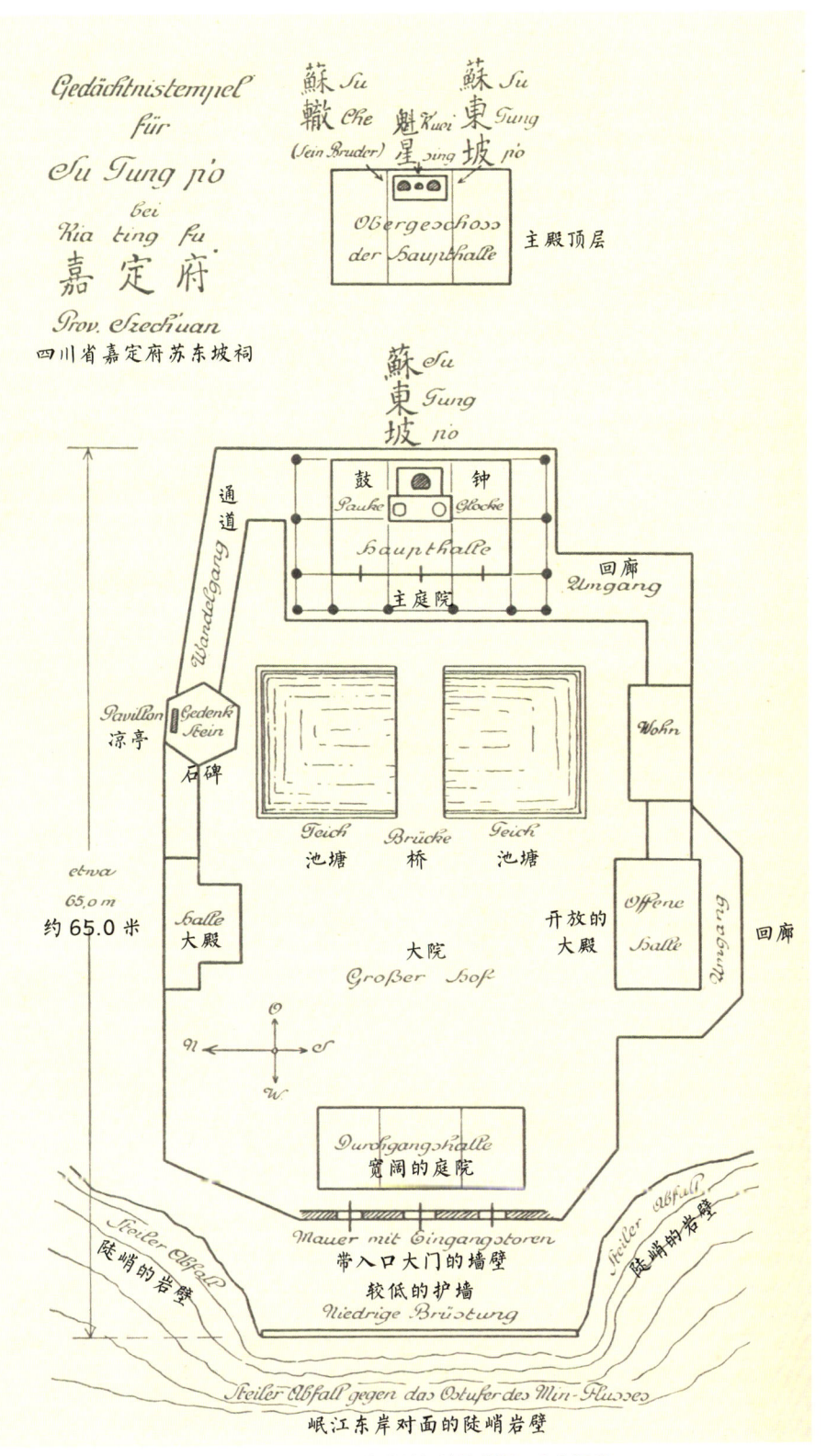

图 61 与嘉定府相对的苏轼与其弟苏辙二人的祠堂

人注目，入口的前面有座平台，透过平台低矮的栏杆便可以欣赏到江流与城市的远景。从平台出发，先走到有一道高大墙体的入口处。这道墙有影壁的作用，上面刻着文字，并以蓝白两色的瓷片装饰。墙上有三扇大门，穿过大门是院中的一座门厅，门厅四周有廊道和小厅堂。轴线上是一片荷花池，池上有一座桥。独特的建筑母题是儒家庙宇的一大特色，也是文章才学的象征，后面我们会进行详细叙述。主殿的前方和两侧设有过道，大殿第一层的祭台上塑有苏东坡坐像，塑像前面的桌子上摆放着钟和鼓。大殿上层是苏轼及其弟苏辙的塑像，并有一只三足蟾蜍，蟾蜍上立着文章之神魁星的塑像，表明二人文学的灵感乃魁星所赐。顶层的三尊塑像清楚地表明，苏东坡对这座城市及其周边有着非常重要的影响。

我们可以确定这座建筑如下几个特色：入口处的三扇大门；类似园林内的设计，院中廊道相连，包围着独立殿堂与凉亭；带桥的池塘；供奉苏氏兄弟和魁星的阁楼。

祠堂内部分碑文内容如下：

心似已灰之木，
身如不系之舟。
问汝平生功业，
黄州惠州儋州。

（苏轼《自题金山画像》）

下面一件轶事描绘出了东坡的形象：

东坡在海南昌化[1]时，有一天背了只大葫芦正在田野间放歌，遇到一位七十多岁的老妪。她对他说："你曾荣华富贵，但那不过春梦一场罢了。"东坡点头称是。从此乡民便称那位老妇人为"春梦婆"。

---

[1] 今海南省昌江县。——译者注

另外还有两首诗描写这位诗人简朴的生活。他了无奢求，如同平民一般。他常常戴一顶农夫常戴的大草帽，雨天蹬一双高底木鞋。乡间少年见了苏东坡的样子觉得很奇怪，便嘲笑他。他却反笑道，他穿着大家都在穿的衣服却招人注目，只因为穿衣服的人是"气度非凡的苏东坡"。他独爱背着葫芦，混在寻常百姓之中，四处游走歌唱。

需要指出的是，这种吟游诗人在城市与乡间自在游荡的现象，即使在今天的中国仍然十分常见。他们或孤身或结对，或独自抚琴或带着侍者。我在北京的家中或在旅店、庙宇内住宿时，常会请来这种歌者表演助兴。他们大多演唱著名歌曲，就像在我们国家一样。但现在还有多少这种既唱歌又是民间诗人的流浪者，以及那些著名和博学的古代同行们是如何创作这些歌曲的，则不得而知。

8 近代

从宋代到我们这个时代，历经了漫长的岁月。令人惊讶的是，直到今天，个人、乡镇乃至国家还在为那时的政治家、学者建立祠堂，仿佛他们活在当代一样。前人英灵的神化，无须漫长的历史岁月，一般这些人一去世，其在天之灵就立即在民众的宗教观念里占据了特殊的地位，相应地就有了宗教祭祀场所的建立。对这些人的崇拜远远超出了其家乡的范围，经常推及全民。表面上看，我们西方人也同样通过修建庙宇来祭拜远古先贤，但实际上二者的差别非常明显。在西方，一位伟人如果跟宗教缺乏关联，那么他的地位就要受到质疑；而中国人出于多神论的观念，则会将那些杰出人物的英灵看作一种神祇、全能上苍的一种化身。在中国，上苍只和自己的国家与民众相关，所以中国人的整个宗教与哲学系统因民族的兴衰和历史上不朽的榜样而具有鲜明的民族色彩，而且如果没有势均力敌的外族势力进入，这种民族色彩就不易被察觉到。中国人的民族意识到底有多强烈，以及与我们所说的爱国主义有多大程度的相似，这些问题可以从中国人崇拜伟大人物、为他们感到自豪，并出于人伦的需要将他们奉为神明这一现象中找到答案。

9 河南开封府二曾祠

河南省开封府有一座较大的祠堂,纪念的是中国近代一对著名的兄弟——曾国藩(1811—1872年)和他的弟弟曾国荃(1824—1890年)。他们镇压了太平天国运动,为清帝国又续命多年。开封府城东有一片大湖,城市主轴上的道路始于南大门,一路高过湖面,起着堤坝的作用,通到保存着宋朝皇宫遗址的山丘。湖另一岸的东南角是引人注目的曾氏兄弟祠堂建筑群。祠堂布局原本就很简约,只有几座前殿和偏殿,主殿里两位兄弟的牌位并列摆放。与祠堂紧邻的是一座更大的建筑,那是官员设立的大堂。大堂边有几座建筑是供贵宾及其仆人以及农人住宿的客栈,客栈的庭院建成了花园(图62),我在这里没见到戏园。从湖这边可以看到祠堂最优美的景致,那里坐落着一座高大的一层建筑。通过宽阔的露天台阶可以到达宏伟的大殿,大殿也面向湖泊,周围有完整的回廊。大殿顶上是重檐屋顶,象征庙里供奉的兄弟二人。基于同样的设想,主殿旁边有两座双子亭,亭子伸入湖中,通过一座带有回廊的曲桥和湖岸相接。两座六角凉亭的攒尖屋顶有一侧相连,互相支撑,外观精巧。

图 62 开封府二曾祠(从湖边带有双子亭的重顶礼堂处所见之景)

10 李鸿章祠

将祠堂与花园、住房或为高官准备的礼堂相连，似乎到近代才流行起来。我所熟悉的李鸿章祠就是这种布局。李鸿章（1823—1901年），中国近代的大政治家，有时也被人称作"东方俾斯麦"。他刚刚去世，在皇家的支持下，全国各地就为他建起了祠堂。最著名的一座李鸿章祠位于直隶省首府保定府，其他的则位于首都北京、天津、苏州以及大多数省会城市。我在偏远的小地方也见过他的祠堂。这些祠堂通常是花园、旅店和用于公共活动的大堂，有的经常变成戏台。然而这片建筑群不对外开放，仅仅服务官府。正如我们所见，只有古老的庙宇才会在节庆或其他活动时向公众开放。在今天的中国，祠堂使用的差别或许会消失。

就当下祠堂建筑的构造而论，天津李鸿章祠的建筑规划和建造是严格遵循中国古代传统的（参见110页，图63），在建筑的数量和排布上来看也是十分常规的。直到今天，帝王陵寝还是明显类似这种形式。这种情形充分证明，在反映中国独特的祖先崇拜观念的祠堂建筑中，传承古制对中国人来说颇为重要。祠堂院落清晰地一分为二，入口前面有影壁，侧楼独立排布，轴线上有一座亭子，亭子里面有巨大的石碑，末端是主殿。主殿只有一重屋顶，殿内供有牌位。这就是李鸿章祠的全部。在这里我们并没有找到在其他众多庙宇中所发现的，或者那些推动建筑风格演化的母题。即便到了近代，政治上的重量级人物曾氏兄弟及李鸿章的祠堂中仍然保留着这种平常、古旧、简朴、严谨的设计样式。远古时代的传统得到了严格的继承，建筑更显雄伟，历史观念被严肃地表达出来。精神层面的内容超过了形式，因为形式是次要的，只是思想的载体。那些为古圣先贤们建造的古老建筑群被神圣化了。人们对当代大人物的纪念，从形式和艺术上都无法超越对古圣先贤的崇拜。诗歌艺术中多以先贤作比，建筑艺术忠实地重复古时的建筑范式，这些就是有力的体现。

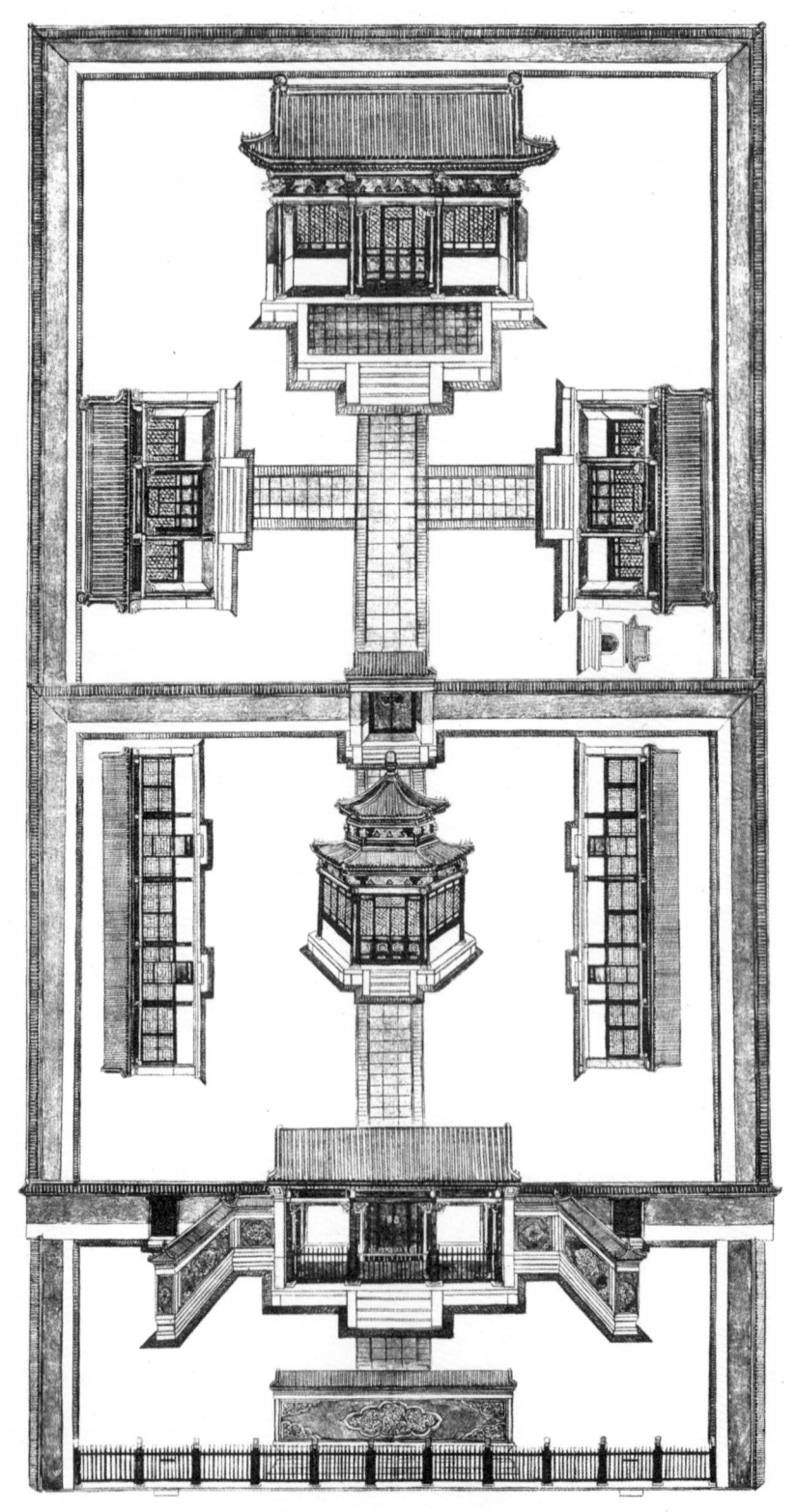

图 63 天津李鸿章祠堂，依照原来的彩图绘制

11 西安府育婴堂

人们不仅通过建造供人拜谒的祠堂来纪念为国家建功立业的人物，也通过修建祠堂来纪念那些为婴幼儿或儿童建立服务机构的某一特定身份的人。陕西省首府西安府的一所孤儿院便是一个温馨的例子。我们会详细描述这个机构的情况，以此传达人们对资助者的深切怀念。

这座孤儿院名叫育婴堂（参见112页，图64），专门用来抚养失去双亲或被遗弃的女童。堂内三号庭院周围有12间屋子，里面大概能容纳40个孩童的床。一般情况下只有普通床位有孩子住，因为从五岁或六岁起，孩子们就要上专为贫困家庭建立的学校，并在那里住宿。他们通常在此之前被家庭收养，之后就搬出去。在最大的房间里，每位女护工都有一张床，奶妈通常也住在那里，一人喂养六个孩子。她们一个月领取4~6马克的薪水，但忙起来就昏天黑地。二号庭院住着几个管事，一号庭院住着年老的受人尊敬的首席护工和看门人，此外还有一间为访客提供的屋子。临街的屋子是管理者和大夫住的。大夫们在每年的三四月份，要为两三万名儿童接种天花疫苗。这种疫苗很早就流行于中国。每个孩子必须分摊一点接种费用（大概10芬尼[1]），但穷苦孩子可免费接种。园子和建筑里面都打扫得很干净，女性房间有上锁的门，与二号和三号庭院分隔开。一个垂直放置的容器用于运输食物和工具。这个省的地方官员每年捐献20~200两白银，每年的预算约为700~800两。

这一育婴堂是道光年间陕西省一位名叫钟伦的财政官员（藩台）在1847年建立的。后来毁掉了，之后又被一位叫黄复州的藩台重修。为了纪念这两位行善之人，人们在这座建筑末端较小的庭院里建了一座祠堂。中间大一点的房间供奉的是太元圣母。太元圣母是三位圣母之一，是女性的守护神。在旁边小房间的神坛上，两位捐助者都享受着香火。祠堂左边是钟伦坐像，坐像极力按真人样貌塑造，身披丝袍，供在竹凳上的玻璃神龛中。祠堂右边是黄复州牌位。设龛纪念二人，尤其是

---

[1] 德国的一种古老货币。100芬尼相当于1马克。——译者注

把他们和道家的圣母联系在一起，其宗教色彩显而易见。

此外，在成都造币厂，我还见到了另一处对逝者的崇拜，正因为其十分容易理解，我们可以通过它深入了解中国人的思维方式。成都造币厂是一家十分重要的官办工业企业，配备现代化机器，雇用了上百名工人，俨然是一家繁忙的现代化工厂的样子。造币厂的大门处有一座有墙围绕的神龛，里面供着五个牌位，纪念的是五位在工厂内因事故而罹难的普通工人。五位工人的在天之灵在他们工作的地方永垂不朽。他们牌位前面还有一个小器皿，供人们对他们进行供奉时使用。对小人物和大人物的纪念在本质上是一样的：所有灵魂对于集体和他做事的场所来说都是神圣的，只要他们是凭借善行或成就从广大民众中脱颖而出，他们就会享受神一样的祭拜。

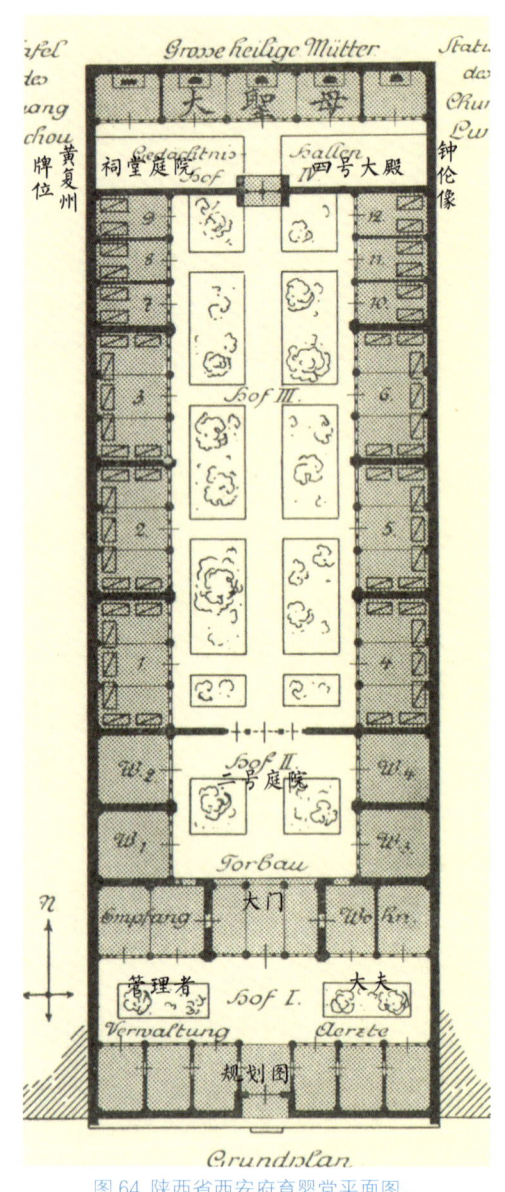

图 64 陕西省西安府育婴堂平面图。比例尺为 1∶600

12 社群祠堂

到目前为止，我们从已经讲过的祠堂中（包括成都府杜公祠）可以发现这样一条基本规则：虽然和主要人物一起供奉的还有其他不同时代的名人，但这些人与前者都存在着内在联系。作为中国人观念的产物，杰出人物的英灵从家乡的土地上升起，在他逝世后得以神化。故乡并不仅指距离最近的周边环境，而是广义上的，也可以是一个省份或整个国家。其区域取决于这一人物影响的范围及其历史意义。很明显，皇帝的影响力是遍及全国的，因为整个中国自古便是一体，那些被神化的历代帝王明显会被归为一个整体，供奉在我们之前提到的北京帝王庙。周朝就已经有纪念著名人物（如政治家和将领）的画堂，这些人曾经为国奉献，被绘成图画，或者被塑造成完整的雕像，作为模范受到人们的崇拜。寺庙作为某种英灵殿，不断纪念着爱国者或名人。这一习俗延续历朝历代，贯穿古今。

有些人物看似互不相干，却很容易被人们联系在一起。因为人们相信，人死后灵魂是可转生的。一位杰出人物逝世后，他的品行一般会在隔了很多代之后，忽然体现在一位后人身上，让他成为先辈的继承者。灵魂传承说代替血脉传承说，超越了血脉传承的局限。这种多神论的观念被这片土地上的民众，如宗教人士所接受。

我们在讲成都府的时候，就注意到这种灵魂传承说，但当时强调的是，这种现象只与该人物的家乡有关联。如果确实如此，那么这些有共通之处的人物俨然构成了某种灵魂层面的家族。这些人拥有或至少施加了影响的土地，景色越秀美，则他们和土地的联系就越紧密，影响越深远。我们已经多次发现，许多为英雄人物建立祠堂的地区，只因为有绝美的风景，才得以保持勃勃生机，令人印象深刻。另一方面，地理景观也在一定程度上构成了影响这些名人互相关联的历史条件。优美的景色，即造就了历史人物精神与艺术修养的完美，它的影响力是被普遍承认的。这种理念不仅是简易的理论，而且还建立在观察和经验之上。这证明了一个事实：那些成就了精神与艺术巨子的土地，绝大部分确实都是中国最美丽的地区。我们发现，只要一处景观建有祠堂，就表明了中国人认定自身与自然之间的关联。这也是中国人热爱自然的源头，为了与自然保持统一，满足人的需求，就在自己家乡的园林中开辟一小片自然景观，以便时刻与自然保持联系。

在风光秀美之地建立祠堂，还可以美化周边环境。与祠堂相关的人们自然都会进行捐助，譬如皇帝、京城与各省的官员、一方富贾、学者以及广大群众。中国的名山大川使无数游人为之倾倒，其中的美景、遗迹和艺术珍品完美地融为一体。本书只提及了著名的几处。

济南府

山东省省会济南府坐落于一片辽阔的平原上，周围只有几座孤零零的山头。它的南端是群山与千佛寺共同构成的一道"影壁"（图65），城北是著名的大明湖。大明湖被城墙围在市区内，是城中的水源地，滋养着北边城郊郁郁葱葱的田园。大明湖最美丽的风景是荷花，整片湖被芦苇分成无数块，其间有人工水道连通，还有游船行驶在湖面上。在湖岸和湖心岛上，绿树成荫，有祠堂掩映在重重树荫之中。祠堂里面有池塘，塘中又有小岛，岛上还有建筑。游人站在高高的亭

图65 山东省大明湖向西望所见景色

子里可以环视四周，还可以透过祠堂窗户上精美繁复的镂空纹饰，欣赏湖面与临近寺庙别样的景观。此外，院内还为游客提供茶点。这片观光胜地吸引了大批游客，他们在此游玩畅谈。通过建造祠堂这种方式，已作古的人对现代人产生着影响，走进人们的生活。其中李鸿章祠就是这些祠堂中最新修建的一座。

东湖与西湖

长江南面三个最大的内陆湖是洞庭湖、鄱阳湖和太湖，湖岸和岛上的庙中藏有大量历史遗迹。与济南府的大明湖特点相同的两个湖，分别为地处中国西部的陕西东湖和最东部地区的杭州西湖。东湖位于历史重镇凤翔府东门的前方，西湖因诸多建筑负有盛名，两个湖经常为人所并称。东湖在西，西湖在东，名称上的交叉特别引人注意，自然激发人们创作了许多精美的诗句。这便成就了东湖的黄金时代。东湖的古代建筑、岛屿、堤坝、小丘、庙宇和凉亭富有情趣，至今来客络绎不绝（参见116页，图66）。在火热的七月第一天，我在那里度过了一个难忘的下午。凤翔这座城市远离交通要道，百姓贫困，无法供给维护和扩建建筑群所需的巨大花销。另外，凤翔是我们已经介绍过的苏东坡的家乡[1]，这里有一座他的祠堂。

位于中国另一端的西湖和东湖相呼应，但是比东湖要大气得多（参见117页，图67—68）。这里有前面提到的刘备、张飞、关帝三人的祠堂，有苏东坡祠、女诗人苏氏墓、宋代将领岳飞之墓。唐高祖时的宰相陆宣原籍也是杭州。[2]此外，这里还有近代将领和重臣左宗棠（1812—1885年）、李鸿章祠。我们已经介绍了李鸿章，他在镇压太平天国和捻军起义中立下军功。在本书结尾，我们还会详细介绍他位于长沙府的宗庙。

我在西湖有幸住在一座规模不大、但可能是最漂亮的祠庙中，这就是张曜祠

---

[1] 凤翔不是苏东坡的家乡，苏东坡是四川眉山人，凤翔是他第一次出京任职的地方。——译者注
[2] 陆宣指陆贽，字敬舆，浙江嘉兴府人，为唐德宗年间宰相，贞元十年（794年），遭构陷后罢相。死后追赠兵部尚书，谥号"宣"。西湖有陆宣公祠。——译者注

图 66 陕西省凤翔府东湖。湖边有桥、双体凉亭、荷花池和柳树

堂（参见118页，图69）。张曜出身于底层，为官耿直干练，治理过地方，并在各地留下了令人难忘的政绩，1891年逝世。他在1886—1888年期间任山东巡抚，虽然任职时间只有两年，但受到了人们深深的爱戴。伴我旅行一年多的年轻朋友杜先生就来自山东，他讲述了当时他父亲如何要他将张曜作为光辉榜样，并要他永远牢记张曜恩德的情形。张曜死后，朝廷出资将他下葬，乞讨者陪伴他的棺木行走了十里之遥。据说他的墓地在西湖附近的凤凰山上。张曜祠堂位于西湖岸边，祠堂本身并不大，内部的玻璃神龛中有一幅张曜的画像，十分精美。但是祠堂的庭院却很大，庭院内有池塘、小桥和凉亭，花木繁茂，景色秀美。我拜访此处时正值春日，花香沁人心脾。楼阁里有客房，经常举行招待大小官吏的筵席。在讲曾氏兄弟祠和李鸿章祠的时候我们提到过，这些人与此类场所有些联系。

在西湖的旖旎风光中，人们可以找到大量这类祠堂，为了表达敬畏和感恩的

第三章 中古与近代的祠堂 | 117

图 67 有寺庙与茶楼的湖岸

图 68 杭州府西侧西湖，湖畔荷花池中的假山、小桥和祠堂的凉亭

图 69 杭州府西湖张曜祠内

心声，民众将生在浙江或对浙江作出过贡献的诸位名人都汇集在一座特定祠堂中供奉（参见119，图70）。这座狭长的祠堂临湖而建，由门厅建筑、多座正殿和侧面祠堂组成，其中最后一座主殿（4号主殿）最高。几百位名人的牌位用名贵的楠木制成，雕刻精美，上面刻有这些浙江名人的姓名和称号，这些牌位共同组成了一座万神殿。祠堂入口是一座双层亭子，正对着厚实的城墙，在开放的底层有古旧的石碑，顶层较矮，被漆成红色与金色，可以清楚看到玻璃后面所供的文章之神魁星的坐像。因为人人皆可为作家，即便是行伍之人。在正面与两侧大殿的墙上嵌着石碑，上面刻有诗词文赋。2号与3号大殿独特的祭台上供奉着杰出人物，4号主殿的三重祭台上供奉着最尊贵的先贤。访客在那里可以看到三个词语：先觉、正气、遗爱。[1]碑文言简意赅，意思是说诸位先贤乃是学识、刚强和仁爱之楷模，我等将继承其遗志。因此整个建筑群就名为"三德汇集之庙"——先觉、正气、遗爱祠。侧面还有几座待客和居住的房子，仅有一位老妇人在那里看门，她同时还照管门口一间小店。虽然这座祠堂保存得令人不甚满意，但因其内部布置精美，又坐落在让浙江人引以为傲的秀丽西湖湖畔，因此被赋予了非凡的意义。

苏州

"上有天堂，下有苏杭"，这句俗语将苏州和杭州两座城市一并形容成秀丽华

---

[1] 顾赛芬《中文古文词典》，"觉""气""遗"是用古典字体写就。

第三章 中古与近代的祠堂 | 119

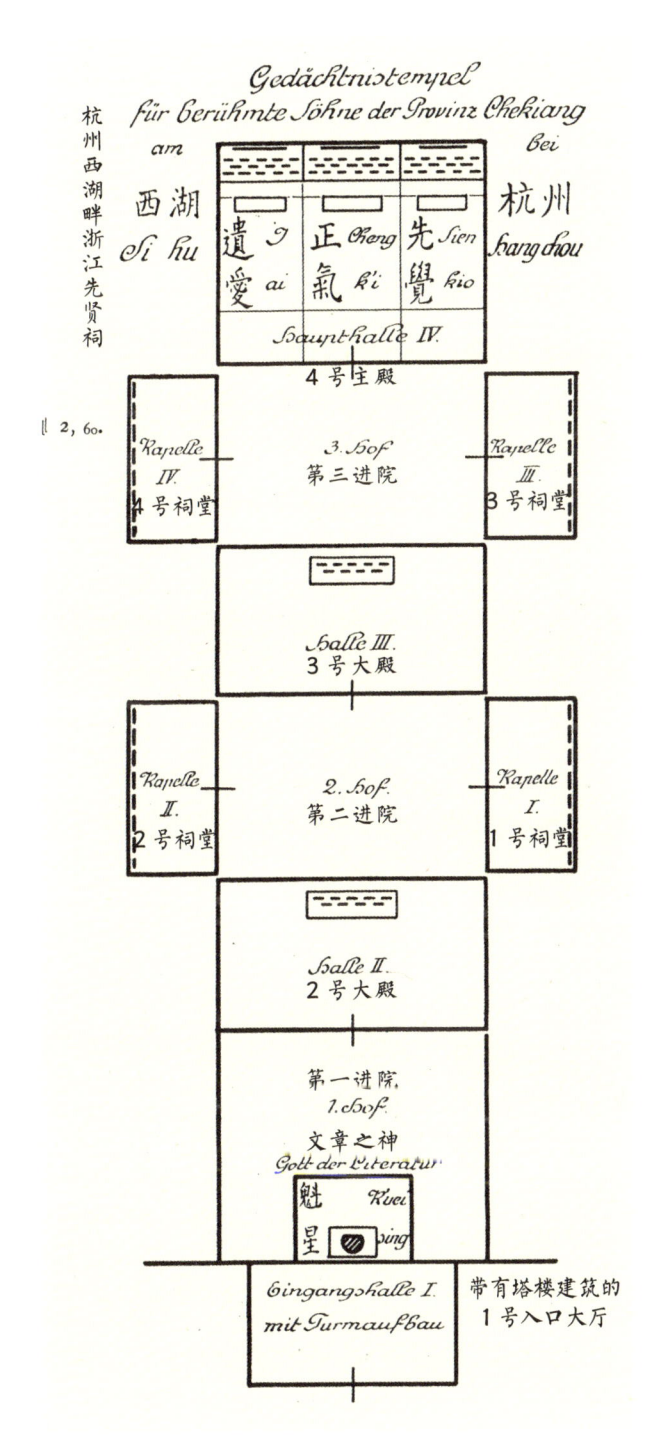

图 70 杭州西湖畔浙江先贤祠内牌位的布局

贵的明珠。此外，苏州自古以来就是中国的文学之都，儒学的发展几乎超过了其他任何地方，城里遍布学者和本省、本市杰出人物的纪念场所。[1]在这些被纪念的人物当中，居于首位的是范仲淹。范仲淹也称范文正，公元989年生于苏州，宋仁宗年间为官。直到今天，当地大吏还会每年两次携高级官员在他的祠堂内祭祀。据记载，范仲淹曾资助家族中的贫困成员，并建立祖庙。此外，他在苏州为官时还在当地买下一片土地并捐献出来，用于建造一座大型孔庙。当地百姓出于感谢，在现在孔庙的高大建筑内为他单独建起了一座大殿。除了范仲淹享有自己的大殿之外，其他文士也有自己的大殿，但除了供奉孔子弟子牌位这种礼仪上的安排外，他们大多是被归为各组，与其他著名人物作为一个整体并被一同供奉，享受着孔子的庇佑。

在一定意义上，整个苏州都是一个祠堂建筑的封闭集合体。故乡情怀的力量、不曾间断的文化传承以及对"文章之都"的自豪共同赋予了这座城市作为一个整体

图71 苏州沧浪亭，沿着这里的道路通过小桥进入花园

[1] 杜博斯（Du Boos）《美丽苏州》（*Beautiful Soo*），上海，1899年。

的意义。孔庙内供奉先贤的各座偏殿证明了这一点。另外，苏州还有一处将大量杰出人物集合在一起纪念的场所，这便是沧浪亭。苏州因众多美丽的私家园林而闻名天下。其中，沧浪亭将园林与祠堂合为一体（参见120页，图71）。从街道出来，越过宽阔沟渠上面的拱桥，就到了沧浪亭的入口，里面是令人赞叹的中式园林（图72）。沧浪亭内的小溪与荷花池中有座小岛，岛上有醒目的建筑。几座大殿与亭子通过封闭或开放的通道相连，它们蜿蜒相接，也有多处断开。庭院中装点着假山，古树枝繁叶茂，城市喧嚣被阻隔在外。人们在这里安静地陪伴古圣先贤。主殿坚实的墙壁上镶嵌着石板，上面不只雕刻碑文和诗歌，还刻了500位学者与政治家的画像，他们大多出生在苏州，留名青史。这500人正好和全部罗汉的数量相同。罗汉是一种为特定群体创造出的固定概念，其构成经常根据人们的不同阐释而变化。有几本书将这100或500个伟大人物汇总在一起，名字旁边是生平，以此来构建出一种万神殿式的结构。沧浪亭中，设计者试图为那些伟大人物绘制半身肖像，每五个人物成为一组，被一同供奉在石盘上，每一幅肖像都标上姓名，并配有一首简短的介绍性诗词。这样的安排富有历史感。

图72 大厅前的花园

第四章 张良庙

庙宇题词[1]

水抱山环仙人辟谷

1 位置与概况

这一章详细介绍的祠堂庙台子主要为纪念中国著名的谋士张良（约前250—前186年）而建。这座祠堂的地理位置优越，自然风景极佳，值得单独介绍。秦岭山脉位于陕西省南部，在中国历史上有重要地位。庙台子位于秦岭中部的紫柏山（"紫色的柏树之山"，参见125页，图73）。紫柏山是张良的故乡，他晚年时又回到这里修仙炼道。在前文中，我已经反复阐述了一个地区所承载的历史、地理和自然风景的意义。在庙台子，所有的意义以宗教和艺术形式表现出来。庙台子的陈设和布局几乎可以作为深受自然和文化环境影响的范例。为了能为后面的详细描述提供尽可能强的说服力，特别是为了能尽量生动地描绘这幅画面，接下来我将介绍这座庙宇的背景信息。

在此之前我先用简短的篇幅介绍一下本章的内容。秦岭的地理位置优越，具有非常重要的经济和交通意义，甚至影响了历史的进程，也是诸多英雄豪杰向往之地。张良的重要历史地位及事件都与此地密切相关。他的历史传说见于诸多文章，在这些故事里，他已经成为紫柏山的守护神，并被供奉在庙台子附近有72洞穴的山中。张良庙的历史和时代背景信息已经清楚地说明了张良与紫柏山之间的联系。庙台子通过每座建筑不断提示着这个主题，并以其建筑特色展示了高雅艺术形式的应用。

秦岭将陕西省分成南北两部分。自古以来，中国人就认为秦岭山脉是昆仑山

---

[1] 参见图250张良庙平面图，图中以序列号标注了庭院和建筑的位置。——译者注

第四章 张良庙 | 125

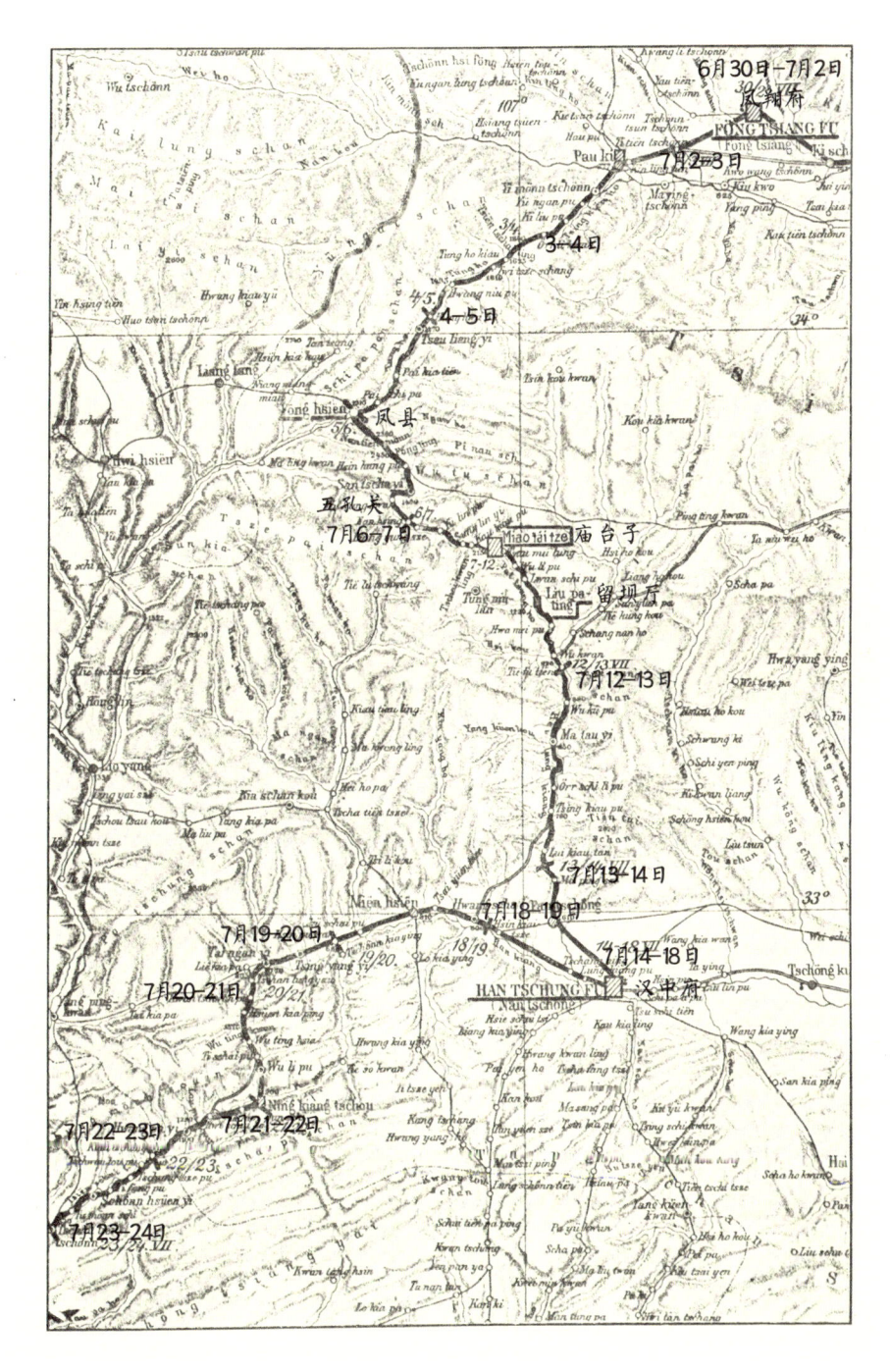

图 73 秦岭山脉横跨陕西南部，从凤翔府到汉中府再越过大白山西部，到达四川省的宽阔官道。根据德国总参谋部的中国地图绘制

的直系支脉。昆仑山被认为是中国的"国山之父",又叫老祖山,其支脉绵延八方。"秦岭犹如一道狭长的楔子,从亚洲内陆伸展至古老中国中比较秀丽的省份,肆意地将黄河流域和长江流域径直分开,像一座堡垒横亘在南北方的自然与文化之间。它是中国山体构造中最重要的山脉。"[1]秦岭的重要意义表现在,它是唯一一座在远古时期就被人从地理观念上正确认知的山脉。秦岭也是为数不多的延长部分仍然沿用原名的山脉,中国人将其大部分延长山脉统称为秦岭。昆仑山东段几座平行的山脉在东经104°的地方突然汇聚在一起,终止于南北方向上,只有秦岭山脉如同一面绵延不绝的墙继续向东延伸,隐入河南的平原。

我在前几章中已经描写过秦岭的部分特征,高山气候的自然特征延续到山的南端。"秦岭山脉的北部倾斜陡峭,南部更加险峻,以至于整个山脉像一面巨大的墙横亘于中国中间。""秦岭山脉在各个方面都是中国南北方之间的自然界限。游客从北部山脚下具有北方气候及植被的平原那里进入山地,在攀越整座山脉的过程中感受到高山气候的自然特征,而在山的南端就可以一下子看到一片南方温润气候孕育的四季常绿土地,前后变换之快令人惊异。而且,除了气候和植物,对于这里的土地和百姓来说,秦岭也是一道重要严实的隔墙——中国北部所向披靡的黄土终结于此,秦岭北面种植的农作物与南面不同,山南和山北的交通和贸易也有不同的形式,甚至政治事件、战争和起义都分别在这座天然堡垒的两边汹涌澎湃,丝毫没有越出各自的界限。"

这一结论总体无误,但也并非完全正确。如前文所述,在汉末的战乱与三国格局形成的过程中,早就有征战的诸侯军队跋涉在秦岭这条艰难的道路上。诸葛亮把这条路叫做蜀汉的咽喉。在汉朝建立的过程中,张良发挥了巨大作用,而这条路也为汉王朝的建立作出了巨大贡献。到现在该地依然流传着一则轶事:张良的主公刘邦曾下令佯装毁了这条路,让敌人项羽掉以轻心。秦岭得名于"秦国的关卡"。秦惠王的奸诈广为人知,传说他给蜀地百姓送了五头镀金的石牛[2],并让他

---

[1] 迪森(E. Tiessen)《李希霍芬中国旅行日记》,175—176页。
[2] 此处原文表述有误。应该是在石牛身后放置金帛等财物,而非石牛镀金。——译者注

们为运输石牛而拓宽道路。[1]其真实目的是为后来（公元前316年）占领蜀地打基础。这些传说中只涉及秦岭地区，而这条道路的修建最早可追溯到远古时期，现在这条道路上通行的人络绎不绝，热闹繁荣，因为这条路在大山深处发展出了凤县和留坝厅两座县城。庙台子就坐落在两座县城之间，而且正好位于横跨秦岭的山路中间。我在1908年6月到这里旅行，道路旁的标记和日期记录了我的这次旅行（参见125页，图73）。

秦岭地区特殊的地理位置和独特的战略地位，以及百姓为了争夺秦岭发生的冲突和历史事件一起神化了张良的形象，并且使张良生于此、长于此，后来逝于此地山林的史实更令人印象深刻。幸运的是，在这里，历史与自然又一次结合在一起。张良从文化角度上也被认为是秦岭的代表，是其故乡力量的代表，他被奉为秦岭的神，人们在此为他修建了一座庙宇。在对这座庙宇及周围的环境进行描述之前，我应该先简单地勾勒出这位英雄的历史形象。

2 张良的历史地位

张良生活的时代是汉朝。这一时期，汉朝成为统一整个中国的大帝国，对古代中国的发展具有极其重要的意义。导致历史巨变的事件基本上都集中在公元前210—前200年，张良在这些历史事件中扮演了重要的角色。他是刘邦的谋臣，刘邦能够战胜所有对手坐上龙椅，成为汉朝的开国皇帝，并且开启繁荣的汉王朝，很大程度上要归功于张良。为了充分发掘那个伟大时代和张良的历史意义，我们应该先了解下当时中国的大环境和具体的历史事件。

首先要介绍中国实现大一统的进程。在漫长的周朝（前1122—前249年）[2]，中国已经达到思想文化上的高度繁荣和一定程度的大一统，这一时期的思想家老

---

[1] 贝迪荣（Petillon）在《讽刺文学》第270页，李希霍芬在《中国》第二卷备忘录第594页和《中国》第三卷第22页中也提到了这个民间传说。
[2] 周朝分为西周和东周，一般认为周朝起止年为公元前1046年—前256年。——译者注

子和孔子便是很好的证明。然而在政治上，周朝分裂为多个小邦国和独立的诸侯国，并且各国之间相互征伐。这段分裂时期始于公元前1000年前后，[1]那时中国大地上有超过1800个邦国，其中124个国家有正式的名称。同时中国的国土也在扩张，北部边界扩张到渭河流域和黄河下游，也就是今天长江北部的省份；南部边界有两个地方到达了长江，一处是今天苏州和杭州地区的河口地带，另一处是在武昌和洞庭湖汇入长江中游的汉水。[2]另外要提及的是，后来主要统治汉水下游的是著名的楚国。

在接下来的几百年间，虽然一直有新的区域成为中国的领土，而且这一分裂时期结束时，北部的满洲[3]、西部的四川甚至如今南部省份的边界都有诸侯国诞生，但是，庞大的周王朝分裂成诸多小国的趋势愈演愈烈，个别诸侯脱离周王室独立的欲望也越来越强。在周朝的最后几个世纪，严格来讲将其称作王朝是不太恰当的，正是在这一时期，中国充斥着多方势力敌对引发的混乱。德国的历史也是这样，正是持续的战乱使个别诸侯逐渐成长为强权，并且忽然间成为统一的领导者。在此，还必须考虑两个重要的因素：第一个是战争已经过时，人们对大小战争都感到疲倦，并且长期的战争使人类无法取得决定性的进步，于是就出现了统一各诸侯国这一新的文化理念；更重要的是第二个因素，即整个中华民族的内在发展趋于统一。这点仅通过民族心理学就可以解释，并且无论何时何地，甚至在今天我们依然能够看到其内在的相似之处。当时内部处于混乱的中国又受到一些事件的侵扰，比如与匈奴人以及与中亚民族之间关系的恶化。

这些事件加速了中华民族走向统一，同时开阔了中国人的眼界，因为各诸侯国第一次有了共同的敌人。从公元前200年开始，匈奴人几乎连年进犯，被认为是无所畏惧的危险敌人。当然，早在这之前，各诸侯国对匈奴人已经很熟悉了，

---

[1] 周朝实行分封制，分封制不能等同于分裂。分封制在初期实际上起到了巩固统治的作用，在后期则造成分裂割据。——译者注

[2] 武昌与洞庭湖相去甚远。——译者注

[3] 此处所指应是辽宁。周朝时疆土北方已到达了今辽宁略左、朝阳一带。——译者注

诸侯国与匈奴人之间的贸易往来甚至很频繁，否则就无法解释为何早在公元前198年，汉高祖就懂得让人假扮他的女儿嫁给匈奴首领。但仅仅几十年之后，汉武帝就派遣多名将军和大部队，深入边境讨伐匈奴。之后不久，汉朝军队又征战至今天的土库曼斯坦。这些军事行动需要很长的筹备时间。尽管古代遗留下来的信息很少，但我们仍然可以推断，中国人在实现统一的几个世纪以前，就已经将目光投向了西方。这恰恰是整个中华民族面临共同的外部敌人时期。这一特殊时期大大加快了统一的进程，这不仅仅是出于军事原因，更主要的是出于中国人的经济和一般性的政治考量，他们对遥远的地区更为关切。据记载，公元前217年[1]已经有一名僧侣室利防（Shih Lifang）来到中国。但现在的人们不考察历史的持续发展，而是教条地认为佛教是在300年后似一夜之间突然传入中国。室利防也有可能不是将佛教带入中国的第一人。在任何情况下，新的政治理想使人们不再只关注内政，至少迫使这一时期重要的思想家向前看，并思考整个中国的统一。公元前221—前209年，著名的秦始皇作为实现中国大一统的首位皇帝，用铁拳征服了所有诸侯。人们不能把统一这一举措视为秦始皇的个人强权，而应该把他的出现视为历史发展的趋势和民众意愿的表现，即使这种意愿很不确定。

　　在经历了早期的分裂之后，中国用最短的时间建立了一个统一王朝，这充分证明了时代向统一这个方向发展。秦始皇由于政治谋略不足又缺乏节制，无法在和平时期保住用刀剑换来的天下。战败的各诸侯本来就因为丧失了统治权而痛苦，却还被秦始皇以残酷的刑罚和专横的制度压制。专横是秦始皇的一大特征。人们认为，一定程度上的自大和总是妄想被害，导致他成为一位亚洲有名的暴君。在他生前，全国各地已有个别暴动，而在他孱弱又昏庸的儿子胡亥统治的两年内，起义的暴风雨席卷整个中国，并将秦始皇开创的强大王朝磨灭到不留痕迹。当时很明显的趋势是，未来中国的命运只掌握在刘邦和项羽其中一人手里，聪明睿智的刘邦与勇敢残暴的项羽彼此敌对。正如上文提到的，刘邦在四年苦战

---

[1] 《古今图书集成·释教部汇考》卷一记载佛教僧侣室利防来到中国是秦始皇五年，即公元前242年。——译者注

后最终战胜项羽，而这一功绩主要应归于张良。张良既是刘邦忠诚的谋士，也是重要的政治家和谋略家。

璀璨辉煌的汉朝从公元前202年到公元220年，持续了400年。汉王朝不仅是一个政治上统一的帝国，其内在也趋于统一。汉代的思想和艺术非常繁荣。汉王朝推行扩张政策，不仅征服了几乎今天整个中国的十八个省[1]，其扩张甚至已经到达了遥远的西方。

在西方的耶稣诞生之际，汉朝已经在现在的中国西部省份与中亚地区设立西域都护府。公元220—600年，因为北方胡人部落常常进犯中原地区并建立自己的王朝，中国又一次陷入分裂。但是这一时期，中国的统一只是在外部被破坏了。从公元618年唐朝建立以来，中国的版图整体上已经确定下来。

无论政治生活和精神生活的表现、历史和艺术、过去和现在，中国在各方面都表现出文化的统一性和思想的包容性。这其实就像希腊精神和罗马思想的结合。历史的进程实质上促进了这种民族特性的形成，今天中国的文化阶层对这一点再清楚不过。这些文化阶层还知道，汉朝的建立是这种民族特性获得巨大发展的基础。所以，那些为汉朝建立作出贡献的人被称为英雄，直到今天还被人们赞颂。这些英雄至今还影响着人们的生活，其中最重要的便是汉高祖刘邦的谋士——张良。

3 历史上的张良

张良，字子房，谥文成。张良也常被叫做张留侯，意思是封侯留地。他的故乡是东周时期的韩国，这也是张良最初受到百姓爱戴的原因。

公元前300年东周结束。[2]东周时期诸侯并立，但也出现了一定程度的稳定和

---

[1] 十八省，也称内地十八省，清朝时期汉族人的主要居住区，以长城为界，主要包括东北地区、蒙古、西藏、新疆之外的中国大部分地区。——译者注
[2] 东周结束于公元前256年。——译者注

第四章 张良庙

统一的倾向，因为这时共有七个强大的诸侯国，其中就包括韩国。韩国的领地包括汉水河谷上部和位于秦岭南部肥沃平原上的汉中府中部。汉水和以其命名的汉国是汉朝的起源。"汉"在中国人心目中始终具有高度的政治和精神意义。直到今天中国人仍把自己称作"汉水之子"。这就是张良受到百姓爱戴的原因。他出生于这个地区，据说祖上五代都在韩国为官。张良从一介布衣开始供职，最终又归于平民。这里的平民并不是指低贱的出身，只是说他归隐民间。张良二十岁时，他们家遭到秦始皇灭门。出于家仇和国恨，张良用他的全部家当召集了一群谋反的人。公元前218年，他带着这些人驻守在今天河南的古博浪沙。他们埋伏在山路上，试图用一个大铁锤将秦始皇砸死，但是并没有成功，张良击错了车，被迫逃离。官兵追捕了十天，也没有抓住张良。张良的这次行刺事件成了人人皆知的爱国行为。[1]直到公元前209年，张良决定在刘邦身边做一名谋士，人们才再度得知他的消息。张良出身不高，却在一场暴乱和秦始皇死后被沛公[2]封为君侯，并在皇位的继承问题上起到相当大的作用。[3]

一系列战役之后，刘邦发展了一支南方军队，并向北推进占领了咸阳城。但同时，强大的对手项羽带领实力远胜于他的大军也自东向西逼近咸阳，并在西安府前的鸿门设宴。刘邦不得不赴宴进行谈判。在张良的建议下，刘邦来到项羽的营地，并表示自己所做的一切都是为了项王的利益。但项羽对他的话很怀疑，并在宴会中命令项庄假意舞剑取他性命。由于刘邦使用妙计逃生，项羽最后没有成功。这次谈判的成功主要得益于张良的机智。自诩天下无敌的项羽，最终将汉地和四川分给刘邦。在张良的建议下，刘邦烧毁了秦岭上的部分栈道，以此向项羽表明自己的忠心，同时也保证自己的安全，但是暗中却一直在为战争做准备。公元前205年，刘邦率领56万大军袭击楚军，同年春天，项羽于彭城大败刘邦。刘邦

---

[1] 高延《中国宗教制度》第六卷，1015 页。
[2] 刘邦。——译者注
[3] 即公元前197年汉高祖刘邦想换立戚夫人的儿子赵王如意为储君。张良便向太子及吕后建议，请著名的隐士商山四皓说服刘邦，后来果然保住了太子。——译者注

在这一战中损失10万多人，他自己虽奇迹般逃脱，但他的父亲和妻子皆落入项羽之手。项羽派人告诉刘邦，如果他执意不肯投降，便要活煮他的父亲。刘邦派人回应："过去我们盟誓为兄弟，我的父亲就是你的父亲，如果你真的煮了他，请分我一杯肉汤。"项羽听到这个回答，意识到刘邦是不会被恐吓到的人，于是善待其父。另一次，项羽仗着自己强壮的体魄向刘邦发起决斗，但刘邦遣人回应，他更愿意用智慧与之对抗。在广武山的一次对战中，二人相互辱骂，最终项羽愤怒地用箭重伤了刘邦。为避免引起恐慌，刘邦迅速俯下身子，假装是脚趾受伤而被张良带回帐篷。从这些轶事中，我们可以看出张良的影响力。

刘邦的部下中有一位聪明能干的将军叫韩信。韩信后来依据其家乡的名字被封为淮阴侯。公元前203年，韩信建议刘邦封自己为代理齐王，并请求授予齐国玉玺，借以维护这一带的和平。刘邦听到这个放肆的请求时感到十分愤怒，但张良暗中踩刘邦的脚让他同意。最终韩信失宠被处死。山西省太原府以南的一处山口因为韩信被称为韩信岭。公元前203年，刘邦、项羽在鸿沟达成和议，二人以鸿沟为界，平分天下，项羽占东，刘邦据西。项羽信赖并遵守这份合约，于是将军队撤回，并遣散了一大部分士兵。张良建议刘邦利用这次机会，将敌军一鼓歼灭。他认为这是天意如此，否则将养虎为患。刘邦采纳了张良的建议，追击项羽。尽管张良性格正直，但他这种背信弃义撕毁合约的行为遭到历史学家的批评。这一举动使他刚正的形象变得模糊。这一战中，刘邦因为他的盟友——将军韩信和王侯彭越未能守约而首战落败。在张良的建议下，刘邦给韩信和王侯彭越许诺，战争胜利后他们可各分得一大片领土，这样二人才调兵前来。在张良这个绝妙的计划之下，项羽于垓下被重重包围。这位常胜将军大势已去时的情景令人动容，他吟诗诉说了失去战马和爱人、失去幸福的痛苦，致使营帐中一片哭声。此后几天他仍然率领精兵对抗敌人，成就了一段短暂而光荣的战役。楚军最终被歼灭，项羽也自刎于乌江边。

从这时，也就是公元前202年起，再也没有真正的对手与刘邦对抗了。他登上皇位，成为汉朝的第一位君主，死后谥号高皇帝。他在公元前206年就已经有了称帝的野心。登基之后，刘邦授予贡献最大的三人"三杰"的称号，这三人便是张良、韩信和陈平。[1]由此可以看出，刘邦取得成功主要还要归功于这些谋士的奇谋妙计。刘邦称帝后，张良表示对朝堂上的事没有什么兴趣。他说："我以三寸之舌成为谋士并得升迁，已经是一生所求了。"于是他迁回秦岭，在紫柏山和今天的庙台子后边度过了余生，于公元前189或公元前187年逝世。

4 传说中的张良

张良是集智慧和实力于一身的英雄模范人物（参见134页，图74），是著名的政治家和谋士，勇猛丝毫不亚于武士。他的人生经历及成就使他被后人神化，他被描述成拥有神力的人或被当成术士，他的个人品质以及行为举止都酷似后来刘备的丞相诸葛亮。关于诸葛亮我们在前文中已提到。

对比张良和诸葛亮，有一点很特别，那就是不管是成都府的诸葛亮庙，还是在庙台子的张良庙，都有一座放置棋盘的凉亭。这是以棋艺体现战略艺术的重要性。一首诗将张良的箫声赋予魔力，他的箫声曾经感动敌方将士，勾起他们的思乡之情，从而匆匆返回家乡，将领地拱手相让。[2]后来人们将这一事件称为"张良洞箫退敌"。

许多神话传说里都有张良这位伟大政治家的形象，并且还特别生动。因为人们相信，他与如今的道教有着历史性的联系。道教领袖天师居住在江西省的龙虎山上，那里有许多道观。天师起源于著名的道教术士张道陵。张道陵生于公元34年，自称为张良的第八代嫡孙。传说张道陵原来居住在昆仑山最西方的一个洞天中，在那居住了很久后，又在江西的这座山上挑选了一个大洞穴作为居住地。如今中国有10个大天师洞和36个小天师洞，其中第三大天师洞位于庙台子的紫柏山。其规划图纸有题词：

---

[1] 一般认为"汉初三杰"是张良、韩信和萧何。——译者注
[2] 卫三畏《中国总论》上卷，705页；波乃耶《中国的节奏与韵律：中国诗歌与诗人》，香港，1907年，24页。

图 74 少年张良读书图。选自绘画经典《芥子园画传》

第三太元极真洞天

虽然这个洞天并不在后来所列紫柏山七十二洞名单之中，但正是这个名单说明了人们如何努力地将张良与这些洞穴联系起来，证明了他与道教的渊源很早就被确定了。按照传统的说法，道家思想最早的阐述被收录在一本名为《阴符经解》的书中。据说这本书是由传说中的黄帝所著，后世著名学者和作家都为其作过评注，其中包括张良和后来蜀国刘备的丞相诸葛亮。[1]

有一个传说在道观中总被提及，这就是关于张良与两个神秘人相遇的故事。这二人就是赤松子和黄石公，他们对我们阐释张良有很大的帮助。像大多数虚构人物一样，此二人是从何而来不为人知。因为他们以寺庙周围的环境，也就是以树林和山岳的名字命名，似乎是自然的化身。正是在这样特定的意义下，二人经常出现在道观的题词之中。神话中，赤松子是神农帝时代的道士。神农生活在自然中，是在观察风雨上有造诣的农学家。赤松子指点神农帝仙法，并最终消失于昆仑山脉一些人迹罕至的山洞之中。

另一位神仙黄石公，被阐释为赤松子的另一个化身，甚至被认为是一本有关军事策略的书的作者。这本书在张良的一生中起到了非常重要的作用。据记载，一天，少年张良在一个地方遇见一位骑着骡子的老者。这个老者在桥上，鞋子正好掉进了河中。张良立马将鞋子捡了起来，跪下给老者穿上。老者惊叹道："孺子可教。"于是老者从长袍中掏出一本书给了张良，并对他说："读此书则可为王者师。"而另一个版本是，张良反复帮他捡鞋子，捡了三次之后，老人才约他五日后于桥上再会，并会给予他回报。[2]但是那天张良来晚了，他到时老人已在桥上，于是老人离去。第二次又是如此。第三次张良早早地就等在桥上，老人终于满意，给了他这本书。在这个故事中，张良表现出崇高的中华美德——顺从与耐心。他在另一个事件中也表现出了这些美德，传说他恭敬地看着一位老妇人，等

---

[1] 伟烈亚力《中国文献纪略》，上海，1902年，216页。
[2] 亨利·乔利《日本艺术中的神话》，42页。

着她将一根坚硬的铁棒磨成缝衣针。[1]

桥上的这位神仙实际上是赤松子，只不过他化身为黄石公给了张良这本书。根据当地习俗，人们在庙台子的山丘上建了一座授书楼。虽然这里被江南各省视为授书的地点，但有关庙台子的信息十分明确，庙台子可以作为这一习俗的另一个主要载体。

上文提到的这本书是有关军事战术的，书名为《三略》，也叫《太公兵法》。据说张良在紫柏山一个山洞中研习了这本兵法，从中获得了无穷的智慧。这与我们最新的看法完全一致。后来张良进入军营排兵布阵，在战场上取得了成功。于是有了这样一句格言：运筹帷幄之中，决胜千里之外。其实这句话不仅仅适用于张良，也适用于诸葛亮和其他著名将领。

上面提到的相遇故事是视觉艺术中很受欢迎的一幅图，特别是在绘画上。老者黄石公的形象很像老子，持书骑着骡子停在桥上，张良则手拿鞋子立在一旁。另一种表现手法是老人在桥上，张良站在下面的小河中，左手高举鞋子，右手持剑对着一条龙。就连高祖皇帝刘邦也经常被描绘出与龙战斗的样子。这是以龙的形象表现出与旧王朝的对抗和对皇位的争夺。有人说这是汉高祖刘邦人生中的传奇事件之一，[2]但这只是很表面的理解。因为这在中国象征领域的研究中是很常见的。张良与兵书的这一趣闻也一样，就像那些出现在日本文学和艺术中的中国人一样，不必过分注意这些情节。但有趣的是，据记载，传说中的这本书后来到了日本，而且日本最著名的一位将领从书中学到了兵法。这显然再次证明了日本与中国在精神上有着相同之处，因为日本仍然在不断地从中国的经典中学习。

公元前202年，高祖皇帝登基不久后，张良就退出政坛，他说："愿弃人间事，欲从赤松子游耳。"

在秦岭，"他开始不进人间食物，要通过修炼来达成不灭之身"。这种修炼之法

---

[1] 据宋朝祝穆《方舆胜览·眉洲·磨针溪》记载，此传说中的主人公是唐朝大诗人李白。——译者注
[2] 安德森《大英博物馆藏日本和中国绘画说明图录》（*Catalogue of the Brit. Mus.*），261页。

在道家称为辟谷，即不食人间五谷。"但张良没有那么坚定。据说，有一次他因为吃了吕后的米饭而被吕后嘲笑。"

5 关于张良的文章
康熙二十二年（1683年）一位游人的文章

《紫柏山志》这本小册子收录了一位游人的文章（参见138页，图75）。[1]他曾在庙台子小住，目的是将一些有关张良的思想用文学形式简洁地表达出来。这是一个知识渊博并有着诗歌才华的人，他通过文章将其心目中的英雄张良简洁而清晰地刻画了出来。在如此神圣的地方，有文化内涵的游人都习惯关注古代英雄。由于这篇文章堪称艺术典范，在此我将其内容完整地摘录给读者。为了不破坏读者的阅读思路，我先简单介绍那些传说故事中没有提及的必要注解。

这位游人于1683年写下这篇文章。这是意义重大的一年，因为前不久张良庙就被廉吏于成龙彻底重修了一遍。关于此事在介绍寺庙历史的部分会有进一步的说明。在游客梦中出现的张良的两位同伴，分别代表两个哲学派别，这两个哲学流派或者出现在孟子之前，或者与孟子同时期即公元前4世纪。这二人针锋相对，争论不休，只有张良一人能够在旁边愉快地补充。其中一个学派的创始人是利己主义者杨朱，他主张为我，即不考虑他人，以个人享乐为人生目的。另一个学派的创始人是极端的利他主义者墨子，他提出兼爱理念，这是中国首次提出博爱概念，而实际上民本主义者孟子对这两种学派都进行了强烈的批判和谴责。我们介绍的这篇文章分为导言、主题、论断、六个论据、结论和结束语六个部分。其中"与老子的比较"指的是《道德经》。《道德经》里的基本理念、世界秩序和人的美德恰当地穿插在文章之中。而太史公就是之前提过的史学家司马迁，项王即项羽，也就是汉高祖刘邦的敌人。摘录的文章如下：

[1] 本文为汉中太守滕天绥撰写的《留侯庙记》。——译者注

留侯廟記 康熙二十二年滕天綬譔

余承乏守漢中八年矣庚午辛未壬申旱荒奉旨撫運漢來入西安以濟兵餉北出雲棧過紫柏山山麓石碑上書曰漢留侯張子房先生辟穀處余望遙拜遂假寐山中夢三人皆黃冠野服儀貌奇古余迤迤而揖之坐問其姓名皆曰名齋寔之寔君當向其實其云何一人曰無欲一人曰朏遯終身而姓字不留人間一人不言其二人曰此即功成身退四字君當諦思余乃下拜三人忽不見余亦夢覺但見紫柏嵯峨白雲繚遶而已余坐憶夢其一人為子房無疑其二人倘所謂黃石公赤松子非耶夫子房授書黃石公從遊赤松子尋生平景仰子房之品並企慕赤松黃石之高風今乃夢隱見之故建立廟貌以祀三先生而概論其道書之道潛見飛躍不愧能德能潛能飛能伸能屈能大能小能屬能合亥丁人所不知也夫孔子稱老子為猶龍豈不以能有能無能大能小能屈能伸能潛能飛能躍不愧龍德則學老子而得其精者乎何以知其然也其肇始皇於博浪沙中也大索天下十日不得然

紫柏志　十四

項王舉高皇子房教謝罪鴻門卒脫高皇於漢中子房教以則以其身後之子房有之漢陰請燒絕棧道示以不出老子房有之澧陰請假王子房蹦而皇足乃曰大丈夫當為真王老子曰欲上不聽急追項王老子曰天與不取反受其禍于房即項王已滅韓仇已報于房即入山辟穀老子曰

紫柏志　十五

功成名遂身退天之道子房學老子而得其精者也老子其猶龍也若子房有之余故曰子房學老子而

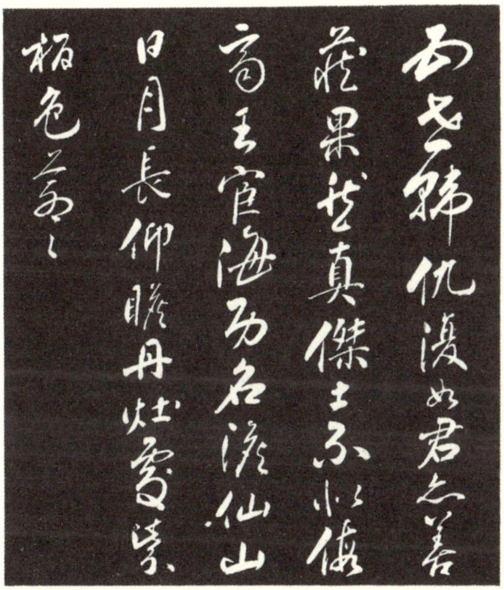

第四章 张良庙

图 76 庙台子碑刻（一）

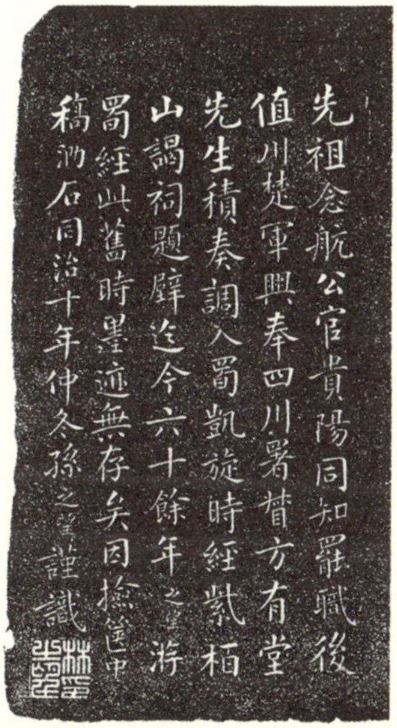

图 77 庙台子碑刻（二）

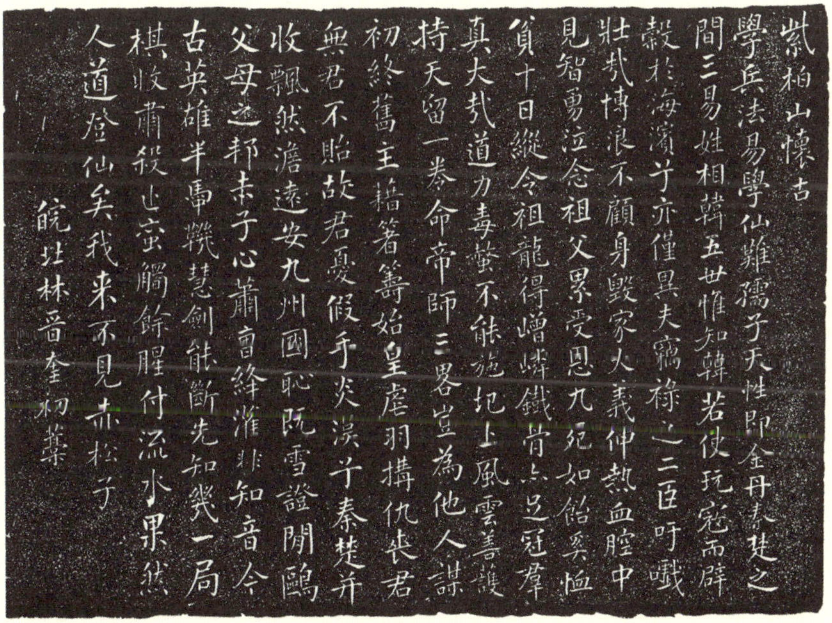

图 78 庙台子碑刻（三）

余承乏守汉中八年矣。庚午、辛未、壬申旱荒，奉督抚命，运汉米入西安，以济兵饷。北出云栈，过紫柏山山麓，石碑上书曰："汉留侯张子房先生辟谷处。"余望山遥拜，遂假寐山中，梦三人皆黄冠野服，仪貌奇古。余迎而揖之坐，问其姓名。皆曰："名者实之宾，君当问其实。""其实云何？"一人曰："无欲，而与造物同游，能从风雨上下。"一人曰："肥遁终身，而姓字不留人间。"一人不言。其二人曰："此即'功成身退'四字，君当谛思。"余乃下拜，三人忽不见。余亦梦觉，但见紫柏嵯峨，白云缭绕而已。余坐忆梦：其一人为子房无疑；其二人倘所谓黄石公、赤松子非耶？夫子房受书黄石公，从游赤松子，人皆知之。其一生立身行事，自布衣为帝者师，复为布衣，隐见变化，道合老子，人所不知也。夫孔子称老子为犹龙，岂不以能有能无、能大能小、能屈能伸、能潜能飞乎？子房之道，潜见飞跃，不愧龙德，则学老子而得其精者乎！何以知其然也？其击始皇于博浪沙中也，大索天下，十日不得。太史公曰："智哉，留侯！善藏其用。"老子曰："大智若愚。"子房有之。项王击高皇（祖），子房教谢罪鸿门，卒脱高皇（祖）。老子曰："欲前人，则以其身后之。"子房有之。项王封高皇（祖）于汉中，子房教以烧绝栈道，示以不出。老子曰："大勇若怯。"子房有之。淮阴请假王，子房蹑高皇足，乃曰："大丈夫当为真王。"老子曰："欲上人，则以其言下之。"子房有之。鸿沟之约，高皇欲罢兵，子房不听，急追项王。老子曰："天与不取，反受其殃。"子房有之。及项王已灭，韩仇已报，子房即弃人间事，入山辟谷。老子曰："功成名遂身退，天之道。"子房有之。余故曰：子房，学老子而得其精者也。老子，其犹龙也。若子房，其亦有龙之德也。夫子生平景仰子房之品，并企慕赤松、黄石之高风，今乃梦寐见之。故建立庙貌，以祀三先生，而概论其道书之。

此外，我在庙台子游览时，还发现了许多碑刻。（参见139页，图76—78）

6 紫柏山与张良庙的周边环境

在"庙台子"部分以及之后的内容中，我多次提到秦岭中一处重要的山脉，即张良庙的所在地——紫柏山。紫柏山之名据说来源于后来晋朝时的一位王侯。

紫柏山和秦岭走势大致相同，都是自西向东，横跨大路后继续向前延伸。秦岭北段的太白山在西安府以南。中国人常把紫柏山和太白山联系在一起，紫柏山应该是太白山的支脉之一。主路由北起，沿着紫柏山北坡向东走，先越过一处低地，即山口柴关岭，之后便又向南延伸。柴关岭向东走约一个小时，就到了庙台子。历史上，柴关岭在陕西与四川之间的战斗中发挥了重要作用。据传教士说，霸王项羽为阻止刘邦进军曾占据柴关岭。柴关岭易守难攻，自周朝起，这里就只有一条小路，虽不如今天修缮得好。刘邦曾放出话说会在某个时刻经过此处。楚军军师范增看穿了刘邦的计谋，但项羽却不听劝阻而相信了刘邦的话，派兵驻守在柴关岭等待。结果，刘邦绕道通过另一条山路进入陕西北部。

后来即使经过比较好的修缮，柴关岭的主路仍然难以通行。正因为这一点，这里具有重要的战略意义。刘备的丞相诸葛亮曾说："蜀之两大咽喉，一为长江天堑，二便是柴关岭。"诸葛亮生前坚持派五百兵马驻守柴关岭，他逝世后，刘备之子蜀后主刘禅没有远见，为节俭把兵马撤回。不久，魏国著名将领邓艾就由此入蜀，一举灭了蜀汉。而要过柴关岭口，将士们必须一个一个地攀上陡坡，这种情形下，原本只需要少量兵力就能守关御敌。

柴关岭的军事意义与紫柏山的走向和地质构造密不可分。为了展现其中联系，经授权，下文将摘取李希霍芬对这一地区的精彩描述[1]：

第五日　从五孔关至草木龙（参见125页，图73）
道路进入峡谷后不久，在五孔关转而与左边出现的峡谷相接，向东南方向延伸，直至连云寺。从那里开始沿着同一条溪流自西向东，直到溪水的发源地。

三岔邑的纵谷

在这些陡峭的斜坡中，坐落着由许多客栈形成的村镇——勉县。从谷底算

---

[1] 李希霍芬《中国》第二卷，569 页、570 页。

起，斜坡高度可达1500英尺（约合427米）。岩壁一眼望去，是一片闪光的绿色。如果仔细观察，会发现被这些板岩夹层分开的砂岩层光滑而平整。在连云寺，北边视野开阔，山谷朝向也在这里变为东偏南。山谷中，砂岩与沉积石灰岩的分界处，有一低处砂岩与石灰岩的分界非常明显，从此处开始板岩和石灰岩交替分布，一会儿是厚重的"石凳（石灰岩）"，一会又是薄薄的"片板（板岩）"。岩石层向南，山势陡峭，有时甚至是垂直状态。

在南边，有一处寂静的由各种岩石形成的多岩山峦。高耸的尖形山顶虽在远处，却牢牢吸引了我的目光，这座山名叫紫柏山。据当地居民说，这座山的延伸范围很广，是秦岭山脉的著名支脉。从山脚下一路向上，我们越来越接近这一连串的山峰，我一直期待能成功翻越过去。但情况却并非如此，因为紧挨着紫柏山有一处向北横立的屏障，一直延伸到勉县溪水发源处，这处屏障就是柴关岭。我惊讶地发现，道路经过这处山口之后，沿着一处峡谷向下延伸，而峡谷的另一边，平行切入紫柏山，向更深处形成一道裂缝。

根据岩层排列顺序，紫柏山多岩的山峦应该是由魏陀山的石灰岩形成的。但在距连云寺不远的位置，出现了大量结晶石灰、玻璃质玄武岩和细晶粒花岗岩的碎片。我到达松岭邑村时，地表上都是这些岩石。……更白更好看的大理石代替了石灰岩，但是它的边缘基本都有玻璃质玄武岩形成的板岩层。

山口位于边缘含其他岩石的石灰岩之中，山口的另一边道路向下，十分陡峭。路面上有许多花岗岩形成的纹路，前方有一段路上竟全是花岗岩。岩石块与茂盛的树木为这段花岗岩的山谷增添了不少浪漫气息。古时候道教的一座著名寺庙也在此选址，这些连接在一起的花岗岩块成了寺庙的地基。火山岩在重新出现的石灰岩和板岩之中形成粗细不一的纹路，交织如网。

上文提到的寺庙就是庙台子。李希霍芬发现这座寺庙有两个不同的名字，即留侯庙和庙台子。当然，这二者指的是一回事。

我在日记中记下了由北到庙台子这一路上的风景，路线与李希霍芬走过的一

第四章 张良庙

样。记录内容从凤岭（前文中已经介绍过）开始，然后就是以下内容：

1908年7月6日

我们到达凤岭下方的谷底时，积压已久的乌云终于化作瓢泼大雨降落下来。我们提前穿好涂胶雨衣，跟在前进的动物身后快速地往前走。接下来，我们在一个名叫新空铺的小村庄的一个小旅店里避了一个多小时的雨。那时恰好是早饭时间。在那里，气压计显示我们所在的海拔高度是1490米。雨停后，我们又匆匆赶路，接下来长达两个小时的路程都是下坡。我们在密集的河床中跋涉，走得艰难却也顺利。途中，我们不断踏过河中碎石、礁石，避开高处泻下的流水和陡峭的岩石。我们不停地穿过小屋、灌木丛和小树林，就如同走在风景画中一样。一旁始终是魏陀山线条分明的轮廓和高耸的山体，山中受到侵蚀的洞穴和风化的岩石看起来就像是有飞蛾在里面一样。山上出现了引人注目的断层，山崖几乎是垂直的，有几座山峰上植被茂盛。眼前的山谷一直向前延伸，我们经过有突起和礁石状的板岩和碎石，蹚过洼地，翻越山脊，道路终于变得平坦起来。三岔邑村位于沿路河流与另一条河交汇处的河谷，这里丰富的水资源滋养了大片稻田。这时，一座精美的大门映入眼帘，门旁有两棵树。三岔邑村因一位旅者在客栈中住宿的故事而知名。旅者留宿的当晚被客栈老板袭击，原来老板是个强盗。但没想到的是，这位住店的旅客竟是山东一位有名的剑客，他毫不费力地降住了客栈老板。为抨击这种强取豪夺的现象，有人将此事写成一出戏剧，而且这出戏剧后来颇受欢迎。

从三岔邑村开始，沿着布满岩石的河岸走，我们看到河面宽阔，河水颇深，风光无限。五孔关海拔1190米，由许多或零星或成群分布的村庄组成，村庄的最后一家农庄在一个圆形山顶上。这座山从东南方延伸至河流及其支流交汇的宽阔河谷处，河谷里有水稻田。黄土坡靠着高高的石山，黄土的淤泥沉积在河床中。在两条河交汇处附近，我在山谷中发现一股急流没过一片表面都是大块碎石的空地，于是便抓紧机会在这天然的"浴池"里洗了个舒服的澡。朝着东南方向，我们沿着板岩中的溪涧向上走。这里的道路被认真修缮过，平整地延伸至河床中，平缓地经过风景优美的村庄。溪水在河床上流淌着，潺潺作响，河两旁都是草地。眼前和谐的画面让我想起了故乡德国。路上时常会见到草地，还有许多枝繁叶茂的树木，黄褐色的胡桃树上面布满了深绿色的树叶，挂满了绿色的核桃，山梨树、合欢花、松树和柏树成团成簇，生机盎然。五颜六色的花朵让整个田野和平缓的山坡都充满生机。山就在近处，时隐时现的山峰似乎提醒着我们身在山脉之中。一路上，我们不断经过美丽的村庄，看到水车磨坊、小麦场，遇到轿子、骑手、邮差和挑夫，看到人们赶着骡子、驴、公牛和奶牛，看到高高的玉米田及其旁边的大麻和大豆。这一路走来的两个小时，我们感受到了田园生活的惬意与美好！我们追上了牲口队伍后，又走了一段弯路，七点半时到达了勉县。勉县海拔1240米，被称为"南星"。它位于山谷最南端，从北方望过来便是视野中的焦点，因此"南星"这个名字恰如其分。

7月7日

勉县是打开山景的钥匙——顺谷而上，溪流逐渐变窄，水声悦耳，富有浪漫色彩。茂密的树林越来越多，就连沿路出现的山丘上也都布满绿色的植被。我们沿着一条岔道，进入一旁的小山谷，又沿着陡峭的山路继续上坡，终于来到了真正的森林，即备受赞美的紫柏山的起始处。这里有一间由十人看守的警务站，房子边上的旗杆上有一面小旗子在迎风飘扬。走完最后一段光秃秃的上山路，就到了历史上著名的关口——柴关岭。

这个山口虽然不起眼，但已足够体现柴关岭的重要意义。这里没有考虑大小，仅用简单的结构呼应这一片壮丽的景观。从山口向外望，风景壮美，可以看到紫柏山布满植被的山峦和庙台子所处的山谷。柴关岭的下山路是一条布满石头的陡峭下坡路，路面虽有严重塌陷，倒也还算能走。沿途经过几个小村庄，走过蜿蜒曲折的路，始终有一条溪流的潺潺水声相伴，我们离山谷里茂密的森林越来越近了。在森林中间，高山之下，一个山崖顶端出现了一座独具吸引力的双层楼宇，这座楼宇的屋顶呈弧形，显得非常生动，犹如给山崖加冕一般。这就是我一直心心念念的庙台子。不久之后，我们清晰地看到了房屋，离得越来越近的是寺庙殿宇的屋顶和农夫的棚屋，紧接着便是入口。经过溪流上的一座小桥，我们就到了寺庙的庭院之中。庙内的僧人友好地接待了我们，先将我领到接待室，然后就带我去了花园中令人舒适的房间。

7月10日（参见146—147页，图79；148页，图80）

张良庙所处的地点及周边环境一直影响着中国名士们，让他们不断努力解释此地的诗意和宗教意义，为这里书写传说，表达对英雄的敬仰。

一股溪流由柴关岭向西而来（参见148页，图80），另一股则由南至此。两股流水交汇后向东流出，呈环抱之态，水流形成的环形直径为400米。

寺庙旁的山谷看似呈开放状态，但实际上在不远处就被前方的山围住了。事实上不仅封闭的山谷，北方连绵的山峦、东南和西南面的山也阻断了这条环形水流。西南方的高山应为紫柏山的最高处。这座山与其他的山不同，没有植被覆盖。山脚下有一峡谷，峡谷中一处圆锥形的山崖孤峰耸立，崖上坐落着寺庙殿宇，这也是我们到达庙台子时的第一印象。山崖三面都很陡峭，仅通过东面一个平缓的山坡与寺庙和山谷相连。紫柏山最高处隐蔽的山崖顶端便是神人黄石公授书张良之地。现在张良的精神仍留存这山中，每日有二次神香和祈福之音对其进行祭拜。

张良的精神对寺庙和整个紫柏山的影响到底有多大？或许紫柏山上的七十二洞能告诉我们。这七十二洞不仅描述了庙台子的外围环境，更展现出了这里的环境气氛——庙台子也正是因这种环境气氛才选址于此。

图79 紫柏山中为纪念宰相张良而建的庙台子。图中分别为:
① 西大门,从授书楼向西正对柴关岭之景
② 从授书楼望向西南山谷

③ 影壁拱门东大门,从授书楼向东北方看寺庙入口之景
④ 授书楼,从东北方向的山望向寺庙及西南方的山谷

图80 位于紫柏山的庙台子，为纪念宰相张良而建

7 七十二洞

以下内容摘自清同治十年（1871年）《紫柏山志》（图81）：

"紫柏"之名见于晋常璩《华阳国志》者，紫柏坂《周地图记》云，其山两头高，状如龙形，一名龙如山。其大干自太白山，南趋柴关岭，而西至火龙门，分两翼为前后山，绵亘五百余里。诚栈中第一名山。旧有七十二洞，八十二坦，历代以来，栖真者复多开凿，今皆百数矣。虽巘崖削辟，人迹罕至，而奇闻异迹有足纪者，不可没也。今以在厅境者，详注于后，以备考证焉。

1.四方洞

在祠南十里，铁佛崖下，南向。如仓厫，石壁障于外，故人鲜知。

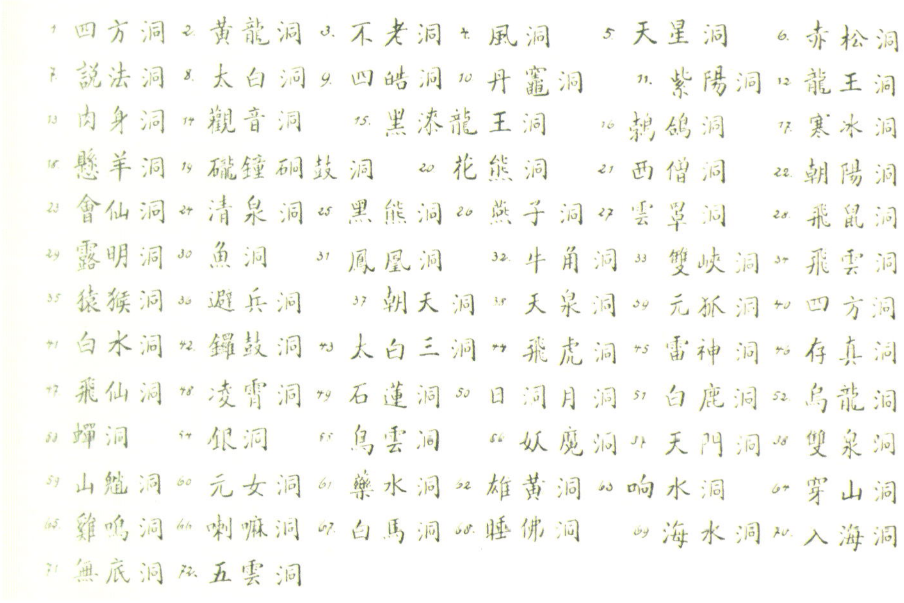

1.四方洞	2.黄龙洞	3.不老洞	4.风洞	5.天星洞	6.赤松洞
7.说法洞	8.太白洞	9.四皓洞	10.丹竈洞	11.紫阳洞	12.龙王洞
13.肉身洞	14.观音洞	15.黑漆龙王洞	16.辣鸪洞	17.寒冰洞	
18.悬羊洞	19.磁钟砜鼓洞	20.花熊洞	21.西僧洞	22.朝阳洞	
23.会仙洞	24.清泉洞	25.黑熊洞	26.燕子洞	27.云草洞	28.飞鼠洞
29.露明洞	30.鱼洞	31.凤凰洞	32.牛角洞	33.双峡洞	34.飞云洞
35.猿猴洞	36.避兵洞	37.朝天洞	38.天泉洞	39.元狐洞	40.四方洞
41.白水洞	42.镗鼓洞	43.太白三洞	44.飞虎洞	45.雷神洞	46.存真洞
47.飞仙洞	48.凌霄洞	49.石莲洞	50.日洞月洞	51.白鹿洞	52.乌龙洞
53.蝉洞	54.银洞	55.乌云洞	56.妖魔洞	57.天门洞	58.双泉洞
59.山魈洞	60.元女洞	61.药水洞	62.雄黄洞	63.响水洞	64.穿山洞
65.鸡鸣洞	66.喇嘛洞	67.白马洞	68.睡佛洞	69.海水洞	70.入海洞
71.无底洞	72.五云洞				

图81 七十二洞洞名[1]

---

[1] 此处缺失铁佛洞，在祠后老庙下，南向。洞门如城门，石乳结如龙蜿蜒。壁间中祀三铁佛。——译者注

2.黄龙洞

祠西十里,南向。顶有清泉一泓,不溢不涸。草多紫叶红茎白花,虽严冬不枯。石壁题曰"不老春光"。

3.不老洞

在长青坦岸畔,宽广不一亩。其山鲜雨雪,多鹿寿草。有粟,穗如犬尾,长尺许,粒如珠。洞顶透天,旁有一窟如盆,而内宏敞,芳草铺地,别有洞天。

4.风洞

祠北七十里。口如瓮,四时风不息,将雨尤甚。

5.天星洞

祠北五十里,西向。深不可测,行十余步,一窍透顶。散见数十窍,繁点如星。惜高数百仞,可望而不可即。

6.赤松洞

在小火龙门下,北向。细柳如帘障洞口,分柳而入,则四壁石光如镜。一石墩上,棋枰并子具焉。

7.说法洞

祠北五十里。外溢内宽,顶一窍光明如昼。上有说法台,宽五尺,长丈余。

8.太白洞

即老龙池,祠北五十里。有池三:大池水清而甘,二池碧而淡,三池翻如沸汤。春夏凉,秋冬热,可浴,祈祷辄应。

9.四皓洞

与赤松异门,而实一也。石床一,石壁如琴,叩之有声。

10.丹灶洞

祠北六十里,西向。有石龙神像,旱祷辄应。石灶、石锅各一,相传孙真人炼丹拯疫,飞升于此。

11.紫阳洞

祠北四十里。有石墩,光如镜,人传紫阳真人坐禅于此,遗铁杖,长九尺五寸，插石隙中。

12.龙王洞

祠北七十里。相传杨四将军降青龙于此，民德祀之，故又呼杨四将军洞。

13.肉身洞

祠北七十里。在观音洞左，有女神坐盘龙石龛上，相传肉身号神姑。昔以大树作桥，攀援可入。今树枯径绝。

14.观音洞

祠北四十里。为山中第一大洞，与各洞多通。有庙，祀神甚多，昔时香火特盛。嘉庆中，贼蹂躏后，道人不居洞中，祀者遂少。奇石如人物立者，不一其状。水清澈，亦可鉴。

15.黑漆龙王洞

祠北五十里。深黑不可入，唯洞口有龙王像，代传鄂将军肉身。明永乐中所封。有石桥、马各一。

16.鹁鸪洞

祠北五十里。多鸽，飞常蔽天。

17.寒冰洞

祠西九十里。口如瓮，凝露长如笋，盛暑不消，饮之，可却疲除热。

18.悬羊洞

祠西九十里。多野羊，人称神羊，不敢伤也。常往来野羊河畔，故以名。

19.砻钟硐鼓洞

在观音洞半崖。峡中横一枯木，大数十围，长十余丈。往者沿木蛇形而过，名曰度仙桥。洞中玲珑嵌空，光莹射目。壁上覆石如莲花，乳珠凝滴。

20.花熊洞

祠北五十里，西向。有熊大如牛，马头，牛尾，犬身，四足能立如人行。黑背，白肋，项、足皆黑白相杂。不食五谷，食竹连茎。腹无五脏，唯一肠，两端差大，可作带系腰。

21.西僧洞

祠北九十里，北向。一僧自西域来坐禅于此，遂卒焉。

22.朝阳洞

在五云洞左。如厦屋，外有石壁如屏。相传留侯坐静处，石墩犹在。

23.会仙洞

祠西两百里。内宏敞，紫气蒸腾，常有声如箫管。右一洞通红霞洞，不数寻可至。后通五云洞、朝天洞，北通柳林洞，昔有人穷七日始达。

24.清泉洞

祠西百里。百仞崖上，一穴如龙口，喷泉一线，如飞花，响彻四谷。旁有飞济龙王祠。相传宋、元时，祷雨辄应，故封之。今祠毁于贼。闻有"飞济龙王"四字碑犹存。

25.黑熊洞

祠西百里。冬至后有黑熊出游，春分则无。

26.燕子洞

祠七十里，多燕，且产硝。

27.云罩洞

祠西百里。云色紫赤则晴，青黑则雨。左一穴石台上，远观之，如有书随风翻页。近视之，则一石如砖，光洁如玉，相传留侯藏书处。

28.飞鼠洞

祠西八十里海进沟。百仞峻崖上一穴，遥望之，黑雾濛濛。有飞鼠，数百为群，朝出夜入，捕猫为食。

按《二申野录》云："凤县东关外，飞鼠成群。居民获其一，长一尺八寸，阔一尺。两旁肉翅，无足；足在肉翅之四角，前爪趾四，后爪趾五。毛细长，其色若鹿。逐之，去甚速。"盖即此也。

29.露明洞

祠西一百里。门高五尺，阔二尺许。内暗，怪石笋立。行里许，有光如星数点。再进，高如楼，登石梯层上，则四壁光明，水结如晶，草馥如兰。石案、石凳、石灶、石床具焉。一石柱抵穴，积冰封固，人不能入。

30.鱼洞

祠西一百里，北向。一鱼长八尺许，须如针，红尾紫翅，三五年始一出。先有浑水洒如雨，然后小鱼随出。上下半里，巨鱼旋入，众鱼亦随之，水亦清矣。有钓者，则乌云倏布，风雷大作。

31.凤凰洞

祠西百里。飞崖上，穴如瓮，人不能登。古有凤巢此。

32.牛角洞

祠北九十里。两峰屹然峙立如牛角，有清流环绕。峰皆有洞，出云至半空仍成一线，而分如牛角然。

33.双峡洞

祠北九十里。两山相交，水无所出，乃入峡中。一穴伏流，不知何往。

34.飞云洞

祠西两百里。门圆，吐云成片。昔有龙潜此。

35.猿猴洞

在大火龙门左。猿猴两臂能左右伸，故又名通臂猴，俗名线绒猴。数百成群，状如人形，鼻窍向上，尾双歧，长二尺，雨则以尾插鼻孔避之。

36.避兵洞

祠西七十五里，北向。可容千人，后洞暗小，左壁下一井，清泉上涌。东壁一罅，仅容一人。阻此即无径矣。

37.朝天洞

祠北百十五里。高四丈，阔六丈。洞后山水横流，莫测其源。有好事者，自朝入，至夜半出，行数十里，莫能究其径。

38.天泉洞

在白岩河顶悬岩中，有瀑布，故又曰龙泉。谷雨时，有鱼跃出。

39.元狐洞

祠西百里。有狐，常现人形，坐于洞限，迹之不见。遇庚申日、甲子日，洞中有管弦音，觇之，则一青皂袍老者，望斗遥拜。

40.四方洞（这里与"1.四方洞"重复，为其补充。）

祠北八十里。石壁百仞，人不能登。洞内四方，有金瓶一、金壶二。日西照，光摇摇夺目。天将雨，有声如金、革、丝、竹。

41.白水洞

即白岩河源，南向。通黄花坦。有入者迷之，忽见光如线，急乘之，行未几，而出朝天洞，盖亦相通也。

42.锣鼓洞

祠西南一百二十里。人迹罕至，洞顶有二水，左滴下如锣声，右如鼓，故名。

43.太白三洞

源出白岩河。山顶三窟鼎列，飞泉如瀑布。阴雨，泉声闻数十里，祈祷辄应。

44.飞虎洞

祠北八十里。飞虎成群，形如鼠差大耳。

45.雷神洞

祠北十里半山子。悬崖下常有雾，将雨，则雷声殷殷。有樵者见一物，如巨鹰，数翼而黑，翼动若击鼓云。

46.存真洞

祠北六十里。门高一丈，阔仅尺许。侧身入，可容十余人。石床卧一尸，如柴，饰以金，指爪长八寸余，不知何时人，俗传即留侯，其谬亦甚。

47.飞仙洞

祠北五十里，东向。容一人入，内如宅，风雨不浸。云南妙觉居士王虚明坐禅于此，有遇之于华山者，归访之，见兀坐洞中，抚之已僵，不知何时飞升也。

48.凌霄洞

祠北十五里。缀梯以进，深不可测，有白气上冲必雨。

49.石莲洞

祠北七十里。门圆如镜，内宽如屋，洞顶结一石莲，如"承露盘"，露甘如蜜，惟可遇而不可求耳。

50.日洞与月洞

两石壁立，中隔溪流，壁皆有一穴，光灼灼射，遥望之如日月，故名。

51.白鹿洞

祠北六十里，北向。有见白鹿入者，尾之不见，以深不敢进，乃大呼，鹿始惊出而逸。

52.乌龙洞

祠北六十里化皮沟。南进，至黑沟顶，北向。门高广皆丈余，石乳堆砌如花，古藤缠绕，草细如线，蔓延洞口。内有石乳，如龙盘壁上，鳞甲、爪牙如绘。再进，又一龙，亦如之，麟如针锋，从壁上旋绕数匝，延颈至洞顶，复垂首下，张口吐舌，滴乳如珠。祈湫者以瓶承之，往往得雨。其山石如鸟兽状者恒多，诚为奇观，他洞不及。

53.蟾洞

祠北六十里，南向。有天然石佛一尊，倚壁盘膝坐。左一石蒲团，光莹如玉。后洞有三足蟾，甚巨，夏秋常雨雹，或疑即蟾所为，雹伤竹不伤禾稼。

54.银洞

祠西六十里，光化山峡中。洞如城门，多银矿。明嘉靖时为官厂，后封禁。

55.乌云洞

祠西南一百一十里。日出时，间有黑雾，一线冲霄，遥望之，如有鳞甲、爪牙。

56.妖魔洞

祠北九十里，迷魂坦岸右，北向，洞口寿藤萦绕如帘。

57.天门洞

祠西百里。古木丛茂，险不能入。嘉庆二十年，有僧言术能入洞伏妖，众赞敛以助，僧至半途，堕石笋上，贯腹死。

58. 双泉洞

即古鸳鸯井。在大火龙门半崖中。崖上题曰："游人乐取山井水，只此无尘见道心。"不知谁氏手迹。又一石如笋，一面光如镜，题曰："即是桃源故处，不让首阳山巅。"乃明万历丁亥春，凤邑妙觉居士徐文献从梁泉刺史盛广游此题也。可知当日尚可登峰，今则虽缀云梯，亦难跻也。崖有一窟，分清浊二水，各一线夭矫而出，若黄白二龙抱合状。

59. 山魈洞

祠西南九十里，磙子沟盘龙岩峡中，南向。深暗，昔多飞升于此。

60. 元女洞

祠北百里。一窟如印，广丈余。俗传元女在此教孝妇织锦巾供姑。今有石机、石梭各一。

61. 药水洞

祠西百里。白岩河悬崖上一穴，水出如瀑布，有硫磺气，浴可愈疮。

62. 雄黄洞

祠北九十里。产雄黄如珠，水流亦赤。孕妇佩之左胯下，能转女为男。

63. 响水洞

祠西百里，北向。崖高数丈，有泉，飞喷如帘。

64. 穿山洞

祠北八十里。深无底，阔数寻，中一柱，顶上一穴透天，俗名"天外天"。怪石人立，异香氤氲。有猎者入半里许，见一白巨鹿，欲举铳击，火灭，鹿惊逸。归，谋众复往，则冰积满石柱矣。

65. 鸡鸣洞

在乌云洞左，人不能至。阴雨常闻鸡鸣，或见有黑、白形者，大于飞雁，三五成群。

66.喇嘛洞

在蒲团坦畔。相传有喇嘛至此,坐草际,草即结如蒲团,故名。

67.白马洞

祠西百里,不甚高阔。

68.睡佛洞

祠西八十里。口高六丈,宽倍之。入洞,下趋数武,益平旷,天然椽棚,泉流不断。祀神像颇多。左一石床,有丈六佛像卧其上。旧传,明时有王者游此,坐石床听法,遂卒焉。旁有石罅一线,容一人行,可通牛角洞。

69.海水洞

祠西九十里白岩河边。碧水一潭,深不可测,洞在水中,汲水上涌如沸汤。有蛇头鱼,黑麟,有毒。久雨,潭映红霞则晴;久晴,见黑雾即雨。

70.入海洞

祠西八十里,南向。高五尺,宽二尺,洞以内较宽。有一潭,碧清可鉴,中有石柱。凡祈湫者,以黄纸覆瓶口,红绳系瓶颈,投之自沉。未几,水作泡,瓶随涌出,纸覆如故,而水已注瓶中。间有归至半途,湫忽破纸出,作乌云上升,甘霖踵至矣。

71.无底洞

祠西九十里。石峡中一石窝,深不可测,昔有人从柳林洞行七日出此。

72.五云洞

祠西一百里。有留侯遗像,相传为辟谷处。又名"经板洞",以唐时曾刻经于此也。洞高三丈,阔倍之,深十余丈。中有殿,二层,道寮、客舍俱备。傍有玉皇池,注灵湫池,畔有石如鸭。洞后石楼,天然如厦屋,三层,皆有乳珠,久阴,则累累下滴。下有巨石如龟,引颈张口,若承乳状。后洞深不可测,通于前火龙门。

《紫柏山志》中附有一图,图上画出了大部分的山洞(参见158页,图82)。其

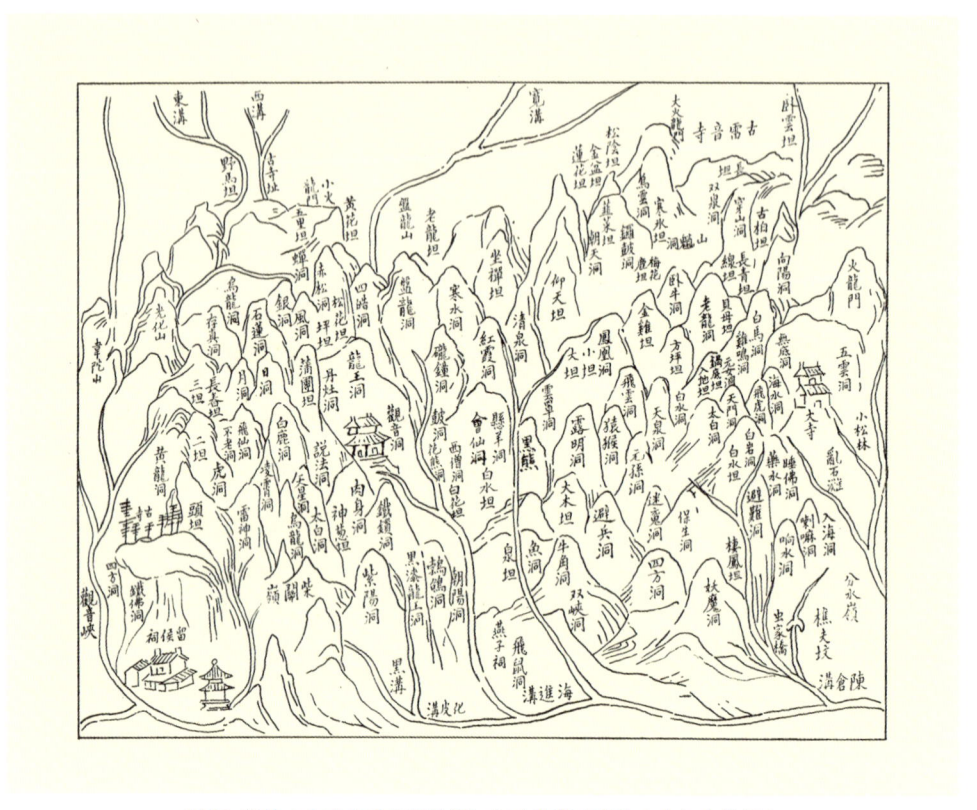

图 82 紫柏山上庙台子周围的洞与坦（临摹《紫柏山志》中插图）

实山中还有很多山洞和特别的地方，如异石、天然石门、石梯和山泉。

上文对山洞的描述，表明了中国古人喜欢把内心的思想与周围的自然环境结合起来。像紫柏山这样一处名山，它的特别之处首先在于地理位置（在秦岭脚下），其次是特殊的山体构成，最后则是著名的历史事件。如果要把历史传说中深刻的思想内涵与山上的一个个地方联系起来，必定要耗费大量的精力。但也正因如此，整座山都具有了内在的生命力，在某种程度上甚至是有灵魂的，就像古希腊或古罗马的文化遗址给我们的感觉一样。

人们相信万物皆有灵，这种信仰催生出一种不断变化的理想。这种理想体现在那些虚构的新故事以及对古老寓言的评价之中，但又适时地融入以史实为基础而又富有故事情节和艺术性的神话传说中。

认为生命源于自然并与自然中的精神和谐统一这两点，造就了中国的抒情艺术手法。对山洞的描述虽然有部分奇异现象，但是整体仍富有宗教色彩和严肃感。在这些描述中，抒情手法随处可见。这种关于自然的观点，让张良庙在紫柏山中的选址显得更得天独厚。紫柏山中所有超自然的神秘力量和现象，也在张良身上得到了一定程度的体现。

8 张良庙的历史

《紫柏山志》中除了对张良的精神和七十二洞进行精彩描述外，还有几篇文章还原了部分庙台子的碑文及其历史。对于原文精确而生动的描写，要做出完全对等的翻译是不可能的，因此下文中仍会摘取原文片段，这些内容由口头传说与庙中留存的遗迹相结合组织而成。

从古时起，紫柏山上就有一座为留侯张良建的庙宇，不过庙宇的具体修建年份已不可考。据说一本书中记载，早在汉朝时期，开国皇帝汉高祖便为张良建了一所纪念祠。随着世事变幻，张良庙于宋朝年间被修缮，其规模达到鼎盛。明朝晚期，各地揭竿而起，张良庙的铭文、地基和楼宇都被毁坏。那时，全国百分之九十的地方都荒芜萧条，无法给国家缴税。至明万历年间（1585年），朝廷又开始重新征税，按例张良庙每年要交150公斤粮食。依靠各处的微薄捐赠，张良庙才勉强上交税粮，直到有一位杨姓官员将张良庙的赋税彻底废除，这种情况才得以改变。出于感激，当地的人们便将他的事迹刻在了石碑上。

之后又出现过对此做出重要贡献的人，相关记载摘自《录存留侯庙知客堂曾大师致书》，内容如下：

> 再查敝庙建修缘由，考《昭明文选》，书内有云，汉高祖修留侯祠。又宋时皇帝重修，盖其时最胜。明末各处贼起，庙宇尽毁，古碑多有损坏。自康熙年

间，于大人名成龙出京，路过紫柏山，见留侯祠尚存大殿一座，有住持道人看守香火。后回京，复过此庙，见留侯圣像改成释迦佛像，住持道人换成僧人。访其故，知系僧人强横，将道人逐出，霸占变更。于公甚怒，立将僧人逐革，重修大殿，再整金身，募全真道人潘一良看守香火。自是，一良徒子法孙世代相传。

此后一段时间，张良庙逐渐兴盛。为张良庙重建作出重大贡献的清朝廉吏于成龙逝世的同年（1684年），张良庙还举行过一次大型的朝拜活动。在乾隆（1736—1795年在位）年间，张良庙香火越来越旺，可惜鼎盛后便迅速衰落。有石碑写道（摘自《留侯庙记》）：

紫柏山之麓庙台子，旧有留侯张文成祠，不知创自何年。康熙、乾隆间，太守滕君天绶、观察使者丰公绅相继修理。岁月既深，栋宇倾圮，垣墉颓塌，觇拜者伤之。祠中香火地为侨寓棚民占种，道士饘粥不给。嘉庆己巳，道人陈松石诉于官。余为按《赵文肃公捐免祠地杂徭》旧碑，清整界址，勒各棚民任佃于祠。丙子，陈道人请于余曰："自祠地复归，奉香火无缺，道人节蓄，岁入稍有赢，愿以新祠，顾力尚未足。"乃捐资倡助。道人采良材于山，炼石灰，埴土作埤，饭匠以玉黍杂粮，口瘴手瘃者四年，规模粗具，祠宇、飨堂、客舍、道寮焕然一新。

一块道光十九年（1839年）的石碑上，刻有官府颁布的保护周围森林的法令（摘自《禁伐紫柏山树示》）：

紫柏山为古梁泉县地，今属留坝。历系官山，应申官禁。其山蜿蜒岩巀，缥缈纵横，秀插天间，俯瞰地脯，与终南、太白相回复。虽山各别，实脉络相通。山巅有七十二洞、八十二荡（坦），石壁峻险，异人出没。其间汉留侯子房辟谷于此，岂非仙踪遗韵与？余于道光九年宰乐城，过此览庙后山岗，古柏翳天，无间杂树，乃知山名"紫柏"良不虚也。其树皆千数百年物，使非禁斧入山，曷如此盛？乃越十年，权守汉中，复过此地，见山谷依旧，林木全非。究其故，皆佃户希图渔利，私行转佃，一任砍伐，住持亦从中肥己，以致古木荡然，实为神人共愤。为此泐石，示该庙住持及佃户人等知悉：尔等山居，即有看守之责，敢任佃户辗转顶拨，侵垦山场，擅伐树木，人问罪，地充公；住持不禀，惟住持是问。其从前垦地若干，某处宽长若干，着开单报厅，以杜影射添垦、辗转顶拨弊。居民亦宜同心保护稽查，遇有前项弊端，随时禀究，庶千百年之紫柏，虽泯灭不能复原，而千百树之青林，尚葱茏可以继盛也。

几年后，张良庙的地界划定完毕，并于道光二十三年（1843年）七月载入官方图志中。"为此示仰居民人等知悉，嗣后互相保护，毋许斧斤入山，伤损树株。倘敢仍前侵伐，该乡保、住持立即指名送案，以凭究治。"（《留侯厅禁伐留侯祠树木碑》）

期间，在一位道人的带领下，张良庙再次达到了鼎盛。这位道人就是任圆真，他担任留侯祠[1]的住持长达五十余年。1840年，任圆真从京城至西安府，驻足于当时全国闻名的道观八仙庵，后来接管留侯祠，成为留侯祠的住持。早先留侯祠内并无住持，道士皆平等，仅有一人负责各项事务。任圆真为留侯祠各项事务尽心尽力，为道士们讲法，修建印经房。他向当时留坝厅的知县求助，得到了官府捐资，修缮和扩建了留侯祠，大大改善了留侯祠的经济状况。留侯祠这次修缮和扩建的大部分工程于1846—1860年间竣工。当时，很多有名之士都参与了捐助，如1846年有文武官员资助，也有私人慷慨解囊，捐资从20两至50两甚至100两白银不等。那时一两白银约值七八马克。1850年，陕西省政府捐助100两，其余官员、市民、商人各捐30至50两。1855年，一位道台出资1000两，并当场支付400两现钱。山顶上的授书楼就是利用这些捐资盖起来的。咸丰四年至七年（1854—1857年），祠内又修建了南花园和杰阁亭。陕西有位武官道台捐了100两，四川有位官员也捐了100两，几位老爷出资50两或100两，还有位翰林捐了50两。有了这些钱，留侯祠内各个建筑焕然一新，三清殿、东华殿及其他桥殿宇柱廊等都得到了修缮，还加修了南花园，各处都美轮美奂。咸丰十

---

[1] 因张良曾封"留侯"，故"张良庙"又称"留侯祠"。——译者注

年（1860年），留侯祠接管勉县武侯墓、武侯祠及马公祠为下院，常年供奉。同治二年（1863年），由于动乱，修建被迫中止。1869年，住持任圆真立下祠规。1871年，他选出五十九位道士修习功法。留侯祠虽然未能恢复宋朝时的盛况，但却成了秦岭山脉中最有名的宗教场所之一。这一切都要归功于住持任圆真。以前祠里有很多经书和著作，传说是张良和黄石公留下的。可惜后来留存无几，雕像和碑文也多遭毁坏。任圆真竭尽所能，重修秩序，将留侯祠各种神人、圣人之名均记入《紫柏山志》。《紫柏山志》最初是由任圆真发起撰写的，本书中也多处摘取了其中的内容。书中收有一位旅者写的文章，这篇文章对秦岭沿线以及汉朝和三国时期的城市、村庄、山峦、隘口和历史著名地点的周围环境做了调查，并指出了其在文学描述上的不当之处。任圆真是一位能人善士，他勤勉而慷慨，为留侯祠中的道士殚精竭虑。1896年，任圆真仙逝，后人为纪其功绩，特为其修了一座祠堂。

留侯祠的现任住持是一位足不出户的隐士，即便是贵客来访他也不出门相见。在我到达的前几日，陕西省的一位藩台从四川调任西安府的途中，路过留侯祠，并在此留宿了一日。或许他是陕西权势最大的人，在某些方面的影响力甚至超过了陕西巡抚，因为其随行的阵仗之大简直闻所未闻。但住持却对这位权贵不理不睬，甚至否认自己是这里的住持。藩台对此很气愤，但也无可奈何，只是面露不悦神色，最后以捐献300两香火钱了事。我与这位住持有过一次较长时间的对话，气氛很融洽。在我的印象中，他是一个勤勉而内向的人，却又与很多独自生活而不善言谈的人一样，会突然打开话闸。这位住持曾中过举人，尽管大部分道士的受教育程度实际上比普通人想象的要高，但这在道士中仍是个先例。

如今留侯祠的经济条件比较优越。方圆七十里都是留侯祠的庙产，约一万亩地，其中大部分是荒山或森林。因这里的森林被视为圣地，目前只能为祠堂带来少量收益。不过，留侯祠仍有充足的耕地。现在许多田产都租出去了，只有部分由留侯祠经营。1907年，在祠南二十里处的一处山谷发现了铁矿，铁矿日产铁可达25公担（约2500公斤）。铁矿的承租人每年需向留侯祠支付140两白银（约400马克）作为租金。铁矿处再往南，还有金矿、银矿。

不久之前，现任住持修建了一所学堂，聘请了一位年轻而彬彬有礼的先生作为管理人。据说，这位先生还是象棋高手。虽处偏远之地，住持仍始终致力于提高年轻人的精神修养。他在周围村庄游说，称孩子来上学无须交住宿费和伙食费。尽管如此，学堂里也只有六名学生，因为庄稼人都不看重学习，而且地里的农活也需要孩子的帮忙。道士们对此有些不满，但尽管如此，为了表明他们没有停止对美好未来的向往，还是为学堂腾出了更大的空间。虽然现在占地最多的是三殿式的孔子堂[1]，我们仍然希望，将来会有更多的学生，能从小学堂搬进空间更大的孔子堂。

9 张良庙结构综述 [2]

前文已经对张良庙优越的地理位置做了介绍。张良庙位于紫柏山主峰的山坡上，地处山谷之间，倚靠顶端有一殿宇的山崖。山崖平地而起，仅有一处缓坡与山脉相连。现在我先简述下张良庙的大致结构，之后再对各个部分进行详述。

张良庙主体由两部分组成，这两部分又各有一根主轴线（参见图250）。第一部分建筑群围绕1号主庭，第二部分建筑群围绕着前庭以及2号主庭。两处楼群呈直角相对，1号主庭中侧楼11（东华殿）、侧楼18（包括菩萨堂、二山门和送生堂）的横轴，位于拜殿、留侯殿两座建筑及远处山谷上殿宇授书楼所在的第二部分的轴线方向，因此也使得两处院落相连贯穿。侧楼18正好位于第二部分的入口，而它对面的侧楼11和里面供奉的神灵则起到影壁的效果。

祠堂两大部分相互穿插的形式是由整座祠堂的既定用途和思想主题所决定的。祠堂为纪念圣贤张良而建，他死后英灵位列仙班，反映出的是一种特定的、

---

[1] 中国所有的学堂，哪怕是最新的国立学校里，都有孔子的祭台和牌位。
[2] 本节以下涉及张良庙中的各庭院标号和各建筑标号的具体位置详见图250。——译者注

有历史感的自然之力，是这股力量创造并不断改造着我们的世界。张良化身成为道家诸神之一，通过这一形式，中国民众可能更容易地理解形而上学与哲学。

想要理解张良起的作用，就必须将他摆在众神之中，为介绍2号主庭做准备和打基础。1号主庭中有众多道家神灵，通过他们，我们可以了解张良。在横向结构末端的留侯殿，张良被作为神灵供奉。此处位于授书楼山丘的阴面，正是观望张良庙的绝佳位置。正是在这座山丘上，少年张良从神人黄石公手中接过了那本名书。张良的深刻思想和深远的影响力就来源于这本书中的学问。

张良与神祠，两者缺一不可，二者在思想上相互联系，而且张良庙的两部分在结构上相互联系，相互贯通。普遍意义上标准的中国寺庙平面图中，寺庙应该只有一条轴线，所有楼宇应环其而建。据此，为供奉当地的主神（张良）而修建的祠堂，应该位于一般祠堂的后方或前方。但是在张良庙中，由于受峡谷范围限制，祠内各朝向的面积都不会很大。平面图的设计需要考虑从古老山口（柴关岭）过来的主道，还要符合一般寺庙建筑的思想，将庙宇与位于山崖顶端的殿宇（授书楼）完美融合，于是设计出了与一般设计不同的独特平面图。在建筑风格上受到的阻碍、限制以及内部的矛盾，反而成就了最完美的结构。张良庙的平面结构非常宏伟，不仅考虑了当地的情况，而且比其他任何可能性都更能确保对宗教思想的展现、对细节的精心设计，以及与自然鬼斧神工所留下的美景的完美融合。

一般中国寺庙中常见的坐北朝南的要求，在这里却行不通。1号主庭甚至与之相反，是坐南朝北。主入口紧挨着道路，这条路被门楼1、门楼2分段，两扇门给张良庙外徒步的行人以出世之感，又让人觉得它们是侧边孔庙入口建筑的母题。入口道路两旁都是一些做游人、香客生意的客栈和小店，这些小店的存在使这里像一座小村庄。小店的聚集处与入口间有一片净区，这为祠堂的前区和影壁的设立提供了空间。进入入口后，穿过一座大型拱门，经过一座小桥再进大山门，就来到了祠堂的1号主庭。庭中有上文提到的供奉着道教神灵的庙堂。庭的左右各有一座六角飞檐的建筑，即钟楼与鼓楼，而两楼中间就是八角飞檐的方正殿宇。殿中置一双位祭台，上有两尊神像倚背而立，一尊朝南，一尊向北。

在一张从当地获得的旧平面图上（参见148页，图80）并没有这座殿宇，可见它是后来建造的，但具体建造时间无法断定。如果把这座殿宇建在两条主轴线的相交处会更加便捷，同时也置于2号院落的轴线上。可建造者非但没有这么做，还把这座殿宇的位置向北移了一些。这样设计有一个很重要的原因：如果将殿宇置于两轴线相交处，殿内神像的肩部就会横穿主轴线 II，这样既会模糊整个布局，破坏现在东华殿作为横轴起点的作用，又会打破它与山崖上的殿宇50（授书楼）间的均衡之势。

灵官殿大部分都位于横轴线上，对于其外部的布局设计需要仔细观察。一座成规模的庙宇屋顶通常为带有山花的双坡屋顶，屋脊与主轴线垂直，山花朝向侧面。如果按照这个标准来修建此殿，山花就会位于主轴线 II 上。这个方案在中国人看来并不可行。在中国建筑中，山花朝向道路，或者绕过山花所在侧墙进入屋内的情形非常少见。

这里体现了中国与希腊庙宇的建造标准不同，在希腊庙宇中可以通过这面墙进出。这种不同就是中国建筑富有独特性的原因之一，不过这是题外话了。如果山花直接对着道路另一侧房屋的大门，那就像在门上贴驱邪避灾符一样会让人感觉不舒服。因此，建造张良庙这座殿宇的时候没有选用带山花的屋顶，而是选择了帐篷式的盔顶（参见166页，图83）。

二山门是2号院落的入口。进入入口后首先来到前庭，随后到达开放式的拜殿。从拜殿望向主庭，可以看见留侯殿的阶梯和殿内的张良神像。两庭侧面均有供游人、香客居住和待客的寮房与客堂，这些房屋面积比较大。侧楼18原是三轴线建筑，与菩萨堂、送生堂合并在一起便扩大为五轴线，并与两旁的客房组成建筑群，成为张良庙原本的起始处。张良庙的完整性与艺术性，让我想起了欧洲的教堂，只不过这里庭院是露天的罢了。

图 83 庙台子 1 号主庭，左边为二山门，中间是供奉灵官与财神的亭子，右边为鼓楼
（图 250-18、250-9、250-7[1]）

  1号院落和2号院落之间西北边的空地，与4号偏院以及几栋小楼一起用作祠中工人的住所，部分具有一定的经济用途。西南边的空地上则有多栋挨着1号主庭和2号主庭的房屋。前边的1号、2号、3号偏院和两个藏宝楼，仓房以及位于仓房轴线上的大厨房，侧楼31、32，共同组成了张良庙中的一个封闭楼群。这些建筑中3号偏院是最大的。从偏院过去，是宽敞的1号、2号、3号农家院子，院子边上是常年开着的小屋，从中可见棚圈、水磨坊和由南墙流进来的一股溪流。

  张良庙最引人入胜之处是靠近西北道路的花园，这里有供各级官员休息的房

---

[1] 18、9、7 为图 250 中所标序列号，指出了建筑位置，下文同。——译者注

屋，还有记录张良事迹的石碑。石碑一直延伸至道路旁，正好作为花园的边界。花园被中国人高超的园林技艺精心设计打理，张良庙在中国的盛名恐怕也有一部分要归功于这片园地。这座花园也是通向位于山崖顶端最重要的殿宇的必经之路。上山沿途有许多用石头或木头建成的小型殿宇，构造不一，有六角屋顶、四角屋顶、圆顶，用砖瓦或稻草遮盖。沿路向上走经过斜坡，登上陡峭的层层石阶，终于到达山顶上的空地，这里就是神人黄石公为张良授书之地。为了纪念此事，这座两层高的殿宇取名为"授书楼"。

站在山顶，张良庙的全貌尽收眼底。或许此刻人们才能深刻意识到，张良庙的结构是建筑艺术上严谨、富有生气与不失多样性的结合。唯有如此，才能既达到文化上的高度，又符合当地民众的期许。张良庙紧紧依靠着周边环境，却又不受其束缚。让山丘成为张良庙内涵的一部分，体现了张良庙不仅在外观上与自然相融合，在思想内涵上也与自然相通。同时，每处建筑仍然遵循着中国建筑艺术严谨的规则。张良庙中有不少各种轴向的建筑群，如1号主庭、2号主庭、2号偏院和花园。花园富有生机而又有特别的构造，尤其是相向而立的建筑40（客房或下人房）、建筑41（下属居住的客房）间的轴线关系。通过一个中心思想实现形散神聚，便是张良庙布局结构具有高度艺术性的秘密所在。从张良庙不失优雅又富有生气的结构中，我们可以看出陕西南部的这座祠堂在南北方都被奉为经典的原因：一方面，张良庙的建筑风格大气，占地面积宽广，在轴线设计上又十分严谨，体现出北方人为生活艰苦奋斗、自强不息的进取精神；另一方面，张良庙又具有以四川为代表的中国中部和南部温润、重精神又富于想象的建筑风格。这种建筑风格与南方优越的自然条件和生活条件有关，它以精神层面和艺术层面的表达为中心，在发达的贸易和社会变化的影响下变得越发精巧。这两种风格在张良庙里做到了完美融合。

10 张良庙中各局部建筑

祠堂的入口

张良庙的北面牌楼门前是一条呈东西走向的山路。山路两端分别笔直地经过牌楼的左右门楼（参见图250-1、250-2）。关于牌楼东西两侧的门楼，上文也曾简要地提到，它们紧挨着祠堂前的山路。东边门楼内部紧靠张良庙的主体建筑，外部几乎直接与祠堂外的建筑相连。所谓祠堂外的建筑，也不过是周围的几家商铺、饭馆和旅店。西边门楼位置靠里，面向柴关岭一侧的街道。两座门楼均为二层楼高，以彩石青砖为基，上面是木质的单檐三角攒尖屋顶，内藏几座仙人神像。另有一些厢房供守门人居住。屋脊和门楣上均装饰着雕刻的花草、宝塔等小雕饰。这些雕饰造型多样，栩栩如生，给建筑增添了一分生气。一座由青砖砌成并涂了灰的影壁（参见图250-3）与祠堂正门相对，影壁也是青砖基底，顶部是筒瓦搭建的悬山顶，没有其他装饰，风格十分简朴。

影壁朝外，正对着牌楼的拱形门洞。牌楼坚实高大，是祠堂的第一道入口（图84）。从整体看，牌楼庄严肃穆，雄浑稳重。但细看其顶部，又别有一番灵动、浪漫的韵味。整个牌楼浑然一体，中央开间的高度高于左右两侧的开间。正

图 84 牌楼，庙台子的入口（图 250-4）

中设置的拱形门是进出的通道，左右开间各虚设一扇窗户，窗上用烧制的陶土拼接成秀丽的图案，纹路变化多端，像提花地毯一样细腻丰富，使左右开间风格活泼，毫无沉闷之感。牌楼为四柱三间式，架在立柱上的三个横枋表面平坦，均有简单的装饰。横枋上的斗拱坚固有力，承挑着上面的屋顶。这些建筑材料均来自煅烧的陶土。屋顶呈曲面形，屋檐到四个角的屋脊有力地向上翘起，十分流畅。屋檐和屋脊上分别装饰着小型雕饰，有花草、鸟兽等造型。中央开间的横枋上有一块牌匾，牌匾位置垂直居中，落于左右开间窗户的拱形窗檐之上。这块入口正上方的牌匾上题有祠堂的名字：

汉张留侯祠

以上五个大字均采用石雕的手法雕刻。牌楼两边各立着一座古老石碑，石碑上雕刻着文字。墙上还有几副纸质对联，是前来朝拜的人贴上去的，它们只是暂时的，不能长久保存。

从牌楼门往里走，一座古朴的小石拱桥（参见图250-5）迎面而来。这座拱桥架在河流之上，桥下的小河从柴关岭街道流过来，环绕着整座祠堂。拱桥两边设有栏杆，栏杆一端与牌楼的券门之间有两面矮墙作为连接，站在正门通道上一眼就能看清楚这个构造。石拱桥名为：进履桥。

传说此处就是道教仙人黄石公落履的地方。一日，张良在此地游览，看见一位老人将鞋子扔到桥下。老人两次恶语命令张良捡回鞋子，张良看在老人年寿已高的分上，忍气吞声将鞋子捡回来还给他。后来这位老人（黄石公）对张良赞许有加，说出了那句名言：孺子可教矣。

大山门（参见170页，图85；图250-6）是祠堂建筑群真正的入口。从字面上看，为什么称其为"山门"而非"庙门"呢？一般情况下，祠堂为了躲避市井尘俗而建于山林之间，大门与山相连，因而得名"山门"。这一点在日语里有更直观的体现，日语中的汉字"山"就是"寺院""寺庙"的意思。在中国，"山

图85 庙台子大山门内景（图250-6）

门"一词常用于表示寺院正面的楼门。山门上刻着"极真洞天"，意思是这座祠堂是神仙真人居住的地方。大山门南北通透，建筑风格简单大方。大厅分为三个部分，上面是马鞍形的双坡屋顶，屋檐和屋脊上有丰富的装饰。大山门只在中轴线上开了一扇门，连通庙内庙外。在面向主庭院的门两侧，独立两根柱子，柱顶画有白色条纹的图案，华丽无比。柱顶间水平架起一块木板，木板采用镂空雕刻，纹路丰富多样，生动活泼，色彩饱满。大山门与庙宇其他部分轻快明朗的建筑风格相呼应，一起奠定了整座建筑的基调。

1号主庭

进入大山门后，可以看到右手边矗立着一座钟楼（参见图250-8），左手边立着一座鼓楼（参见图250-7）。两座建筑遥相呼应，建筑风格完全相同，都是六角建筑，都用木柱支撑。这些柱子有些向内倾斜，中间立着白色的石灰衬壁，衬壁的高度只到柱子的一半。柱子的上面是帐篷式屋顶，屋脊、屋角和门楣上均有丰富的装饰。屋顶线条流畅优雅，向上延伸，最后聚合成尖顶。尖顶上有一个葫芦形状的构件，富有情趣。钟楼、鼓楼的钟和鼓都已经不能用了，可能是被强盗损坏的，也可能是被大火烧毁的。人们非常希望有人能出钱把这些重新修好。

与钟楼、鼓楼相对而立的是灵官殿（参见图250-9）。灵官殿与钟楼、鼓楼一样，都采取帐篷式屋顶，两两相连，形成一种封闭的整体效果。这种封闭的建筑是很受人喜爱的建筑组合。至于灵官殿这座大型建筑为何也是盔顶，这一点在前文关于整座祠堂的描述中已经阐明。在灵官殿的建筑地基平面上，外部四个立柱点构成一个正方形，中间的核心部分也就是灵官殿主体，为封闭的八边形区域，其中四条边刚好与外部正方形的四条边重合。灵官殿是重檐建筑，上层是四面四角盔顶，顶上有一个具有佛教建筑特点的塔顶，下层围绕在屋顶的周围，有四个坡面。每层屋顶的四条垂脊均呈弧形向下向外再向上延伸，屋角有力地上扬，到了末端则完全垂直向上。屋顶整体轮廓分明，线条流畅优雅。屋脊和屋角上装饰丰富，布满了各种造型的雕刻构件，这与前文提到过的四川风格相似。在灵官殿内，神坛上供奉着两座背对而坐的雕像。面朝北面的是一尊驾驭神龙的灵官像，面向南面的是一尊骑虎的武财神像。在中国人看来，"灵官"是大地神力的化身，和"山"有着特殊的内在联系。因此，中国各名山洞府里的寺庙和神坛都喜欢供奉灵官像，其中最突出的就是四川峨眉山。供奉灵官像的神坛通常位于寺庙入口处，也有摆放在正殿中的，但是它们一律直接面对着入口，造型非常生动，象征着无尽的自然力量。

财神，就是掌管财富的神仙，从广义上说，也是掌管一切福气和好运的神仙。张良庙中的财神有文财神与武财神两个造型，分别掌管文治和武功。确切地说，这二者的划分与大家关注的能力和素质有关。文献材料表明，这两点也是修身的根本。在这里也突出显示了留侯祠的主人张良是一个文武双全的人才。灵官殿位于1号主庭，殿中只有掌管武事的武财神像，它与灵官像背对而立。而守护文人和官员的文财神被供奉在通往留侯祠正殿入口处的二山门（参见图250-18）

中。在中国各地，灵官与财神的组合经常出现，尤其在南方地区，比如在四川省，无数神仙道观中都能看到灵官像和财神像组合在一起。通常同这两座神像在一起的还有土地像，也就是地仙像。

1号主庭空间较大，由平坦宽阔的青砖铺成。在1号主庭的竖轴线上，一条由三列四四方方的砖块铺成的平坦石板路径直通向一座主殿（图86、图250-13）。在横轴的东西两边，分别坐落着一座神堂（参见图250-11）和一座门殿（参见图250-18），两边相互对称。北面有一个造型简朴的单檐三角亭，是会客的地方，里面布置了两张床和若干桌椅（参见图250-10）。仿照佛教寺庙（普陀山法雨寺）的称呼，这座建筑被称为云水堂，隐喻来这里朝奉的人们就像白云和流水一样，流

图 86 庙台子 1 号主庭中的三个"三元体系"，
从左到右分别为：三法殿、三清殿、三官殿（图 250-14、250-13、250-15）

动性很大。很多时候由于庙内空间有限，无法接待和安顿众多朝奉的人群，于是大部分朝奉者会在祠堂外的旅店中歇脚。与云水堂相邻的神殿（参见图250-11）名叫东华殿[1]。殿内正面和两侧设立了连续的神坛，一共供奉了十七尊神像。这些神像由石膏制成，较为高大，是正常人身高的1.5倍，均披绘饰丰富的道袍。他们是道教中十七位有名的道士或神仙。至于他们各自叫什么名字，我也不能确认。大殿正中央有三尊神像，主要人物是居中的东华帝君。据说，东华帝君是老子转世。有趣的是，"转世"是一个佛教概念，从源头上说与道教没什么关系。不仅如此，神像所穿道袍的风格也与佛教的风格相近，道袍上绘有补丁图案，显得非常破旧，这也与佛教苦行僧的穷困状态吻合。

东华殿里神仙众多，还有八仙的神像，八仙是中国非常有名的八位神仙。大殿中央供奉东华帝君的神坛上横排四个大字：

驾鹤西来

仙鹤常与寿星相伴。寿星就是象征长寿的神仙，形象酷似老子。

在这座神殿旁边还有一个小型建筑，这是道教真人长春子丘处机的神殿（参见图250-12）。历史上确实有丘处机这么一位人物。丘处机道号长春子，取"永恒的春天"之意，生于1148年，于1227年7月23日逝世。1221—1224年，丘处机从山东出发，途经西亚到达印度边界，觐见了成吉思汗，后又返回。[2]这件事让他声名远扬。

关于丘处机的尊像为何也在庙台子内，并且享有单独的神堂，他是否和这座祠堂有着不可分割的联系，很遗憾，这些问题我也无法回答。当地人告诉我，丘处机是张良庙的捐赠人之一。丘处机生活的年代是宋朝，根据编年史记载，宋朝正是道教建庙立观最盛行的时候，因此，二者存在渊源也是有可能的。在这个神堂中，

---

[1] 东华是指仙人东王公，又称东华帝君，省称"东华"。——译者注
[2] 关于丘处机此次西行，他的一位徒弟在1228年时写了一本书《长春真人西游记》。布莱资耐德翻译了此书，并放于他的《基于东亚史料的中世纪研究》一书的附录中。

丘处机的塑像不仅被单独供奉在一个神台之上，而且东华殿十七尊神像之中也有他的神像，只不过位属全真七子之列，相传与他同列的其他六位真人都是他的高徒[1]。坐落在北京的白云观（参见002页）是长春子丘处机的入土之地，也是专门供奉全真七子的道观，在那里人们也可以看到全真七子的神像。

1号主庭竖轴线的尽头是三座并排而立的道教神殿（中间为图250-13，两边分别为图250-14、图250-15；参见172页，图86）。每座神殿都有三个厅，每个厅均供奉着三尊神像，一共供奉九尊神像。这三座神殿构成一个完整的建筑体系，中间的神殿是主殿，名叫三清殿。三清殿的规模略大于两侧神殿，显得高大恢宏，大殿前厅下方是汉白玉砌成的栏杆，前厅上方的横枋上有一块石雕的匾额，上书"三清殿"三个大字。前厅上方的梁枋和斗拱不仅绘饰丰富，同时还承挑着屋顶。三清殿的屋顶是比较高级的单檐四坡屋顶，看起来庄严华贵。屋顶的垂脊和屋角皆有弧度地向上扬起，连同正脊在内，都塑有造型各异的石雕。与大山门一样，在三座建筑前部的柱子之间都有单薄而镂刻着丰富纹路并绘有花草图案的门楣，而且这些门楣都在同一个平面上。在张良庙里，我们在很多建筑中都能看到类似的结构。此外，在中轴线上，主入口前方立有一块轻巧的木质屏风。

接下来我要介绍的是正殿和西侧神殿中的神像。在介绍神像的名称和描述其造型的同时，我也将试着解释一下它们各自的深意，也就是说我不再把专注点单纯地放在建筑表面的细节和特点上，而是会结合宗教思想进行说明。庙内的各个建筑，无论从单独的细节上看，还是从整体的结构上看，到处都体现了宗教思想，而且有时候表现得非常突出，如我阐述此庙整体建筑结构时，第一次涉及的神像布置。虽然在文献资料中也能查到单个神像的摆放规则，但是只有通过观察神像组合，分析整体中各部分的不同象征意义和互相之间的关系，才能对此有更深入的了解。

---

[1] 全真七子为道教全真教创始人王重阳的七位嫡传弟子，丘处机是其中之一，其余六位是其师兄弟。——译者注

第四章 张良庙

　　想要了解这些，首先我们必须承认或相信祠堂道观整体所反映出的宗教思想，比如在张良庙中处处体现的"张良化身"的道教思想。只有这样，人们才可以从祠堂的各个细节中解读出一个个宗教概念。另外，我们也必须认识到：中国祠堂道观中形形色色的神像的布置并不是杂乱无章的，而是有规律可循的，但也并非迂腐地固守章法，而是时刻在变通，已经达到哲学与宗教灵活结合的境界。虽然人们在神像的选取上比较自由，发挥了一定的想象力，但是从整体上看还是遵循了某种规则。或许有人会对我在此介绍的某个细节有异议，他们可能有更准确的解释，但我认为，我在这里做出的关于这些神像内部联系的阐述仍然具有一定的价值，是可以供研究宗教的学者们参考的。

　　中央的正殿中供奉着高大的三清神像，神像足有正常人身高的2.5倍，每一座主神像的两侧侍立着两座下属神像。这座大殿因此被称为"三清殿"（参见图87、图250-13），意为"三位三清胜境至高神的殿堂"。"三清"是道教最高级别的三元体系，关于它们的名字和内涵存在多种说法，不同的道教流派对它们有不同的解

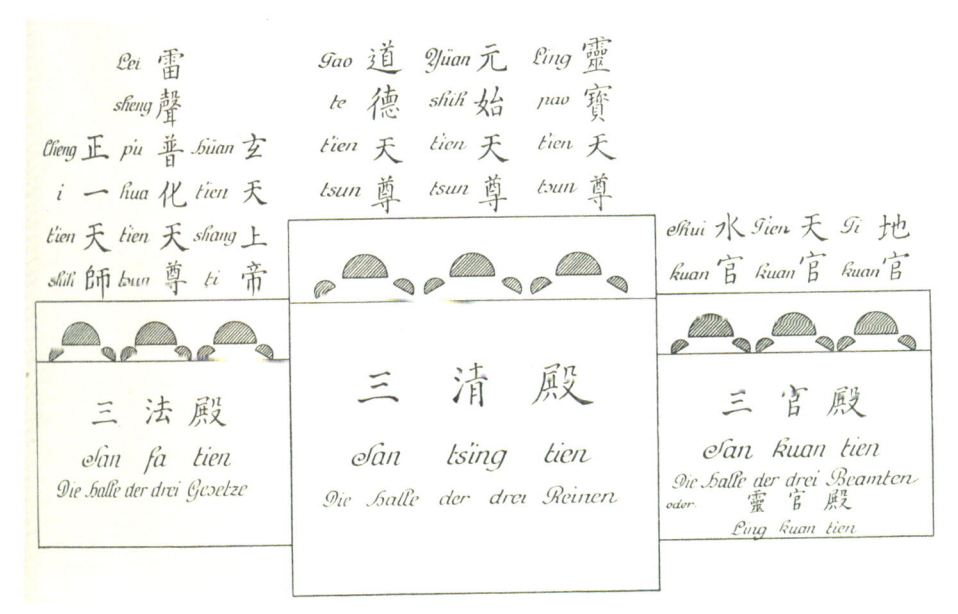

图87 庙台子1号主庭三座神殿中的三个"三元体系"神像的摆放位置
（图 250-14、250-13、250-15）

释。这并不奇怪，这种不同的解释很重要，因为每个人基于自身对万物本源的认识不同，进而对自然力量做出的分类也并不相同。不过对三元体系的整体看法各流派都是一致的，一般认为，这三个形象是宇宙本源的三种表现形式，也就是：

1.太始，即开天辟地前的原始宇宙状态，是万物发源之地，也是万物终将回归之地。

2.玉皇上帝，也就是玉皇大帝、无上至尊，是掌管天庭的最高神，拥有神圣而有效的力量，统治和领导一切。他有时也处于第一位。

3.老子，是神圣的大地的化身，是具体的人。他是人，也是神。

从上述关于老子的理论中，我们不仅能看到三元体系的结构，也能看出老子的地位。这就是这座祠堂所体现的精神。据道士们说，周朝有三位有名的道士，他们都是老子的转世，也就是说有老子的形，实际上是宇宙原始自然力的三部分。在神话小说《封神演义》[1]中，这三个形象及他们分别象征的是：

1.元始天尊，象征着元始和最初的原则。

2.灵宝天尊，象征着神圣而力量无限的宝物（主导一切发展，与玉皇上帝类似）。

3.道德天尊，象征着智慧和品德，用以教化和引导世人。

在道教中，这种三元体系始终都是最原本的奥义，最终借助人的适当言行体现出来，这符合所有民族的哲学和宗教系统观念。

从道教的三元思想出发，人的品德在宇宙中占据了一个重要的地位。中国古代还有另外一种较为混沌的关于万物本源和演变的哲学思想——太极。与道教思想不同，在太极的思想体系中，宇宙本源只有最初的自然规律和无边的自然力量两部分，而自然力量又转化为阴阳两极，分合变化都包括在其中。

---

[1] 穆乐（Herbert Müller）、顾路柏（Wilhelm Grube）译《封神演义》，莱顿（Leiden）：布里尔（Brill）出版社，1912年。

图 88 庙台子 1 号主庭三法殿中央的雷声普化天尊（图 250-14）

紧邻三清殿的是三法殿（参见图250-14），意为"三条道法的殿堂"。三法殿中也供奉着三尊神像，每尊神像都代表不同的内涵。这些神像很高大，是正常人身高的2.5倍，它们由石膏雕刻而成，外表镀金，并以油彩上色。神像身后有一面灰泥涂过的白墙，墙上画着光环，每个都有不同的象征意义。与殿外一样，立柱间架着木制的雀替，雀替为镂空雕刻，雕饰图案繁复，也涂了浓重的油彩。立柱上面挂着一个真正的帘子，神像端坐在帘子后面。每尊神像旁立着两个侍者。这三尊神像分别是：

1.雷声普化天尊，位于正中间。

2.玄天上帝，位于神坛左边。

3.正一天师，位于神坛右边。

雷声普化天尊神像身披华丽的镀金铠甲（图88），骑着传说中的双角神兽麒麟。麒麟塑像同样镀了金，身上的鳞片是蓝色的。雷声普化天尊的额头上长着第三只眼，是用纯净的宝石额外镶上去的。天尊左手握着一颗闪电球，右手拿着一把锤子，身后白墙上画着光环，十分威严。光环是几何图形和火焰图形的结合，象征闪电和雷火。天尊两侧各立着一人高的侍者，其中左边是雷神，为天尊的信使，他右手举着一把锤子，左手拿着凿子，形象与印度鸟人迦鲁达类似，长着凶猛的喙、巨大的翅膀和可怕的爪子，眉毛和耳朵上都燃烧着火焰，身体露出的部位呈现出淡紫色。和我们熟知的传说不同，天尊右手边站立的侍者不是所谓的"电母"，而是一个功曹，他左手执书，右手执笔，将所有事件一一记录下来。大多数神像的旁边都有这样一尊功曹像，功曹直接影响了阳间和阴间所有人的命运。

玄天上帝手持一把专门用来消灭妖魔鬼怪的长剑。他的两侧分别站立着一位天兵和一位年轻的姑娘。年轻的姑娘手里拿着神印，象征天庭的权威，同时也以此表明自己天庭使者的身份。

张良庙的道士向我描述正一天师时说，正一天师掌管着所有飞禽走兽，尤其是狐仙。在无人居住的荒野中，人们都很害怕狐仙，而正一天师是至高无上的驱魔人，控制所有妖魔鬼怪。正一天师塑像旁边站立着两位下属道士的塑像，其中一位手里拿着一本簿，帮助天师记下所有飞禽走兽的名字；另一位手里拿着画有所有动物画像的卷轴。

天师即天界的尊师，一般被认为是神话故事中所说的仙人。他是天界派遣到人间的神仙，可以看成是玉皇的化身，也可以看成是太始或元始的化身。据那位道士的描述，传说张道陵就是张良的传人，而在这座庙中，天师和张道陵一样，是张良的后人。张道陵来自深山，即"道"的发源地。自古以来，他皆位列十大洞天和三十六小洞天的仙班，受到人们供奉和敬仰，圣名远扬。在张道陵的道观中，前来朝奉的人络绎不绝。根据住持的说法和碑碣上的题词，在距离庙台子不远的紫柏山（参见148页，图80）中，就坐落着十大洞天中的第三大洞天。很遗憾，我无法确认其具体的位置。不过关于洞天的说法有很多，不尽相同，也有人说第三大洞天位于中国湖南省境内的一座名山——衡山。在道教思想中，天师可以降伏妖魔鬼怪，通常被看成是无上至尊。因为在与世隔绝的深山之中，能够主宰狐仙和其他飞禽走兽意义重大，这就解释了为什么庙中的道士如此看重天师的地位。无论如何，天师就像是张良一样，人们对他十分虔诚，急切地祈求他的保佑。而另外两尊神像并没有特别的意义。

这座神殿的中央，供奉的是雷声普化天尊。雷声普化的意思是"用威力无边的雷霆使万物发生变化"，也就是象征着无穷无尽、法力无边的自然力量，就像三清殿（参见图250-13）内三座神像中灵宝天尊所代表的那样，灵宝即"神圣的宝物"。如果我们要分别解释其内在涵义的话，每种力量大概可以划分为：

一般自然力量。它使宇宙万物变化，出现时常带闪电和雷火。

利用原始物质造物的力量。

智慧神力。它教化和引导人类消除邪恶，连通人类世界和天界。

这三种力量来自于宇宙初始状态，法力无边。

与三法殿（参见图250-14）相对应的是三官殿（参见图250-15）。在道士眼中，三官殿几乎就是灵官殿，也就是1号主庭中的神殿（参见图250-9）。了解这三位仙人，我们可以从无边的抽象意识中走出来，进入较小的具体领域，来感受一下自然的力量。这三位仙人分别是天官、地官和水官。天官掌天，地官主地，水官司水。三位仙人的职责是保持人与自然界中三种元素永恒的联系，也就是人与天、人与地、人与水的联系。三种元素合起来象征着宇宙，而在艺术领域，它们经常具象化为相互联系的云朵、山峰和波浪。关于这三种力量对人的影响，见仁见智，莫衷一是。不过因为这三种元素都与方位有关，所以三位仙人也代表方位的意义。在我个人看来，这三位仙人法力无边，不是简单地与人相对的神，这一点从神话传说中就可以看出。传说中天官、地官和水官都是龙王的孙子，他们同父异母，母亲是三位不同的龙女，父亲则是一介凡人。一位杰出的人类生了三个具有龙的力量的孩子，并由此产生了三条和人类生活密不可分的原则。后来这三条原则演变成更具体、更明朗的意义，即天官赐福，地官赦罪，水官分发圣水，帮助人类解除厄运。

如上所说，天官、地官和水官还具有方位上的意义，但是他们合在一起则表示自然的力量，一般被看作龙或者龙王，甚至化为更特别的形象灵官。因此，这座神殿也被称为灵官殿。灵官本坐于自己的神堂中，面向入口，接待朝圣的人。他在通往道教最高奥秘的路上，也就是在通往三法殿和三清殿的路上，幻化成天、地、水三个部分。这三个部分与风水密切相关，因为在风、水、地中找到最佳位置是居住者及其房屋获得神仙保佑和好运的前提。

由此我们能联想到，天与地分开时相斥，却又能结合为完整的一体，类似于太极思想中的阴和阳。太极系统中无法容纳第三种元素。但是在三官殿中，"水"被加了进来，世界被分成三部分。在我看来，这并不矛盾，因为在很多情况下，我们需要换一个角度去看待同一个事物，因此有时我们会把它归为此类，有时又将它归为彼类。西方人在学习中国哲学思想时，必须时刻提醒自己，这些抽象的概念之间都是相互影响、相互交织的，而且各自又都在不断发展，时常会演变成其他概念。在学习时，浅尝辄止的学者可能会处处感到矛盾，以至于动摇初心，只有潜心钻研的思想家才能纵览全局，从中找到和谐稳定的核心。

离开目前所讲的道教思想，来看三官的具体内容及其与人间生活的联系时，我们发现神仙法力与人间生活的关系更加明显。二山门是通往张良庙2号主庭（参见166页，图83；181页，图89）的入口，两翼各有一座神堂——菩萨堂（参见图250-16）和送生堂（参见图250-17）。神堂内供奉了一系列与人间生活息息相关的神仙坐像。菩萨堂是一座供奉菩萨的神堂，神坛上的一排菩萨塑像与正常人一般大小，栩栩如生。神坛正中央供奉的是观音菩萨的塑像。观音菩萨是普陀山的仙人，坐在莲花宝座之上，宝座周围盘绕着巨龙。观音菩萨两侧分别是文殊菩萨和普贤菩萨。文殊菩萨是山西五台山的仙人，坐骑是蓝白相间的猛虎。普贤菩萨是四川峨眉山的仙人，坐骑是一头白象。三尊菩萨塑像的身后和两边的墙壁上均是人工绘制的岩画，图案丰富，变化多端。三座菩萨塑像上方有一座大型壁龛，里面有三尊类似的小型佛像，佛像周围是四大天王塑像，旁边同样有骑着坐骑的文

第四章 张良庙

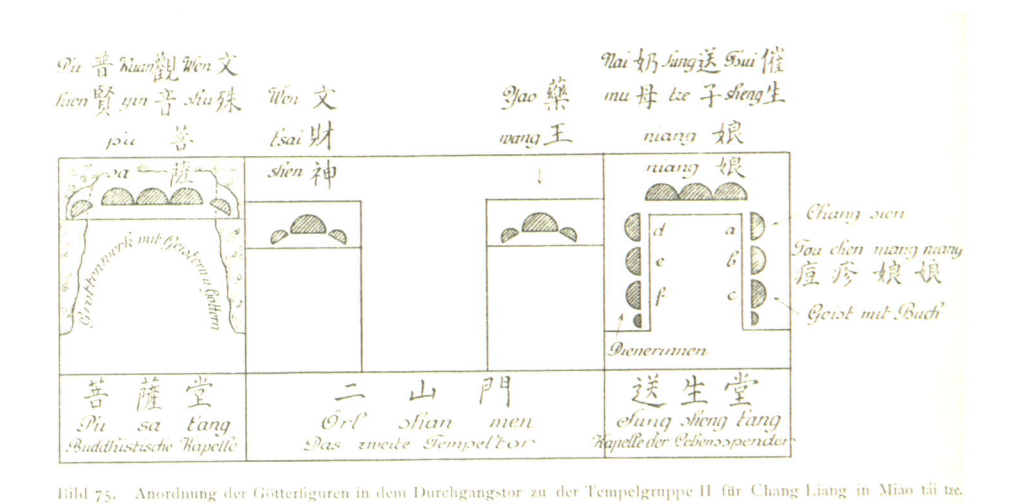

图89 通往张良庙2号主庭的门殿和菩萨堂神像的位置（图250-16、250-18、250-17）

殊菩萨和普贤菩萨塑像。另外还有一组高20～30厘米的微型神鬼雕像，表现的是地狱中的酷刑场面。

观音菩萨是慈悲和怜悯的化身，也是护佑母亲和孩子的神仙。她可能是中国古代的神灵，但现在的形象已经完全佛教化了。她在所有神灵中最受欢迎，不仅在佛教中广为流传，在道教庙观中也有一席之地，并且常与佛教众佛中的两位菩萨——文殊菩萨和普贤菩萨一同出现。这三位菩萨已经深入人们的日常生活，起主宰作用。看到这里，我们很容易联想到"惩恶扬善"这个概念，这三位菩萨也起着审判的作用。这也说明了在他们周围还有一些小型神像，并出现地狱酷刑场面的原因。也许在这座神坛中，没有足够的空间安放地狱众神，因此我们只能看到上述三位菩萨主宰人间日常生活的场景。

在二山门的另一侧，观音菩萨幻化为纯道教思想中的一个三元体系，即三圣母，或称三娘娘菩萨。这些神像周围的墙壁上也画满了壁画。三圣母字面的意思是"三位神圣的母亲"[1]。她们三个坐在神坛之上，大小是正常人的四分之三，

---

[1] 三圣母是"华岳三娘娘"的别称，华山上的女神。——译者注

显得略小，手里各拿着一块符板，上面写着可以带来好运的符文，据说能赐予儿女。三圣母也被认为是送子菩萨，因此这座神堂也叫做送生堂。送子又分成三部分，一是送子，二是催生，三是奶娘。左侧立着以下三座神像：

1.张仙，也称"弹弓神仙"，他拿着一把弹弓和一枚弹珠，相传弹珠射到谁家，谁家就会受到庇护，获得好运。

2.痘疹娘娘，她携带一小罐天花。

3.功曹，他记录人们的所作所为。

右侧立着三圣母的三个玉女，分别是：

1.主管富贵人家生子的玉女，她的身旁有两个骑着麒麟的童子，童子举着钱币，象征富有。

2.主管中等人家生子的玉女。

3.主管贫贱人家生子的玉女，身旁的童子正在洗澡。

在较小的一组塑像中，童子们在嬉戏玩闹，有的骑着鹿，有的骑着木马，有的拿着刻有"福寿禄"的符板，十分欢乐活泼。天庭和人间一样，都是一片欢乐祥和的景象，有唱戏、游行以及亲朋好友举行宴会的场景，还有玩弹弓、放风筝、骑骆驼等场景。顶部可以看到四座大门，那是从人间通往天庭的入口。

这群特殊神像的最后一处是小神堂（参见181页，图89；图250-18）里的神仙像。神堂北面是药王像，他掌管医药和健康，十分有名。在描述道教洞天时，当地百姓经常提到药王的圣药圣水，可见他极受人们的敬仰和爱戴。神堂南面是文财神像。他与武财神是一对，文财神是保佑文人和官员的财神，武财神更关注军事才能。这座文财神像供奉在庙宇中的灵官殿，与灵官像背对背靠着。在这里，文财神与张良其实是同一人。

回顾张良庙1号主庭中的众神像，通过其中具体的关联，我们能准确地体会到道教的世界观。灵官使前来朝奉的人们对祠庙产生神圣这第一印象，并通过财神表明祠庙是福地。三清是道教的最高原则，也象征万物本源、法力无边的自然力量以及人的智慧和品德。其中法力无边的自然力量具象化为雷的形象，并被称为天尊，即雷声普化天尊，他是引导并保护人类不受苦难、疾病侵害的神仙。神对人的影响通过自然界中三种有形之物来实现，即天、地、水三种元素。这三者一方面与灵官相联系，另一方面也与人的日常生活息息相关。人类的日常生活也受到慈悲和怜悯的化身观世音菩萨以及其他分身的保佑。从中我们能深刻地理解张良在人们心中是一种怎样的存在。

张良庙建筑群

祠庙中的这部分意义重大。我们通过二山门（参见166页，图83；图250-18）进入2号主庭。二山门很好辨认，门前两侧分别有一根旗杆和一尊狮子像。旗杆是皇帝特别授予的，象征着文人和官员的荣耀。旗杆桅顶用来插放旗帜或者悬挂小灯笼，其个数是有讲究的，根据人物官职的高低设为一个、两个或三个。以张良的职位，这里的旗杆设有两个桅顶。旗杆和桅顶都是用铁锻造而成，盘绕在旗杆上的龙也是铁质的。旗杆的顶部有一只凤凰，底部是一头稍小的铁狮子，下面是四四方方的基座，铁狮子蹲坐在基座之上。挨着大门的两只稍大的狮子也是用铁铸成的，它们蹲坐在石头砌成的方座上，镇守在大门两侧。

二山门和两侧的神堂都是单檐双坡屋顶，屋脊和屋角上装饰丰富，塑有造型各异的脊兽。二山门略高于两侧的神堂（参见图250-16、250-17）。

立柱间木质的雀替采用镂空雕刻，图案丰富，跟我们在前文中介绍的其他建筑的雀替是一样的，不同的是这里的雀替没有连成一条线。额枋宽大沉重，柱子上有支架承重，看起来更像是拉起来的帘子，轮廓分明。这一特点在供奉张良的主殿——留侯殿（参见图250-24）的屋檐处表现得更突出，此处屋檐的线条更明显、更丰富、更完整也更和谐。另外，位于留侯殿和二山门之间的拜殿（参见图250-21）也采用了同样的支撑形式。这一点与1号主庭中的建筑不同，显示出1号主庭的级别较高。

2号主庭的前殿，也就是二山门的后面，有一座小前庭。前庭南北两侧各有一座房屋（参见图250-19、250-20）。它们都是三进的客房，中间是接待客人和吃饭的地方，里面摆放着桌椅和其他物件。一幅壁画下面有一块来自山东兖州府的古老碑刻拓片，其内容是关于五大名山的。客房两侧卧室布置了简单的床铺，供道士及前来朝奉的人过夜。

拜殿（参见185页，图90；图250-21）是一座有着马鞍式双坡屋顶的建筑，它东西通透，不设门窗，人们可以从拜殿一直看到里面的主殿，也就是留侯殿。拜殿以前是平台，人们祭奠时在此向留侯殿鞠躬，以表示对张良的敬仰和爱戴。后来这里也用来摆放歌功颂德的石碑，其中有些是随意摆放的，有些则嵌入山墙内，上面雕刻的都是赞颂张良功德的诗句。穿过拜殿，我们就进入了2号主庭，南北两侧各有一栋小房屋。其中一栋是简单的三进客房（参见图250-22），在这间客房中间的大厅挂有佛教弟子达摩的画像。对面客房（参见图250-23）的结构与之类似，左右是侧室，中间是宽敞的大厅。这个大厅是招待客人的地方，摆放着许多桌椅。这里也是我和方丈促膝长谈的地方。

这个院落的尽头就是留侯殿（参见185页，图91；图250-24）。殿堂门前是大理石砌成的宽敞平台，既肃穆又优雅，奠定了大殿整体的风格。屋顶的制式较高，四坡屋顶的结构和造型带给人华丽富贵之感（参见189页，图92）。大殿分为三个大厅，立于中轴线上的大厅中央摆放着一座神坛，神坛上供奉着张良的塑像。张良塑像的两边分别站立着一位下属道士塑像。这些神像只有真人的1.5倍大，用石膏制成，表面有丰富的彩绘。除了一些匾额和必要的神坛与祭坛，殿内没有其他的装饰物。主殿每日早中晚都要进香，早晚各举行一次拜神仪式，由方丈和几位道士主持。

张良像所站立的宝座比1号主庭中各尊神像的宝座都高，显示出张良在庙中最受人们崇拜和敬仰的主导地位。张良像本身不如其他神像大，这更显示出张良是具有各种神力的人物形象，是地仙的化身。两千多年以前，张良在生活中显示出

第四章 张良庙 | 185

图 90 拜殿，留侯大殿前面的神殿（图 250-21）

图 91 留侯殿（图 250-24）

的品质深受人们敬仰，现在仍影响着庙里的道士以及所有来这座庙朝拜的人们。

侧面建筑

经过2号主庭中的一个侧门就来到了1号院落。这里有一座两层小楼，即方丈室（参见图250-25）。这座建筑的第一层是住持歇息的地方，楼上是藏书阁。第一层除了供住持使用的两个小侧室外，中间还有用来接待客人的厅堂。我们发现，除了方丈居住的十八平米的小房间和一些必备设施外，这里没有其他陈设，十分简朴，但庙内的道士们对此都已经习以为常了。

穿过1号院落就到了2号院落。2号院落与1号主庭相连，院内建筑也相互对称。2号院落的西面是一座三厅神殿（参见图250-29），神殿中间大厅的神坛上供奉了一座道士像。根据历史记载，他是张良庙的第一任住持任永真（任圆真）。两侧的房间中一间是一位道士的寝室，另一间摆放了很多记录任永真功德的凭证。不难发现，现任方丈的居室构造模仿了这座祖殿（虽然二者的位置相对有些偏离轴线），古今两座方丈殿与坐落在1号主庭的神堂（即长春子丘处机的神堂，图250-12）在一条直线上，三者无形中构成了和谐的整体。1号院落旁边还有另一座建筑（参见图250-26）以及一座较大的仓房（参见图250-27），其中一座有小型的前厅。仓房也叫做藏宝楼，里面储藏了各类物件。除了这个宝库，1号偏院内还有一个宝库，叫藏书楼（参见图250-28）。

2号院落的主要建筑是一间大型储藏室（参见图250-30），即仓房，道士们也将之称为"粮仓"。不过"粮"这个字有两层意思。从古至今，仓房都是用于加工和储藏粮食，里面摆放着很多体积较大的箱子、麻袋、箩筐和木桶，用来存放谷子和面粉。同时，道教也把"粮"这个概念引申出教内象征意义，准确来说，是把"粮"和"钵"联系在一起。这反映出道教受到佛教化缘钵的影响，但是实际上道士与佛教中化缘乞食的和尚没有任何关系。每当庙里有新任方丈继位，新任方丈都会得到这个"钵"。因此仓房横枋的匾额上书四个大字：

传钵演教

这四个字的大意是方丈对众道教徒的领导。每逢节庆日，比如过年或首任方丈的诞辰，这里就成为道士们集会的场所。他们在这里布道，或者举行其他道教活动。这也是这座仓房被称为"讲堂"的原因，因为这里原是讲道的地方。在仓房中轴线上，紧挨着墙壁处，有一个木头搭建的讲台，像是简陋版的皇帝和大臣的朝堂。后面墙壁的底色是红色，上面用银色颜料绘有装饰图案。讲台中央有一把华丽的椅子，这是方丈坐的地方；两边摆放着数把略为简朴的凳子，是位列方丈之下的道士们坐的地方；普通道士则坐在殿内下方的长桌旁。讲台对面墙壁的中央挂着张良庙第一任方丈任永真的画像。画像前有一张供桌，供桌上摆放着小型的财神像。财神右手挥鞭，左手拿着一块象征着丰收的银锭。

与其他房间一样，这里的墙上也挂着卷轴。不得不说，这些卷轴的内容和其他卷轴一样颇具佛教色彩。

一念纯真金可化，

三心未了冰（水）难消。

只要读过《大藏经》的人都知道，这里的"三心"显然是佛教概念。三心，一是根本心，二是善恶心，三是变化心。殿内对这两句话的补充还有很多：

一粥一饭，一瓦一椽。

檀信（樾）膏脂，农夫（行人）血汗。

尔戒不持，尔事不办。

可惊（忧）可畏（惧），可嗟可叹。

一年一月，一日一时。

光阴迅速，问汝何为。

尔貌渐改，尔形渐衰。

可怜可悯，可惧可哀。

仓房中轴线上2号院落的尽头是祠堂的大厨房（参见图250-33）。大厨房的两侧是侧楼（参见图250-31、250-32）。宽阔的厨房尽头立着一个供奉灶神的神坛，神坛左边砌有灶台，灶台上有五口铜锅和铁锅；右边是一排用于睡觉的木板床、几张用来做饭与吃饭的桌子和一些装蔬菜的桶。厨房中还有一些存放东西的地方，布置也很简陋。此外，三座农家院子，即1号农家院子、2号农家院子和3号农家院子，也很简陋。这些院子用来做农活，里面只有一些圈、棚、几处堆放杂物的地方和一个连着小河的水磨坊（参见图250-34）。院子虽很简陋，倒也宽敞。这些院子中，除了建在小河边上的农夫住所，其他多是开放式的。每逢丰收时节，这里十分热闹。

3号农家院子旁边有一栋两层小楼，这是一座藏书楼（参见图250-36）。与其他结构简单的庭院不同，藏书楼是一栋两层建筑，不仅占地面积大，而且建筑结构还很宏伟。藏书楼是几年前新建的，原来的老建筑在一次火灾中连同许多珍贵书籍都被烧毁了。中国历史上因火灾毁灭的建筑和典籍不计其数。从图纸上看，这个地方曾经有一座华美的塔形建筑，附近还有一个小花园，位置上与现在的花园相连。不幸的是，这两处地方都毁于大火，导致这座庙失去了最美的一角。

据说，原本的塔形建筑可能是"英雄塔"，建于1855～1858年间。人们无法还原建筑原本之美，只能把关注点放在功能上，重建了一座较为简朴的建筑。但事实上，通过内在精神的传承，建筑本来面目是可以大概还原的。如果里面的宝物还在，人们至少可以重新建造。

如今这座塔的一层还空着，人们说狐仙会来这样闲置的屋子里聚会，并留下踪迹。根据张良庙的历史记载，塔的楼上曾被用作学堂。塔旁边的小山丘上搭有一座木桥（参见图250-37），从这座木桥可以通向这座塔的第二层（目前我们只能通过这条路到达第二层）。返回时，我们又从木桥回到小山丘。之后，我们经过一个平缓的小山坡到达了阶梯的下面。这个阶梯通往草亭（参见图250-45），

第四章 张良庙 | **189**

然后就到了庙内的花园。但是我们打算从另一条路去参观花园，于是又返回了2号主庭。

花园与小丘

（此处参见本书前言图1）

留侯殿旁边的小门直通一条小径（参见图250-38）。这条小径延伸到远处，与一条向上的台阶（参见图250-39）相连。两条小径环绕着的花园是张良庙的中心地带。花园的两侧正对两座客堂。其中，较小的厢房用作客房或下人房（参见图250-40），门前有开阔露台的大客厅作为接待高贵客人的客房（参见图250-41）。三间式的大客厅只有一间卧房，其他间都是会客厅。会客厅内摆着一张气派的罗汉床和会客的桌

图 92 从客房露台望向留侯殿（图 250-24）

椅。与大客厅相接的是一间厢房，里面摆放了几张床以及必要的生活用品，供与客人同来的下属居住（参见图250-42）。事实证明，这个布置对我来说极其方便。因为我住在大客厅里，翻译和小伙子们住在相连的厢房里，几个劳工和厨师住在对面的下人房里，他们还在那里搭了小厨房。遇到下雨天，厨房里做好的饭菜就通过游廊传递过来。下面对花园以及附近景观建筑的描写实际上摘自我的日记，也反映出当时我对这种庭院格局的新奇感。

张良庙的花园是浑然天成的典范，所有设计都是为了给人带来亲切舒适之感。露台高度适中（参见189页，图92），上面是宽敞的客房，好像华丽的乡间别墅。开阔的露台边上围着朴素的砖砌矮墙，上面摆放着五颜六色的花。石砌的露台前有一座土露台，上面种植着一些灌木。土露台也由摆有各式各样花朵的砖砌矮墙围着，长的一边矮墙有一进出花园的出入口。大理石柱子分立在露台的台阶两侧，台阶通往花园的方石小路。小路经过一座横跨水渠的小拱桥，拱桥两侧的粗绳交织成网，网上长满藤蔓植物，在上方交错成顶。拱桥下的水流经过狭长的渠道，最终汇入两个方形水池。不过，水池并不是规整的方形，中心有一个被灌木覆盖的石台。活水池使这一空间显得更加灵动——这是典型的中国花园主题（参见191页，图93）。花园北边宽阔的游廊（参见191页，图94）向高处延伸，直至花园的尽头。游廊是开放式的，外侧有木柱支撑，内侧是结实的墙壁，墙壁上面开有各式镂空格子窗，此外还装饰着许多牌匾。游廊沿线还栽了四棵高大的柏树。这几棵树为花园增添了一种自然气息，使花园与附近山上的森林融为一体，否则曲折蜿蜒的游廊旁就只有低矮的树木。花园里松树、云杉和刺柏的枝杈相互勾缠，高大柏树的根茎分叉后弯弯曲曲地向外延伸。弯曲的小径连接花园的几个部分，两旁围着高高低低的篱笆，上面爬满了各种藤蔓植物，几乎把小径覆盖。透过篱笆隐约能看到种植在盆中的各色花朵，黄色、粉色、白色……色彩缤纷。除了方形水池外，花园中还有圆形、八边形的水池，各水池之间通过地下水渠相互连通（参见192页，图95）。吐水的龙头又连接地下的水渠，不断给水池提供活水。水池里有数不清的灵活欢快的小鱼，为水池注入了许多生机。游人投

第四章 张良庙

图 93 花园内的拱桥和鱼池

图 94 从拜石亭望花园（图 250-43）

图 95 花园内的鱼池、松柏和小径（图 250-39）

喂时，鱼儿相互争食，非常热闹。水池四周围着竖条形的石块，石缝中长出了几株低矮的树木（或灌木）。水池的附近有几个大理石椅，周围零散地分布着一些便于游人观赏鱼群或喂食的空位。通过以上景致可看出，这个花园里充满了最细腻的情感和最柔和的艺术，可谓杰作。在这里，自然与艺术水乳交融，处处都体现着和谐。花园东侧的小径处还有一些题写着精妙诗词的牌匾（参见193页，图96）。小径的尽头画风突变，从舒适怡人的花园转换为庄严肃静的庙宇祠堂。其实，花园里也充满了宗教元素，因为这里离大殿（留侯殿）非常近。在花园东南角留侯殿的白色三角楣上，刻有用来烧纸、祈祷、焚香的祠堂图案。这又引出了另一个吸引人的主题，并且和三角楣给人的印象保持一致。

第四章 张良庙

图 96 张良大殿旁花园内的祭坛

图 97 花园内客房的露台。草亭（左上）、拜石亭（中）和客房（右）

六角的拜石亭紧挨着客房，与周围景色浑然一体，宛如从自然中生长出来一般，无法想象这是人工设计的（参见193页，图97）。拜石亭亭顶微拱，屋脊鼓起，脊顶为一个圆球，好像给天花板罩上了一层保护伞。亭子基座较高，上面有数根支撑亭子的粗石柱，边上各有两组台阶通向亭内。亭子基座、亭子中封闭的三面墙体以及亭顶的比例分明，给人一种稳重之感。亭内有大理石桌椅，墙上嵌有碑刻（图98）。亭内的盆栽与亭边树木相映成趣。在拜石亭中，人们可以欣赏到花园最美的景色（参见191页，图94）。

接下来我要介绍的是张良庙中的一个集大成者——位于小山丘脚下的四角亭——八卦亭。四角亭亭顶的屋脊（参见195页，图100）比大客堂还要高，亭子装饰华丽，闪闪发光，整体看起来非常引人注目。亭子上还绘有美丽的线条和繁复的图案。亭顶为灰色，和所有庙祠的屋顶一样长着苔藓。但是亭顶瓦片上的纹路、拱起的房檐、三角楣上的花纹、刻有藤蔓图案的屋脊以及装饰着龙和其他古代神兽的亭顶，都是当时生活富裕的体现。亭子正前方的两根大理石柱与后墙一起支撑着亭顶，白色大理石中透出淡青色纹路，成色极好，台阶和

图98 拜石亭的大理石桌椅

图99 八卦亭的大理石桌椅
（图250-44，图100）

图 100 庙台子的八卦亭（图 250-44）

带有装饰的栏杆甚至都是用这种极好的大理石制成的。台阶两边各蹲一只小石狮子，两角各有一个坐在莲花上的小石像。亭内是雪白的大理石桌椅（参见194页，图99），桌上刻有棋盘。我们一行人曾在这里下棋聊天，听着旁边的竹林沙沙作响。亭子延伸出来的檐由木雕的小鱼支撑着，这些小鱼充当了斗拱的作用。亭子梁、柱之间的檐枋，新绘有许多美丽的图案。

八卦亭里除了小鱼形状的斗拱是银色的，其余地方基本上都是蓝色的，亭顶则是灰色的。整个亭子被绿色的山和树衬托得非常美。水平的天花板用的是全新木板，上面画着八卦盘，这个亭子的名称"八卦亭"也由此而来。亭内的文字也非常值得一观，其中亭子正前方的两个大理石柱上挂有如下对联：

> 赤松黄石有深意，
> 紫柏青山无俗情。

对联中，上联中的赤松指赤松子，黄石指黄石公，两联一语双关，既指出了两位诗人，又描写了周围景色。事实上，庙内的确由赤松和黄石围绕着。看到这两种景物，会让人立即想起这两位历史人物，以及张良庙的历史地位。

亭内正中是一个巨大的红色"寿"字，恰好被两侧的对联与水平的牌匾围住。

> 何处结仙缘，尽流传千载赤松，一拳黄石；
> 此间真福地，且领略万竿烟雨，四面云山。

沿台阶登上小山丘，走过由简单石阶和木头铺成的不平整小道，再穿过竹林，一个不大的圆形草亭映入眼帘（参见图250-45）。草亭有六根柱子，上面的圆顶轮廓非常独特。草亭周围的树叶和竹叶随风飘动，草亭的圆顶也忽隐忽现，像个身形矫健的幽灵。这里虽然是人造景观，但与自然融为一体，毫不突兀，几乎看不出人为的痕迹，只剩下沿着柱子设置的一圈木椅，以及草亭上方水平挂着的匾额：

第四章 张良庙

有亭翼然，云山四望；
其人邈矣，松柏千秋。

山水清音余太古；
英雄晚岁合神仙。

草亭的后面便是小丘。通过草亭，走完小道的最后一段便到达小丘的最高处，那里有一座著名的二层建筑。这里是小道的尽头，也是张良庙内所有建筑的参照点。翻过一座山脊，踏着狭长的石阶，我们可以看到一条陡峭的小道绕着岩壁，岩壁上雕刻着"松石"二字。"松石"代指张良的两位老师。石阶（图101、图250-46）很朴素，但人们在穿越这个看似不起眼的小道时，又感到分外舒适。小道随地形而修建，

图 101 授书楼所在小 的石阶（图 250-46）

堪称是在自然中进行构图设计的典范。每两个栏杆之间有光滑的石质宽栏板连接，柱头雕刻着花或者狮子、猴子等动物的形象。绕到岩壁后面，就能看到一座不高的石牌楼，上书：

传道处

登上最后一段倾斜的台阶，就来到一个平台。在那里，一座二层阁楼（参见198页，图102）庄重而不失亲切地"端坐"于最高处。它也是山谷中首先映入游客眼帘的建筑。在绿树掩映的庙堂内，从山谷望去，阁楼美不胜收。阁楼每层的内堂都围有十二根柱子，台阶通向楼的背面。阁楼为双层顶设计，下面的一层房

檐微翘，上面的一层房檐飞翘，每个飞檐都刻有一个形象，这恰好与中国人的灵魂以空气为媒介升空的想象吻合。传说，黄石公的灵魂在这里把那本意义重大的书传给了张良。这座阁楼也因此被称为"授书楼"。授书楼第一层设有祭台，祭台上面有七个四边雕刻成祥云图案的木牌位，牌位上面用金字写着一些官员的名字。他们为修建祠堂筹到巨款，受到人们的敬仰。下面是其中一个牌位上的文字，其他的与此基本相似：

太子太保头品顶戴兵部尚书兼都察院右都御史四川总督部堂丁公讳宝桢[1]大人之神位

墙面上有两副对联：

月丽青松玉龙飞舞；
风香紫柏仙乐回翔。

水抱山环仙人辟谷；
月白风轻高士炼丹。

图102 从花园望向小上的授书楼：草亭（左上）、授书楼（右上）、拜石亭（授书楼正下）和石亭（拜石亭右）

---

[1] 丁宝桢于1886年去世。参见翟理斯《古今姓氏族谱》，1939年。

第四章 张良庙

门上还有一个横批：

神恩护佑

二山门两边的檐柱上悬着一副对联：

知足知机，黄石素书酬大志；
克谦克让，赤松仙踪仰高风。

匾额上写着四个大字：

帝王之师

另一块牌匾上写着：

报韩志决能潜迹；
佐汉功成善退身。

张良所得的这卷书和庙中授书楼的典故尽在下面的这副对联中：

书不须多，一卷可作帝王师相；
楼毋轻倚，高声恐震霄汉神仙。

横批是：

保佑平安

庙内每天均会向黄石公和张良的灵位上两次香，一次是在清晨日出时，一次是在黄昏日落时，住持也仅会在这些时候出现。他身着长袍，步伐从容地拾级而上，穿过茂密的竹林，走进授书楼的厅堂，在牌位前深深地鞠三个躬，然后取出一把香，点燃后将香插进祭坛前盛有白色香灰的青铜香炉里，之后，再撞响一旁的钟。在迷蒙的天色里，在如坠仙境的山顶，那短促而清脆的声音直击我心，让我仿佛听到了内心深处的呐喊。花园中一块石碑上的诗句令我印象深刻：

剑佩依然像设空，谁从辟谷讯丹宫。
沿流乱石长疑雨，尽日修篁不满风。
同辈韩萧推俊杰，后来园绮识英雄。
偏怜帝佐非常略，一击销沉搏浪中。

庙中随处可见从古至今文人墨客所题的诗作，有的写在纸上，有的刻在木头或者石碑上。这些文人利用在此停留的间歇创作诗歌，并将诗歌写成字体俊秀的书法，赠予寺庙作为纪念。他们往往会亲自或者请人将自己的诗刻在石头上，他们给庙里捐香火钱的事迹也会被刻在石头上。正如中国人自己所说，现在这里的这些作品与其他著名祠庙内的诗词一样内涵丰富。这些诗词不仅体现了这些古代英雄的崇高地位，也证明了他们和国家命运紧密相连，更展现了中国人渊博的知识和富有生命力的诗歌艺术。尽管对此有人持不同意见，但在我看来，这些作品直到现在都是无法超越的，因为大部分诗歌都是当时实地有感而作。

我们听到了另一个游客的解说，他将周围的景色比做人的命运，将山路比做人生之路，将美丽的风景比做人生的顺境。他还说，青山好比是人生的智慧，是我们灵魂的栖息处和避风港，浮云则好比世间的一个个灵魂，说不尽，道不明。

紫柏山前车马道，道上红尘灭飞鸟。
尘里行人不知老，竭来几度怀山好。
年少怀山心不了，年老怀山悔不早。
君不见京洛红尘多更深，英雄着地皆平沉。

豪杰今安在，看青山不老，紫柏长存，想那志士名臣，千载空余凭吊处；
神山古来稀，设黄石重逢，赤松再遇，得此洞天福地，一生愿作逍遥游。

第五章 二王庙

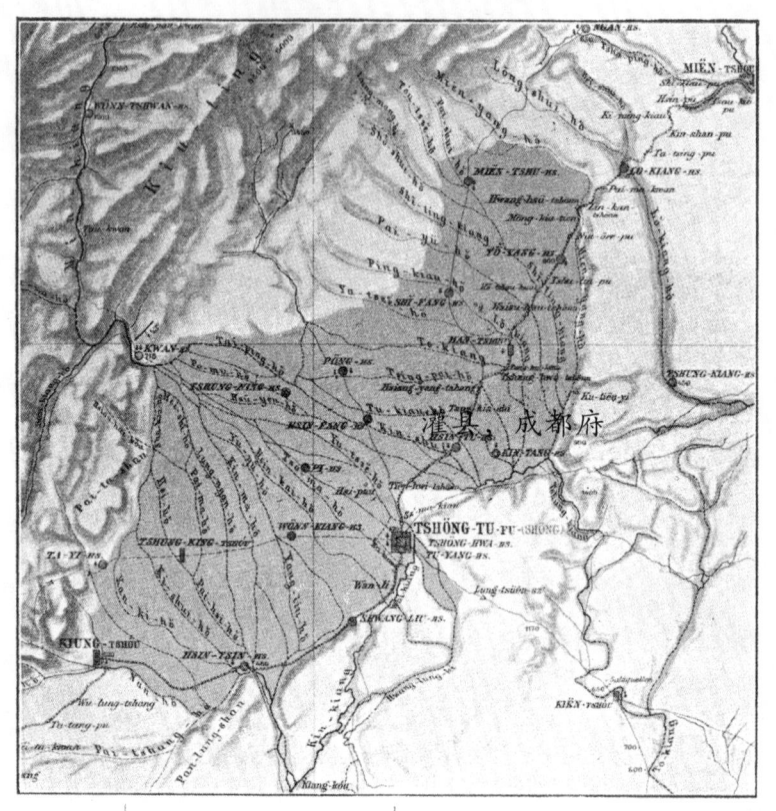

图103 成都平原和灌溉系统，出自李希霍芬《中国》第二卷，1912年

庙中铭文[1]

河流奔涌，群山相拥。

水为恩赐，山为庇护。

殿堂挺立，庙宇高耸。

是英灵圣地。

---

[1] 二王庙平面图见本书376页，图248。图中对庙中的庭院与建筑用序号进行了标注，这些将在后文中提及。——译者注

1 时代背景和地理位置

成都府是四川省的首府，位于一片平原上，因土壤肥沃多产，灌溉良好，一直受到中外游客的关注，通过文人墨客的描述和记载又变得更加吸引人（参见202页，图103）。人工灌溉系统是保持土壤水分充足的基础。成都平原这个灌溉系统的最初设计和最初式样都可以追溯到某个时期的某个人。公元前211年，一位名叫李冰的工程师奉秦始皇之命开始整治成都平原的河流。[1] 后来，李冰的儿子二郎又继续完成这个任务。他们一以贯之的最基础、最主要的想法就是以坚硬的砾岩来实现著名的截弯取直，进而将岷江水分流（图104）。在李冰父子修筑灌溉系统之前，每当洪水来临时，成都平原的河流肆意淹没土地，当水位较低时河道又出

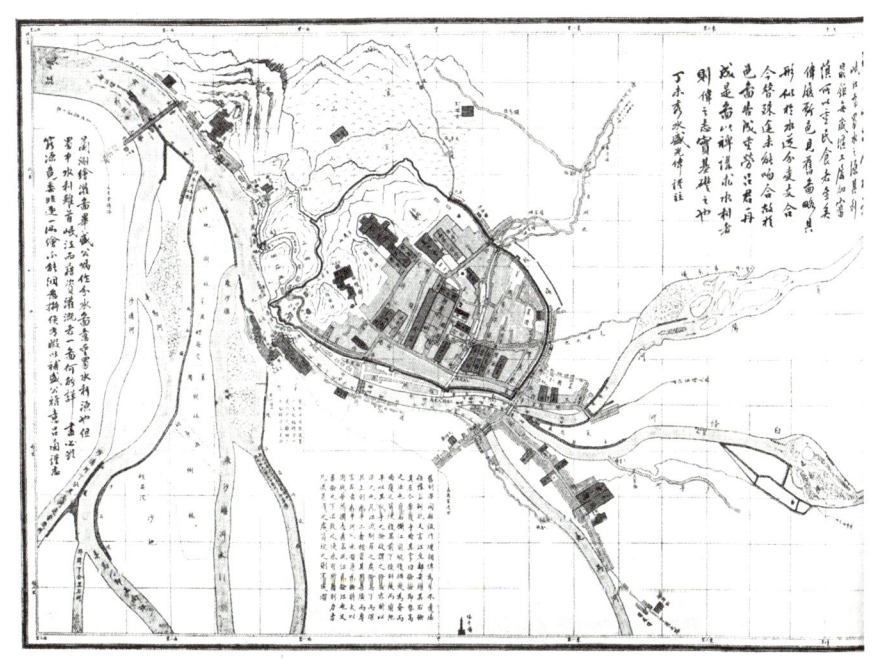

图104 四川省灌县及成都平原上岷江的分流处。参考了一幅中文原图，另有一幅描绘平原灌溉规划的图被收入1912年的《地理学会杂志》(Zeitschrift der Gesellschaft für Erdkunde)

---

[1] 李冰（约公元前302—前235年），战国时代水利工程专家。公元前256—前251年被秦昭王任命为蜀郡（今成都一带）太守，与其子一同修筑都江堰水利工程。——译者注

现干枯。这种无法预测的状态让有秩序的农耕难以进行。灌溉系统修筑之后,运河、沟渠在地表上形成了一个密集的水网,人们可以从灌县引水,可以筑坝挡水或者将水引导到地表。直至今天,成都平原仍水源充足,很少发生洪水。为了纪念李冰父子对岷江的分流,表达对两位特殊人物的感激之情,当地百姓为他们建立了两座纪念性的庙宇,并且将庙宇和道家的神祇联系起来。这两座庙宇中,二王庙地位显著,在四川远近闻名。

如同对张良庙所在地庙台子的详细描述一样,我们在这里也应当阐述一下在这个地方建造这座庙宇的原因。当然我在这里只能大概勾勒出一个轮廓。

2 灌县和成都府平原

成都府的平原独立于高山之间,一直以来就很奇特。平原的西边和北边止于连绵的山脉,东边和南边则是较为平坦的丘陵地带。其最特殊的地理意义在于,它恰巧位于中国三大基本山脉体系聚集的位置:从西南到东北绵延的华山,南边的喜马拉雅山脉以及昆仑山余脉东西走向横贯中国的秦岭。成都平原横跨扬子江[1]的两大支流岷江和沱江,这两大河流在上游落差巨大,但流向东南方时水势逐渐平缓。灌县这座县城就位于岷江从山区流向平原的出山口位置的最后一座山的山坡上。这里一方面是通往居住着很多原住民的北面和西北山地的要塞,另一方面又是通向人口密集、拥有繁荣的中华文明的中原的关口。灌县处在从岷江下游通向山区的交通要道上,因此,这座城市的交通地理位置意义非凡,同时从平原灌溉上来说其直接的经济意义也非同小可。

灌县优越的地理位置以及便利的经济区位使中国人意识到,应该为这种由大自然赋予的神奇地理环境披上宗教和艺术的外衣并加以赞美歌颂。由于李冰和他的儿子二郎都有特别之处,中国人便把他们直接和百姓的福祉以及这片地区联系

---

[1] 扬子江是长江下游河段的旧称。由于西方来华传教士最先接触的是扬子江这段长江,便误将中国长江通称为"扬子江"。——译者注

起来，把他们擢升为英雄和神。李冰和他的儿子二郎以及其他对整个中国都有贡献的神共同坐在庙宇里，受到人们的供奉。可以说，人们对于英雄的感激和敬仰要远超对自然神的感激和敬仰。

3 治水成果

岷江自北向南，在岷县的北部与一条重要的支流汇合，流经岷县城西之后一路向南，流经一个非常贫困落后的地方。在李冰来之前，这个地方很有可能就已经有人居住了。洪水泛滥导致河床合并，东部平原经常无规律地坠入水底。看到这样的状况，李冰决定在平原地区开挖支流来引流。随着这个地方人口的不断增长，持续的维修工作也必不可少，以至于一级级支流构成的水网在几百年间不断扩展。总的来说，李冰在河流治理上的经典原则就是："深淘滩，低作堰。"我们经常在庙里的铭文中看到的这六个中国汉字，实际上是河流治理的黄金法则，直到今天人们也严格遵循这条规律。冬季，当河道被冻结时，农民便清理河床，扫走乱石堆，把多余的土运到农田，就这样人们创立了防治水灾的办法，而不用花费巨资在平原上建大坝。

大坝成功建起后，岷江向位于灌县县城的东南边延展开来。从地图中可以看出，岷江东边与平原相背的河岸被大坝抬高来阻挡东流的河水（参见203页，图104）。李冰想法的独创性和天才之处就在于，他没有将支流引入随意的位置，而是恰巧引到城市西北角的山岸处，让河流穿越仅30米宽却很深的石拱，以至于河水汹涌异常。丰盈的水流有利于居住在平原上的人们使用。

我住在当地一座庙宇中，必须要逐渐适应强劲的风。这些风从山崖脚下传上来，在夜里特别令人恐惧。人们不禁会担心山崖下的水流冲刷会不会导致山体突然倒塌，好在这坚硬的砾岩似乎已存在很久。在县城东北面寺庙角落突出的一个小平台处，水通过岩石中的小洞流出，并被一根非常狭窄、几乎不到一米宽的石柱分开。这根石柱已有2000多年的历史，经受了水流不间断的侵蚀，仍屹立不倒。

图 105 四川省灌县的岷江河谷与二王庙，图片分别为：
(1) 从玉垒关向西南眺望岷江南支以及青城山所见景色
(2) 从玉垒关向东北望去所见景色

③ 从城西向西南方望去所见景色
④ 从城西门望向西北方向所见景色

开凿这一工程，不仅要了解岩石的耐久性，而且责任重大，因为没有一座人工建造的大坝能够长久抵挡水的冲击力。现在通过这个凿穿的小洞将水挡住并通过侧面的浪潮将多余的水引到南面的第一条支流，从而达到"自动防御"洪水的目的（参见206页，图105-①）。我从河流东岸望向岷江的山谷，看到水的壅塞和疏导是如此强烈，或许有一天我也可以测量突发的洪水高度，如果在凿穿的洞和旁边的水浪上方水位上升1米，下方的水位则会上升30~40米。多余的水向南流去，如果工程师重视起这个问题，他本会发现小块岩石下方约100米的支路需要建起耐久的人工墙，然而他却没有这样做，而是用绵延而交错的竹林形成一排堤坝来巩固河岸，人们还在此放置石头，砌成斜面与防波堤。支路上的潜坝和潜堰也使用了同样的方法。这种堤坝自然需要长久的养护工作，不仅年年耗资不菲，还必须有专门的一队工人负责。中国人已经精通建坝和治水，每到冬天三个月枯水期时，他们就会通过建起河上的堰闸将水流完全引入南支，使平原上的人工水道不会完全或部分干涸。同时开始河流和水渠中的掘土工作。为了使水流在冬季畅通无阻地流淌，南方的支流会被相互阻断。这就意味着每年都要开展巨大的工程，年年如此。中国人惯于循规蹈矩，因此在这种机械式的、事先计划好和规定好的事情上，中国人是可靠的行家。至今，这项工作年年进行得有条不紊。本地道台除了掌管成都府的水利，还管着两座祠堂。每年春天，在官员主持下，宏大的开闸放水仪式之后，河水又开始灌溉平原。通过水闸的水流，大部分会经过一个弯道，再流回岷江。在这一河段，尽管河流主干道的一部分水被调走了，但水位仍然存在巨大落差，因而行舟极其困难。各支流汇合之后，河面上就又可以通行了，所以岷江下游成都府的河流几乎一年四季都可以行船。岷江分流后的东北支流和另一股来自北面群山的水流形成了网络，并一同横向穿过成都平原汇入沱江。沱江又和长江另一条支流相连，在泸州汇入长江。

令人赞叹的是，许多中国文献都详细记载了灌溉系统的发展和它们今天的状态，记录了各种奇特的人工灌溉系统。鉴于技术和地理名词繁杂，我又缺乏这一领域的专业知识，因而难以对这些文献进行详尽严谨的翻译。但我还是要大概介绍此灌溉系统的基本思路和精巧的水利建筑，以及人们给李冰和其子二郎赋予神力并为他们建造祠庙的原因。这两座庙宇占据了绝佳的地理位置，风景优美，使人印象深刻。在这部分结尾处引用的我的日记会讲到这一点，但在此我们要指出的是，二王庙中普遍而内在的主旨和这一优美胜地的地理、生态和经济上的意义实现了完美的融合。

4 李冰、二郎和他们的祠堂

李冰和他的儿子是工程师，同时李冰也是一名高官，相当于今天四川省蜀地[1]的行政长官。一个人兼具科研能力和行政管理能力，在中国并不足为奇。中国就像古希腊和古罗马一样，官员或统帅的艺术才华常常和世俗生活的智慧结合在一起，杰出的人才往往拥有超凡的诗歌才艺或文学天赋。很明显，李冰正是由于杰出的科技才能才被委任为四川蜀郡的最高行政长官的，因为对于当时的四川省来说，解决灌溉的技术问题是最重要的事情。我们没有找到关于李冰和二郎这两位人物更加详细的可用资料，我们找到的文献大都充满神话色彩。李冰父子逐渐被神化了，如今他们以"川主"的身份被列入众神之中。"川主"的意思是"主人"或"四川的主人"。人们也爱将这个受神灵庇护的省份称作天府。除了成都，在湖北省他们也被当做神供奉着。因此就出现了整个四川省处处可见川主庙的情况。在很多比较大的佛教或道教的庙宇中，要么将他们的立像或者牌位和众神排列在一起，要么为他们建立专祠单独供奉。这两座宏伟的庙宇就位于灌县县城的旁边，其中山峰上稍小的那座叫伏龙观（参见206页，图105-②），是为供奉李冰建造的，时间比较久远。另外一座庙宇叫二王庙，比伏龙观稍大，也更加著名，位于灌县的北面，是专门为供奉李冰的儿子二郎建造的。在进一步详细了解这两座庙宇之前，先让我们了解一下关于李冰他们的传说。

---

[1] 即蜀郡，在今天成都一带。——译者注

5 李冰的传说与历史故事

在中国有很多描述灌县和成都平原上运河系统和河流的文献作品。而"关于四川主人的完全叙述"的神话故事和传说则是以一本名叫《川主五神合传》的书为基础的。我对书中部分内容的引用，不再以原文翻译的形式而是以改写的形式，并且尽可能避免很多罕见或是冗长的人名，另外我还会在文中穿插一些解释。这本书体现了中国的一个传统，即给历史事件披上神话外衣，因此产生了为英雄建造庙宇并把他们和道家神仙相并列的习惯。这个认识是理解庙宇的必要条件，这已经在上一章关于庙台子张良庙的内容中详细地探讨了。这里的两座庙都强有力地印证了这一点，是不可忽视的。

《川主五神合传》的第一页讲述了五位神仙的牌位，这五位神仙对水利系统都做过贡献。五位神仙中的第一位便是李冰。"秦国蜀郡的长官被皇帝授予封地，他制服了洪水，促进了航运的发展并广施恩德。在这个地方，李冰备受尊崇。"另一个相似的牌位是他的儿子，李二郎。第三个是赵禹，他是隋朝人，于公元589—618年任开州长官。第四块牌位是李洪建，崇州的官员。最后一个，也就是第五个，是一个纯粹的神话人物，即山海派来的使者。接下来的是该书作者较长的引言。

人们一直会将治理洪水的人和"圣人"大禹相对比。大禹是一位虔诚且睿智的人，为什么人们叫他圣人呢？我之前坐船经过长江峡谷时，看到高耸的岩石上刻着一些东西，我认为这绝不是人力可以做到的。我坐船抵达位于宜昌上方的黄陵庙时，看到那里有一尊黄牛的雕像。多么神奇！关于这尊黄牛，一本古籍中有这样的记载：传说大禹是一位元神的儿子。一日，天空暗淡，洪水滔天。元神命大禹去制服洪水，并让五个星宿帮助他。黄牛是土星的化身，对大禹帮助最大。黄牛山麓的庙宇中也有相似的记载。出了四川到达湖北省便是一马平川，传说那里的地底下埋藏着大禹放的"海洋之眼"。"海洋之眼"既不是用金属也不是用石头制成的，它深埋在地中不易察觉，人们不可触碰它，否则会带来风、雷和雨，引发洪水和灾难。大禹神圣的足迹遍布全中国，数不胜数，他真的是一位神仙！

大禹祖籍四川，但当地的人们却更加敬重李冰父子，这是怎么回事呢？

　　大禹的功绩是为全中国的，他治理的也是所有地方的水而不只是四川一个地方的，而李氏父子的功绩确实只局限在西部的四川。因此四川人对李氏父子难以忘怀，四川的省会、大小城市、山村，甚至居民家中，到处都是为李氏父子建造的庙宇和设立的祭坛。李冰父子治理洪水的意义非比寻常！四川人常常想到他的善举，因此更加崇敬他，但是如果想知道更详细的内容，了解李氏父子究竟做了什么，却没人知道。作者就以轻蔑的口吻说，一些人竟想错误地引用《封神演义》（关于诸神的分封）的一些描述来讲解川主的事迹！作者继续写道：

　　　　我曾经给李冰的下任，一个名叫洪津的官员写过传记，他曾做过崇州的长官。有一本书中讲述了他降服龙、龟和五个水牛的过程。之后我得到了一本非常有价值的书，这本书介绍的是隋朝末期地方官员赵昱杀水怪，救当地百姓的故事。这个故事和二郎的故事很相似。当时的人们看到赵昱的脸都说和灌县庙里二郎的雕像很像。他们二人都选择辞官潜心研究道教，两个人也都于灌县的朝岗山上去世，甚至两人的生日也相同。二者如此相像，以至于人们把赵氏看作是二郎的再生。人们为赵昱在灌县建立了一座塑像，并一起祭祀赵昱和二郎。

　　作者在上面已经提到了三位神——李氏父子和赵昱，并且还创作了一本名为《五神通史》的书，作为四位神灵的补充，第五位神——山和海的使者——具有神话形象。文章追溯到远古时期，阐明了李冰和原始时期神灵世界的关系。这篇文章讲述如下：

　　　　每个为百姓抵挡灾难并带来福祉的人，其功绩都会载入史册。每个朝代，神都会受到新的、更高的膜拜，享有贡品和祠堂。这里实际上有三位神灵，即秦朝的李冰、他的儿子二郎和隋朝的长官赵昱。

　　　　蜀国的开国皇帝是中华民族的人文始祖炎黄，当时蜀国那块地方还叫蜀山。

炎帝的一个儿子继承帝位后和蜀地的一名诸侯的女儿联姻，他们的后代及其家族成员都成了夏朝和商朝时期蜀地的诸侯。之后周朝的创立者武王出征时，蜀地也参与其中。东周时期，周王把蜀地的统治者任命为将军。后来将军在蜀地自称为王，他的继任者是他的儿子，先是柏灌，然后是鱼凫。[1]鱼凫王出生时就很特别，其实他真正的名字是杜宇，[2]其首府就是今天的成都府。他是一名能干的统治者，洪水期时将水分流，洪水期过后又把水汇合起来，消除洪水过后留下的沼泽地等危险。百姓为此心存感激，非常爱戴他。

后来河流的水涨了两倍，鱼凫王已经无法控制水势，便想卸任。这时正好出现了一个特别的人，名叫鳖灵。鳖灵曾落水，像尸体一样在水中漂流到远方，之后被人唤醒，起死回生。鱼凫王命他炸掉成都府西边一块巨岩来解决水患。功成之后，他认为鳖灵比自己有更高的功绩，于是把王位禅让给了鳖灵。他后裔的一个分支成了鱼凫。[3]现在蜀地已经没有王了，但人们仍怀念曾经的鱼凫王杜宇。当他逝去的时候，田野里满是杜鹃的啼叫。后来，每年这个时候杜鹃都会啼叫，百姓们就愈加思念杜宇。于是人们给了杜宇"杜鹃"这个别名，并用这个名字称呼省会。

下面我们来解释下鱼凫的神圣化。鱼凫作为李冰的祖先把元神遗传给了李冰。中国人总需要通过神话来寻找精神解脱，以此来理解历史上英雄们的神奇事迹。

在成都附近的蓬莱山通往金色大殿的龙桥山顶下，鱼凫孤独地研究道教，并传播他的知识，教人们如何熔炼贵金属以长生不老。他从一位名叫芙蕖的圣人那里得到了前人流传下来的秘密，之后他得以重生并获得了神农的灵魂。传说神农从前遇到过赤松子的灵魂（我们在上一章也提到过他）并且和他一起在山坡上采集神草。神农跟随着他的老师一起到了神界，当他回到地面时，变成圣人芙蕖的

---

[1] 《华阳国志》记载："周失纲纪，蜀先称王。有蜀王蚕丛，其目纵，始称王。次王曰柏灌。次王曰鱼凫。"——译者注

[2] 据《华阳国志》记载，古蜀国有"三王二帝"，鱼凫为三王之一，杜宇为二帝之一。同时杜宇也是鱼凫氏首领。——译者注

[3] 鱼凫氏是古蜀国五代蜀王中继蚕丛、柏灌之后的第三个氏族，并非杜宇后裔。——译者注

模样，然后继续用各种方式讲授他的知识并探索其根本原理。关于芙蕖的神奇传说有很多。传说他曾在四川蓬莱山上暂住，并给蜀王鱼凫传授了道教最高的真谛。除了别名翁，芙蕖还有一个李的姓氏。蜀王非常敬重他的老师，于是自己也改姓李。这就是李冰名字的由来，而下面就是一位公主的神奇故事对李冰产生的影响。

公主初娣[1]在成都府北面岷州的一座名叫乌陀的山上去世，并埋葬在了那里。一次，李鱼凫从老虎口中救了一个人，之后便从地上一跃而起跳上天空。他漫步云端，参观仙宫，并且得到了一颗灵丹。由于他可以举着一块岩石日行八百里，人们也称他为"神八百"。之后，他回到四川，住在山中，种植一些永生花草。他找到了公主在山上的墓冢，用这颗灵丹召回了公主的灵魂。公主李初娣向往神圣的东西，便在后山住下。李鱼凫经常拜访她，并在一个岩洞里建了一座炼丹炉，将丹药炼成了剑，然后用池塘中的水磨砺宝剑，这样宝剑就能闪耀出五彩光芒。公主回到四川，救治当地的病人，扶助当地的穷人。李鱼凫在天上看到这一切后，羞愧难当，觉得自己的品行不及善良的李氏公主。他非常羡慕她，羡慕她能将百姓从痛苦和灾难中解救出来，让百姓永世幸福。他来到金色大殿按照常人三倍的努力来刻苦学习，因此他的理解最为细致深入，其充满最高智慧的著作也非常翔实。他可以呼风唤雨，祈求雷电，通灵怪，辨水源。总之，他无所不能。

老国王李鱼凫的继任者就是我们所说的李冰，他在十代以后才出生。他认真地学习了祖先传下来的技艺和知识。他的成就源自于他的勤奋。这个家族每代人都很聪明，这也是蜀地的幸运。李冰完成了先人的遗愿，杀死了妖龙，并在蜀地江边做了很多法事。因此他一直受到蜀地人们的供奉。

这条妖龙原本姓蹇，出生在重庆，因家境贫寒，为了养活家中母亲，常常用割来的草换取大米。在他割草的地方，几日后草便又密集地长出来，蹇对此感到很奇怪。于是他挖开草地，在草地下面发现了一颗直径大约3厘米的珍珠。他把珍珠保存在了一个盒子里，并在上面撒上一些米，第二天早上再打开盒子时，他发

---

[1] 公主和鱼凫一样，并不是汉族人，而是四川省早期的原住民。

现盒子里竟生出了一天都吃不完的米。从此以后，他不断积攒，不久就富裕起来了。村民向他打听变富的原因，他便将事情原委告诉了大家。村民们想亲眼看看珍珠，于是蹇拿出珍珠，珍珠发出刺眼的光芒。村民们看到后吵吵闹闹要把珍珠拿走，蹇情急之下，把珍珠放入嘴里吞了下去。吞下珍珠后，蹇立刻变得躁动和口渴，他来到厨房，把厨房的水喝完后还是口渴。他的母亲从井里打水给他喝，但还是不能解他的渴，于是蹇又自己跑到溪边喝水。当他的母亲再次看到他的时候，发现他已变成了蛟（一种和龙相似的鱼类），全身覆满了鳞片。他接触过的土地产生激流，他回头看了一眼他的母亲，便直接跳进了河里。后来他可以幻化成所有可能的外形，自称"河南一霸"。在那里，所有的动物和河流都归他管辖，他还磨牙食人肉。每年的春天和秋天，他向当地百姓索要祭品并强占妇女和童女为妻。如果百姓不提供，他就制造大浪，淹没田地和房屋，或者通过传播传染病残害人和动物。百姓被迫为他建造庙宇，每个家庭轮流组织祭祀仪式。丈夫和妻子在鼓乐声中分离，四周尽是哀叹声，被强占的女子不计其数。

秦始皇三十六年，蜀地太守向皇上禀明了洪水泛滥的情况，皇帝将这封奏折昭告天下。一个人向皇帝推荐李冰，说道："李冰是我同乡，他研究道教和先人遗留下的文物，熟水性而且特别勇敢，他的儿子二郎继承了家族的学识，精神力量无比强大。如果李冰被命名为太守，他的儿子辅助他，父子相辅相成，绝对能驯服恶龙，水患自然也会消除。"之后，皇帝就命李冰为蜀地的长官。李冰任职后，皇帝马上任命李冰的儿子二郎为水利总督察。[1]

接下来我们将对河流总体状况、个别河流及其支流进行详细描述，并阐释河流治理方式。为了让整治河流的工作有效推进和提高农田效益，很多农田在施工中都要毁掉。河床的双重布局是最有益的，一个外部河床，一个内部河床，同时在道坤这个地方设立大坝，这样人们就能抵挡洪水。

恶龙常在灌这个地方停留，因此首先要将龙杀死，百姓才能开始耕种。李冰

---

[1] 此处与史实不符，为神话传说的内容。——译者注

把所有百姓召集在一起，询问他们的疾苦。所有人都痛哭并控诉水怪的压迫和残忍。李冰想了解得更详细些，所有人都说："在祭祀那天恶龙会在庙中现身。庙里本来风平浪静一片祥和，恶龙带来风暴，飞沙走石，使人们无法睁开眼。然后，这个恶龙会突然消失并带走童男童女，大家都很伤心，无论穷人富人皆遭此不幸。在修建大坝的时候我们愿意出力，但是离妇女们被妖怪掳走的日子越来越近了。"李冰说："大家别害怕，我会设法满足这个妖怪的要求，让你们不用再担心。"但是百姓们感到奇怪，也不太理解他的意思。

李冰调遣了一百名手持弓箭、长矛和盾牌的士兵，让他们守在河两岸。因为这个恶龙每年都会抢走两名姑娘作为妻子，李冰便乔装成姑娘，请求恶龙马上现身。他们一起走进庙宇，李冰假扮的姑娘频频举杯向恶龙祝酒，把他灌醉，接着对其怒骂痛斥。恶龙心生恐惧想要逃走，李冰紧随其后并用长矛相逼，此时二郎也来帮忙。那恶龙却会七十二变，大风刮起，波涛滚滚，江水呼啸，天空晦暗，浓雾弥漫。人们在河流中听到了兵器碰撞的声音，好像几千名士兵在战斗。当天空再次放晴时，人们看到两头公牛在岸边恶战，这是李冰和恶龙变化的。李冰汗流浃背地回来说道："我很累，不能单独一人战斗到底，你们必须要帮我。注意看我身上的特征，以便将我俩区分开，我是望向南方身戴白色衣带的牛。"于是李冰手下兵士们就去进攻那头向北看的牛。最后，这头牛又变回了龙形，并被二郎用铁链锁在了伏龙观。

所有人都对胜利欢欣鼓舞，开始建大坝。为了防止水怪来袭，李冰向河底沉放了五头石牛。在成都府华阳县，人们建了一座石牛庙。二郎修建了三尊人像来吓走河妖。为了消除水患，人们又在成都府内北边的新繁县按照七颗星的布局修建了七座桥，并在桥的石板上刻了八个字：

浅毋至足，深毋至肩。

这是关于李冰凿山引水的传说。在唐朝的时候人们将已经倒下的石板扶起，但如今这块石板已经不见了。而我们之前提到的最著名的六个字有着类似的意思：

深淘滩，低作堰。

李冰考虑到河流太窄导致洪水多发，因此他想让很多支流像网状一样分布，使36个小村庄都能获得水源，于是发动人们挖了很多盐井。如今，四川省因为盐井而富饶并名闻天下，有趣的是，它在公元前300年就产生了。李冰功绩很大，他的工作造福了很多百姓。

因为恶龙的很多同类还安身于此，开展治理工作比较难，这成了李冰的阻力。于是他把它们全部杀死，给这一地区带来了永久太平。李冰去世之后，他把神力遗留给了二郎，并且二郎也找到一个能干的帮手。在筑大坝时，他把水浇灌到大坝上，其他的大坝则由一种混凝土制成。为了纪念在工作中去世的李冰，人们在灌县为他修建了一座庙宇，二郎去世后也被供奉在这座庙里。后来皇帝给李冰父子封王，他们的夫人和族人也被授予了较高的品衔，李冰的夫人为"睿智贤德康皇后"，二郎的兄弟为"幸福之神"，二郎的妻子为"永圣皇后"，另外他们的儿子和夫人都被授予了品阶。[1]

秦始皇五年又发生了一场大水灾，这次李冰变成一条蛇，身披一条白色的带子和妖怪战斗，这样水就能向东北流，不会带来大的损失。在另一年夏天，灌县的大坝破损，几千百姓被淹，风暴伴着大雨，云端闪耀的闪电如摇曳的蜡烛一般。但第二天大坝又修筑好了，李冰庙里的旗子都是湿的。在宋高宗时，宋军统帅因为必须要在北边作战，来到庙里祈求，李冰和文昌帮助了他（这里李冰代替了关帝）。一次占卜者预言起义，因为李冰和文昌向天帝呈递了请愿书，所以起义没有爆发。在康熙四十七年（1708年），当地又发生了一场大水患。当时人们看到石块和木头从天而降，河水流入另一条河汊。雍正六年（1728年）夏天大旱，稻田干枯。一位当地的官员在庙里祈雨，几乎都不回家，这才有了丰富的降水。五年

---

[1] 此处谥号译自德文。对于李冰家人有多种说法，或曰李冰并无子，二郎的形象是后人杜撰。至于其夫人与二郎之外的其他子嗣鲜有相关记载。——译者注

后（1733年），相似的事情又发生了，并暴发了一场饥荒，这时总长官斋戒三日并住在二王庙，不久天便开始降雨。大殿前的木龙飞出去开始祈雨，第二天早上它的尸体上覆盖着黏土和沙子（这里要提到一个习俗：在祈雨时要将黏土和沙子涂抹在木龙上）。又有一次，阶梯下形成了一个小沟，几天后小沟变大了，变得像一条蛇一样，导致大坝毁坏，后来也是李冰的神灵和众神帮助了百姓。

书里的最后几页仅仅是关于四川人物故事的一个节选。另外一本关于灌县河流系统的书和旅游志无法作为资料来引用，但其中提到了编造神话传说的方法，这让我们认识到，神话完全是关于真实人物的自然描写，且这些人物大部分是有历史记载的。就像战斗的牛或恶龙等形象，一旦被创造出来，就可以通过想象力自然塑造，让想象力沉浸其中。不久又会找到它们和真实故事的联系，并继续赋予其神话色彩。感官上的象征能力是神话产生的前提。神话的象征又反作用于实践。人们会制造象征性的动物并把它们作为抵御洪水的工具。我们在庙中已经见过几只这样的动物雕像，庙中的铭文上也有提及，裴焕章[1]的报告中也有介绍。

1280年，人们把一只重660公担的铁龟沉到河里，并将其拴在一根铁柱上。明朝嘉靖年间（1522—1566年），又造出了两头700公担的铁牛，每头铁牛长10英尺。这两头牛从头到尾都被塑造成了人的形状。此外还造了一块铁牌子，铁牌的上部超出水面并有牛头的形状。明朝也常有关于使用铁龟的记载。治水用的长方形石块通过巨大的铁钉固定，有的铁钉长达4米。所建立的30根铁柱，每根都超过3米高，总重300公担。铁的使用当然和技术因素有关，但同时也有着象征意义，因为人们想通过用现有的最结实的建材来抵御洪水的冲击力。由此我们会想起历史中人们常常用铁链子来制服大海。与此同时，明朝时人们还开始用编制的竹篦和由竹子做成的长棍，并在其中填满石块，这样它就比任何石块和铁块更加耐用。

---

[1] 裴焕章（J. Vale）《成都平原的水利》（*Irrigation of the Chéngtu-plain*）。

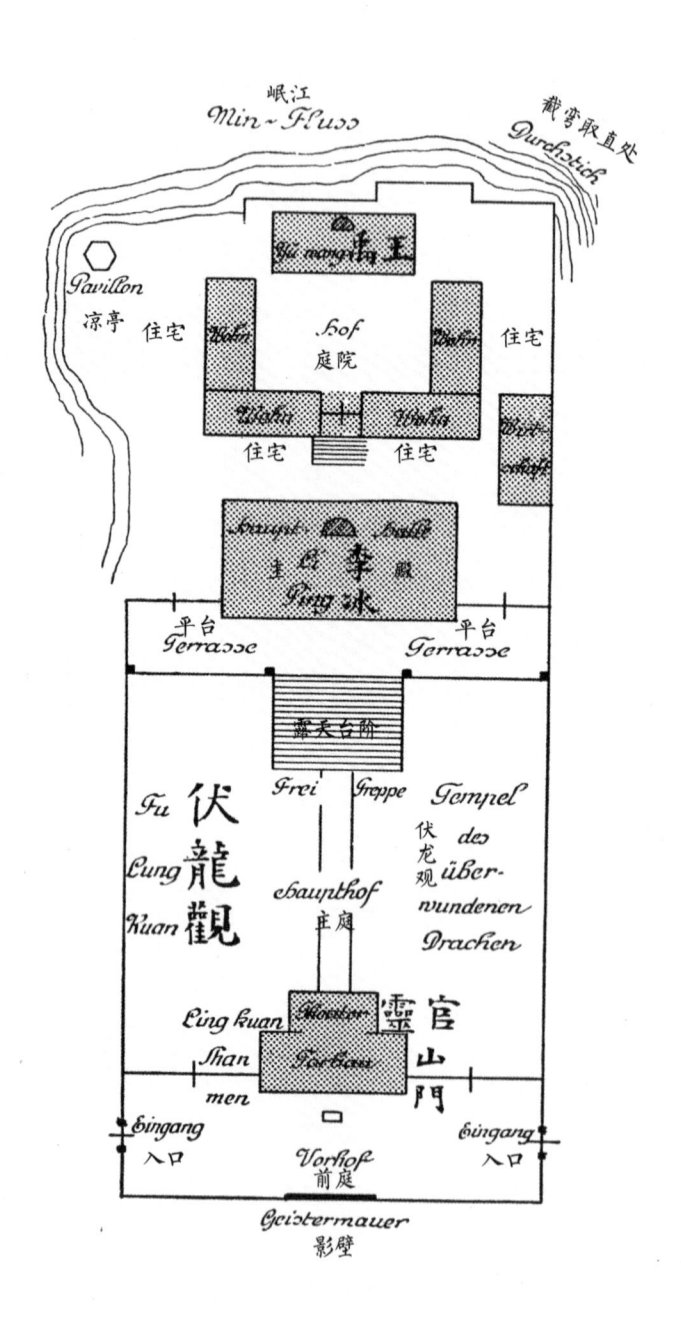

图 106 伏龙观，灌县李冰庙平面图

第五章 二王庙

图 107 山门，灵官殿的入口

图 108 带有露天台阶的主院和两层高的主殿

6 伏龙观

这座庙单独坐落在一块高耸的岩石上，以下是关于伏龙观的平面图（参见218页，图106）描述。伏龙观从两个侧门进入前庭后可看到灵官殿山门（参见219页，图107），这是古老的中国寺庙尤其是孔庙所特有的，我们在二王庙主庙中也看到过这种建筑主题。围墙的中间部分作为神灵墙建在主轴上。它对面坐落着一座小的祭坛。场地中间有一尊三足小鼎，鼎的背面有一个公共戏台，之后是一座很大的庭院，庭院两边种着花草树木，剩余大部分用来种菜。庭院的一个露天台阶可以到达平台（参见219页，图108）。

平台是由带有镂空花纹的砖铺成的。台阶旁和角落的四个柱子高高矗立，柱子顶上是美化的动物图案。除了通常的狮子图案外，还有两只大象（图109）。大象在中国西部地区比在中国其他地区更加常见，它常常作为象征性的动物出现。在四川，圣洁的大象寓意着圣山峨眉山上的普贤菩萨。在石柱顶端的基座上也雕刻着其他比较特别的动物，这些动物一般与治理洪水的传说故事有关（参见222页，图110）。其中，与洪水作斗争的龙出现频率最高，另外还有一头长1.3米的趴着休息的铜牛。其中一只动物像牛，但姿势不是蹲着，它高4.5米，传说中常提到

图109 伏龙观大殿平台柱头的狮子和大象装饰

这个动物，它具有抵抗洪水的象征性寓意。

平台后面是两个封闭的主厅，主厅前面的雀替精雕细琢，额枋雕饰的花纹带有黑色和黄色的装饰物及金色的镶边，特别庄重大气。屋顶的饰品，墙壁上端的雕饰花纹和屋脊都是风俗画风格，而且都是彩绘。内部的主祭坛刻着四川风格的简洁、凌厉的线条，做工优雅细致。李冰身穿长袍，蓄着长胡子，头戴用珍珠链子装饰的古时官帽，左手持书卷（参见223页，图111）。第一个大厅后面的一个小的露天台阶直通后面的庭院。这个庭院三面由简单的二层小楼环绕，东边是客人居住的地方，上面一层的阳台和支架使得上层远高于下层，置有雕刻的栏杆和存储空间。庭院北面是第二大殿。第二大殿里供奉着古老的王、洪水征服者禹王的雕像。根据庙中的规划布置，李冰看起来是禹的后代，和传说也有着紧密联系。人们把庙中北面和南面的院子整理出来，将早期广泛的概念应用到之后的特别现象中，这种方式我们经常见到。

庙宇西南角的一块岩石上坐落着一个开放的六角小亭子，从那里可以欣赏到下面所有河流的美景。最后一座大殿的背面还有几座神像。从大殿旁边的平台可以直接看到山崖下面的河水。陡峭的山崖绿树环绕，不但提供了阴凉，还制造了若隐若现的效果，这对于中国人来说是一个很有必要的艺术意境。这座庙的位置是很神圣的，但它的装饰略显不足，因为到处都是简洁的风格，只有较为罕见的太极图案和细微之处或有粗略轮廓的几个地方，显得有些生动，比如门前几处石阶雕刻得很细致（参见222页，图110），右侧石阶的角落被老鼠打了洞，这是以最自然的形式进行的切磨。

伏龙观的铭文中有两副对联：

一粒米中藏世界；
数重花外见楼台。

真与峨眉争秀色；
要从灌口觅源头。

图 110 伏龙观，灌县附近的李冰庙，图片分别为：

① 石柱上的牛，高 4.50 米
② 青铜牛，宽 1.30 米
③ 带有荷叶装饰的石阶
④ 雕刻着蝙蝠的石阶

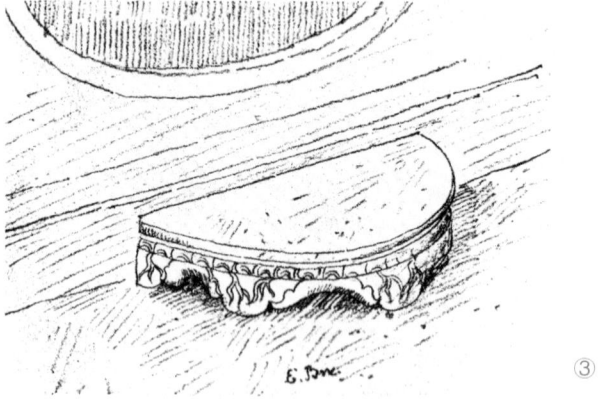

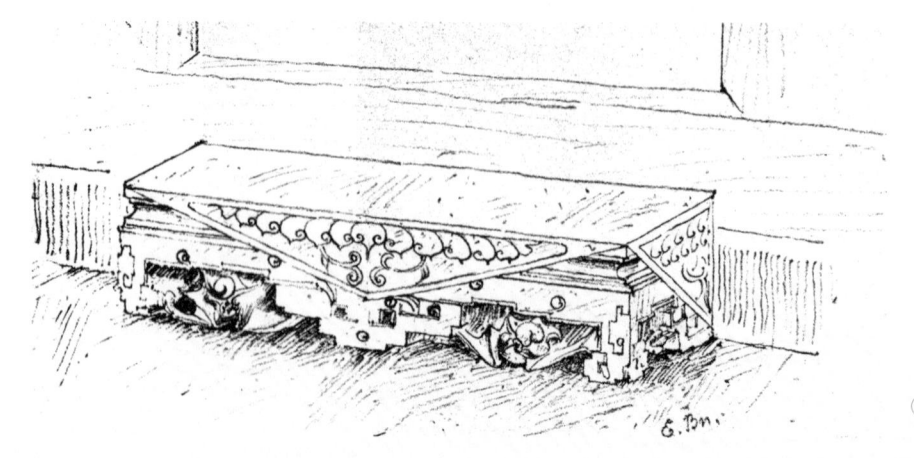

图 111 灌县伏龙观中的祭坛和李冰雕像

7 二王庙

总体布局

李冰儿子二郎的庙[1]位于河左岸的山坡上,被认为是中国最漂亮的庙宇之一(参见377页,图249)。一条路穿过城门,直通城的西北角(参见203页,图104)。城市郊外的一块高耸的岩石上有一个小高地,上面随意竖立着几根石柱,或许是早期亭子的残骸。这个地方叫斗鸡台。其他城市也有类似的地名,然而我并不知道为什么会叫这个名字。斗鸡在中国确实很普遍,我猜这应该有着文学或历史的原因。从城门出来的路呈圆形包围着陡峭的山谷,并且直接通向下一个关口,即玉垒关。这里的一个侧门使向前凸出的圆顶山峰更秀美,从这里可以一览险峻的风景。逆流往前走,可以看到跨越河两岸和小岛的竹索吊桥。岷江的水经过几座水坝后流过小岛。向西北方望去,远处的山峰轮廓忽隐忽现,远处的天际线被青城山所环绕。青城山的意思是种植繁茂的"绿城之山"。在城市的西北面可以见到东面陡坡上浓密小树林中一个庙宇的屋顶,这个庙宇就是我们要找的二王庙(参见207页,图105-④)。去二王庙的路沿着河岸,有些陡峭,途中经过很多有漂亮大门的道家庙宇,其中一座是为洪水征服者禹王建立的。再往前走会经过几个祭坛,接着会经过朝圣者住的小棚屋和客栈。这些屋子在香火最旺的时期会有大量朝圣者涌入。再经过几个杂货铺,就到了庙宇大门前的一个广阔广场。

二郎庙,正如名字所说,是为李冰儿子二郎建造的。因为在建造期间他的父亲李冰也有庙宇,两人都有王的头衔,所以这个庙也叫作二王庙或者简称为王庙。二王也有二郎是"第二个王"的意思。正如之前提到的,这个庙宇是四川著名的主庙之一。

二王庙的主殿上耸立着主神二郎的塑像,正后面的大殿里供奉着他父母的雕像。在庙宇中轴线上高高凸出的屋顶上是山神老君的大殿,山神老君的塑像被众多道家神仙环绕。庙宇的建筑布局能够清晰地传达出建造者的想法,对于这种比

---

[1] 此处作者表述有误。二王庙实为李冰父子二人合祠,而不是为李冰之子二郎一人所建。作者第二段的阐释也是错误的,正确的表述应该是二王庙。——译者注

第五章 二王庙

较陡峭的地势来说并非易事。因为这座庙位于河流旁高耸的山上，以至于从庙前空地到主殿后面的高度差就有20～29米。这高度的细节可以从平面图中看出。庙中最后面、也是最高的建筑物显示了老君殿独特的地理位置。在这种地理状况如此陡峭的山地还能设计，建成这座如此宏伟的大庙，需要有更多的艺术灵感。不得不说，这是设计大师的作品。

在困难时期，为了将这座伟大的中国建筑保存下来，人们采用了这样的方法：将前庭的中轴线进行多样化分割，把位于轴线上的不同的入口大厅和走廊大厅放置于拐角处。多种多样的台阶形成的平台将建筑和庭院连接在一起，形成了具有艺术感的建筑体系。然而受自然条件所限，不能进行测量。

局部建筑物

从城内到庙门口的马路旁有两排商店。庙门口右边有一座较小建筑物，这是为几个在当地有功绩的高官建造的纪念堂。左边是一栋封闭的带有前庭的豪华建筑，是为总督丁宝桢所建。丁宝桢曾经在湖南奋力抵抗太平军，之后作为山东巡抚在治理黄河上取得功绩，最终来到四川修建成都府的水利系统，于1886年去世。我们在庙台子的庙中曾经见过他的神圣牌位。这座建筑的前庭有一道向西开的小门，通向主大街。

二王庙北面临河。第一个大的露天台阶通向庙，这道门名为通天门，在第一个前庭的"西山门"（图112）和此处的"东山门"（参见226页，图113）相呼应，两道门都有三角形的屋顶和矩形的门。通

图 112 二王庙前庭西侧山门局部（图 249-4）

图 113 灌县二王庙的前端空地与东山门（图 249-3）

过东门[1]可以看出，庭院的围墙呈阶梯状向上攀升。在它们后面，第一道大门的屋顶与高耸茂密的大树一样高。西门旁边庭院的平台上有装满鲜花、刻着铭文的容器，后墙的中间部分高了许多，构成平台的影壁。这样的影壁在寺庙的很多地方都能看到。关于容器上面的铭文，之后再做讲解。后墙中间的部分其实是新轴线上的影壁，构成了一座小祠堂。小祠堂里有几块碑，位于栅栏的后面。西面是疏江亭，风格和墙很相似。

镇山门建在陡峻上升的露天台阶上，可谓是建筑杰作（参见228页，图114）。门的中间部分展示的是三层楼的外部，通道下面往旁边有一个台阶，将门的内部和戏台子连接起来（参见229页，图115）。门的两侧有两个中国传统的守门塑像，一边是青龙，另一边是白虎。两尊塑像都是坐姿，手持镀金的武器。雕像后面的墙上，东面画着青龙，西面画着白虎。平台侧面的角落则由可爱的矮墙环绕，这些矮墙由石头、水泥、框架和陶瓷碎片组成。侧面还有一座小祠堂，祠堂上层的空间和戏台连在一起。在两个楼层之间立着长寿神仙寿星的塑像，寿星坐在鹿上，手持太极和八卦，旁边坐着一个童子。与祠堂相连的戏台仅仅是一个侧台，主台处于两个主门之间。台阶旁边的石制平台通向祭坛，是专门为观众建造的。每当演戏的时候，特别是每年的6月，身着五颜六色服饰的人们会坐在平台的空地和石阶上，为精彩的节目演出喝彩。这是一幅非常生动的画面。这些节目都经过了精细设计，演员的脸被涂成深褐色、红色、金色和白色，在舞台上呈现给观众。这个舞台有着精美的雕刻和彩绘，是中国建筑的杰作。

观澜亭位于灵官殿的下面、三官殿的上面（参见229页，图116；230页，图117）。三官是主管天、地、水的三位官员，我在介绍庙台子寺庙时已经对三官做过详细的阐述。灵官塑像大约35厘米高，站在一方被涂上色彩的断裂岩石上。除了灵官的塑像，岩石旁的空地上还放置了很多其他神仙的小塑像，其中有驾鹤的寿星，还有几个是女神仙。灵官两侧各有一位仙童，一位持葫芦，一位持花瓶。

---

[1] 为了简便起见，便用"东"和"西"来表达，因为庙的主轴线是南北的。这也是中国的习俗。

图 114 灌县二王庙镇山门（图 249-6）

图 115 灌县二王庙镇山门内侧的戏台局部（图 249-6）

图 116 在二王庙里基座上的观澜亭（图 249-7）

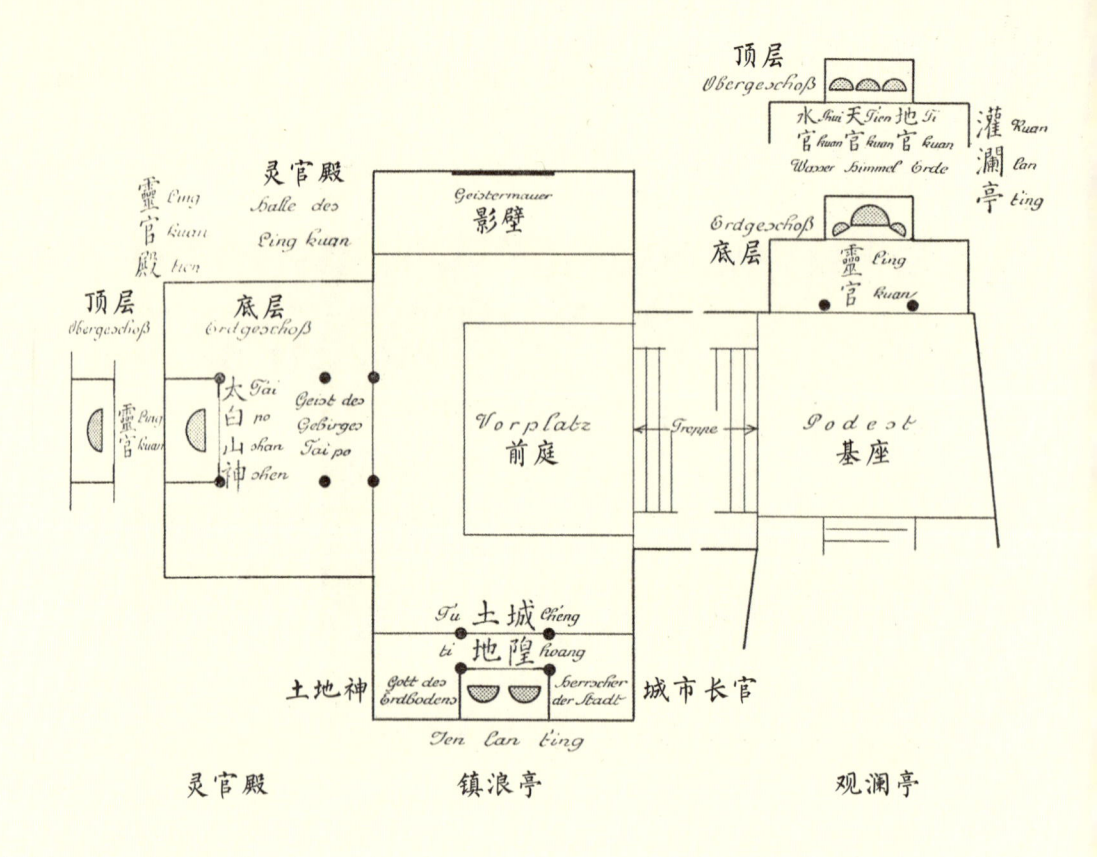

图 117 二王庙基座和前殿神像的布局

  中轴线在这里再次中断。在两面平整而顶端呈弧线的墙中间有一座新建的宏伟露天台阶。台阶向前通向一个新建的空地，空地轴线的末端是一座二层建筑，也就是灵官殿的入口大厅（参见231页，图118）。道路两边有石栏。底层中间的房屋内有一高一低两座神龛，下层供奉着太白山神。这位神仙我们在庙台子部分讲秦岭山脉的时候就已经介绍过了，他在四川同样香火旺盛。上层神龛中供奉着灵官，通体漆金，呈战斗姿态，栩栩如生。这座建筑就以他的名字命名为灵官殿。

  广场的左边藏着一座小祠堂，祠堂内有两座祭坛，一座供奉城隍，一座供奉土地。灌县的城隍就是主管灌县这座城市的神。当被问到谁是灌县的城隍时，祭祀主事人首先会想到青城山的神仙。青城山位于灌县西南，每座山上都有无数个洞，由于其奇特的形状和茂密的树林远近闻名。青城山有自己专门的神，这个神也被当作城隍来敬奉。二王庙将自己视为道家寺庙，因此很有可能将土地和城隍一起供奉。关于这座祠堂的名字，我记录的是"Jen Lan Ting"，意为抵御洪水

图 118 二王庙的灵官殿与台阶
（图 249-9、图 117）

的祠堂，汉字可能是"镇浪亭"。作为对这座祠堂的呼应，广场的另一侧有一座小平台，上面有石碑、石墙、假山、花盆，并以一座漂亮的影壁作为背景（参见233页，图119）。影壁的右上角凹下去的格子里饰有逼真的云状装饰物。影壁整体看上去像是又一座祭坛，不过我们认为是祠堂内的影壁。1号前庭两侧建筑的构架和屋顶凌驾于这座可爱的建筑群之上，在左侧还能看见钟楼的屋顶弧线。在图118中我们还能看见前庭内两侧建筑的山墙线条，这堵山墙本来的作用是影壁，原是布置着花朵的平台的一部分，这一点我们已经在总体介绍建筑结构的时候提到了。

进入灵官殿的大门之后，通过一个小台阶便到达了2号前庭（参见234页，图120）。前庭的其中一侧有一个道门，河边的主路顺着缓坡从这个门通向庭院（参见234页，图122）。通道上的大门没有什么装饰，和侧面入口有着相同的样式。这使得我们能够分辨出主轴，可以沿着主轴上的台阶进入庙内。而与此相反，1号前庭的东山门、西山门的装饰是完全一样的。2号前庭的布局并没有什么独特的地方，而是更多地延续前面建筑风格，只是将轴线打破了，这一点在前庭南侧的布局里也得到了体现：这里没有影壁，只有一面必要的围墙。诚然在庭院的北面有一座显眼的大门建筑。

庙宇的进门大山门处，有上中下三座由方石垒起的平台，中间夹着两道雄伟的露天台阶（参见234页，图121）。平台两侧围着石墙，石墙上端呈阶梯状，加了小小的双坡屋顶。第二座平台上有两只狮子蜷伏在基座上，以此突显入口（参见234页，图122）。第二道台阶通入最顶层平台上的一座两层建筑，建筑底层的外侧比内侧高很多。外面台阶旁有两间由栅栏围成的木板房，里面分别有一匹马和一位侍者的塑像，这是高官和英雄荣誉的象征。旁边有两块带文字的小石碑（参见235页，图123）。

大山门的里面是1号主庭院，里面有戏台（参见235页，图124），所有的台阶汇集于此。底层台阶是如此之高，以至于人们只能勉强迈过去而不撞到平台。在

图 119 灌县二王庙 2 号前庭影壁和灵官殿（图 249-9）

上左：图120 二王庙2号前庭的大厅、露天台阶和大山门（图249-11、249-9）
上右：图121 二王庙大山门旁边的平台，钟楼（图249-11、249-12）
下：图122 2号庭院，侧门露天台阶，狮子和大门

第五章 二王庙

图 123 寺庙门前正面的前庭，西边的山门花台，影壁

图 124 二王庙 1 号主庭院（图 249-11、249-13、249-15）

戏台之上，一条栏杆环绕着相连的建筑物。在主建筑的两旁，两座六面四层高的塔拔地而起，其中一座位于钟楼的东面，另外一座位于鼓楼的西面。这种建筑主题在中国其他地区非常少见，但在四川很常见。钟楼和鼓楼的下面由具有艺术感的窗户和门封闭着，上面没有屋顶，为开放状态。

主殿的两侧由两层高的住房和存储间围绕着，中间开着两个相对的小祠堂。东边的祠堂里供奉着六曹官，他们是天君的下属。人们向天君祈祷，并献给天君贡品，六位神仙每天要向天君汇报人间的行为。西面祠堂里供奉七宝神，他是李冰和二郎的帮手。庭院的中间是两棵树，长在石碓中，被精心修剪成圆形。据我的回忆，角落里有两块石碑，前面是一个小祭盆。一截翼状围墙将侧面建筑和主殿连接起来，这样便将庭院完全围了起来。

图 125 二王庙正院的正面，两层高的大殿（图 249-16）

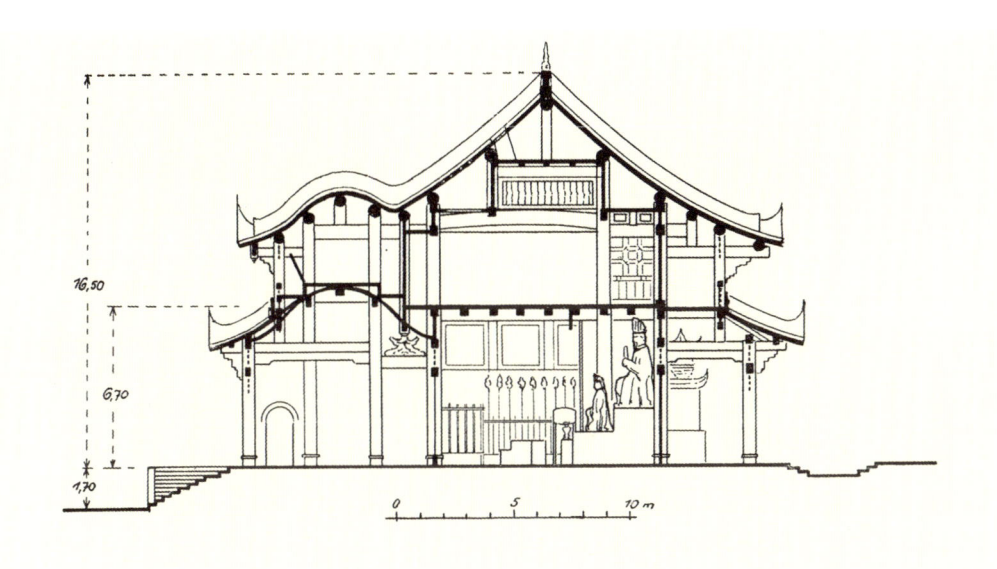

图 126 二王庙大殿的横截面图，比例尺为 1：300（图 249-16）

　　大殿有两层高，供奉着两尊二郎塑像（参见236页，图125；图126）。大殿的大露天台阶通向二王庙角落的尽头。人们从这里上去可到达非常宽敞的开放前庭。台阶中轴线上放置着一座铜制香炉，香炉两边是高耸着的两座香火塔，从两侧可以将圣物放入（参见238页，图127；239页，图128）。香火塔有六个面，侧边长1.13米，高达12米。香炉具有四川西部的特色风格，在很多村庄都可以看到。香炉在中国家庭很普遍，由于楼层的扩建和建筑物快速发展，香炉也演变成香火塔，形成了现在这种烟囱的特征。香火塔的低层门是烟箱，烟从香火塔内部升到高处，再升到空中发散掉。因为大部分香火塔要烧经卷，所以人们称这座香火塔为纸库或烧纸楼。烟囱上部的排气口被做成一只三只脚蹲坐着的蟾蜍形状，烟从三脚蟾的咽喉排出，看起来很有艺术感。香火塔的结构简简单单，几乎没有装饰。高高的基座承载着两个楼层。香火塔的各个角镶嵌着独自矗立的柱子，这些柱子用黏土雕成，花纹丰富。飞檐的装饰跟柱子的装饰相同，上面有装饰性的小饰物和鲜花。明显向外伸出，雕琢细致的屋脊赋予了整个建筑物生命力，并将它的格调提升到一个全新的高度。通过图片可以很明显看出，静态的装饰物不仅保

图 127 灌县二王庙正殿前东边的香火塔（图 249-16）

图 128 灌县二王庙正殿前西边的香火塔（图 249-16）

持垂直与水平的和谐，而且也和动态的屋顶线形成和谐状态，达到了静态和动态的统一。

大殿的前殿部分分为两层，有两行带基座的方形粗石柱。这些石柱支撑着整个大殿的梁架与屋顶（参见236页，图125），也可以作为生动的直棂栏杆与顶饰的边框。在庙台子那章，我们已经将这种建筑结构主题作为一个纪念性的庙宇建筑介绍过了。大殿前厅除了桌子椅子外，西边角落的基座上蹲坐着一尊像狗的铁质动物塑像（图129），但是具体名字不清楚，应该是与神话传说紧密联系的某种象征性动物。前殿的顶部有着精美的尖状装饰，这是四川常见的一种建筑主题，也常出现在灌县夫子庙以及地方衙门等建筑物中。

大殿共有七个厅，中间的三个厅是祠堂，其中最中间的厅完全是按祭坛样式来建造的。两层高的底座上有两尊二郎的塑像（图130），上面的大一些，并且镀

图 129 二王庙大殿内的铁质动物塑像　　　　图 130 二王庙主殿中二郎的两尊塑像

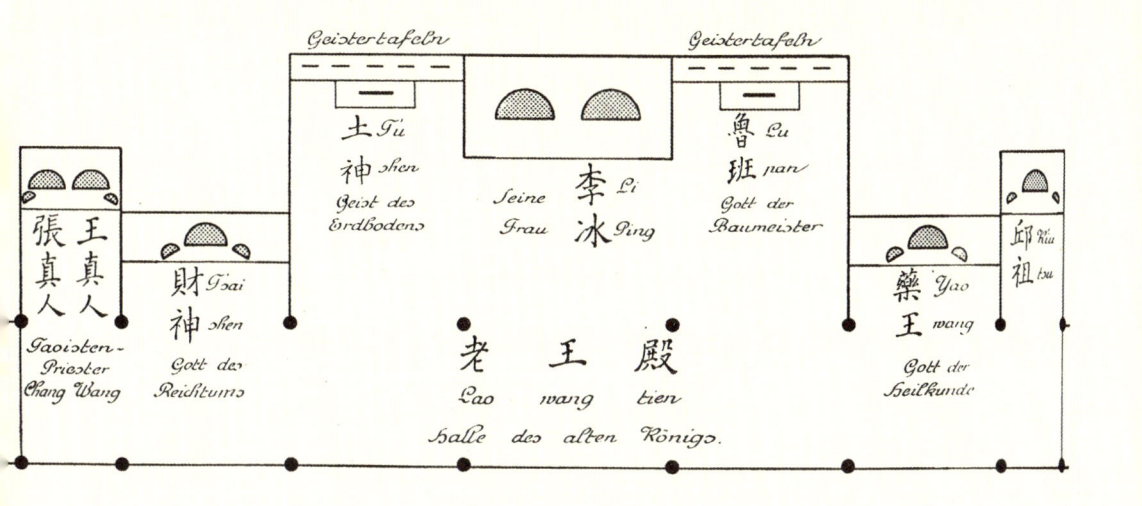

图 131 二王庙老王殿里神仙牌位的布局（图 249-17）

了金，前面小一点的塑像披着红丝长袍，这件长袍通常是乘轿上街巡游时穿的。大殿的偏殿被分隔为封闭的房间，房间里面有台阶通向楼上，而侧殿仅仅是通向后院的通道。吕祖，作为中国八仙之一，我们在本书中已经多次提及，他通常会与山洞联系起来。

在了解大殿的上层前，我们先往下走几个台阶来到1号庭院。这个庭院其实仅仅是一间小的隔间。由此再往上爬几个台阶就到了坐落于陡峭岩石上的老王殿。老王殿的一部分已经和岩石融为一体，它的前面部分是完全开放的，分为五个厅，中间一个大厅有三个祭坛，其他四个小厅是一个祭坛（图131）。中间的一厅在主轴线上，里面供奉着二郎的父母，即李冰和他妻子的塑像。同样，在主轴线的最顶端也是大自然的元神、川神老君。李冰塑像的旁边分别是土地神和鲁班的塑像。土地神是掌管土地的神仙，鲁班是建筑之神，这两个神共同暗示了李冰和二郎的功绩。

另外两个祠堂展示的全部是道家的神仙，在这里可以看到财富之神——财神，医药之王——药王。最大的屋子里还有历史人物的塑像，西边是两位道家人物张真人和王真人，他们和这座庙有一定的渊源；东边则是著名的丘处机。丘处机也叫丘长春，我们在庙台子那章已经了解过他了。这个建筑有一个带回廊的楼层和具有纪念意义的屋顶。

我们再回到大殿，通过台阶到了那个带回廊的楼层（参见244页，图132）。从概览图中可以看出，上面有一个连续的蜿蜒通道。大殿的屋顶由大的马鞍形屋顶和小的圆形瓦当组成（参见245页，图134）。在主屋顶的南边有几片琉璃瓦，阳光通过竖井和断裂的天花板照射到大的中间屋子里。中间的屋子几乎和整栋建筑物一样宽，根据深度分为三个厅。这个厅的屋内布局非常简单，但却和建筑物外部的组织结构相呼应。中部祭坛的主位供奉的是玉皇[1]，两侧分别供奉着金童和玉女。这一组塑像比二郎的大塑像还要大，不仅北边的父母、老君是他的起源，上面的天空也是他的精神起源。在中国，人们经常可以看到玉皇自己单独的庙，我在四川道家的庙宇中也找到了他的专祠，特别庄严和神圣，而且不对外开放，保存完好。我们之前提到过的青城山附近的尼姑庵也是如此。

事实上，玉皇大帝也属于最受尊敬的道家神灵之一。出于善意，住持会把门打开，但一旦人们的借口多了以后，住持就会特别留意，至少我那到处跑的两个随从不会被放进来。因为正如他所说，这片地方是统一和谐的地方，即大青[2]。玉皇大帝的祭坛很简单，他面前燃着一个长明灯。两侧祠堂是"四大天王"的塑像，房间的正面是两座祭坛，一座供奉的是伤寒之神瘟神，另一座供奉的是有神力的神仙灵官。对面是主祭坛，里面有很多桌子和几尊铜佛，还有装满书的书架。墙上挂着24幅真人大小的画，它们都是道家的神仙。一张雕刻奇怪的小石桌上立着的塑像最有趣。这尊45厘米高的"教化之佛"造型奇特，戴着一顶跟中国古代官员帽子一样的头巾，穿着一件垂到臀部并带有少数直角的长袍。通过住持的介绍，我们得知这尊塑像的历史已经很久远了。仅根据其形状特点我无法判定它完工的时间，而且由于在轻微摇晃的木地板上，所以不太方便慢速摄影。

---

[1] 即玉皇大帝。——译者注
[2] 原书中文字。——译者注

庙宇东边的部分是3号庭院（参见245页，图136），这里有给客人和后勤人员准备的客房。狭长形的庭院分成紧密相连的两部分，大一点的客厅装潢得特别漂亮。大殿高墙下有一个用墙围着的水池，内有乌龟和水生植物，形状奇异的石头分散在水底，还有一部分小石头在墙边堆成堆，有时很多小乌龟在上面爬来爬去，惬意地晒太阳。绿叶植物、开花的小树、石盆中的棕榈树、庙中的铭文，以及很多其他有趣的小建筑都让这个庭院充满生机，给人一种小花园的印象。另外一侧的客厅是封闭的，它的正面装饰也雕琢得非常细致。两个客厅都有考究的家具、名贵的器具和各式各样的艺术品，比如古画、铜器和瓷器。前厅是开放的，给人们提供了一个小憩的地方，侧房则是贵客住宿的地方。厨房和客房直接相连。祭祀主事人和他的下属热情地招待我在此进餐。

另外一侧大的轴向布局围绕着送生堂（供奉接生神仙的殿堂）（参见244页，图133）。中间是六位主管生育的神仙，这些神仙会送子、接生、催生，还有奶妈之神的奶母。另外三位坐在相同的祭坛里，并有几个陪同。偏堂里供奉的是观音，另外一间偏堂里供奉的是天花神，即痘疹神。主殿的背面，北面的入口处是龙王的塑像。

这个大殿的对面是戏台，庭院另外一侧是观众的入口。两侧建筑物有两层，下层有用于居住和存储的封闭的房间，上层则是完全开放的，在节目上演的时候坐着观众，他们在此吃吃喝喝、闲谈。西北边有一间被分割得很小而且配备不错的饭堂。4号庭院是存储东西的屋子。主事人居住在主建筑物和送生堂之间的配房。庙宇西边的部分并没有太多的艺术装饰，只有在神像上稍稍用心。

送生堂的旁边有一条通向平台和建筑物的高台阶，从最下面的台阶往上看去，上面的建筑群非常迷人（参见246页，图137）。这些建筑群带有雕饰和框架，蜿蜒闪烁的屋脊线在浓密的小树林里十分显眼。入口设计十分巧妙，人们从下往上到达最后一个台阶时，会发现自己正处于西边部分的轴线上，又恰巧到达圣母殿。殿内供奉的是圣洁的母亲——老子的母亲。圣母殿开放的大殿中间是十分形

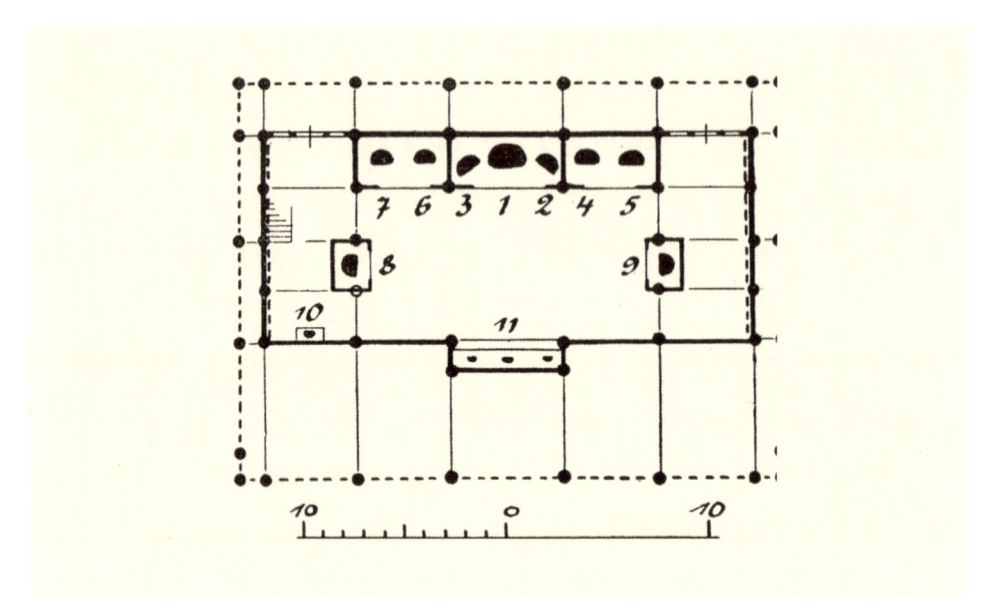

图 132　二王庙大殿楼上神仙塑像的布局
比例尺 1 : 600

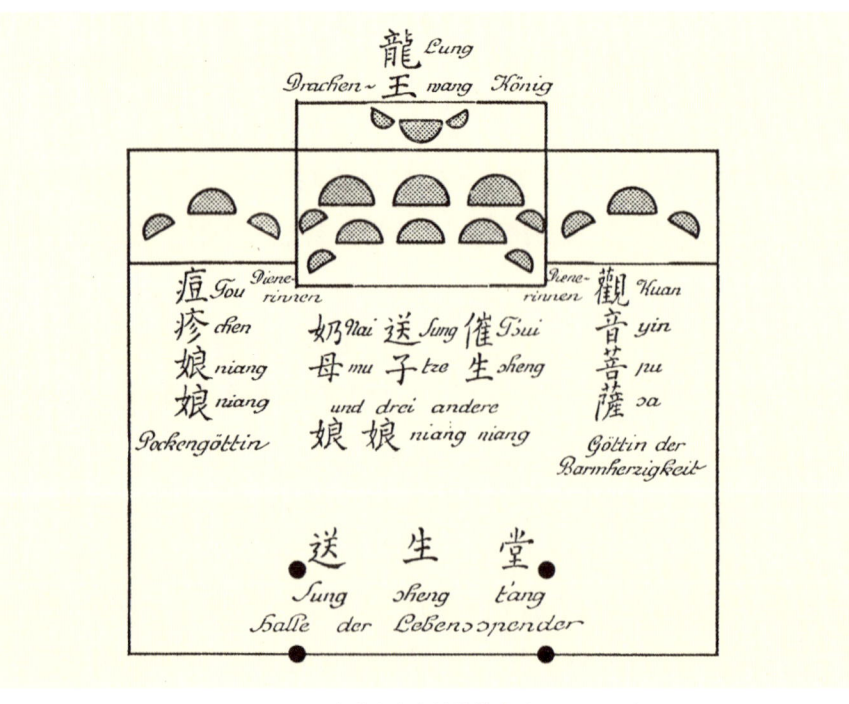

图 133　二王庙送生堂内神位排布（图 249-18）

第五章 二王庙 | **245**

图 134 老王殿屋顶大殿和屋顶——从图 249-21 建筑旁边的平台上眺望二王庙两个主建筑物

图 135 大殿顶层内的青铜像（图 132-10）　　　图 136 二王庙的 3 号庭院

图 137 灌县二王庙上层建筑中送生堂旁的台阶上方的第一个平台上所见景观。从左到右分别为：台阶、圣母殿、祠堂、老君殿（图 249-20、图 249-21、图 249-23）

象且色彩丰富的圣母像，它被一个栩栩如生的蝙蝠装饰物环绕着（图138）。她穿着长袍，右手抬起，左手放在膝盖上。这个建筑的平面图展示了建筑物五部分的三个级别，它们的山墙用的是结实的屋架和白色填充物。圆形和矩形的门与刷成白色，画上文字的墙相结合（参见248页，图139）。轻轻摇晃的房顶遮盖物被装饰起来。从图片中可以清楚地看出，雕刻样式和各式各样的建筑主题非常丰富生动，但风格却很统一，从雕刻的字样到栏杆都是统一的。所以人们可以从这个等级不是很高的寺庙建筑中感受到中国人如何从美丽的自然中汲取建筑灵感。

图138 二王庙圣母殿中的圣母像
（图249-20）

　　这条路从一栋单独的小殿堂旁边经过，通往一个位置略高的阁楼。这条路铺的是六角大理石，并被分成一段一段的，走一段就要上几个台阶（参见248页，图140）。我们在竹子的阴影中看到的建筑是供奉文章之神魁星的魁星阁（参见248页，图141）。就像其他庙宇建筑一样，这座建筑也是两层，而且上面的部分才是真正的阁楼设计，这正好也符合魁星的要求。魁星阁的前面以及开放的祭坛充满艺术感，让人称奇。这座建筑坚硬的梁架结构由四根角柱和四根横向的中柱组成，角落里弧度很大的雀替富有生气，这些雀替向上延伸并和帷幕连在一起。我们经常在阁楼中看到魁星。在这里，魁星也是在楼上一层，楼下坐在两个小仆人之间的是五种元素混合之神——土地神，这象征了天地的相互关系。这座塑像穿着斜纹织物，身上布满角栓以及吊坠等饰品。塑像之后是一个由垂直和竖直的严密体系组成的密闭循环系统，人们把其规划设计归功于支持者追求目的性的效果

图 139 二王庙圣母殿的背面（图 249-20）

图 140 通往二王庙魁星阁的路

图 141 二王庙中的魁星阁

第五章 二王庙

图 142 通往二王庙老君殿的路

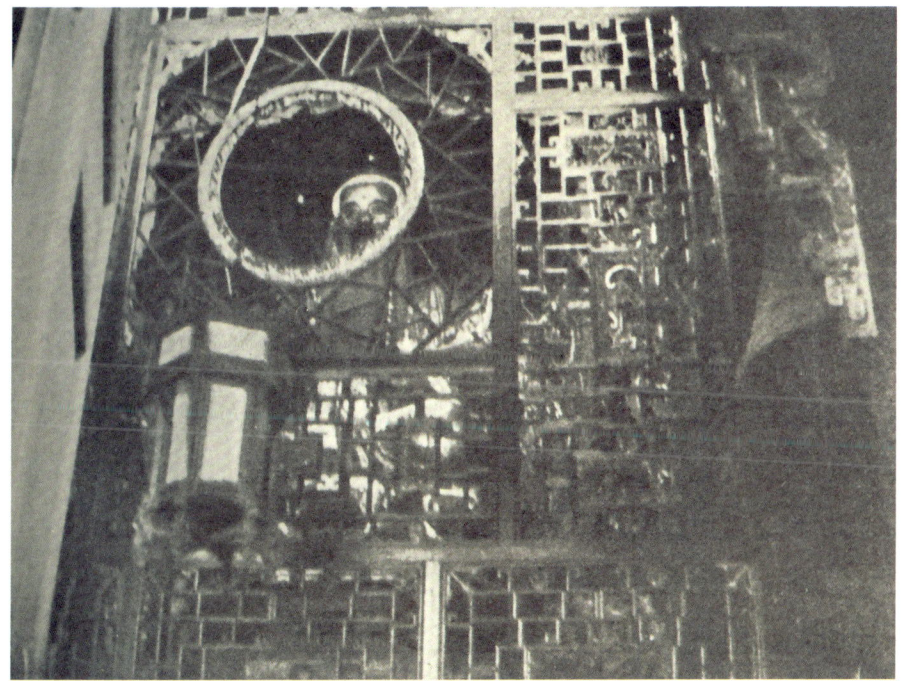

图 143 老君殿内被栅栏围着的老君。这里是寺庙主轴线的末端。

和艺术感需求。

　　一条缓缓升高、由石砖铺成的阴凉的小路通向整座建筑的最高点——老君殿（参见249页，图142）。他和老子几乎是一样的，也是道家的重要代表人物，他将世界的基本法则融入了生活。李冰和二郎从他这里获得了启示，因为每个人的精神和行为都源自最高法则和最深的智慧，即自然本身。老君塑像坐在祭坛的主轴线上，周围安装着栅栏（参见249页，图143）。他的前面是一个大的圆形出口，通过这个出口人们能看到神像。在祭坛栏杆后面，老君的旁边还立着两尊作为补充的塑像，东边是玄都法师，即神秘莫测世界的大师，西边是南极寿星，即南极长生不老的神仙（图144）。这些神仙会经常互相融合，比如南极寿星的头颅很高，白发，白胡子，白眉，而这些正好也是寿星和老子的特征（参见251页，图145）。南极寿星手里拿着非常简洁、很像八卦图案的八角木牌。木牌中间的叶状装饰物是阴阳（女性和男性）的最高标志。人们在神像后面的白色后墙上，以原

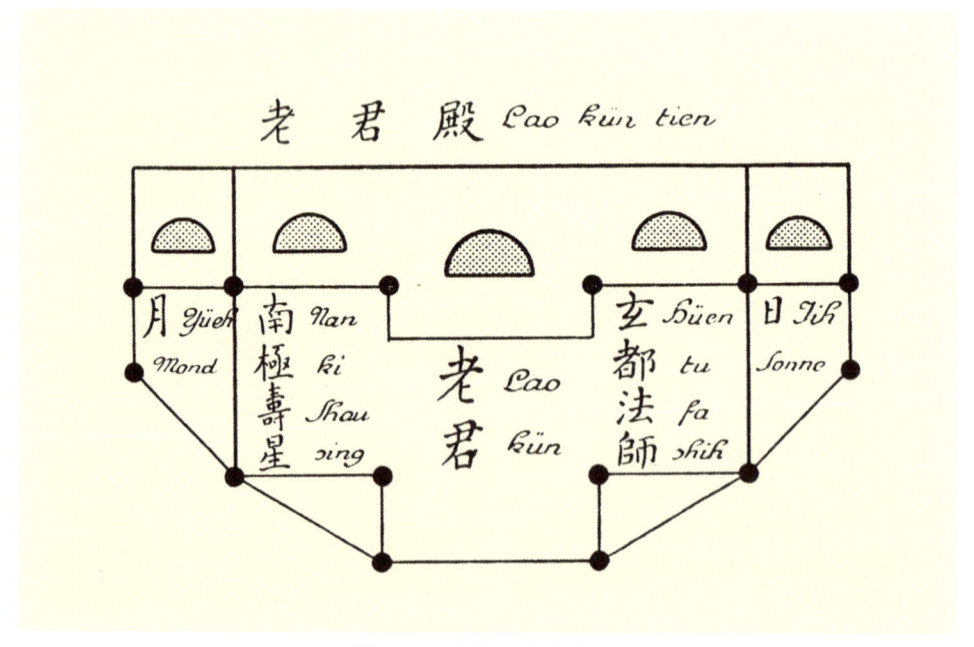

图 144 老君殿内神像的布置

始而神秘的方式画了1到10这十个神圣的数字，通过线条和整体相统一。这是一个伟大的想法，二王庙里所有的神（包括擢升为神的李冰和二郎）都可以理解为大自然最深的道的体现。大殿最后面的小殿堂中立着两尊神仙塑像，他们的名字代表了他们的象征意义。东边是太阳，西边是月亮，所以东西两部分小殿也以此命名。用一句道家的话说，这三样东西代表着神、力和自然的力量，它们就是最高真理。

图 145 老君殿南极寿星的塑像

  大殿中间部分上面的塔比寺庙所有的建筑物都要高。大殿伸展出一个小平台，被较低的拱形栅栏围绕。从这里，人们可以看到整座庙宇的布局以及河流和其他的风景。这一切都充满了宗教气息。

8 灌县二王庙的铭文、对联和匾文

此地大多数寺庙是按照原来的样式重建的。人们以古今结合的形式赞美李冰和二郎的所作所为、对人类的美好祝愿、自然的美丽以及神的恩惠。因为这些格言性质的铭文以及其他内容，在前文中已多次提到，所以这里只翻译一部分铭文。

1. 玉垒仙都；
   金堤重镇。

2. 泽漙两渠；
   功施万禩。

3. 德佑生民疏锦水；
   灵承造化显岷山。

4. 五土庆功成英雄，手段单挥剑；
   千秋歌底定湖海，威名百仗锋。

5. 祠外有山多种树；
   门前流水半归农。

6. 疏凿溉禾田，十四属同沾利泽；
   慈祥周蔀屋，百千载永沐恩施。

7. 遇湾截角；
   逢正抽心。

8. 灌输益部成尧甸；
   疏凿岷源绍禹功。

9. 乔梓荷崇封，当年凿山导江，俎豆千秋昭伟绩；
   闾阎蒙乐利，此日安澜顺轨，桑麻万井被恩波。

10. 十四属不其鱼乎，实永赖沫水西淳，离堆东峙；
    百千秋犹胙玺也，尚无忘秦封承烈，蜀壤垂麻。

11. 底定三江，两世同加盛典；
    昭垂六宇，万民永赖丰功。

12. 山势崇隆，层层为去归平地；
    庙宇巍峨，步步登来入上乘。

13. 愿天常生好人；
    愿人常作好事。

14. 江流不尽秦时月；
    山色犹封汉代云。

15. 帝鉴非无凭处心须厚；
    神威实可畏作事要公。

16. 德继禹谟资利济；
    功垂蜀国识英雄。

17. 夜听江声翻白浪；
    晓看山色笋青城。

18. 明德匪遥，咸仰凿山导江之神妙；
    群贤毕至，共挹青城玉垒之灵奇。

19. 人若有遐思，岂徒夸山明水秀；
    我来游此地，也不觉心旷神怡。

20. 英武镇岷江恩周白水；
    声灵昭蜀国泽被黄童。

21. 六宇没下计，江水依然，古法犹传秦太守；
    二郎神一尊，山水忽起，英灵永护蜀遗民。

22. 殿图凌兴神仙洞府；
    江山绕纵水墨屏风。

23. 禹迹久还湮，幸世德宏敷，永奠两川成沃壤；
    岷源盈自进，庆民生普济，更包万派还朝宗。

24. 徙木积余威，南纪万年崇俎豆；

洒流开沃野，西川千里奠桑麻。

25. 鸿恩周合省；

大德被全川。

26. 垂老百年，莫贪眼前富贵；

高冠一品，留与背后儿孙。

27. 江自岷山导，逾千年而堰法始传，美太守生有令子，没为明神，奇功竟不在禹下；

秦以水德兴，阅六世而湛恩绝少，惟我王手挽狂澜，心存利济，遗爱长留于蜀中。

28. 蔡蒙和夷；

旅平底绩。

29. 此地居全蜀之巅，凿山分流，千载摩挲神迹在；

奇功绍明德而后，父作子述，万民俎豆瓣香留。

30. 能捍患御灾而造福，看宝瓶霞灿，象鼻峰垂，十六县绣壤花封，万顷膏腴春涨满；

合继志述事以成功，喜玉垒云开，犀渊浪静，二千年丹楹刻桷，四时报赛瑞烟腾。

31. 定蜀自秦昭，当年地辟蚕丛，谁遣神功施沫水；

作渠先郑国，他日泽敷鳞熙，犹传遗法到关中。

32. 玉垒流恩永；

岷江沛泽长。

33. 护国安民，庙貌巍巍昭日月；

平天成地，神威赫赫伏蛟龙。

34. 自秦以来，特导汶沱滋畎浍；

缵禹之绪，克承堂构奠山川。

35. 祀通佑配显英，庙貌历千秋，遗爱如新，用昭父子平成绩；

深淘滩低作堰，碑文留六字，良规可守，莫侈神仙傅会谈。

36. 险凿离堆万世永赖；

泽周益部百谷顺成。

37. 疏凿利民生，功迈巨灵开太华；
    勤劳成父志，绩追神禹作支祁。

38. 百里尘氛都扫净；
    半龛灯火大光明。

39. 绩继随刊，分半派江流，千里平畴资灌溉；
    位尊岳渎，建崇冈庙貌，三时农务应祈求。

40. 刻石誓江神，寰宇无波，万古君臣循旧则；
    凿山修水利，蒸民乃粒，一家父子著奇功。

41. 造化有胚胎，无限生机凭种德；
    阴阳含蓓蕾，相传协气尽回春。

42. 伟绩著当年，十四邑人民戴德；
    新规昭此日，百千秋俎豆流芳。

43. 无子要栽培，切莫用欺心说银钱世界；
    有儿当检点，还须坚正气做阴骘事情。

44. 据井络之上游，千秋庙祀逾金马；
    并离堆而不朽，再生丰功视石羊。

45. 岚绚丹青，天工图画；
    江流吞吐，水调歌声。

46. 凿石补随刊，美济前人功垂后世；
    浚江分内外，衡持一堰利溥全川。

47. 天上石麟，愿多福多寿兼多男子；
    人间玉树，更无灾无难平到公卿。

48. 福不外求须积德；
    宗非难继贵存心。

49. 不尽慈恩推赤子；
    无边惠爱及苍生。

短的铭文：

1. 真常道院
2. 泽被遐方
3. 惠泽永敷
4. 功垂不朽
5. 功兼作述
6. 英镇龙窟
7. 天道无亲
8. 法垂六宇
9. 神光普照
10. 因时制宜
11. 乘势利导
12. 实在功德
13. 庙貌庄严
14. 纯诚可嘉
15. 圣启离堆
16. 泽被沱江
17. 福庇全川
18. 山明水秀
19. 德泽昭陵
20. 功埒平成
21. 利浦灵长
22. 永享明烟
23. 咸承明德
24. 永护蜀工
25. 泽沛安澜
26. 蒸民乃粒
27. 西川福主
28. 泽流千祀
29. 功侔郑白
30. 泽及遗氂
31. 泽沛群生
32. 绩著浚川
33. 福被全川
34. 泽周全蜀
35. 劢相国家
36. 泽润生民
37. 政在养民
38. 正直是与
39. 勋崇治水
40. 锦江普佑
41. 保厘苍赤
42. 万世恩波
43. 咸震全川
44. 绩垂保障
45. 泽分星壁
46. 泽永全川
47. 惠流蜀甸
48. 泽被都江
49. 安流利济
50. 绩禹庇民
51. 手提天纲
52. 惠泽旁流
53. 功垂陆海
54. 世济其美
55. 功配禹绩
56. 圣明作述
57. 利济无疆
58. 功昭蜀道

蜀道，意指前往四川的道路。它之所以人人皆知，不仅是由于其沿途的美丽风景，更是由于这条道路崎岖险阻。它是向北穿越秦岭的入口，也是向南进入长江峡谷的起点。因此最后一句对联"不尽慈恩推赤子，无边惠爱及苍生"的意义一点也不虚。那些历尽艰辛到达四川的旅人可以感受到李冰和二郎给四川省带来的巨大恩惠，他们二人让此地人民生活富足，水土丰沃而美丽。

9 摘自我的日记

1908年8月29日

我从成都府出发。从成都到郫县的50里路可谓是单调乏味。沿路不停地经过小树林，小树林围绕着农场、寺庙和坟墓。路边的竹篱笆上爬满了鲜绿的藤蔓，树叶青翠欲滴。一路还有各种不同样式的茅草屋顶、农民的庭院，偶尔还能看到屋顶有瓦片覆盖的建筑，那是富户家的房子，格外显眼。我们刚刚从两片水域穿越过来，附近没有江河。我们经过了几座桥，桥的终点建有牌楼、板房，还有刻有简单铭文的石碑，偶尔还有塔状的带独立角柱的建筑物支撑着桥体。唯一供苦力歇脚的小房子随着或大或小的建筑群和富裕的村落而变化。街道上的生活充满生机，小推车吱呀作响，商贩们吆喝着，行人散着步，旅者躺在露天的座椅上享受着片刻的舒适和清闲，放松地欣赏着街边的一切。

8月30日，周日，阴雨

景色和道路特点与这片平原保持一致。没有铺好的小路沿着水道向前延伸，我们在两个水域中间行进，不时要穿过一些不知名的小河。在一个小集镇上的大村庄里，我们看到一个用木板做成的土地庙坐落在石堆上，小庙前面悬挂的篷子让小路变得生气勃勃，很多墓地和神龛被墙体包围着。在街道的不远处，村庄隐蔽在小树林里，远离噪音和街上的喧闹。街道旁边有些地方的山丘都被用作穷人和外乡人的坟丘。这些坟丘在树下密集地排列着，多数都没有墓碑。这里每一英尺的土地都是昂贵的，那些在北方人看来用作墓地而浪费掉的土地，在这里全然不算是浪费。只有个别的富裕家庭才会把田地中心较大的位置用作墓地。来往交通，熙熙攘攘。街边不远处的庙宇清晰可见，其中有一座废弃的清真寺破败不堪，摇摇欲坠。这些农村的建筑设计风格变化不大，不如成都稍北一些地段上的令人着迷。这里所有的东西都简单上了漆。不管是在村庄还是集镇上，都没有看到太多有趣的细节，不过这里的自然风光依然非常美丽。快到灌县时，我们经过了一座有很多石碑和神龛的桥梁，那里不仅有土地神，土地神的旁边还有他妻子和儿子的塑像。与此同时，西边和西北边的山脉在迷雾和雨水中逐渐清晰，以前这些山经常都是看不见的。当看到北边的山脉时，大家预感到要进山了。那是去往灌县的重要节点，也是山地和平原的中枢。东边，一座雕刻着铭文的巨大门楼通向前方郊区的方向。我们经过了繁华的主街道，旁边有衙门和官员。再向南前行出城，终于在雨中到达了我们的终点——伏龙观。这座寺庙在山崖上的山洞旁边。

9月2日

这座城市给人感觉不像有很大的贸易往来。这里只有两条主街道，街上的普通商店经营着菌菇、丝绸、锡器、茶叶和中药，还有几家票号，并没有较大的丝绸棉布商店。这里虽在成都郊外，但没有大型贸易。然而这里在北上的交通方面却至关重要。戴着头巾、穿着紫色衣服的苗族人来到这里，他们卖掉药材和毛皮，买走茶叶等商品。由于季节的原因，现在的交易量比较少，到了冬天应该会好一些。无数游手好闲的人整天坐在茶楼里，他们商量着挣钱的门道，比如如何用阴谋手段骗哪些人的钱，哪里的店可以赌博，同时商量着能不能偷钱，抢劫，甚至讨论能不能谋财害命。我那些正直的北方朋友——翻译、服务生和厨师，说起这些人的卑劣行为都很愤怒，"这些人的乐于助人只是面具罢了，他们简直就是个危险的人群，他们每个人都觉得阴险狡诈是个优点，北方可从来不是这样"。事实上，就是因为他们鬼鬼祟祟、虚伪狡诈，中国其他省份的人才用"鼠"这个绰号来称呼四川的这些坏人。毫无疑问，这绰号其实是跟四川的简称"蜀"有关。我的同伴告诉我，在山东，人们会在天热的时候免费把茶水放在街旁，给那些囊中羞涩的旅客消暑解渴，迷路的人也能在任意一个好心人家里过夜。可是在四川这里，人们的生活就不那么安全了。其实，在这些不满中，首先反映出大多数中国人离开家乡都会出现的情绪问题。今早有个男人就出于愤怒在离我们这座桥不远的街上割喉自杀了，晚上又有一个女孩在同一个地方跳进了湍急的水流里，之后再也没有出来。据说，这里每年都有十到十五个人跳进水里（这事跟此地的一个传说有关，传说水中有一条幽灵恶龙，喜好抢夺青年男女）。四川人比北方人更自我，更任性，有更加精致和高雅的人际交往法则。这一切的最根本原因是这里的人没有自己本源的历史。在战争起义中，人们的家乡意识、血缘关系、宗族观念在一瞬间被消融殆尽，通过外来移民和强大的生育力重新建起来的这个地方也就成了各个省份血统混杂的大杂烩。尽管如此，这片土地上富裕、舒适的生活仍然造就了此地居民某种长期的性格特征。这种性格特征与一些北方人常说的果敢正义、严肃刚直在一定程度上是相反和对立的，同时也滋生了一些犯罪和不良的潜意识教育。

9月3日

今天当地的一个官员来跟我见面。他来自湖北，给我的感觉很笨拙，很随便。他说话不多，但是实在是很没经验，根本无法跟我讲明白这里冬天河水的绕流、引流等事情。他来这里已经半年了，但在当地老百姓中却还没有树立起威望。他整日工作，却做不出任何成效，因此引起了百姓的不少嘲讽。这些嘲讽被编成三句诗，在人们嘴里传来传去，这三句叫：天天乘马游街，落得自己发笑；天天坐堂判案，至今一件未了；天天差勇缉捕，迄今未见一个。

9月4日

今天我想最好能在寺庙里悠闲地散散步，什么都不考虑，单纯地享受一下这个美好的世界。中国的寺庙将自然和艺术和谐地统一起来。对于如何才能把大门建在陡峭的山坡上这个问题，他们采取从庭院到庭院的方式，通过一级一级的新台阶一直往上建，不断地更新主题，让结构更加庄严、紧密、生动、有力，但是却保持着和谐的形态和颜色。在这里，一步一景，一个画家可以在这创作一整年，画出无数迷人的画作而不重复。与之相反，德国人建造饭馆、疗养院、俱乐部以及类似的建筑时会打破自然的美好，结果这些建筑只能给我们带来外部感官的消遣、身体上的享受。有多少令人喜爱的中国文化被我们抛之脑后！中国文化汲取自然美，汲取一个区域内在作用力，并把它当作神灵寄居之地。那里是人们表达尊敬、祈求、恩赐、领悟、决心的地方。这里最著名的人物就是二郎神，他的祖先、家人都在这里。他原本是仙人，后来他的父亲将他派到人间造福民间百姓。此地的传说中经常流传他的神仙之力，传说他得到了永生，这是他灵魂的寄居地，也是他真正的家乡。但是尤为特别的是，这座庙宇还是幸福的源泉，民众在这里朝圣时为伟大的灵魂以及美丽的传说而感到喜悦，所有的一切都伴随着尊敬和感恩，没有一丝玷污圣地的阴影，同时，这里的神灵对于此地居民也很仁慈。

9月5日

在美丽的阳光中，我再一次被此地的河谷和河流呈现出来的美景所陶醉。人们从上往下可以看到流动的河水，无数的堤坝将河水引向不同的支流，湍急的流水经过堤坝时激起白色的泡沫和浪花。陆地和河流角落里的小石子闪着光，与不远处绿色的小树林相映成趣。在小树林里时不时有村民向外张望。北边支流的岸边有一座主寺庙，从那里一直到水边都覆盖着绿色的植物，竹林闪着微光，杨树鲜嫩欲滴，很多柏树般笔直的阔叶树投射出的影子一直蔓延到河边。我还可以看到耸立的山坡上长满了树和灌木丛，这一片生机盎然的自然美景优美而多姿多彩。远远地就可以看到寺庙建筑群。山坡的南面也有很多景色，但那里植物不多。向东可以遥望远方的绿色田野、树丛和波光粼粼的河水。风景如画的山川在平原上高高隆起，远处可以看到山脚将平原呈锯齿状割裂开。青城山西南面是陡坡，再往南有几个高高的山头。远处西南方向高耸的山峰激发了人们对北方高山的渴望，想看看那些原始的、尚未开发的地方，那些非常古老未被人们破坏过的风景，以及人类社会出现前的古老文明的残余。但是我没时间再走一趟了，只能以后再去，将来我也许会沿着这次的路再走一遍。这种庙宇逐渐从原始山林扩展到辽远丰沃的平原，象征了对自然的征服以及文明的开端和更高级的文化。人们对文明进步充满了敬畏和感恩之心，这一伟大壮举将人们从野蛮物种进化到文明社会，这一点在思想上更加卓越，更加重要。由于这里纯粹的自然美景与任何一种在这里产生的思想都能相得益彰，所以必须将这里称作中国的精品景观。

9月7日

每天都有大量的人前来祭祀，他们在二郎神前面的桌子上放置米面、肉、水果和菜，跪地磕头，还会捐钱。方丈敲钟的时候，发出的声音让人印象深刻。如果人们理解那钟声含义的话，应该知道那是灵魂呼喊的声音。祭祀的东西并不是放在寺里，最后还由前来祈福的人带走。四川各地的人都来这座寺庙祈福。直立的城墙沿着蜿蜒的河道曲折向前，在那里能看到壮丽的景色。城墙由方形石块垒砌而成，用锡来装饰大门。城墙按照特殊的紧凑原则和木制工艺完成，看起来比较质朴。

9月10日

今天是农历八月十五，也就是圆月，是一个隆重的中国节日。这一天，所有人都在欢庆，没有人干活，所有的商店都会关门。八月十五尤其是女孩们的节日，在这一天她们热切地恳求圆月能让她们实现心愿。今早，管理河流的道台在伏龙观里的神仙画前供奉香火。很多中国人来到庙里拜神仙，连庙里那个平时很矜持，经常偷偷吸鸦片的住持都现身了。甚至那个在我们院子做棺材的木匠(木头是从森林里砍伐来的，其中的盈利被住持用来买鸦片)都在庆祝。在城里，数百头刚被宰杀的猪被挂在屠夫和商户的门前。在今天，大家都想特意地享受一下，甚至大量喝酒。我就遇到了全身充斥着烧酒味道的人。我的好友杜先生今天开心得就像小孩一样，嘻嘻哈哈地走来走去并幸福地怀念着以前的节日。为了今天，他特意储存了葡萄酒和啤酒。除此之外，我还送了他半瓶香槟酒。他送了我一些小礼物。其他的人和卫兵们，带来了满是烟火的箱子以及蛋糕和核桃。我给了他们一些报酬。今天最主要的活动是放鞭炮。我们今天足足放了价值四美金的鞭炮。但杜先生却怀念着去年，他和他朋友们放了三十美金的烟火。整个院子充满了火药烟雾，我那活泼的狸犬每次放鞭炮就要吠叫。人们在门上和桌子上对称地放了很多中国式蜡烛，并以此照亮了整个节日。可惜的是上午下雨，下午阴天，晚上很黑。在我随从的记忆中，他家乡庆祝这个节日时总会有月亮。到这个节日时，北方的天空干净而晴朗，而在这个多云的省份肯定会下雨。晚上我们三个在崖顶的六角小亭里，伴着灯光，吃饼干，喝红酒，一起庆祝这个节日。我的朋友总是很积极欢快地工作，他真的是位不错的青年。

9月11日

今天天气很好，上午太阳甚至有些刺眼，而且很热。下午天气阴沉沉的，但没有下雨。我和我的翻译杜先生一起坐轿子从北门上山到了庙里。庙后的城墙上有几户农家，后面就是墓地了。我们首先闻到一股从敞开的棺材中传来的刺鼻的尸臭味。这股味道非常难闻，人们不得不屏住呼吸。这条路向北通向一个深深的峡谷，两侧树林密布，山又高又陡峭，路的尽头就是难以通行的春峰山的山峰，那高高的山顶就是我们的目标。道路已经偏离了城墙，这城墙在群山的支脉上如长城一般起伏着，其间可见垛口、房屋和平台。城墙下可以看到小树林，城市北面的宝塔和城隍庙就坐落于此。道路建在凸起的平缓丘陵之间，穿过群山。山坡上以及小山谷里是密密麻麻的坟冢，数以千计。它们都是一样的高度，上面都长着植被，引人注目。这片宝贵的洼地被充分利用，山坡上建满了建筑物。坟丘上大都只有简单的墓石，只有少数装饰华丽。一座坟墓的装饰引起了我的注意，其纹饰雕刻在敦实的花岗岩上。通往墓室的入口处有花岗岩石门。这里也葬着许多穷人和外乡人，他们的墓比较简陋。上坡先是平缓，然后陡峭。我们经过了简陋的草房、路边小庙与一座颓圮的牌楼。最后一段上坡有石质阶梯。祠堂的框架被密密的林子所映衬，维护得不大好，过去可能比较闻名。今天引起我注意的只有一条小溪与许多精美石雕，石雕围绕着一个石洞，构成了一条通道。夏天有一些英美的传教士会在此处的庄园避暑。

从祠堂中远望顶峰和远处山脉，可以看到最为美丽的景致。在陡峭石壁的脚下有一条封闭的峡谷，远处是宽阔的洼地，那里有树林和村庄，还有几条闪光的河流。其中有一条河尤其秀丽，河床和形状不规则的河岸上有许多小岛。人们总能发现灌县山水中的新美景，乐此不疲。秀丽的风景，富饶多产的平原，密集的人烟，这座平原对历史和中国文化的意义，以及意识到自己身处俊美群山的包围之中——这一切都令人陶醉。在这里，自然也在挣扎和扭动着，在自我构建和创造着，最终在巨大的痛苦中产生了这一片低地。然后李冰和二郎完善了自然的作品，疏导河流，将此前的沼泽地变成田野。现在，这自然的风貌充满了艺术气息，生动而伟大，超出了一切事物、一切的感受与思想。然而这享受的片刻是如此之短。

第六章 文庙——孔庙

1 综述

在欧洲，关于孔子和他的学说、著作乃至宗教立场的文献已数不胜数，在此就不再赘述。本书中，我们仅将孔庙作为建筑主题进行研究，探讨其结构布局。我们的文献中对孔庙的典型特征已有所提及，但由于缺乏翔实的图纸而未能进行详尽介绍。尽管彭安多（P. Tschepe S. J.）在他的杰作《孔庙》中对此进行了许多综述性的研究，本文将通过对多个省份孔庙的描述，让读者更加清晰地了解这些特征。本章节相关的图纸和图画是对山东曲阜孔庙研究的一个重要补充。1907年10月，我参观曲阜孔庙时曾把彭安多的著作当作旅游手册来用，但我在那儿的时间还是太短了，未能详细游览完孔庙所有的建筑，希望日后有人会对中国这座最重要的庙宇之一 —— 曲阜孔庙进行更加细致入微的研究。

在此，我先介绍一下孔子及孔庙。孔子（前551—前479年），山东曲阜人，他的学说在后世备受推崇。第一座孔庙建成的确切时间不得而知，但汉明帝在位时期（57—75年），孔庙就已经存在了。后人对孔子的尊崇与日俱增，甚至称他为学堂的守护神。朝廷努力避免民众将其当作道教的神仙。公元472年，朝廷禁止妇女在孔庙内祈福，将大众拒之门外。后来，祭孔大典成为国家事务，孔庙也成为国庙。直到今天，孔庙仍只在举行祭礼时对官员开放，并未完全对外开放（极个别参观者除外）。孔庙每月的初一和十五有两次小型祭祀活动，每年有两次大型祭祀活动 ——丁祭，分别在仲春和仲秋举行。中国每个县、府、省都建有孔庙。也就是说每个省府驻地最少建有三座孔庙，即县内一座（有时有两座，如该府下辖两个县，比如四川的成都府），府内一座，省内一座。对每位新上任的官员来说，上任前最紧要的事情便是在孔庙祭拜，接着是职务交接。在华丽的北京孔庙（此处稍微提及，不再详细解释），皇帝会亲自或派其代表在丁祭之时呈上祭品。皇帝视赴曲阜朝拜，进献祭品，给智者追封，修缮庙宇，为孔庙题字为己任。下文，我们首先要介绍的是中国最重要、规模最宏大的曲阜孔庙，它融所有孔庙特点于一身，在全国具有代表意义。

曲阜位于泰山以南，距泰山约有一日行程，它以气势恢宏的孔庙、孔林以及颜庙（孔子最喜爱的学生颜回的庙宇）闻名于世。这座矩形城市的城墙上除了四扇普通城门外，还在南面开通了直接通往孔庙的第五扇城门。孔庙的中轴线同时也是整座城市的中轴线。中轴线始于城门以南350米处一片宽敞平坦的原野，此处有一条长250米的松柏大道直通城门。孔庙南北长660米，与内城直接相连。孔庙并不是直接延伸向北，而是沿轴线平面延伸（参见268页，图147）。从北门开始，一条长1560米的松柏大道直达孔林（孔氏家族墓地）的围墙。绵延的松柏大道——神道被桥、牌楼和门坊分成数个部分。广阔的孔林极为巧妙地遮掩了孔子的墓地。孔子墓坐落于孔林西侧，这使它刚好位于孔庙外延的中轴线上，并成为孔庙真正意义上的基准点（参见269—270页，图148—151）。这一布局让人想到，南面孔庙里孔子的塑像不过是其最终圆满归天后的一个可视符号而已。如果人们尊崇一位智者，那么就应该同样尊崇这位智者仙逝后的英灵。松柏大道将庙群与墓群紧密联系在一起，这种紧密联系充分反映了中国人用宗教思想将地形特点与建筑艺术融为一体的传统，尽管有时候自然环境并不适宜。因为曲阜一带是平原，几乎没有高低起伏的地段。在进一步了解内外联系后，城市、庙宇与墓林的布局便更令人赞叹。

孔庙的正东面紧挨着一座大衙门[1]，孔子的第75代后人（也就是今天的衍圣公[2]）居于此处（参见271页，图152）。靠近孔庙东南角，与之仅隔一条小路的地方有一座大学堂。曲阜城北门内为相对朴素但宽敞的颜庙，它的布局和孔庙类似，其东面有一座为该区域主考官设置的衙门。众多的衙门、书院和石牌楼让这座小城别具风格。曲阜城的东南角是文昌庙（为文运之神文昌星设立的庙宇），文昌庙前是一个人工湖，湖中心有一座小岛。城墙外东南角上是为魁星（文章之神）建造的小亭子（魁星阁）。山东、湖南和山西三省的人们喜欢将文章之神的庙宇建造在城市和村庄的东南方。曲阜孔庙东南方的文昌庙、魁星阁给这片建筑群注入了道教思想。关于孔庙东南方文昌庙和魁星阁的布局我们以后还会再介绍。鼓楼高耸于城市中央，而孔庙的钟楼与曲阜城的钟楼相毗邻（参见271页，图153）。整个西北城区几乎都是为孔子后裔保留的。

---

[1] 此处指衍圣公府、孔府。——译者注
[2] 孔子嫡裔子孙的世袭爵位。——译者注

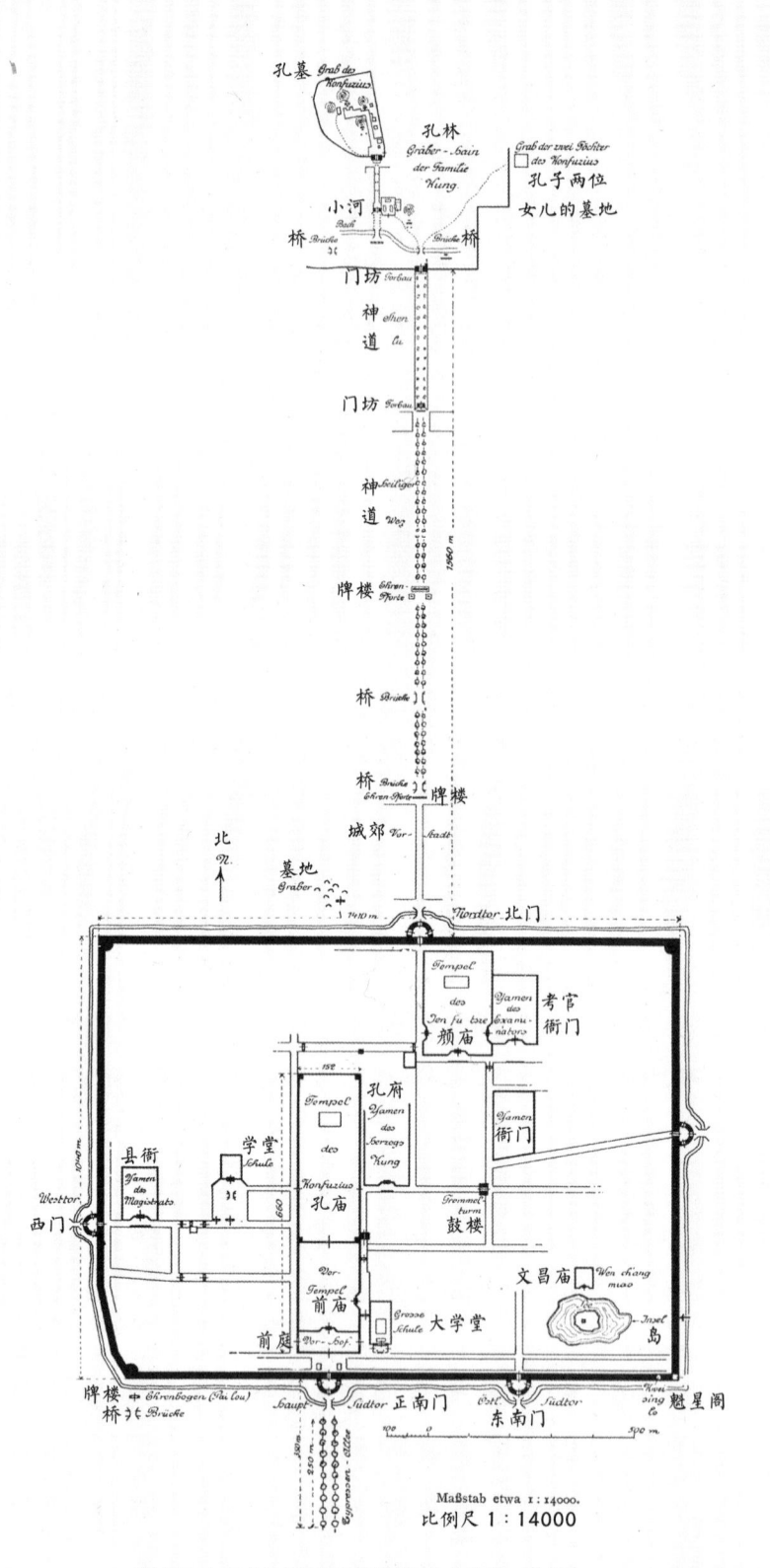

图 147 山东曲阜城平面规划草图（含孔庙、孔林）

正视图

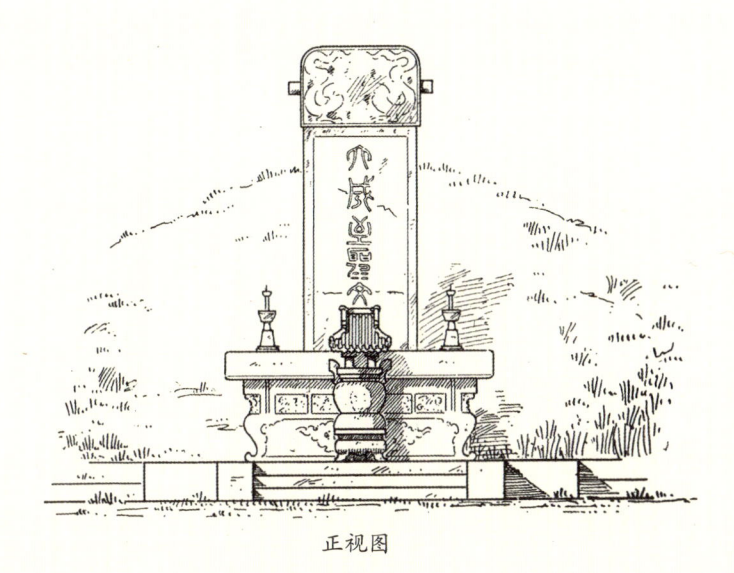

图 148 曲阜城北墓园中孔子墓的正视图

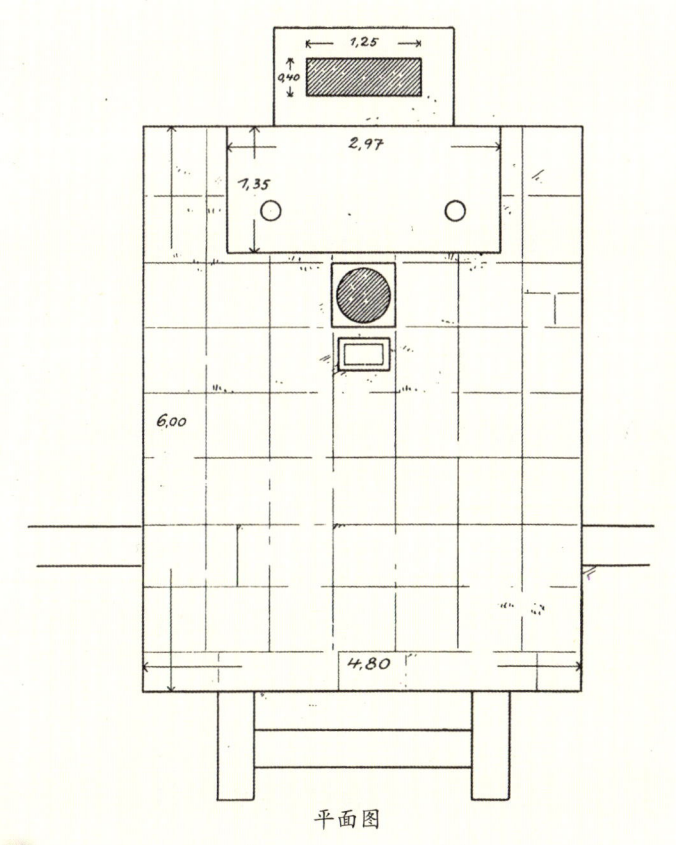

平面图

图 149 曲阜城北墓园中孔子墓的平面图

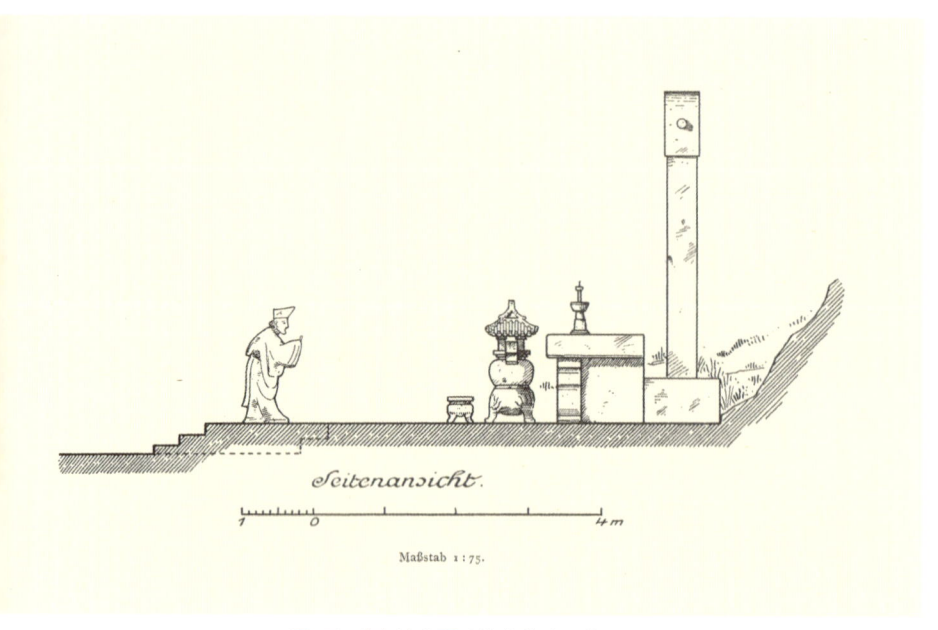

图 150 曲阜城北面孔林中的孔子墓

图 151 曲阜城北面孔林中孔子墓的侧视图

第六章 文庙——孔庙 | 271

图 152 曲阜孔庙旁孔府入口

图 153 曲阜孔庙钟楼与孔庙东边的曲阜城钟楼

2 曲阜孔庙

表二 关于孔庙的历史记载（根据彭安多所记）

公元前 551—前 479 年	孔子
公元前 372—前 289 年	孟子。他还尚未提及庙宇之事。
公元前 194 年	高祖（前 202—前 195 年在位，汉朝的建立者和第一任皇帝）在曲阜以牛、羊、猪（太牢）祭祀孔子，显然当时已有庙宇。
公元前 156 年	士大夫文翁家中有一尊孔子的石坐像。
公元 59 年	汉明帝以狗祭祀孔子，并把他称为书院的守护神（素王）。
公元 72 年	明帝赴曲阜祭祀孔子及其七十二弟子，设立七十二弟子牌位。
公元 152 年	孔庙成为国庙，配有专人守护。
公元 169 年	祭祀活动不断扩大。
公元 445 年	在呈献祭品时开始有音乐伴奏。
公元 540 年	李廷[1]命人在庙宇中设立一尊孔子塑像。孔子的四大弟子（四配）开始以塑像取代此前的牌位。
唐朝	
公元 618—626 年	唐高祖诏令各州县皆立孔庙。
公元 705、712、713 年	许多农户被免除徭役，来看护孔庙和墓地。
公元 720 年	定十哲配祀孔庙，以颜子为十哲之首。
公元 725 年	十哲开始有坐像，此前即使是颜子也只有立像。
公元 740 年	丁祭确立。

[1] 此处是音译，其人不可考。——译者注

宋朝	
公元 961 年	规定通过考试的秀才应祭拜孔子。
公元 983 年	对孔庙进行修缮，新成的孔庙巍峨壮丽、气势恢宏。
公元 998—1022 年	宋真宗追封孔子。孔子父母获得封号。
公元 1008—1017 年	孔庙不断扩建，日益华丽。主殿开始建造在今天的位置上。孔庙格局初步奠定。
公元 1023—1064 年	宋仁宗追封孔子，并为孔庙题写篆书对子，开创为全国孔庙题字之风。
公元 1086—1101 年	宋哲宗赠一万摩尔干[1]土地。
公元 1101—1126 年	宋徽宗调整并增加配享人员，大成门前设二十四戟。
元朝	
公元 1214 年	孔庙被蒙古骑兵摧毁。
公元 1294 年	可汗忽必烈重建孔庙，重新实行祭礼。
明朝	
公元 1368—1399 年	明朝开国皇帝朱元璋欲拆除孔子像而立牌位，但未能如愿。
公元 1499 年	六月，大殿遭到雷击，整座孔庙化为灰烬。
公元 1500—1504 年	明孝宗下令重建孔庙，并准许在十根石柱上雕刻龙纹。将摆放有乐器的大殿（金丝堂）迁移至孔庙西侧（此前位于第五处庭院鲁壁旁）。

[1] 欧洲各国的土地面积单位，1 摩尔干等于 0.25～0.34 公顷。——译者注

公元 1511 年	孔庙还位于城外时，庙中宝物曾失窃，随后城墙向西扩张，并将孔庙也包含进来。自此，门坊才成为孔庙的主入口。
公元 1530 年	孔庙内配享人员的位次得以调整确立，并获得各自的封号。
公元 1522—1567 年	嘉靖皇帝下令在所有孔庙中建一座大殿来祭祀孔子的上五代祖先。
清朝	
公元 1724 年	孔庙在雷击中再次化为灰烬。
公元 1724—1730 年	孔庙重建。重建完毕后，雍正皇帝为其举行隆重典礼。这座庙宇的总体保存至今。

孔庙的南端——入口建筑和三座院落

孔庙纵长647米，横宽152米，由围墙环绕，气势恢宏，令人印象深刻。它充分展现了中国建筑通过庭院与门坊的反复组合将视线引向主庭院与主殿的传统特色。另外孔庙中轴线一分为三，形成左、中、右三路布局。南面松柏大道直通气势恢宏的城门，城门同时也是孔庙的入口。过了护城河上的桥，矗立在人们眼前的便是孔庙。孔庙殿前共有三片水域，而护城河是大殿前的第一片水域。城墙上有三个半圆形门孔，其中位于中轴线上的中间门孔通常是封闭的，这和北京类似（北京城南面的主门同时也是故宫的入口）。从城门布局中似乎体现了孔子与皇帝的某种同等地位，这种同等性是通过多道敕令确立起来的。或许当时的北京城门为孔庙轴线上的城门树立了典范，因此才有了1511年后孔庙城门的改造。当时北京城的平面图纸早已确定。开启两扇城门足够满足曲阜的日常交通，但在北京却远远不够。因此城门几乎完全是精神层面上的纪念性建筑。雄伟的城门使城墙的恢弘气势达到顶峰。城门内的空地两旁各有一座守卫房，从这往前走可以看到

第六章 文庙——孔庙

一座三门石牌坊，牌坊上题有"金声玉振"，比喻孔子思想集古圣先贤之大成，其学说达到了尽善尽美的程度。牌坊后有一条小河，它是大殿前的第二处水道。河上纵跨一拱桥，桥面平缓，并与一平台相连。平台四周环绕着精雕细琢的石栏，与围墙和孔庙入口小门相接。仅这一平台，就能让人们感受到孔庙的至高等级。孔庙入口两侧围墙附近各矗立着一块石碑——下马碑。为了维护该场所的神圣性，碑上文字要求经过此处的人必须下马。皇帝与王侯的宫殿与陵墓前均有这种为表示恭敬而设立的石碑。

孔庙的1号前庭[1]宽敞开阔，别具一格。通过东西两侧的两座三间牌楼可以进入庭院。东侧牌楼上题有"德侔天地"，意为孔子的品德与天地齐同；西侧牌楼上题有"道冠古今"，意为他的思想空前绝后，从古至今都是最好的。与庭院南端墙垣相连的"棂星门"是孔庙中轴线上的主入口。这是一座石门，通过它就可以像通过栅栏一样看见棂星——孔子。[2]棂星门正门及侧门都有门扇，[3]透过门上端的栅栏间隙可以看见庭院内部。这种构造在国家层面建筑和国庙上十分常见。但门上的题字还使它在这里有了某种象征意义。棂星门里还建有两座石坊，南为"太和元气坊"，意为高度和谐，本源之气。[4]北为"至圣庙坊"，意为最神圣的庙宇。

这一前庭后有两座离主殿更近些的十分宽阔的庭院，平日多作迎宾之用，并没有什么特别的建筑。院内遍植松柏，浓荫蔽日，营造出使人清心涤念的环境，参观者置身其中，似乎与世隔绝，敬仰之心也油然而生。一座巨大的三券拱门构

---

[1] 此处指的是图 251 中的院落标示，具体位置详见图 251，下文同。——译者注
[2] 棂星，即灵星，又名天田星，古人认为它"主得士之庆"。古代祭天，先要祭祀灵星。孔庙设门名灵星，是说尊孔如同尊天。——译者注
[3] 两开两合的大门的其中一扇门叫做一块门扇。——译者注
[4] 中国古代盛行阴阳五行学说。太，通"大"，至高至极。和，指对立面的均衡、和谐与统一。"太和"指天地、日月、阴阳会合、冲和之气；"元气"原意为形成世界的原始物质，"金、木、水、火、土"这五行称为"元气"，世界上万事、万物都是由五行构成。在这里"元气"为天地、日月、阴阳会合之气，是生长万物的根本。"太和元气"就是指孔子思想体现了整个人类思想最精华、最高贵的一面，如同天地生育万物一般，能使人类思想到达一种至高无上的境地。——译者注

成前庭的入口，这便是圣时门，"神圣时刻之门"（即孔子出现）。[1]这一建筑耸立于平台之上，前后各有三段石阶，以其宏伟之势成为中国古代庙宇和宫殿的重要部分。然而这种建筑母题最初来源于西方，因为它在佛教寺庙，尤其是喇嘛庙中极为常见。现在我们置身于第一座迎宾庭院，即总体建筑的2号庭院。这一庭院东西两侧也各有一座偏门，这样一来，中间和两侧共有三个入口。东侧是"快睹门"，意为"从此处所看到的会令人快乐"。[2]西侧为"仰高门"，意为"此处应向上看"。[3]5号院落东西两侧也各有一扇偏门，这是第三处有偏门的院落。2号庭院中一水横穿（环水有雕刻精美的石栏），称为璧水——这是孔庙中的第三处水域。璧水之上纵跨三架拱桥。一过圣时门，主路便一分为三，直通向孔庙主殿。璧水桥北为"弘道门"，意为"大学说门"。[4]这是一座五间门坊。与弘道门相连的两侧墙垣中各开一小门，通往3号院落。3号院落北侧墙垣中也有一大门和两侧门。通过其内的大中门（"大而珍贵的门"）可以进入孔庙的主殿区。

孔庙北端的基本结构

孔庙的主殿区呈长方形，包括4号至14号院落。主殿区围墙四角各有一角楼，因而十分容易辨认。角楼高耸于坚实的平台之上（参见271页，图153）。中国古代的五座圣山（五岳）上也有这样的建筑样式，而它又在孔庙中出现了，这在某种程度上或许表明了角楼这种建筑由来已久，因此，角楼最初是为防御而建的猜测便是完全合理的，它和我们所见到的印度纪念碑式的建筑模式并无联系。四座角楼的用途并非完全一样，存在着某些差异。南面东西两侧的角楼分别用作钟楼和鼓楼。这种礼制性的用途纯粹是从建筑布局出发，与四座角楼的本质功能防御作用相矛盾，不过现在角楼的防御作用已被削弱。之后，我们还会涉及钟楼和鼓

---

[1] 据《孟子》记载，"孟子曰：'伯夷，圣之清者也；伊尹，圣之任者也；柳下惠，圣之和者也；孔子，圣之时者也。'"意思是说，在圣人之中孔子是最适合时代的。——译者注
[2] "快睹门"，取李渤"如景星凤凰，争先睹之"语，即"先睹为快"之意。应指以能尽先看到为快乐，形容盼望殷切。——译者注
[3] 此处作者理解有偏差。"仰高门"取自《论语》"仰之弥高"语，赞颂孔子学问十分高深。——译者注
[4] 弘道门根据《论语》"人能弘道"命名，赞颂孔子阐发了尧舜禹汤和文武周公之道。——译者注

楼。6号院落的亭子（杏坛）中就有钟和鼓，显然，这两种乐器是中国古代祭礼中的重要组成部分。除了曲阜孔庙，我在其他地方的孔庙中都没有看见过角楼。因此，目前很难将此与某种历史文化联系在一起。在此，我们陈述一下事实，让人们注意到这一点便已足够了。佛教的影响也不是没有可能，这一影响反映在大殿的中心位置上，它和四座角楼共同构成数字"五"。在1008年时，这一点表现得更为明确，当时大殿还在今天杏坛的位置上，也就是说，它几乎完全处于两条对角线的交叉点上。数字"五"在中国古代建筑中有非常重要的意义，在佛教的祭礼性建筑上表现得尤为明显。巍峨的大殿几乎完全被四周的偏殿和门坊包围。在第一章中，我们就已把对称布局，即偏殿和大殿的相互孤立，充当整体布局基准点的这种建筑样式当作中国传统建筑风格来分析。在曲阜的颜庙中，这一古老的布局展现得更为淋漓尽致。偏殿的相连很可能是从印度引进的一种佛教建筑风格（参见图252）。现在，孔庙的大殿位于巨大矩形的中心位置，它的前庭开阔，而矩形的四角上各有一角楼突兀凌空。当然，北京的故宫中也有不少这类矩形的嵌套结构。印度和中国古代的相互影响到底有多深，有待于日后的研究来解答。然而现在，作为重要的建筑史实，我们必须如实记录孔庙中的这一布局。

四座角楼间的庙宇按照进深可以再细分为四个部分，即：4号院落；5号院落——迎宾庭院；6号主院落（含大殿）和其东面10、11和12号院落，西面13、14号院落；最北端的9号院落（它虽与7号、8号院落相隔，但仍属于主院落）。

4号院落和5号迎宾庭院

4号院落中有大量石碑，有露天立于基座或者龟上的，还有两座碑亭。曲阜孔庙中的石碑数目众多，年代久远。5号迎宾庭院内的石碑最为出名。4号院落中心位置上矗立有"同文门"，意为"文章的统一"。[1]这座门坊的门廊下立有八面石柱，与之前的几座由木柱支撑的门坊有所不同。离孔庙主殿越近，矗立在我们眼前的建筑就越巍峨壮丽。院内最北端的两个角落里各有一座独立的小院落，三面各建

---

[1] 同文门原名参同门，雍正七年钦定为同文门，取《礼记》"书同文，行同伦"之意。——译者注

图 154 曲阜孔庙中的奎文阁

图 155 曲阜孔庙院落中的碑亭

一房，祭祀前高官或皇帝会亲自在这些房子里面准备祭品。其中有几处房间为更衣室，官员于祭祀前后在此更换服装。因此人们把这类同时在国庙和皇帝陵墓中出现的建筑称作"更衣殿"。此院最令人印象深刻的一座楼为"奎文阁"，意为"闪耀文学之门"，[1]它位于院落的最北端。奎文阁内部两层，三重飞檐，极为精美，底层也是由八面石柱支撑。（参见278页，图154）奎文阁两侧的墙垣上还有两门可以通向下一进院落，用以强调由此向后孔庙分为三路。

5号迎宾庭院中的十三碑亭（参见278页，图155）令人肃然起敬。碑亭四面敞开，二重飞檐，斗拱错落有致，坚实的大型角柱围绕内层木柱，亭内石碑立于乌龟之上。碑亭位于院落左右两侧。院落东西两侧各有一偏门。东侧为"毓粹门"，意为"纯粹完美之门"，西侧为"观德门"，意为"观望德行之门"。这里也出现了东西两偏门的建筑风格，当然这是有实际用途的，因为这两扇门平时敞开，供东西城区百姓通行来往。如果没有这一通道，两个城区将被绵延数里的孔庙隔绝。

主殿中心建筑群

经过数个开阔的院落，终于到达包含主殿的中心院落。这里的建筑群平行纵列于三条轴线上，中间殿堂是为孔子所设，东侧殿堂是为纪念孔子生平和其先祖而设，西侧则是为准备祭品以及纪念孔子父母而设。

6号院落

大门和庭院

东西两侧建筑群分别仅有一个入口，与此相对，中心建筑却有三个入口。位于中间的大成门——"完美之门"[2]，面阔五间，开有三门。它由十二柱支撑，其

---

[1] "奎"是二十八宿之一，西方白虎之首，有星十六颗，"屈曲相钩，似文字之画"，所以《孝经》称"奎主文章"，后人进而把奎（魁）星演化为文官之首。后代封建帝王为赞颂孔子，遂将孔庙藏书楼命名为奎文阁。——译者注

[2] "大成"二字，出自《孟子·万章下》"孔子之谓集大成者"一语。——译者注

中八根为表面平滑的八面石柱，中间四根为坚实的圆柱，与大殿前面的石柱一样雕刻着团龙与祥云。大成门和同文门差不多。二十四戟分列大门左右，戟头各不相同，它们在祖庙中代表死后亦能做大官（本书最后一章中会讲到长沙府的一个例子）。孔子也享受到了这样的祭祀规格，且值得注意的是，很多证据表明孔子既被归于圣贤之列，又享受和帝王与神灵同等规格的礼制待遇。而佛教和道教的寺庙中都有这些戟头的身影。大成门两侧的金声门和玉振门则由木柱支撑。

进入大门，需要走几级台阶才能进入院落。院落内美得令人惊叹：松柏遍布，浓荫蔽日，芳草如茵，石碑如林。大成殿旁东西两庑（廊庑）绵延伸展。透过古树，可以看到大成殿周绕回廊，重檐飞翘，斗拱交错，雕梁画栋，金碧辉煌。大成门旁的大理石围栏中挺立着一株象征不朽的古桧树，据说是孔子亲手种下的。其他地方的孔庙中也有这样一株古树，四周环绕围栏，用以表示与其他古树的不同。

院落中轴线位置上，立有一象征文人风骨的小柱子，小柱子以北是为纪念孔子办学设教而建的杏坛（11世纪初以前，此处为孔庙主殿所在）。杏坛立于平台之上，以大理石栏环绕，四面悬山。杏坛内东北角钟架内悬一钟（图156），西南角有一音鼓。钟和鼓的存在不断提醒人们仪式和节律的重要性，这与对孔子的尊崇密不可分，甚至可以说它象征着神圣。

图 156 曲阜孔庙杏坛中的钟和钟架

主殿大成殿

巍峨壮丽的大成殿矗立在我们眼前，它是孔庙的主殿，也是奉祀孔子的中心场所。大成殿采用中国传统建筑风格，称得上是中国建筑艺术的杰作。我们现在看到的大成殿系清朝雍正时期的重建建筑，此前的建筑已毁于雷火。目前还不能完全确定大成殿的石柱与石基是何时建成的，（明朝）公元1500—1504年第一次重建时或清朝雍正时期都有可能。但从石柱的外形来看，它们更有可能建于明朝时期。

双层台基

主殿位于双层台基上。台基向南伸展，构成开阔的露台。这是中国古建筑的一种样式，也叫月台。它是祭祀时歌舞、行礼的地方，因此，规模较小的殿前不会有这样的露台。当然，孔庙西侧为纪念孔子父亲所建的殿堂和东侧为纪念孔子祖先所建的殿堂前也都有这样的露台。大成殿露台以中轴线为中心向北延伸，并在殿后与相对较小的孔子夫人殿（寝殿）相连，使得两殿构成一个整体。大成殿双层台基石栏杆向北延伸至寝殿正面，石栏柱顶精雕细琢，栏板底部横穿有孔，石栏将两座大殿围于其内（除了寝殿两侧被石阶阻断的部分）。大成殿所代表的神圣意义是其他建筑无法比拟的。大成殿台基莲花栏柱下设有龙头排水构件螭首，台基角上的螭首相对较大。它们全部位于上端横脚线上，环绕着下层露台石栏。杏坛以北，大殿以南，双层石阶正中间铺有两块浮雕云龙石陛，称作神道。

大殿的平面图与构造

我们之前已经说过，大殿的平面布局可能形成于公元1008—1017年间。大殿面阔九间，进深五间，共计四十五部分。其中的一整道回廊是相对独立的，因此对于大殿供奉区域来说只有二十一（7×3）部分。位于中轴线上的正堂横宽7.5米，纵深9.4米，与其他房间相比，正堂显得格外宽敞。东西六间同阔的侧房只有5.25米宽，回廊宽3.5米。算上回廊和最外部的石柱，大殿总阔46米，纵深25米，上层台

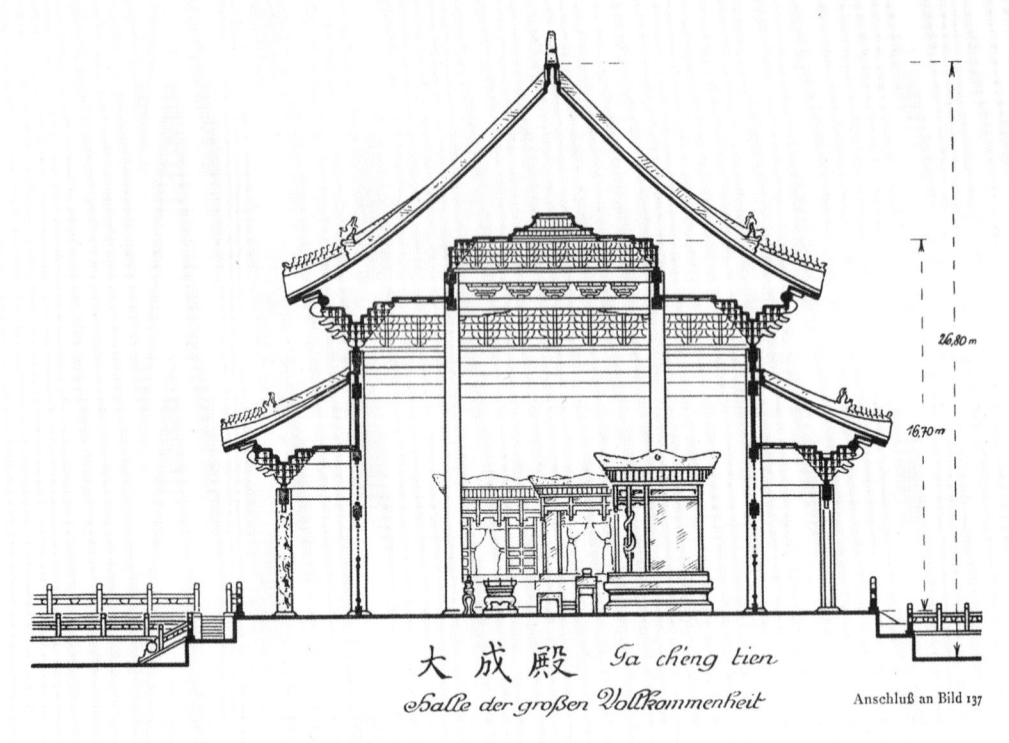

图 157 曲阜孔庙大成殿横截面图，比例尺 1∶300
（右侧接图 158）

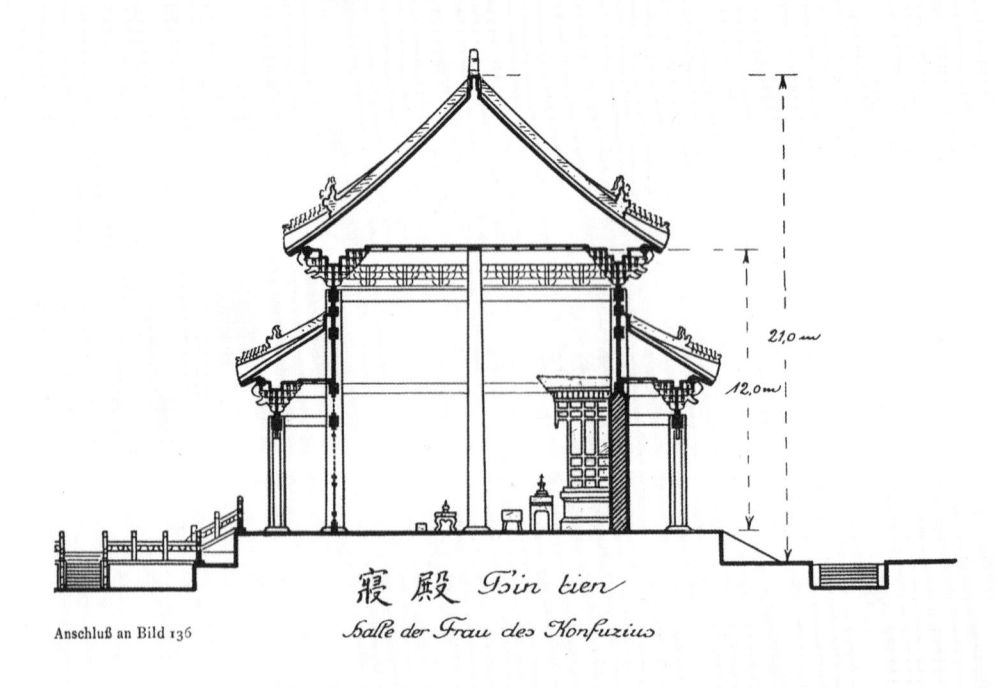

图 158 曲阜孔庙寝殿横截面，比例尺 1∶300
（左侧接图 157）

第六章 文庙——孔庙

基为51米×30米，大殿本身为40米×19米。大成殿正堂宽度之所以几乎比侧厅多出一半，是为了凸显中轴线主入口的地位。双重飞檐正中竖立匾额，突出了建筑的中轴线，同时也体现了中国传统审美观念，它与主入口大门的过分开阔相中和，不会使中间入口显得过大。

平面布局的大尺寸与横切面的构造相符，大殿中心最高点达17米（参见282页，图157、158）。横梁和托架的规格远超所需跨度，这是极不寻常的。很遗憾的是未能获得相关的尺寸信息。尽管木材体积庞大，但是整座建筑的内外结构并没有让人感到压抑。大殿内部宽敞而又庄严，主殿内支柱全为高约15米的楠木。这种长势良好的大型木材来之不易，它们产自安南和西安，人们不远万里将它们从木材生产地运到北方。这种树木很早之前便用于建造北京的宫殿和皇帝的陵墓。人们把这种珍贵的木材漆红，或在其外部抹上灰泥，饰以图案，并贴金。天花板完全由藻井构成。正堂神坛之上藻井的拱顶雕有团龙，饰有花纹。密集的托架横脚线向内凸起，将外部的藻井分割开来，使内部横切面线条显得更为连续、柔和。这对各方面都有好处，此种设计使建筑在木架构的严肃中又增添了美学上的生动。托架和天花板上的许多细节使大殿更具艺术美，精雕细琢的木质贴金牌匾位置倾斜，使得两侧有往中间靠拢攀升之势，当然这也得归功于富丽堂皇的神坛。这些细节与柱子以及栋梁的大线条和光面间相互影响，协调一致。大殿的这种构造对欧洲人来说比较陌生，却令人赏心悦目。

大殿正面的石柱

孔庙的主殿并非只有殿内的木柱闻名于世，其外的雕龙石柱更是令人惊叹。这些石柱可能刻制于公元1500—1504年间，它们环立大殿四周，构成了殿外的回廊（参见284页，图159；285页，图160、图161）。中国的殿堂通常由木柱支撑，相对来说石柱用得比较少，但在一些地方也能看见石柱的身影。它们广泛运用于牌楼，支撑牌楼的石柱高大雄伟，精工细造，反映了中国石匠技艺之高深，也证明了质量上乘的石材遍布各地。山东是名副其实的石雕艺术之乡，在这里，砖石、

图 159 曲阜孔庙高大主殿的石柱局部

花岗岩被大规模利用。当然，在这里我们该把注意力集中到大成殿由木柱到石柱的转换上。我们已在山西省解州关帝庙看到过浮雕石龙柱，此外还有成都府的青羊宫八卦亭、庙台子中的一个亭子、灌县二王庙的大殿。在曲阜这座孔庙中，门厅的几处建筑都有石柱。是的，气势恢宏的入口大厅处就已经矗立着带有浮雕的石柱，为纪念孔子夫人和孔子父亲所建的大殿也有石柱。此外，颜庙以及湖南和广东的一些家庙都有石柱。如果把我所熟知的中国境内这些有石柱的地方结合起来，并和惯用木柱的皇家庙宇、宫殿进行比较，可以发现，为表达对英雄、神灵的敬仰所建的庙宇更倾向于采用石柱。他们帮助百姓，百姓就为他们建造恢弘富丽的庙宇来赞颂他们。毫无疑问，在石柱上刻浮雕应该是为了暗示人与庙中神灵间是一种内在的、私人的和信任的关系。然而国庙的宏伟建筑上却完全没有石柱。我只在四川省的佛教和道教庙观中看到过浮雕石柱，但是从很多方面来说那里的建筑风格是自成一家的，而且当地砂岩数量可观，因此石柱也主要是砂岩材质。石柱只存在于特定建筑中或许验证了这一猜测：和对其他宗教性建筑的感情不同，中国人内心对这类建筑有着别样的态度，而这类建筑也在某种程度上有别于其他庙宇。这一猜测正确与否，我们的判断必须慎之又慎，因为中国大型庙宇建筑的外观在大体相似中包含了极其细微的差

第六章 文庙——孔庙 | 285

图 160 曲阜孔庙高大的主殿大成殿的露台与西侧部分

图 161 曲阜孔庙高大的主殿大成殿的露台和东侧部分

别。这种差别有时候需要用心灵去感受，而非用标尺衡量。在没有更确切的资料证明判断之前，我想先阐述一下自己的猜想，我认为石柱更多地被用于建造纪念性庙宇，孔庙是其中之一。

在所有已知的石柱当中，最精美的应属曲阜大成殿前的十根石柱（图162）。大理石柱高5.3米，直径0.75米，立于0.25米高的圆形基座上，均以整石刻成。每柱上的两龙交错对翔，盘绕升腾，好似双龙以奔腾之势上下飞腾对舞。中刻宝珠，四绕云焰，柱脚缀以山石，衬以波涛，好似巨龙在祥云中翻滚，也象征着巨龙自海中飞腾而出的意境。十根巨型石龙柱两两相对，各具特色，无一雷同，造型优美

图 162 山东省曲阜孔庙大成殿前端的石柱

生动，雕刻巧夺天工，刀法刚劲有力，龙姿栩栩如生。

　　与前廊的深浮雕不同，两侧及背后回廊上的十八根石柱为八棱浅雕石柱，也以整石刻成，并以云龙为饰。可惜的是，即便是在大成殿这么神圣的地方，这些纹饰也有所磨损。类似的图案和工艺在颜庙的石柱上也可以看到（参见303—304页，图171）。

大成殿祭坛

　　从以下平面图中可以清楚地看到大成殿内祭坛和塑像的布局（参见288页，图163）。殿内正中位置上供奉孔子塑像，孔子塑像两侧为四配（四位主要弟子），四配两位一龛。东西两侧再往外为十二哲，每侧祭坛中有六人。所有塑像都朝向正中。在此对这些先贤先儒就不一一赘述。我多次提及的彭安多的书中对此有更详尽的介绍，以下这张含有祭坛位置和先贤姓名的布局图是根据他的材料绘制而成的。此外还有一点值得注意，大成殿中配享的孔子弟子数是有规律的，即"四"和"十二"，这已成为全国都需要遵守的规范。

　　配享的弟子中有一些并未与孔子生活在同一时期，而是生活在相对较晚的时期，之后才得以配享入庙。如孟子生活于公元前372—前289年，洪武帝（1368—1398年在位）曾想把他的灵位（四配西南角位置）撤出孔庙，但因遭儒生的反对未能成功。但从此次争执中可以看出，数字"四"并非不可动摇。孔子的十位弟子，即十哲，直到公元720年才得以配享入庙，究竟是出于什么原因，现在仍有待考证。最后两位很晚才得以配享入庙：朱熹是在康熙时期，子有是乾隆时期的1738年。康熙和乾隆这两位皇帝都大力推行佛教。由此产生了一个问题，即如此重视对称性和节律的中国人在此之前是怎么排列祭坛和塑像的？此外，究竟这些弟子出于何种原因能配享入庙？但是无论如何，在建筑对称性的要求下，数字原则确有发展。孟子、朱熹等名人很容易对历史前提做出解释。目前看来，数字规律的发展趋势具有某种佛教特质。在讲到孔庙北部主殿区的时候其实就已经指出，围墙四角的四座角楼和中心的大殿构成数字"五"，这是同中国的

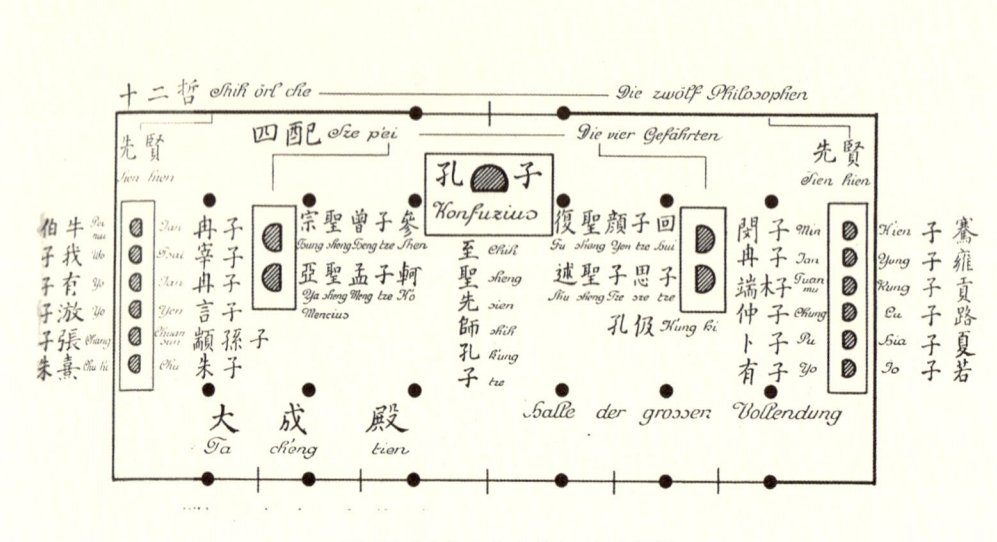

图 163 曲阜孔庙大成殿内祭坛布局图

传统和佛教思想相契合的。大成殿内孔子和四位配享的弟子也构成了与外部相似的数字"五"。孔子四位弟子和佛教中四大菩萨的相似性特别引人注目，但是后者与四位弟子的布局方式不同，四大菩萨通常是可以放在一起的。十二哲中的数字"十二"，在中国神话和自然哲学中也非常出名，它经常被应用于建筑中（北京天坛的大圆厅就被分为十二格）。将"四"和"十二"两个数字相加就得到数字"十六"，而"十六"在佛教中也扮演了重要角色。

如果有足够充分的资料，能够让我们知道大殿内的孔子学生数目是在何时、因何在历史长河中慢慢增长成现今的"四"和"十二"，也就是"十六"的（以前这一数字显然更小），那么我们就能更准确地界定佛教对中国产生深刻影响的时间。从精神层面来说，尽管在建筑艺术中有节律的数字得以大范围运用，并且通过平面的构造加强了宗教意义，在儒生们未注意的情况下被引入轨道，但这种影响并不为儒生所知。只有先从文献中找到孔庙发展的源头，才能更进一步解释这个问题。搞清楚中国传统哲学思想和印度宗教思想之间的联系程度和联系形式，以及这种联系是如何反映在艺术，尤其是建筑艺术上的，是解答所有问题的根本。毫无疑问的是，和其他宗教性建筑一样，这里的建筑风格也和宗教思想有关，这是形式即观念的证明。

祭坛前是供桌，供桌上摆放着盛放供品的器皿和礼器，供桌前是放太牢（牛、羊、猪）的容器，孔庙东北和西北角是准备太牢的神庖和神厨。盛放太牢的容器是镀锌的木盒子。孔子祭坛前依次排列了三个这样的木盒子，四配面前各有两个木盒子，而十二哲则是东西每列六人共享两个木盒子。

大成殿内祭坛的艺术价值并没有比一般寺庙内的高很多（参见290页，图164），只有那张精雕细琢并表面镀金的供桌异常精美。它直接位于中轴线上的门后，上面摆放着五个十分古朴的祭器（参见291页，图165）。这张供桌是公元1724年大殿落成时雍正皇帝赏赐的。孔子龛前两柱各雕一条翔龙，绕柱盘旋，姿态生动，雕刻精美，它们都朝向中间位置。象征着集大成者的孔子像在中轴线上的祭坛内正襟危坐。祭坛正中开口上挂有一对揭开的丝绸帘子，刚好显露出后面的孔子像。孔子像端坐于宝座上，其后壁分为五部分，精雕细琢，十分精致（参见291页，图166；292页，图167）。孔子像前高悬一牌匾，上书"生民未有"。牌匾四周云龙环绕，极其华美。在中国寺庙中，位于中轴线上的主祭坛上方（包括皇帝）都没有匾额。在孔庙中，皇帝给予特权，并因此承认了孔子在思想和道德领域与诸侯处于同等地位。此前儒生围绕在孔庙设立孔子像还是只在祭坛安放灵牌发生过激烈的争执，为此彭安多对在孔庙中设立塑像的习俗做出了详尽的解释。公元540年，曲阜的文庙内一定有孔子立像，而且当时他的配享者也有了自己的塑像。到了明朝，在开国皇帝洪武帝的统治下，孔子像被禁止。这一猜测进一步表明，洪武帝想以此复兴中国古代传统，而不是受佛教思想影响。在之前的元朝时期，佛教得到广泛传播，但它在曲阜不能成功实现自己的主张。现今两种方式都存在，有些是为孔子立像，有些则只放灵位。对于中国古代传统和佛教价值体系间的冲突，在更为详细的文献研究中有进一步阐释。

图 164 曲阜孔庙大成殿内西北方

第六章 文庙——孔庙

图 165 曲阜孔庙大成殿内 1724 年制的供桌

图 166 曲阜孔庙大成殿内的主祭坛

图 167 曲阜孔庙大成殿主祭坛内的孔子像

孔子夫人殿[1]

大成殿以北的双层台基上矗立着寝殿，这是供奉孔子夫人的专祠，它和大成殿的一层露台相连。这座建筑也呈现了中国传统建筑风格。但是为了衬托与体现大成殿的至高无上，寝殿与供奉孔子的大成殿相比却要小得多。寝殿正堂共有两段，这在中国建筑中是十分罕见的，但我们在颜庙中也能发现这种构造。整个大殿内的藻井天花板比较平缓。祭坛内只有孔子夫人的灵位，而无塑像，祭坛前也排列着盛放太牢的小盒子。寝殿四周和大成殿一样有回廊环绕，廊上立着八面石柱，但是没有露台。

廊庑

寝殿和两个侧廊构成6号院落的北端界限。寝殿东西两侧为两庑，每侧有40间房，其中角落里的两间较宽敞。两边各有两间敞开作为通道使用。其余的构成连绵的门廊，门廊内靠近外壁处有82座祭坛。祭坛内供奉着历代先贤先儒的木质牌位，有些单龛，有些多位一龛，它们和大成殿内的孔子、四配和十二哲一起构成先哲祠。木刻版画和文献表明，算上大殿内配享的学生，最初这一数字为72人。彭安多认为，目前在东西两庑中共供奉150位先贤先儒。现在供奉的牌位显然比最初多了很多。通常是数个祭坛和牌位共用一张供桌，而非每个祭坛都有独立的供桌。

圣迹殿

寝殿以北，经过狭小的7号院落，是独成一院的圣迹殿。但它与之前的建筑还有寝殿的中间部分通过抬高的通道相连，融为一体。它位于孔庙的8号院落，是座相对低矮的建筑，面阔五间，进深三窄间，室内陈列着大量石刻和碑。这些石刻嵌在柱子前的矮墙上，其中最珍贵的是雕刻着公元4世纪著名画家顾恺之作品的石板。

---

[1] 即寝殿。——译者注

中间建筑群两侧的院落

孔庙布局分为三路，中间主庭院为一路，东西两侧与之平行的院落与建筑各一路。两侧的建筑群都是由南边的三扇门进入，而北边则是封闭的围墙。我们之前已经提到过这些建筑群。

东面建筑群

5号院落中的承圣门是10号院落的入口。诗礼堂坐落于院子中心，面阔五间，进深三间，它是孔子父母和孔子故宅的象征。据说孔子故宅就位于此处。诗礼堂后的水井被当做遗迹留存下来，井水被称为圣水，表明了孔庙中和孔庙前三条水道的神圣性。井后的一块石碑旁立着著名的鲁壁。这座墙壁可追溯至鲁国，当时曲阜城就位于此。秦始皇焚书坑儒之际，一些经典古籍被藏于此墙内才被保存下来，同时它也是接下来两处院落的精神之墙。通往后两处院落有三个入口。11号院落的东南角立有家谱碑，碑上刻有孔子和七十五代子孙的姓名。这处院子中的露台上矗立着供奉孔子上五代祖先的祠堂崇圣祠，祠内供奉着孔子上五代直系祖先的塑像。下一处院落，即12号院落最北端的家庙中供奉着孔氏先祖的牌位，家庙也和崇圣祠一样矗立于露台之上。人们内心为伟大人物寻根的诉求促使中国人为孔子虚构了一位祖先（这从前文李冰的传说中也可以看出，那里人们使用的是神话传说）。当然，这位祖先可能是人们按照自己喜好虚构的。

西面建筑群

由5号院落西侧的启圣门可以通往13号院落。院内除侧楼外，还矗立着面阔五间的金丝堂。这里摆放着祭孔大典时所需的乐器。所有大型孔庙中都有这样的建筑，其他要举行丁祭的国庙中也有。据此我们可以断定，这种形式已经传承很久了。在任何情况下都要重视这一古老形式的恪守和传承，因为这有助于从建筑艺术的角度理解中国传统文化。金丝堂前的露台对于祭祀大典没有任何意义，它只是歌舞乐者用于排练的场所。

14号院落中矗立着供奉孔子父亲和母亲的大殿。和大成殿与寝殿一样，启圣王殿与寝殿也是通过抬高的通道连为一体。启圣王殿前有一露台，廊道上环立石柱，中间两根是与大成殿前类似的雕龙石柱，侧面四根为八棱八面石柱。启圣王殿后的寝殿没有这样的门柱。两座殿内的祭坛里都立有塑像。

北边的9号院落

孔庙的最北端部分与两座角楼相接，并有四处独立建筑，其外均由围墙环绕。其中角落里面较大的两处为神庖和神厨，它们各有一个入口、三座建筑和一个露天庭院。其中东西厢房是储备、准备和烹调牺牲的场所，正房才是真正的宰杀和烹饪之地。北京太庙和皇陵中也有这样的设置，只不过孔庙里的更加简单罢了，这里只配备了宰杀台、坑、锅和生火的灶，但在准备牺牲的过程中却需要许多人忙活。人和牲畜可以通过围墙中的一扇门进入内院。

由围墙环绕的8号院落旁，与9号院落相交接的地方有两处独立院落，但从内容上讲它们是属于中轴线上的主建筑群的，这两处围墙环绕的院落的用途非常有意思。东边的平台上矗立着后土祠（地母），这是中国古代一个和土地相似的概念。人们在露天平台上为大地母亲献上祭品，这和当下的情况也相符，直到今天人们还在室外的露台上祭祀天地，而在北京的太庙中还会祭祀星辰。彭安多指出，在曲阜人们把祭品摆放在祭坛上。这里要这么理解：人们先把祭品放到地上供奉土地，然后再去供奉孔子和其他先贤先儒。

西边小院落中的一处景象让我感受到中国古代思想的一致性。一个敞开的香火石槽立于基座上，底部基座雕刻精细也更具现代感，而香火槽的历史似乎更为悠久（参见296页，图168）。它是燃烧印字香纸的，通常在祭天或者祭拜孔庙中的神灵时使用。值得注意的是，在大型孔庙中祭拜神灵首先要燃烧香纸，但在祭坛前却没有摆放较大的香火槽，只能看到小型香火台。在所有佛教、道教庙观中都摆放着大量精美的铁制、铜制、石制、砖制香火塔或者封闭的香火坛，甚至皇陵中也有香火坛，北京天坛却没有较为华丽的香火塔，而在天坛举行祭礼可追溯至数百甚至数千年前。天坛内有锻铁制的香火槽，其上敞开，还有一个香火坛，其上也敞开，这样香纸能够在露天下熊熊燃烧。这里与天坛的情况类似。这里是一座非同寻常的敞开式石槽，石槽四面各刻有两只神话传说中的神兽。南面是龙，北面是海马，东西两面分别为狮子和麒麟。因为这些神兽非常小，才有了上述的观察。从中可以看出中国古代的一些基本思想。这些思想和地母的露天祭坛、主殿前的露台以及之前稍微提到过的太庙中的细节（即原来的祭奠仪式是在露天下进行的，随着历史的不断发展，才开始在室内和在有顶的神坛中进行）所反映的思想内容相符。另外，还有一个要素似乎与这一猜测相符，接下来我将对其展开论述。

图 168 曲阜孔庙 9 号庭院最北端的香火槽

孔庙中的树木

作为中国占地面积最大的庙宇之一，曲阜孔庙有两点值得人们研究讨论：一是孔庙中运用了大量树木，二是建筑物相对于中轴线的横向延伸。这两点在中国的建筑艺术中独树一帜。

本书提到过，庙宇中几乎所有建筑都密切联系在一起，即中国人把他们的宗教性建筑（纪念性建筑）和周边环境联系起来。这既体现在建筑与环境的融合上，也体现在殿区树木的维护上。孔庙四周环有一片神圣而开阔的树林，或者至少说是小树林。不算盆栽植物和花，孔庙的所有庭院中都种有大量树木。北京的太庙和全国的孔庙算是植树最多的庙宇了，庙内主要种植古松柏，这些松柏得到了精心的维护。太庙占地面积极大，拥有多处开阔庭院和小树林。孔庙中除了那些带有建筑的庭院外，还有一些遍植柏树的庭院，这些庭院似乎只为圣林而存在。曲阜境内以开阔平坦的耕地为主，并没有优美的自然风景，因此我们或许可以说，正是那两段通往南门和从北门通向孔林的松柏大道构成了一幅人工自然景观，从而弥补了曲阜自然环境的单一，同时也将整座孔庙融入自然之中。

无论是国庙、孔庙、名人祠堂还是皇陵，中国人都习惯栽植大片树木来装点庭院与建筑，这和他们人与自然和谐共存的观念密切相关，也体现了他们对自然的热爱之情，更折射出了中国建筑史早期的许多特点。由此可见，建筑艺术还未成熟之前，圣林便已是祭祀场所的重要组成部分。直到今天，在露台上摆放祭品仍是重要的祭祀仪式。水道至少在殿前形成边界，经常也经过殿侧或者环绕殿区，殿前必须有桥引路，殿区外围的墙砌成矩形，中心是主殿或者祭坛。如果我们把中国人与自然和谐统一的观念和这些情况结合起来，就能想象出远古祭拜的情景。日后有关圣山庙宇（岱庙）和太庙的研究会为这一问题的解答提供更有力的材料。

建筑对于中轴线的横向位置

中国庙宇、宫殿以及房屋平面布局的传统建筑风格，也触及中国建筑艺术一大基本特点，中轴线长达近650米的孔庙以及座座大殿对这点给出了最好的解释。前文在讲到庙台子中的亭子时我们就已稍微提到过一点，中国房屋的入口通常在较宽的一侧墙上，而不是像希腊或者西方教堂一样在山墙（较窄的一侧墙）上，很多时候城市甚至农村也采用这样的建筑形式。这是两者之间的一个本质区别，这一区别体现了中国建筑艺术的独特性。这里还要指出中国建筑之间的循序递进，这点是十分重要的，它也是大型建筑群在平面规划上有所区别的关键所在。相对于轴线的横向位置，单座大殿使得整体建筑层层递进，同时并未影响大型布局内的艺术规律。人们沿着中轴线往里走，一座座横向建筑依次呈现在眼前，每座建筑都体现了美学上的平衡，并让人产生清幽寂静之感。从理论上来说，人们可以任意设置中轴线的长度，只需要改变每栋建筑的平面尺寸和高度，就能通过建筑间的层层递进营造升高或降低之势，因此便有了中国建筑规划中的中轴线。我们可以试想一下，如果这段距离内只有两座建筑，以希腊的方式，把它们排列在这条线上，我们很快就会发现，这样的建筑方式无法形成更大的轴线布局。实际上，我们的建筑艺术从未如此尝试过，因此著名的殿群，如奥林匹亚、帕特农、古罗马广场以及罗马的宫殿，都只是单座建筑间的独立并列，没有体现建筑间密切联系的整体思想，大型规划总是以山墙的形式出现。我们去广场上看看就能发现这一点。直到古罗马建筑顶峰时期，才出现平面规划长度为300米的宏伟建筑——图拉真广场，这是通过乌尔比亚巴西利卡的横向放置而实现的，并自然地止步于带有山墙的神庙。[1] 毫无疑问，平面图中体现的宏伟建筑观念与凯撒时期形成的大局思想密切相关。我们只有从文艺复兴时期的宫殿和18世纪的城堡中才能找到这么长的中轴线，但这种长度还是通过花园和公园的连接达到的。无法通过建筑间的前后连贯形成宏伟的效果，或许是我们的建筑艺术和建筑模式朝多样性自由发展的动力，而这些都是中国建筑望尘莫及的。我们的原则是把不同的建筑主题放在一起，同时产生效果，这在广场规划方面表现得尤为明显。而中国人则注重统一的中轴线、建筑间的连贯性和极尽的精致，即使是建筑中看似随意的一处细节也能令人赞叹不已，这些造就了中国建筑自成一体的古典风格。中国建筑的这种统一性意味着已确立风格的一再重复，尽管会导致审美疲劳，但不至于完全丧失美感，因为它让人们能随时随地从山、树、水中感受到自然，并已然与建筑融为一体。自然景观在中国的建筑艺术中占有极大的空间，这也使中国的建筑风格更加生动活泼。

鉴于中国建筑的宏大气势和其所展现的统一的艺术理念，我们必须遵循一定

---

[1] 乌尔比亚巴西利卡是古代罗马的一栋公共建筑，位于图拉真广场。乌尔比亚巴西利卡将西北侧的图拉真神庙和图拉真柱与东南侧的主露天广场隔开。——译者注

的方法来改变我们对于建筑艺术效果本质的一贯观念。中国建筑艺术的本质其实是空间艺术，这种观点使美学上的舒适感成为建筑规划的界限，因此必须用心去感受和理解建筑艺术创作的成果，即统一的建筑群。对我们来说，有限空间的规划是重中之重。与此相反，中国人把不同的建筑形式放在一起，同时又兼顾建筑艺术中的美感，将它们依次前后排列，人们只能从时间顺序上把这种前后连贯理解为一个整体，因此中国人给予时间和空间同等重要的地位，并充分利用了这两种要素。开阔的平面规划使得每种构想都有实现的可能，这一平面布局和土地、环境特点间密切联系的同时又展现了建筑艺术与自然的紧密联系（此前在中国庙宇建筑时曾提到过），这种联系存在于建筑艺术发展全程中。中国人在建筑艺术方面的确非常有智慧，他们通过平面建筑规模与土地的结合，有意识地创造出建筑与自然间的联系。为了加强建筑的观赏性和可理解性，除空间外，他们还不遗余力地利用参观的顺序，即时间本身。这一特点使中国建筑在所有建筑艺术中脱颖而出，以某种简明的表现形式突出了自己。我在其他地方已经多次介绍过这一表现方式，在对曲阜孔庙的探究即将结束之际，我需要再一次确认这一点。中国的建筑学是"平面图建筑学"的概念。各种思想会在建筑艺术中进一步和地理、建筑艺术观念相结合并得以实现，进而衍生出"自然环境建筑学"和"土地建筑学"等概念。

3 曲阜颜庙[1]

颜回是孔子最重视的弟子，因此他在主殿中位于侧面最重要的位置——主祭坛左边第一个位置。我们之前已经提过，颜庙位于曲阜城北门内东南方不远处。尽管颜庙称不上文庙，但它仍是必不可少的一部分，建筑风格同属一类，因此也将它归列了进来。邹城的孟庙和孔庙的布局类似，也值得介绍。但我还没有参观过孟庙。彭安多在他的著作中对这两座庙宇进行了详细介绍。

---

[1] 曲阜颜庙平面图参见图252。——译者注

表三 曲阜颜庙的重大纪要

	宋朝
公元 1068—1077 年	颜乐亭建立（现在位于主庭院中）。诗人苏东坡为其题写牌匾。
公元 1295 年	乐亭被重建、修饰，亭内立颜回塑像。
公元 1307 年	设立皇帝御制碑。
公元 1317 年	五间大殿和东西侧楼建立。
公元 1326—1328 年	购买周边地皮，开始大规模扩建颜庙。
公元 1331 年	颜回塑像被隆重搬迁至新建的华丽大殿。
	明朝
公元 1382 年	洪武帝时期颜庙被重建和修饰。
公元 1440 年	颜庙大建。
公元 1486 年	颜庙大建。
公元 1500 年	明孝宗准拨 11200 两白银用以装点颜庙。开始建造大殿前廊上的八根雕龙石柱。
公元 1507 年	颜庙南端街边石栏和三座牌楼建成。
	清朝
公元 1766 年	乾隆皇帝时期大修缮。
公元 1903 年	大面积坍塌。大殿也同时倒塌。
公元 1907 年	大殿再次重建，其余殿堂也被修缮。

彭安多认为对颜回的祭礼始于 11 世纪。颜庙的建造进程比较缓慢，直到明朝才得以竣工并形成一定规模。它的扩建和修缮与孔庙一样，都有详细的记录。因为我们无法从中得知现有建筑的某些地方是进行了改建还是只在忠于原样基础上进行了重建，所以这些资料还不足以阐明颜庙的修筑史。要回答建筑上的问题，我

图 169 曲阜颜庙平台西侧的牌坊，上有"优入圣域"四个大字

们首先必须依靠颜庙的现状，如果有可能的话，再从建筑史方面找答案。参照彭安多的资料，此处还是先以关键词的形式列出颜庙建造过程中的重大纪要。

  颜庙的布局在很多最重要之处都和孔庙类似。在道路的一头，影壁构成中轴线的起始点。殿前的露台构成颜庙的前庭。除中轴线外的牌坊外，两侧各有一座牌坊可以通往内院。牌坊（图169）并未使用大量的花纹装饰，坚实的八面石柱、平滑的过梁和中楣石板、严谨的横脚线和房顶线、巨大的圆形基石，使这一建筑呈现出浓厚的山东建筑艺术特色。内侧牌楼的柱子之间都有石栏相连，南侧牌楼为"复圣庙"坊，东侧为"卓冠贤科"坊，西侧为"优入圣域"坊。开阔的前庭和孔庙庭院的布局类似，中轴线上为主入口，东西两侧又各有一入口，入口全由三间牌楼构成，南侧为复圣门，东侧为博文门，西侧为约礼门。颜井亭中立有石碑，石碑旁为一口井，它是为纪念此处的颜回故居而建立的，这一形式显然是模仿孔庙。颜庙从归仁门、克己门和复礼门开始分为三路。和孔庙开阔庭院前主入口的布局相似，庭院内东西两侧矗立有数座碑亭。沿中轴线首先通往面阔五间

图170 曲阜颜庙中的大殿和基座上的八棱浮雕石柱。图片摄于1903年，1907年重建

的仰圣门，仰圣门两侧还有两扇小门。沿东西两侧经过两扇较简朴的门可通往两侧的庭院。东侧庭院内矗立着象征颜回故居的退省堂，其后是供奉颜回祖先的祖庙。两座影壁暗示着居住者的风水观念。祖庙前有一棵白皮云杉和一座石碑。西侧庭院北端是为供奉颜回父亲而建的杞国公殿，其后是供奉颜回母亲的杞国公寝殿，两座建筑之间有一条通道相连。主庭院的石栏内有一株据说是颜回亲手种下的古柏，这和孔庙内的先师手植桧树类似。此外中轴线上还坐落着和孔庙中杏坛相对应的颜乐亭。主殿前有一四周被石栏环绕的开阔露台，主殿自身（正殿）面阔五间，进深两间。殿内后壁前有一供奉颜回的祭坛。殿后是一扇门，门外有一条抬高的通道与供奉颜夫人牌位的寝殿相连（图170）。大殿四周环立着石柱，前廊最中间四根石柱雕刻有深3厘米的云龙纹饰，其余为八面浮雕石柱（此前介绍孔庙时曾提过），最中间四根石柱的三面我都拍有照片，并把它们排列在一起（参见303—304页，图171）。不论是云龙、莲花还是自然动物孔雀的图案，都极为精美，它们以这种形式在胶片上得以重现。这种雕刻风格可以追溯至明朝，据有关资料记载，此种石柱第一次出现在这里是1500年。为了与孔庙的布局相呼应，侧楼中供奉了颜回八位弟子的牌位。颜庙的最北端是一个花园。

岩石、莲花、凤凰、牡丹、孔雀　　　　　岩石、莲花、藤蔓、牡丹

图 171 山东曲阜颜庙内主殿前八面石柱上的浮雕图案，每根石柱各选取三面组成

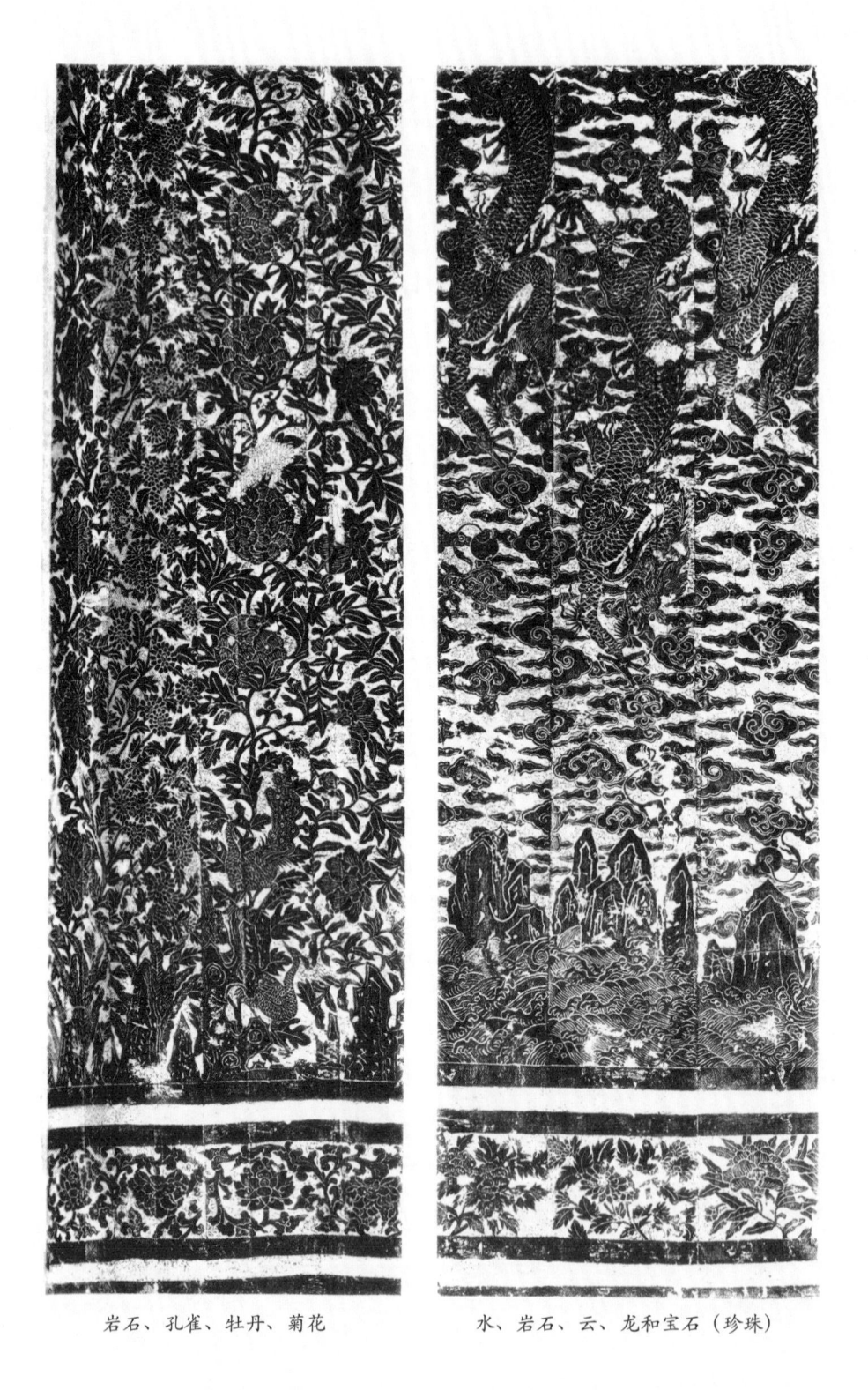

岩石、孔雀、牡丹、菊花　　　　　水、岩石、云、龙和宝石（珍珠）

图171 山东曲阜颜庙内主殿前八面石柱上的浮雕图案，每根石柱各选取三面组成

颜庙也和孔庙一样分为数座院落。孔庙建筑的许多特点来源于典籍，这些特点或以相同的方式，或以相对低的规格在颜庙中重现。比如两侧入口，三路布局，古柏，井，供奉先贤先儒的东西两庑，主殿的四面回廊和用于居住或供奉祖先、父母及妻子的殿堂。其中有一点值得我们特别注意，即颜庙主庭院中的东西两庑是独立的，而非围成一圈，这和曲阜孔庙不同（两庑独立或围成一圈这两种形式在全国孔庙中交替出现）。为了营造恢弘的气势，孔庙的建筑一座高于一座，而颜庙则保持了传统的中式建筑风格。

4 华中和华北地区的孔庙 [1]

曲阜孔庙是真正为纪念孔子而建，因此展现出一些独有的建筑特点。通过对比各地的孔庙可以发现一些重要特点，比如：哪些建筑是孔庙必不可少的部分，哪些布局是一样的，哪些是不一样的，哪些完全保留了曲阜孔庙中已有的细节，哪些出现了一些新的特点。部分孔庙具有与曲阜孔庙类似的平面图和正视图，而有些要素则是自由运用的。而且，不同省份的自有风格决定了建筑主体间的显著区别。本节将通过列举不同省份的多处孔庙，对这些特点做进一步的阐述。这里所给出的平面图并没有精确的绘制数值，以目前的情况来看，也不可能做到数值精确，它们只是在众多的测绘尺寸基础上形成的草图。尽管如此，这些平面图还是采用统一的比例尺1∶600，许多更为精准的大型平面图往往也是这样。因此，我们还是可以由此大概了解庙宇最重要的构造，这对于我们要论述的几个重点来说已经足够了。

因为不可能把所有材料直接列出来，所以下文的叙述主要以我收集到的相关材料的核心部分——十五座孔庙的基本情况为基础，相关论述也建立在我所参观过的同类庙宇的基础上。以下列举的孔庙附有图片和草图，还有一些涉及相关城市以及规划的位置和意义的重要注释。

---

[1] 各地孔庙中，有些孔庙被惯称文庙。——译者注

表四 华中和华北地区的 15 座孔庙

山东省	
泰安府	泰山脚下的一座小城。由于此地的宗教意义，泰安府成了行政区划的中心位置。这里的孔庙历史悠久，呈现出一种极其简单明朗的建筑风格。庙内遍植松柏，矗立着大量石碑，这在文化之都山东是非常典型的。
济宁州	京杭大运河河畔富饶、充满活力的工商业城市。此城直到明朝才开始建立文庙。济宁文庙中有大量树木和石碑，还有汉代碑刻，其中最著名的是表现孔子与老子相遇情景的碑刻。

山西省	
太原府	山西省省会，坐落于山西省西部。坊间传言，此处文庙原为明朝一皇子的宫殿，清朝初期被改作佛教寺庙，直到1881—1886年才被当时的山西巡抚（即著名的张之洞）改建为文庙。庭院内有八株五百多年的古柏树。

四川省	
灌县	县内灌溉用水源自成都平原（参照前文中的二郎庙）。庙中遍植参天古树。
嘉定府	位于青衣江、铜河和岷江交汇处的重要商贸城市。
叙州府	位于岷江和长江交汇处的重要商贸城市。
泸州	位于沱江和长江的交汇处。
万县	位于长江畔，城内建筑精巧美丽。

湖北省	
巴东县	位于巫山峡谷东面出口处。
宜昌府	位于长江峡谷东面尽头处。

江苏省	
苏州	江苏省省会，文人之乡，境内孔庙是全国最大最古老的孔庙之一。

湖南省	
长沙府	湖南省省会，府级孔庙。

长沙府	县级孔庙。
长沙府	文昌庙，掌管文运之神。
醴陵县	与江西毗邻的县级城市。

上述所提及的孔庙图片一般列于各地区介绍的前面，相关描述则是在各典型部分之后。为了便于比较，阐述过程中可能会同时引用其他例子。

平面布局

所有孔庙的平面结构大体一致，由三部分组成：南面是入口庭院，中间是含有主殿的主庭院，北面是为供奉祖先，纪念圣迹而设的庭院。最北端的部分通常由一座横向庭院与中间部分隔开，这一部分的构成在不同孔庙可以有不同，有些甚至可以缺失。而南面和中间的两个部分则几乎是完全一致的，这两部分拥有大量建筑，这些建筑在任何情况下都必须位于特定位置。当然，这些地方是可以有一些细微差别的。入口庭院由一座三间门坊分为两部分，其中一部分为前庭，通过两座侧门可进入，另一部分为迎宾庭院，庭内通常有圣池（即后文的泮池），池上有桥。在泰安府（参见308页，图172）和济宁州（参见图254），这种布局是通过设置围墙来实现的，起到分隔作用的门在倾斜的翼墙的衬托下格外显眼。不同孔庙的前庭与迎宾庭院的平面构造有所不同（参见309页，图173、174）。在灌县和叙州府，前庭规模不大，主要用来种植松柏，孔庙因而显得十分庄严肃穆（参见311页，图176），而在泸州和万县，这两个部分几乎融为一体，只有庭院中心的牌楼将它们"仪式性"地分隔开来，泸州孔庙的圣池甚至在牌楼的南面（参见310页，图175）。太原府孔庙中的前庭则似乎是后期补建的，主门在此处为宫殿时便已存在（参见图253）。现在我们到达南面的一座三间牌楼处，其东西两侧各有一座独立的牌楼，暗示此处为前庭，而不需要人们依靠围墙来做判断。前庭南墙中间位置上的一座影壁（指万仞高墙）代表孔庙布局的开始。在济宁府，影壁位置要更偏南，一座三间门坊构成前庭的南面入口，两者之间有一方池塘、一座

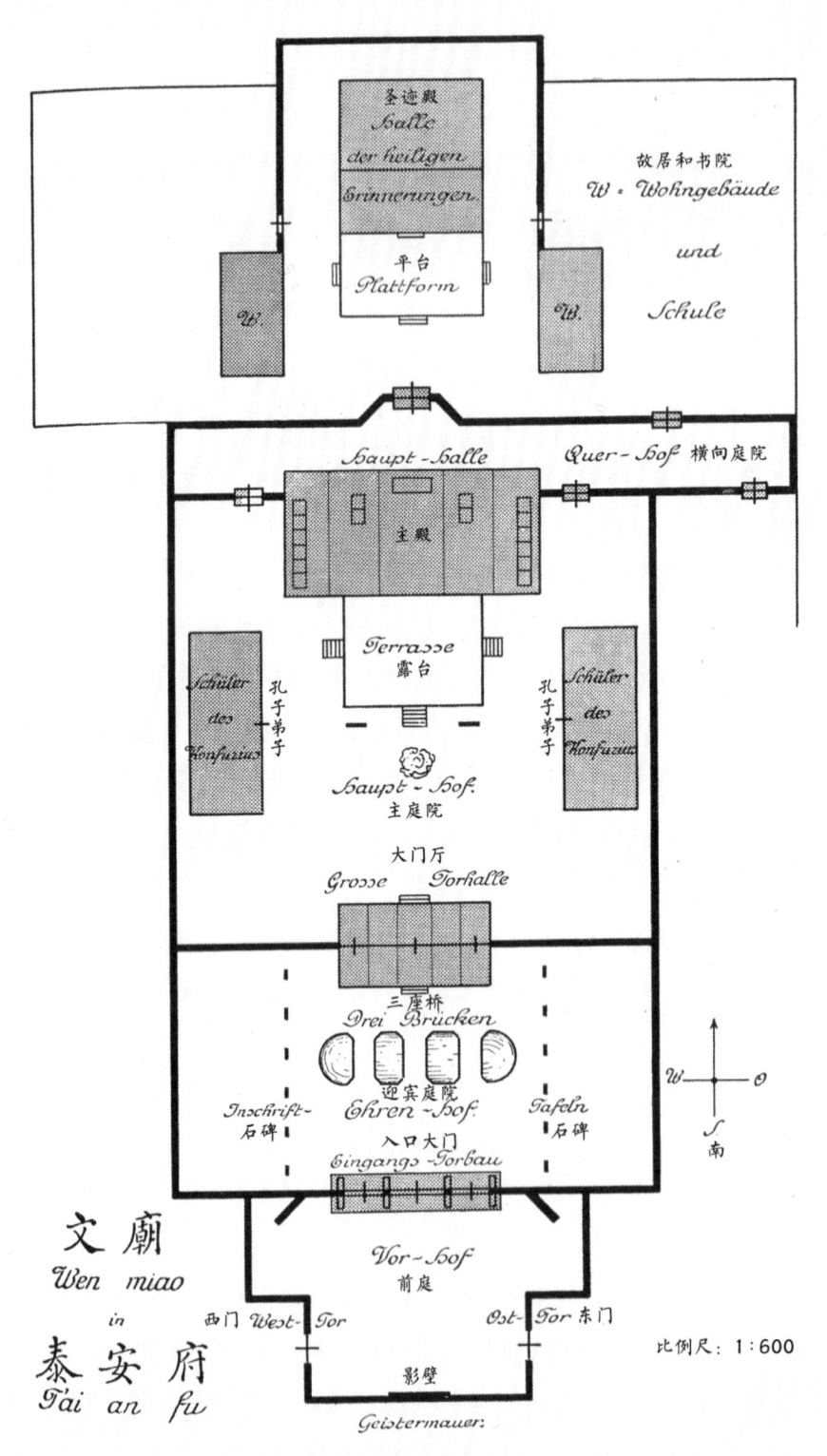

图 172 泰安府文庙平面图

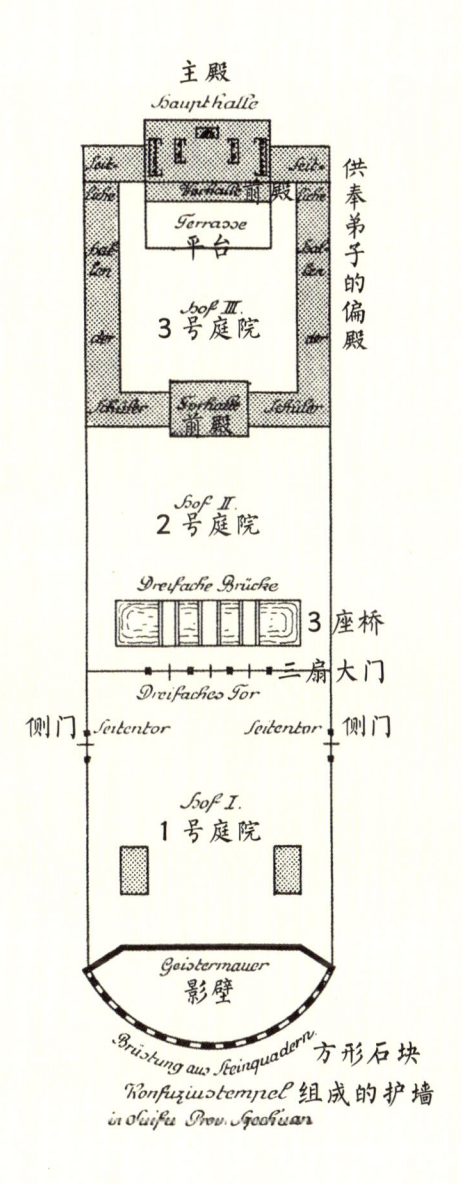

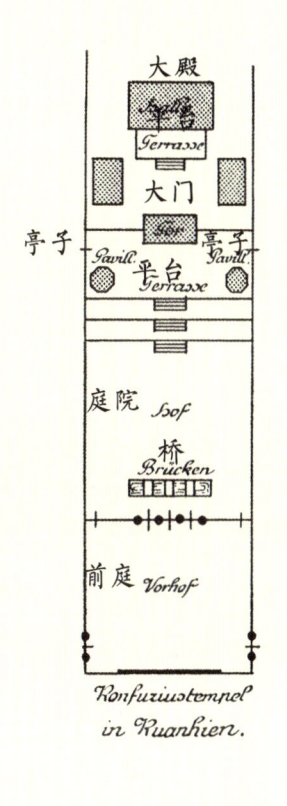

图 173 四川省叙州府孔庙建筑布局，无比例尺

图 174 四川灌县孔庙建筑布局 无比例尺
（图 176、178、179、190、192）

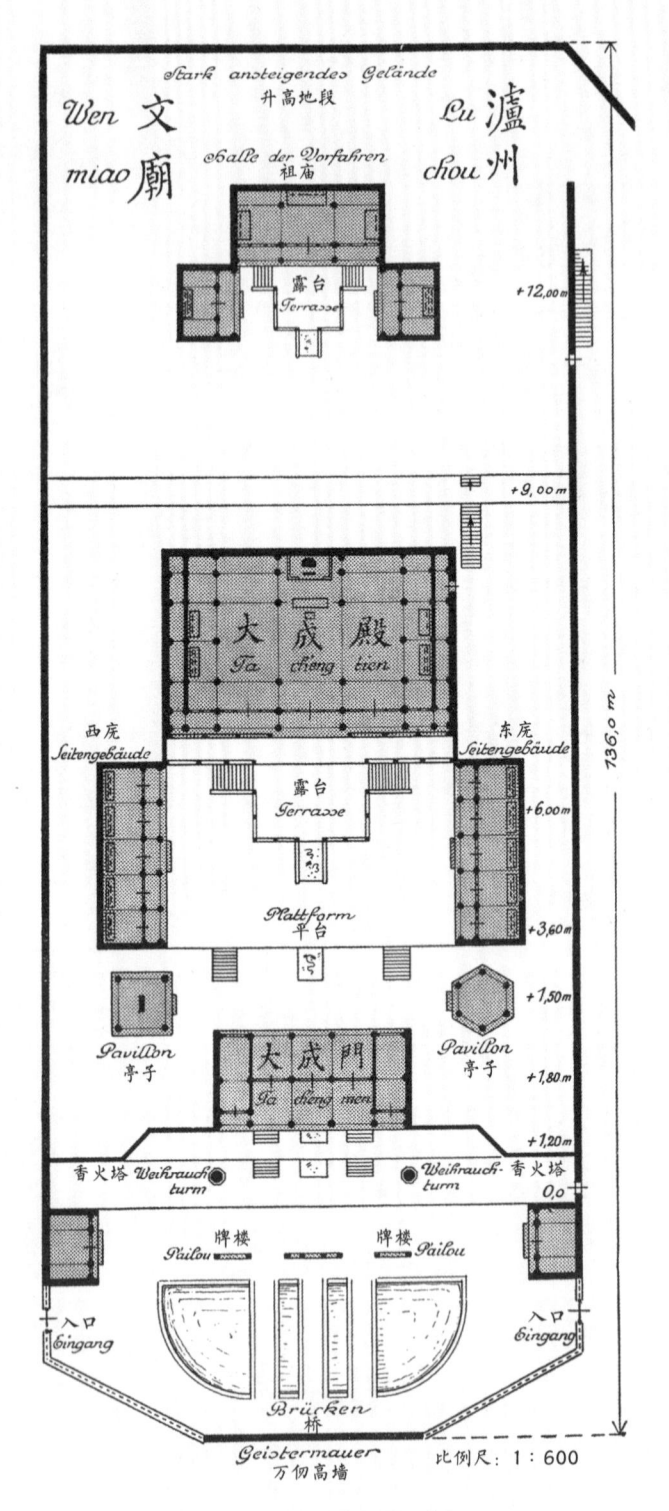

图 175 四川泸州文庙平面图草图

第六章 文庙——孔庙 | 311

图176 生长着柏树的前庭和棂星门

牌楼和一条小河，河上纵跨一桥。这座孔庙以另一种方式引人注目，在它南面不远处，同一轴线上矗立着道台（济宁府的最高行政长官）的衙门，可以将其看作孔子在南面的外化，意味着他将本着儒家精神治理地方。中国人竭力通过建筑规划来表现生者与已故圣人间的联系。

　　泰安府和泸州文庙的主庭院形式最为正统：南面为门，北面为大殿，两侧为供奉孔子学生及先贤先儒的庙堂。在开阔的平面上，各殿从南至北依次升高，规模不断扩大，直至最北端由一群建筑围出一座庭院。对此，四川万县是最好的例子（参见312页，图177）。这里的建筑追求闭合统一的效果，而传统结构中独立建筑间的层层升高则营造出保守的美感。北部建筑群通常由一座相对较大的殿和侧楼组成，意在重现主殿的原始场景。在较大孔庙的构造中，比如济宁州，还有其他建筑位于中轴线上，有时这些建筑甚至会超越主庭院的规模。

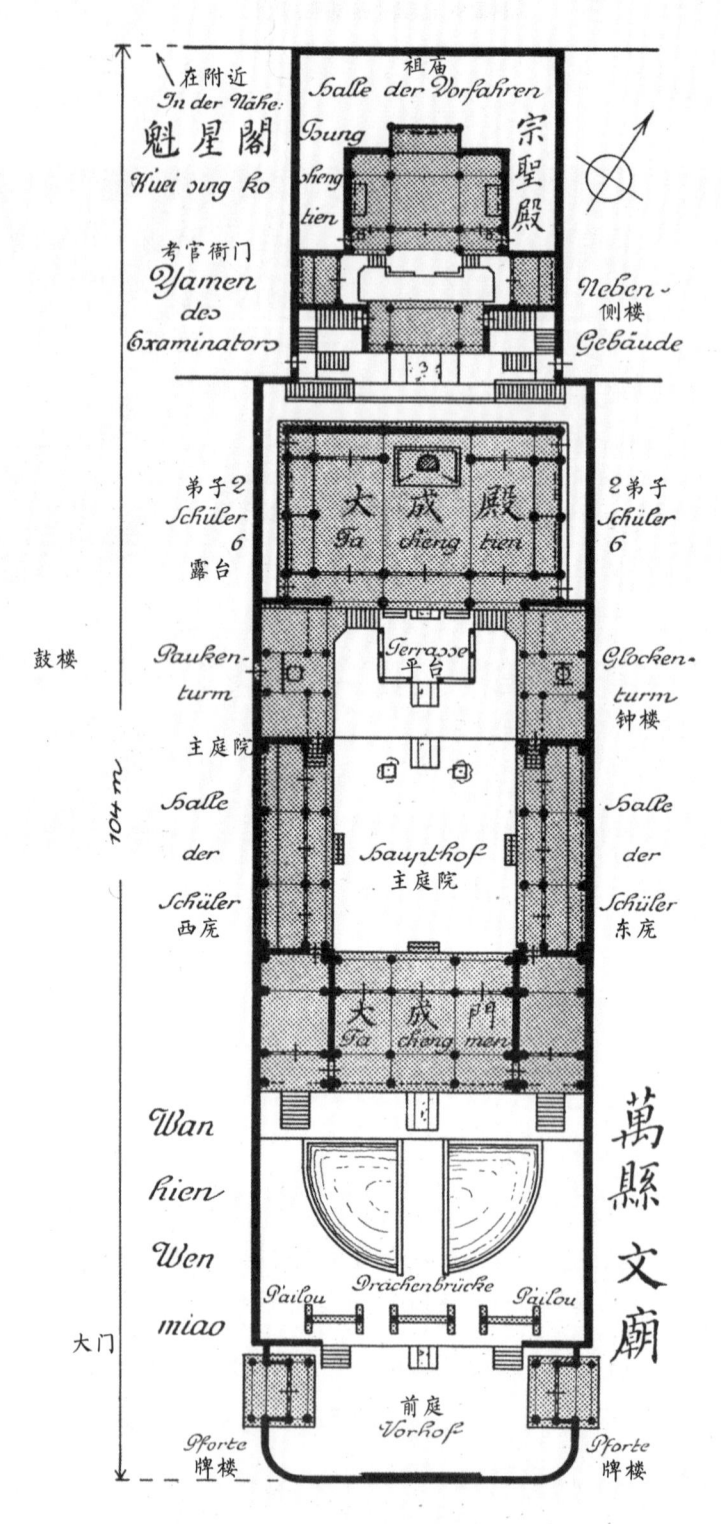

图 177 四川万县文庙平面图草图，比例尺 1∶600（图 181、189、201、202）

各组成部分

影壁

我们看到，孔庙的起始点通常为一堵影壁（图178）。它有时候是独立的，但通常情况下，比如在灌县孔庙，它位于前庭南墙中间的突出位置。它名为红墙，意为"古代学堂之墙"，汉代称"红"。影壁外有符号化的装饰、浮雕、绘画和牌匾，外墙通常与皇帝宫殿、大型佛教寺庙的影壁一样刷成红色。影壁北面的门坊也被称为红门，和泰安府、济宁州的一样，构成前庭的南面入口（参见308页，图172，图254）。

图 178 影壁外侧，四川省灌县孔庙内（图174）

图179 四川省灌县孔庙内半圆池、三座拱桥和棂星门（图174）

棂星门

前庭东西两座单间牌楼（这对于孔庙来说十分典型）和曲阜孔庙第一进庭院中的牌楼名称相同，东面为"德侔天地"，西面为"道冠古今"。最重要的门是通向有桥庭院的棂星门（图179）。有些由一座整体三间的牌坊构成（如在灌县孔庙，它是一座五重飞檐的华美建筑），有些由三座独立的牌坊横向排列构成。整座牌楼以中间大门命名，上题"棂星门"三个大字，东侧开口为礼门，西侧开口为义路。在巴东县，由于长江流经县城北部，而南面又有山，这里的孔庙便坐南朝北。尽管如此，东西两侧牌楼的名称仍以方位为基准，而不是以相对中轴线的位置来命名（参见315页，图180）。

太原府文庙中的棂星门最初似乎是由三座上方覆有双坡楼顶的独立木牌楼组成（参见316页，图182）。棂星门由木质立柱和柱下的基座支撑，立柱冲天，顶端呈圆柱形，或带有装饰图案。这是中国的一种传统建筑风格。万县文庙将木牌楼改为十分精致的石牌楼，冲天柱得以保留并雕有精美的图案（参见315页，图181）。立柱冲天而上，基座拔地而起，整座牌楼气势恢宏，浮雕镂刻也极有特色，堪称石质建筑的杰作。嘉定府孔庙也是这样的构造（参见316页，图183、184）。三座独立门坊联结在一起形成统一的整体，如此，木基或石基中的冲天柱

图 180 湖北巴东县孔庙内的棂星门和毛笔状顶饰，从左到右分别为：义路、棂星门、礼门

图 181 四川万县文庙内的棂星门和大成门，从左到右分别为：义路、棂星门、礼门

图 182 山西省太原府文庙内作为主大门的棂星门。
1号前庭中的大门内侧

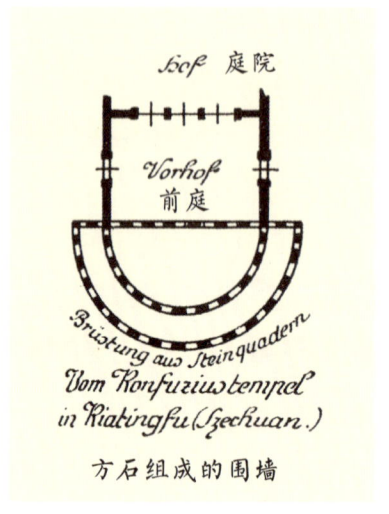

图 183 与图 184 四川嘉定府孔庙
对应的平面图草图

图 184 棂星门，四川嘉定府孔庙前半圆形广场和池（图 183）

第六章 文庙——孔庙 | 317

图 185 湖北宜昌府孔庙内的棂星门

图 186 湖南长沙府孔庙内的棂星门

都能得以保留，这也成为孔庙的一大特色。宜昌的棂星门更是气势磅礴，它有五个门洞（参见317页，图185），花板开阔，浮雕栩栩如生，大量文字刻于其上。湖南长沙府孔庙的棂星门上没有花板，顶端透风的水平线和尖顶的冲天柱使整座建筑看起来有些简陋，但它却反映了湖南的建筑风格偏修长的特点（参见317页，图186）。冲天柱柱顶的形式在中国十分普遍（在露台栏杆柱头上也有出现），有点类似于西方传统的松果形状。鉴于孔子是大思想家和教育家，我们在这里把这种柱顶比作毛笔。巴东县孔庙棂星门顶上的冲天柱形式使这一点得到确认。巴东县孔庙棂星门的这种庄严肃穆的装饰风格和其他孔庙内棂星门的雅致形成反差。这一大型拱门建筑彰显了牌楼的庄严，三间立柱式的建筑风格在其中得以延续。但这种石质冲天式棂星门通常没有双坡屋顶，这是中国牌楼的另一种常见建筑风格。

半圆池和桥（泮池和泮桥）

入口庭院的第二部分，也就是棂星门后，最主要的建筑是半圆池。它的轮廓十分规则，北面为一条直线，南面为半圆弧，池上纵跨一桥。有时半圆池的直径会比较长，比如太原府文庙（图187）。曲阜孔庙中不是半圆池而是一条长水道，它是大成殿前的三片水域之一（参见图251）。济宁州的文庙格局也分为三路（参

图187 山西太原府文庙中1号前庭中的半圆池和池塘上方的拱桥

见图254）。在济宁州文庙，桥并非纵跨于池上，而是位于水道上。孔子赋予水重要的道德意义，因此只要有合适的机会，人们就尽量利用孔庙中的圣水。苏州是一座充满小桥流水的城市，它让人联想到威尼斯，因此苏州的大型孔庙中交织着小河、水池与拱桥（图188）。中间水池的半圆形源于中国古代学堂的庭院，它们的

图 188 池塘与小桥

轮廓十分相似，因此被称作泮（半圆形）。这种池塘便被叫作泮池，而泮池所在的庭院则被称为泮宫，有时也会用它指代孔庙。半圆形或者至少是拱形的建筑主题出现在叙州府孔庙的入口处（参见309页，图173）。嘉定府孔庙的泮池更加令人印象深刻，因为双重弧线在空旷的广场上划出了一弯水池（其实在外就已划出）（参见316页，图183、184）。在宜昌孔庙，尽管真正的泮池位于下一处庭院，但在入口位置也能看见拱形的封闭结构（参见317页，图185）。我们在四川庞统庙和赵子龙庙曾经介绍过庙宁的圆形封闭结构。孔庙泮池边缘环绕着我们所熟知的由石柱与平板组成的中式石栏。四川孔庙泮池旁的低矮石栏由上下两排或者三排相同长度的方石构成，方石之间有一定间隙，整体呈现棋盘状，顶层方石上横放着圆柱形石顶（参见316页，图183）。在极为精致的万县文庙内，人们充分利用这一形式来凸显石桥的精湛雕刻（参见320页，图189）。石栏由光滑的石柱和雕刻着祥云的石板组成，石板的某些位置有穿孔。柱顶为圆柱体，刻有祥云，四周围绕着精雕细刻的蟠龙。龙头两两对视，面向中间，龙尾化作两圆球，以强调石桥的

图 189 四川省万县文庙中半圆形池塘上的雕龙泮桥以及带有龙陛的大成门

中心和圆弧顶点位置。太原府文庙中的泮池和泮桥形式比较简单（参见318页，图187），灌县孔庙的泮池更为吸引人，上面架有三座泮桥（参见314页，图179）。在泸州文庙，泮池和泮桥十分靠近影壁，它们起不到任何交通作用，也不利于祭品的运送，只是以此来表明它们仅含的精神意义（参见310页，图175）。

大成门

大成门是通往主殿的大门，这里有时立有二十四戟，因而也被称作戟门。大成门有三门，面阔三间或者五间。作为中华门和两侧敞开的门坊，很少会出现矮山墙和斜屋脊的形式，山墙之间通常加盖简单的双坡屋顶。万县文庙是个例外，为了营造门坊间的层层升高之势，它的主门中间部分加盖了双层顶（参见315页，图181），以此达到一种华美的闭合效果。当然位于屋脊上的轴向三角结构也是达成这种效果的原因之一，这也是四川建筑的一大特色。万县文庙内大成门的两侧有两扇侧门，而济宁州文庙内的这两扇侧门则与大成门相分离（参见图254）。

丹墀

从大成门开始有一条宽敞的通向大成殿的甬道,周朝宫殿中称之为丹墀。有时丹墀代指整座孔庙,有时也可以指皇宫。甬道通常是一条由石板铺就并被抬高的砌筑通道,它首先通往主殿前的露台。在宫殿和寺庙中,这类甬道的边上有时会围有石栏。在孔庙中,我还没有发现这种情况。

露台

大殿前的露台是必不可少的,祭典时的乐舞表演都在这里举行。露台四周有石栏围绕,正面有三段台阶可供通行,两侧角落里通常也各有一段台阶。与佛教、道教或者纪念性寺观不同的是,我在孔庙中从未见过香火台。露台通过一小段台阶与主殿相连。如果必要的话,庭院中央还会加设平台,尽管它对祭祀大典毫无意义。四川人偏爱大型露天石阶,这在四川孔庙中也有所体现(图190)。从泸州和万县文庙的平面图里面就能隐约看出这一点,万县文庙中就有这样一段十分精美的石阶。

图 190 四川省灌县孔庙东侧大成门前带凉亭的露台

大成殿

平面图和台基：大成殿至少五间。供奉孔子及其弟子的祭坛大多位于大成殿内，有时四配（孔子的四大弟子）也位于山墙边。这样一来，位于最外侧区域的中间部分便再次被分割，如万县和泸州的文庙，两侧北面各立两配，南面各立六哲（参见312页，图177；310页，图175）。这样安排，孔子像就单独正襟危坐于正中间。殿内祭坛，特别是供奉孔子塑像的主祭坛，精雕细刻，华美异常，富有极高的艺术价值。大成殿前几乎都有敞开的门廊，多数情况下还有回廊环绕四周，如果北面没有，两侧也会有回廊（图191，图253）。苏州和济宁州文庙的大成殿外没有回廊，成排的门窗直接构成大殿的立面。其中，苏州文庙大成殿外部除门窗还有围墙环绕。殿内通风良好、装饰精美，大量牌匾和碑刻营造出一种庄严肃穆的气氛。

按照惯例，孔庙大成殿主殿的门窗都应当关闭，尽管一些地方并没有这样的习惯，但当地的孔庙还是遵守着这一原则。四川就是一个典型的例子。在四川的

图 191 带有露台的主殿

图 192 四川灌县孔庙主殿（图 174）

孔庙，大成殿廊上立有支柱，其南面门窗通常完全敞开，但供奉孔子像的大殿却严格按照北方完全封闭的建筑风格。我们也能从另外一点上看到这种情况。相对于中国其他地区来说，四川建筑较少使用北方常见的斗拱飞檐，而是用梁与楣来架起屋檐。在梁与楣上，屋顶的下部与檐口直接相接，但四川孔庙中供奉孔子像的大殿几乎都采用了北方斗拱飞檐的建筑风格。可惜的是，这一点从所给出的图片中很难清楚地看出。

  石柱：四川和湖南两地的孔庙倾向于在大成殿回廊上立石柱。虽然当地的石材可能不适用于制造整柱（如宜昌），但人们还是不遗余力地用许多石块合成整柱。湖南出产的石材非常好，如石灰岩和砂岩，当地人对使用石柱到了近乎痴迷的程度，因而石柱被大量运用于孔庙和祖庙（在本书最后一章会提到长沙府和广东两地的一些例子，但那边从未出现过浮雕）。这些石材的色泽富有生气，但作为支柱的垂直立面却有些生硬，这对于中国人的审美来说有些勉强。这种层层斗拱和木楣的建筑风格使得每间都呈现微微的拱形，创造了真正的和谐，大成殿的正面因此呈现出一种艺术性的和谐（图192）。四川灌县和万县都有这样的建筑形式，之前在庙台子和二王庙就已见过，这是纪念性庙宇特有的形式。长沙府孔

图 193 湖南省长沙府孔庙大殿的前方

图 194 湖南省长沙府孔庙

第六章 文庙——孔庙

图 195 孔庙中高大的主殿（大成殿）

图 196 长沙府孔庙内的主殿

庙和一些家庙中也有这样的形式（参见324页，图193、194；351页，图219）。

屋檐和中间层：气势恢宏的双重飞檐、山墙和屋脊是构成大殿的必要条件，它们使大殿凌驾于普通纪念性庙宇和家庙之上。因为一般庙宇只有简单的单层屋檐，双重飞檐仅限于帝王宫殿，最多也可以给关帝使用。有些文庙大成殿上下两层屋檐的距离颇大，看起来似乎没有统一的联系（参见325页，图195）。醴陵文庙内的大成殿十分巍峨，四周回廊几乎只是倚靠在殿身上，看起来就像是后期加设进去的。平阳府尧王庙是双重飞檐的原型，那里的建筑早已展现出这种特点。在醴陵和灌县的孔庙内，大成殿只有一层，并没有第二层，只是外部的双重飞檐造成了看起来有两层楼的假象。实际上这里涉及了西方大教堂式的采光。长沙府孔庙的结构兼顾了整体性与中式和谐，它的大成殿是最正统的典

图 197 湖南省长沙府孔庙入口及主殿屋顶图

第六章 文庙——孔庙

范之一（参见325页，图196）。湖南省内有许多类似的完美建筑值得称道，也是为了中间部分内部的光线效果而采用了大教堂式的采光结构，同时通过限制高度，使上下两层屋檐达到了美学上的统一。

屋顶：如果技术允许、资金充足，大成殿上一般盖有黄色琉璃瓦。一般来说，这种瓦只能用于皇宫，有时也可用于佛教和道教的个别重要寺观。孔庙是个例外，它一直拥有使用黄色琉璃瓦的权利（参见326页，图197）。

侧楼（东西两庑）

主庭院东西两侧的长廊和曲阜文庙类似，由三五间或者更多间构成，里面供奉孔子的学生和先贤先儒。在一些布局较完善的门廊上立有支柱。侧楼屋顶为普通双坡屋顶，两边形成山墙（图198）。太原府文庙的山墙上有极富北方特色的弧形连檐椽，屋顶角有独具一格的吊檐板（类似日式的"挂鱼"，称为kegyo，图199）[1]。这种形式也用于主殿。在湖北宜昌孔

图198 山西省太原府孔庙内 2 号主庭东面的侧面建筑

图199 山西省太原府孔庙大殿东面的山墙

---

[1] 简单来说是山墙顶端和屋脊连接处下垂的装饰性木板，在日式建筑里常为鱼的形状。——译者注

庙，山墙极为常见，其边缘为波浪纹，末端是涡形（参见327页，图200）。从外面看，太原府孔庙的侧楼极为清晰地展现了这一特点（参见327页，图198）。侧楼房间内摆放着祭坛和牌位，供奉在这里的先贤先儒或独享一龛，或共享一龛。有时也会沿后墙建基座，将牌位依次摆放在上面。

北面建筑群

主殿北部通常毗邻一组以围墙围绕的建筑群，它一般由位于中轴线上的家庙——祖庙和两座侧楼组成，侧楼中同样供奉着孔子的祖先和后代学者。在泸州和万县文庙中，这三大建筑构成一组互相联系的建筑群（参见310页，图175；312页，图177），正中心位置上为一露台，太原府文庙的丹墀甚至直通向露台末端。济宁州文庙内的建筑模式非常多样。这里的主殿后方有一座更大的建筑位于入口前面，它能让人想起曲阜孔庙中孔子的故居诗礼堂，但是这座大殿却有不同的名称——明伦堂，它直接位于主殿后面，并有一道影壁，增添了平易近人的气氛。堂内有一些对永恒自然法则的基本阐释，有时会有儒生在这里聚会。孔庙里通常都会有这样的一座殿堂。济宁文庙的明伦堂后是一座藏有孔子圣迹的两层建筑，和曲阜孔庙中的圣迹殿一样收藏有大量古老的碑刻和图画。接下来是祖庙和侧楼，最后为一座亭子，通过其牌匾可以联想到曲阜孔庙中的杏坛。济宁文庙北部占地面积庞大，这表明，只要条件允许，人们就愿意复制曲阜孔庙中的建筑细节。在孔庙前面部分很少出现与样板不同的建筑。不过，我们马上会讲到一个特例——万县文庙。

辅助建筑和细节

钟楼和鼓楼：在万县文庙中，大成殿两旁的东西两庑处各有一座六面塔楼（参见312页，图177）。它们在平面图里并不显眼，但重檐起翘、四周敞开形成的塔状，绝对给文庙增添了一种特别的建筑元素（图201）。其中，东侧塔楼有一钟，西侧塔楼有一鼓。在曲阜，我们就已经知道这两种器物在孔庙中是礼器，在那里它们被放置于南面东西两座角楼内。当然，曲阜孔庙的钟鼓更多，其中最富

第六章 文庙——孔庙 | 329

图 201 四川万县文庙内主殿和钟楼（图 177、202）

吸引力的是杏坛内的钟，它被悬挂于精雕细琢的钟架内。值得注意的是，通常情况下钟鼓被放在特定建筑内并没有什么特殊意义，但万县文庙却是一个例外。之前我们也提到过，万县文庙内的门坊造型与众不同，这里的塔楼位置也是出于精心考量才确定下来的。实际上，这两座塔楼几乎与主殿联合在一起，共同营造出恢弘的气势。钟架具有极高的艺术价值。从铸印的字迹来看，钟是在1903年铸成的（参见330页，图202）。可惜的是，钟架形成的具体时间不得而知，我只能指出这一杰作的一些艺术特点。基座和支架比较坚实、简朴，圆形横木微微向上凸起，有力缓冲了大钟的重量。钟架上面部分雕有双龙戏珠，上方整体轮廓为弧形，于中心达到顶点，两侧以涡卷形终结，总体呈现一种静态美。钟架内外都有悬臂托

图 202 四川万县文庙内的钟和钟架

架，内部的较大，外部角上的较小，托架增强了钟架的稳固性，同时托架上的精美雕刻（凤凰）也与钟架上方和脚板上的纹饰相呼应。纯建筑性的粗大基座上有大量精雕细琢的狮子和编织球，这些纹饰将其余雕刻紧密联系在一起。我不知道是应该赞叹人们将钟架毫无掩饰地展示出来的勇气，还是赞叹人们可以在任何易裂的木材上雕刻出华美纹饰的成熟技艺。

用以准备牺牲的建筑：和曲阜孔庙一样，其他地方的孔庙也有一些特定房间，用来准备祭祀大典所需的牺牲或让祭祀官在祭礼前进行斋戒，有些房间用作更衣室，有些则用来摆放祭礼所需的乐器。这些建筑的位置和布局在各地孔庙中有所不同，有些孔庙甚至没有这些建筑，而是搭建一些临时草棚来充当。太原府文庙中的这些建筑最容易辨认，因为它们完全不按规范来布局，而是围绕在前庭两侧（参见图253）。这里的建筑格局或许是受此处原来宫殿的影响。其他地方的孔庙也反映出，这些只具有实用价值的建筑并不受人们的重视。

配庙：在第一章中我们就曾提到，苏州文庙内建有一些殿堂用来供奉著名的文人，这些人在众多先贤先儒中享有特殊地位。作为一城之子或一省之子，他们是当地孔子精神的传承人。中国在孔庙内为个别圣人单独立庙的习俗并不多见。我只在苏州文庙发现过这一点。苏州境内的文庙占地面积十分庞大，整体规划非常清晰。

文昌庙和魁星阁：在曲阜城东南角，文运之神拥有自己的庙宇和角楼，因为孔子和他们有着密切联系，因此常被供奉在文庙附近。但是我们必须考虑的是，任何神均起源于道教文化，而儒家学说正好与此对立。但中国人还是经常在纯粹学术思想和自身神秘的宗教思想之间寻找平衡，他们把神放在孔子旁边，却永远不会把神放进孔庙内。在泸州和长沙府，文昌庙直接位于文庙的东南角（参见332页，图203）。济宁的情况与之类似，文庙边上的街对面矗立着一座两层的魁星阁。万县文庙东北方有一座魁星亭（参见312页，图177），苏州亦如此。棂星门上毛笔状的顶饰在巴东最为常见，它令中国人想到魁星（魁星像右手就握有一毛笔）（参见315页，图180）。道教是中国宗教的基础，中国人无法完全摆脱它的影响。

图203 湖南省长沙府与孔庙毗邻的文昌庙主殿

学堂：孔子被称为至圣先师，于是人们经常在他的庙宇旁设立学堂。文庙最北端通常与一座学堂毗邻，与文庙和学堂相对称的位置上通常矗立有本区主考官衙门（参见图253）。太原府、泰安府和万县建筑群的布局因此形成三路，都以文庙所在位置为中轴线。曲阜孔庙东南方有一座华美的学堂（参见268页，图147）。尽管曲阜是个小城，但它却有大量以传承正统儒学而闻名的学堂。

神道：我曾多次提到过以影壁开始的中轴线。中轴线对建筑具有重要意义，需要结合各建筑的布局来加强对它的理解。中轴线存在于中国所有的宗教性建筑中，是神圣原则的象征，在孔庙中，它的实体化就是孔子本身。其他所有无法达到其大成境界的人、物都列于其东西两侧。孔子本身既是大和的象征，也是道德、国家和世界秩序的象征。建筑布局的一分为三将这种思想体现得淋漓尽致，它使人联想到阴阳的力量，可以把它理解为大成的另一面。它很难理解，但又是最神圣的，人们不能轻易去触碰它，最好就是不去议论它。泮池上的三座桥也隐含了道的意义（道生一，一生二，二生三，三生万物）。中间的桥被称为圣路，在举行祭祀大典时只能由皇帝或者被视为孔子的继承人、与孔子同质的状元通行，他们被视为孔子的继承人，与孔子同质。三间门坊也是如此，普通人不能通过中间的拱门进入庭院。孔庙棂星门上的匾额清楚表达了这一规则。中间的棂星门意味着去追寻最高的一颗星；而侧门上的"义"指正直、忠信，是内在品德；另一侧的"礼"指教养、礼仪，是外在举止。简而言之，就是内容与形式相互补充，构成有机统一的整体，从而也就形成了"大成"。孔子祭坛支柱上的两条龙和万县泮桥上的两对龙也体现了这一思想（参见320页，图189）。这里所涉及的是不可名、不可道的概念，这些宗教概念对于中国人来说非常熟悉，这也让人联想到那些不允许称呼神名字的宗教。它还涉及了另一点，即人们在有些地方通过象征性的事物将路阻断。比如在中国宗教性建筑中极为常见的倾斜的龙板（龙陛），通常铺于中轴线上的一段台阶上，并雕有天、莲花、水、云、龙、凤和珍珠。相对于实际用途，主路的隔断更具有象征意义。万县文庙内，无论是入口大厅前的主路，还是通往大成殿露台的主石阶，都被完全阻断（参见320页，图189）。那里只设有倾斜的龙陛，龙陛上方又隔有木栅栏，人们无法直接通行，进入大成殿必须通过离龙陛有些距离的两侧石阶。醴陵文庙内的龙陛纹饰意味深长（参见334页，图204）。与一般龙陛上双龙戏珠的图案不同，这里的龙陛是在纹饰之上雕刻一条巨龙，龙头赫然朝向正中，嘴巴张开。龙陛四周为光面石枕，整块龙陛由九块相同的石板构成，龙头位于最中间的石板上。我们知道，数字"九"对于中国人来说有重要的宗教及哲学意义。在孔子像前的神圣位置上，数字"九"与建筑艺术相融，向我们展现了中国人最深刻的思想和习惯。龙陛的四角由立于基座上的小狮子镇守。

香火槽：在谈及曲阜孔庙时我们就已经确定，根据中国古代的礼仪习俗，敞开的槽或平台很可能是用来燃烧香火香纸的。后来或许受了佛教的影响才开始出现了封闭的坛、玲珑宝塔和小楼状的炉，因此孔庙内的香火槽形式多样。四川万

图 204 湖南醴陵县文庙大成殿前（位于中轴线神道上）的龙陛

县文庙和泸州文庙就是很好的例子。山西以华美的釉和黏土纹饰而闻名，它们也被应用于山西文庙内精美的香火炉上（参见图253）。在宜昌，香火炉靠在西庑的山墙上（参见327页，图200），但大成殿前的露台上不放置任何形式的香火炉。

  石碑：从很大程度上来说，孔庙中石碑的布局独具特色。在曲阜孔庙中，碑林有计划地排列，其中有些放置在华美的碑亭内。当然，在其他地方的孔庙中有时也建有正方形、圆形、八面或六面的碑亭，如泸州文庙和灌县孔庙（参见310页，图175；309页，图174）。除了庭院，石碑主要被存放在明伦堂、魁星阁、圣迹殿和杏坛，济宁文庙也是如此（参见图254）。石碑或被放在建筑内，或立于露天下。大成殿内没有石碑，只在特定位置上悬挂木质牌匾，牌匾上的题字也是相对固定的，殿内很少出现对子，全国各地的大成殿中几乎都采用这种形式。在中国北方，石碑通常立于石龟之上。与山东相反，在四川和南方建筑中很少出现乌龟这一形象。但出于对孔子故里山东的敬重，当地孔庙还是沿用了这一形式。这些石碑的顶部精雕细琢，极为华美。石碑上铭刻的文字或长或短，有歌颂孔子及其弟子和后代学者的，有雕刻孔庙和所在城市平面图的，有关于祭品的准备和解释的，还有的雕刻了中国和天坛的地图。苏州文庙内的此类石碑数量庞大。

井和柏树：各地孔庙中反复出现的还有孔子故宅井和先师手植桧树。

整体印象

最后我再强调一下，孔庙虽然是纪念性庙宇，但同时也是国庙，这有助于我们认识孔庙的本质和建造孔庙的意图。和许多纪念性庙宇不同，孔庙内不仅没有可供人们休憩或庆祝节日的大厅和花园，也没有我们在其他庙宇中经常见到的戏台子。各地孔庙实际上都将普通百姓拒之门外，只对士人和官员开放。这些人把祭孔大典提升为国之大典，但也因此脱离了大众。他们希望自己被视为孔子精神的唯一传承者，同时都觉得自己负有用这种精神治理地方的使命。孔庙布局所营造出的尊贵感令人产生一种远离普通百姓、脱离市井生活的感觉，但得益于官员、学者的社会地位，它同时也远离了战争和贸易。另外，这些官员学者也通过相当民主的方式与普通百姓相互学习借鉴。北京孔庙内的六幢大型石碑上记录了17—18世纪清朝三位皇帝（康熙、雍正、乾隆）生平征战取得的胜利，试图以此来突出各位君王文治之外的武功韬略，同时也使他们得以参与公共事务。我还没有在其他地方的孔庙中发现过这种意图，起码目前来说我还举不出第二个例子。孔庙中一般只有儒家学说，这些理性与公平原则是国家长久存在的基础。从小树林、水道以及为祭祀准备的牺牲中，我们可以感受到自然崇拜的气息。建筑上的华美装饰表现了人们与这位智者间的密切联系，孔子虽已同历史一起消逝，但他还是当地人的同乡，似乎仍然存在。尽管非常熟悉，人们却对孔子一直心存敬畏，使孔子睿智、淡泊以及寻求真理的精神得以永垂不朽。

第七章 宗祠

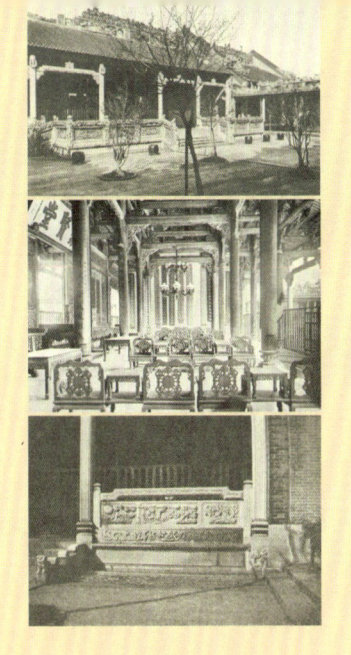

1 综述

在本书的前面几部分中，我们已经了解了国家层面的祠堂是以怎样神圣的方式祭祀祖先的，尽管有时这种祭祀活动不被列入道教和佛教的领域。这种国家级别的祭祀是在被称作"敕建祠堂"的庙宇中进行的，人们通过这种祭祀，肯定了英烈们开疆戍土的功勋。在中国人的观念中最独特的一点，是对远近亲属的祭祀，他们并没有把故去的亲人当成死者，而是当作能够显灵的神仙来祭祀。这就为国家级祭祖行为的产生打下了基础。除了我对这种祖先崇拜观念的产生以及相应的风俗礼仪进行研究外，还有许多学者的研究已颇有成果，尤其是高延在其"宗教系统"的论述中，也已经或是正在完备地阐释这种祭祖行为的本质。我就不再赘述了。另外，这一领域的中国建筑尤为宏大。各种祭祀场所造型多样，贫困者家中的祭坛最为简陋，条件好一点的就能单独拿一间屋子来安放祭坛，显贵和大户人家就能建一座富丽堂皇的祖庙，最后就是自成一个等级的皇家祖庙，这已然汇入国家级祭祀中。要列举所有这些等级的例子并梳理出一个发展过程是无法做到的，因为对这类祠堂的考察极为困难。相对而言，只能在有庆祝活动的时候考察一些比较突出的家庙。这种庙宇和祠堂在某种程度上有着内在的联系，这一点是可以解释得通的。因为二者的建筑构造相似，内在上也相通。因此，这一章一方面是对此前论述的补充，另一方面也是激励人们继续考察研究。

中国的家庙大部分都坐落在小乡镇和原野之上，这和中国农耕民族的特性相符合，因为这里乃是大多数家族的祖籍。若世代为官的大户人家或者世代经商的富贾迁入城内购置了宅地，那么他们就会在大城市或是京城另设气派非凡的家庙。而在没那么复杂的情况下，几个住在相同或临近区域的某一家族的分支也会在城里购买宅地建立家庙，以祭祀先人。同时家庙也是节庆期间或家族有大事发生时的聚集场所。至于私人的事情，其他家族成员大抵是不会关心的。在中国人心中，逝去的祖先仍然还会显灵，能够为子孙后代带来福祸。所以人们需要向先人汇报生活情况，供上祭品，并通过占卜寻求指点。这样看来，这种能使诸位族人借宗教节庆齐聚一堂的家庙显然会受到人们的高度尊崇。这种尊崇已经过甚，以至于相对贫困的家庭即便是房屋破旧、勉强度日，也要献上丰厚的祭品，只为了尽可能地维护家族荣光。对死者的虔诚之心就是家族繁荣和名望的保障。家庙里面一般都有人家居住，这家人受整个家族的托付，维护着家庙。他们比较需要经济上的支持，每年可能会得到一笔报酬，于是便住在这里履行他们的义务。在城里，这些祠堂从外表看并不起眼，因为它们像其他住宅一样用简易的围墙和大门与街道隔开。人们只有走进去了，才会发现建筑结构的精美造型并为之赞叹。这里面设有主殿，殿中安放置有先人牌位的祭坛，宗庙里还有匾额、园林、特别的聚会厅。祠堂建筑群在平旷的原野上一般比较显眼。最突出的是位于中国中南部四川的祠堂，这里的村落不像北方那样被严格地封闭起来，而是建了大量分散的独立农庄（本书中我们已经多次提到这种四川式的农庄）。长江上游两岸被这种祠堂装点得别有风情，庙从岸边茂密的小树林中显现出来，屋顶的弧形线条富有趣味，建筑框架或白色或彩色。出于对自然的热爱，中国人为他们的祖庙挑选了风景最美的位置，在建筑方面也极为用心，无论平原地区还是广阔的山谷都是如此。这里的祠堂矗立田间，距离主路或远或近，表现了家族乃至人类与土地和自然的统一。这和墓葬是一样的，这里的人们也喜欢将坟丘立在田间，周围种地。我们必须再强调一下中国建筑观念的这种二位一体：首先是客观原因，将建筑物建在一个风景优美的环境中，二者相辅相成；之后则是内在的主观需求，要通过建筑的选址来强调人和其作品都是植根于土地、与土地息息相关的思想。因此，一方面，较低的高度是建筑设计上的劣势，仅有屈指可数的几个特例达到了相当的高度；另一方面，这也意在使设计者的内心深处充满虔诚，在建筑造型与纹饰上精心雕琢。

2 湖南祠堂

这类祠堂外貌上有意创造出的效果在湖南省的案例上体现得很明显（参见340—341页，图205—208）。这是一个独立的建筑群，纹饰朴素，这一特色可以通

图 205 湖南省南部家庙

图 206 湖南省长沙府湘江左岸家庙

第七章 宗祠

图 207 湖南省南部祠堂

图 208 湖南省醴陵县祠堂

图 209 主殿。前有平台，屋脊上有丰富的石膏与陶瓷装饰

过前殿、侧面或前方的三角楣、主殿高度上的攀升以及屋脊或三角楣更为亮丽的造型观察到。山墙上略呈弧度的阶梯状造型[1]在长江中下游地区很常见，尤其在湖南，宽大的墙面与平整的瓦层组合得十分和谐，用饰带、镶边、石头中楣、灰泥涂成的条纹、台阶的护板以及屋顶瓦加以修饰。有时候设计师会试图打造出一副恰到好处的房屋立面。正前方两侧三角楣和中部双坡顶以及入口处高高的顶盖一起组成前殿的一部分，侧门上方与中间屋顶平行的前侧小屋顶为宗庙增添了韵味（参见341页，图207）。祠堂正面的构造小巧玲珑，和今天我们对宏大建筑艺术的理解不同；但从另一方面来说，指明布局中精巧的核心部分也是十分必要的，这完全体现了艺术上的价值，而与建筑设计的尺寸无关。两边山墙上的两扇侧门的设置非同寻常，只能将它们理解成是侧面建筑内前殿的后门，为常住人员提供侧面出口。在下面一个例子中（参见341页，图208），立面仅是一道墙面，墙上开有一道大门，横脚线上方的冠顶线条柔和。正面的房檐线条稍有弧度，侧面的中楣

---

[1] 此处指马头墙，又称风火墙、防火墙、封火墙，是中国传统民居建筑流派中江南古典建筑的重要特色。——译者注

第七章 宗祠 | 343

线条平和而笔直，与生动的山墙线条形成饶有趣味的对比。在这种家庙旁边，总会有受家族之托负责看门的贫困农户的茅屋。

自流井是四川省富裕的产盐区，是这一区域的行政中心。这里有一座祠堂为研究主殿和门厅提供了样例（参见342页，图209；图210）。这座祠堂坐落在一个平台上，四周有栏杆。祠堂两座建筑的屋脊都十分雄伟，使用灰泥和色彩光艳的上釉瓷片制成，中间形成了三角形的装饰物，其做工方式是四川常见的。主殿屋顶是简单的双坡顶。平台周围设有台阶，中间宽阔的轴线上立着石碑，这种建筑设计给人一种威严肃穆的印象。

图 210 祠堂入口的门厅，可以看见里面的主殿

3 长沙府左文襄公祠

左宗棠，政治家、将领和文学家，生于1812年，逝于1885年，谥号文襄。其祠堂位于湘阴县西湖，这在第三章已经简短地提到过。左宗棠是中国近代历史上最杰出的人物之一。他镇压太平军，尤其是打败了占据福建和浙江的福王，此后又平定了"阿古柏之乱"，因而获得了极高的荣誉，皇家为其在全国各地建造了祠堂。其中，最美最大的一座位于长沙府，它同时也是一座家庙。然而这里只有他一人的灵位，并没有家中长子的牌位。左宗棠是湘阴人士，湘阴县就在湘江下游省会长沙的北边。左氏家族也与省会城市长沙关系密切，其地产就在那里。此外，左氏家族祠堂建筑所在地是朝廷或是皇家直接赠予的。

左氏家庙临近城市的北墙（参见345页，图212）。从平面图上看分三路布局：中间带有大殿的主结构；东面带有起居室、聚会厅和戏台的建筑群；西面供人游赏的大花园。主建筑分成两个院落，位于入口大门（图211）、巨大门厅和主殿三者之间。门厅内有三个区域，中间完全开放的区域建有一道墙壁，墙上的门只在节庆期间打开。道路按常规的设计，环绕四面。巨大的主殿是祭祀区。天花板上的九条相同横梁将其分为九段，被简约的带有屋脊的屋顶及山墙所

图211 左文襄公祠中的前庭院，向入口大门望去所见景色

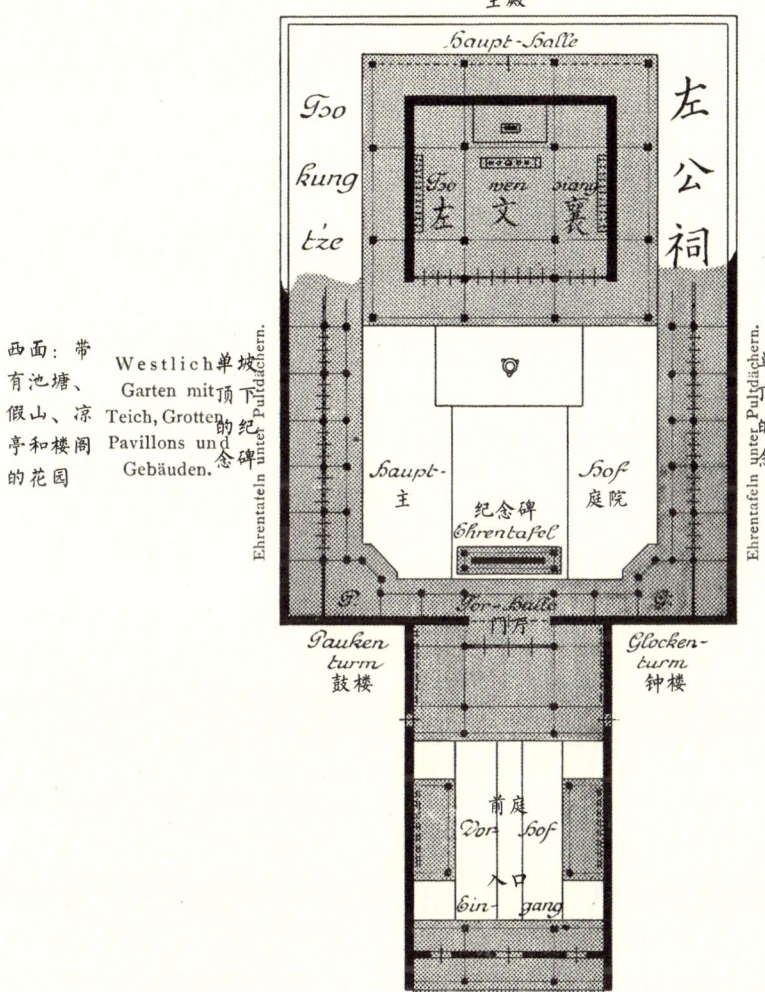

图 212 湖南省长沙府左文襄公祠中部平面图。
主院侧面游廊是开放的，单坡屋顶，其中有纪念碑

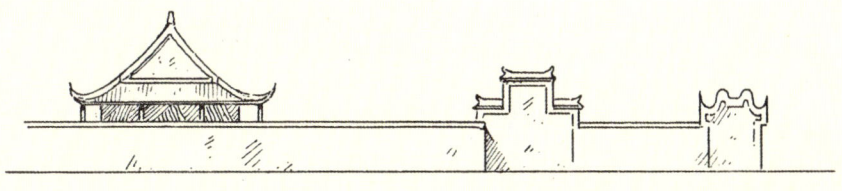

图 213 长沙府左文襄公祠的侧视图，山墙为凸出的造型——马头墙样式

遮盖。三座建筑山墙的凸出式造型——马头墙可以在侧视图上辨识出来（参见345页，图213）。尤其珍贵的是主轴上主庭院起始处的一道石墙，四周石柱方撑起了华丽的顶盖。这就是帝王所赐之碑"御碑"，其南侧书写了左宗棠的生平功绩与荣誉，北侧是绘有象征性图画的影壁（图214）。在临近的角落矗立着一座正方形的小楼，帐篷式的屋顶是方的，而内部对角线处则运用了斜切，使内部产生了一种八角形的效果。独立支柱的上方与两层屋顶之间还有一个封闭的中间层，东边是钟，西面是鼓。钟鼓楼从周遭有机统一的环境中凸现出来，这一点我们在讲灌县二王庙和万县文庙时就说到了（参见235页，图124）。长沙左氏宗祠又是一个例子，且涉及的是庭院角落处的布局。在这座祠堂中，已经出现了细高的石柱类

图214 长沙府左文襄公祠主庭的纪念石碑（影壁）与鼓楼

第七章 宗祠

图 215 长沙府左文襄公祠内的主祭坛

图 216 长沙府左文襄公祠主庭中的牌位

结构，此类应用在其他寺庙中也出现过。主殿内的石柱长达5.50米。大殿前面的平台上摆放着一个香炉（参见347页，图215）。主祭坛纹饰华丽，灵位供奉在一段小阶梯的尽头处。在大殿山墙一侧的兵器架子上立着一把戟，代表武将与王侯的荣誉（参见349页，图217），同时也是为了伏妖降魔，镇压邪气，保持寺庙的圣洁。

在主庭院中，单坡顶下的墙上有一块朝廷赐给左宗棠的石碑（图216），上面记载着左宗棠的科考名次和皇帝赐予他的称号。祠堂上下都是各色碑文，我抄录了一部分用来说明这种安排所遵循的原则：

图 217 长沙府左文襄公祠主殿内陈列着戟的兵器架

图 218 长沙府左文襄公祠,从凉亭中眺望到的西面花园和建筑主体

气作山河

忠德之碑

世功保蜀

封晋二等恪靖侯，统属文武，赏戴双眼花翎，紫禁城骑马，赏穿黄马褂。

湘水拜祠堂前后，贾曾异世并称三太傅；

楚材推柱石伯仲，伊吕大名不独一武乡。

相业挽一代河山，当年运启兴朝，万里金汤资巩固；

禋祀永千秋俎豆，此日神楼广厦，九重圭瓒荐馨香。

这里列举了中国古代及近代的一些历史名人。左宗棠是位闻名全国的湖南籍将领，生得瘦高而又精悍。他的这一形象和当地精美的石柱形成了强烈对比，这一点在其他祠堂中也有体现。

东面部分的一间偏房中挂着一副据说最早能追溯到汉代的名画摹本，此画在中国的房屋和祠堂中经常出现。画的是象征天地四方的神兽：东青龙，西白虎，南朱雀，北玄武，并分出八个字——"洪福齐天，祥瑞万年"。[1]东边这一侧的娱乐场地主要集中在巨大的戏院中，戏台周围是供观者赏玩的宽阔游廊。

整个建筑的西面部分是一座大花园（参见349页，图218）。池塘里和道路上都有巨大的造型奇特的假山，可谓奇观。其间设有桥梁、凉亭、茶房、长廊，甚至有一座三层欧式风格的高大建筑，用于家族节庆活动，与其他建筑形成鲜明的对比。鉴于整座建筑有半公共性质，因此花园也对外人——主要是高官开放，用于宴客与办公。

---

[1] 卜士礼《中国艺术》第二卷，图1。

4 长沙府陈家祠堂

陈姓在中国十分常见，陈氏家族是定居长沙的古老家族之一。陈家诞生了很多政治家和高官，当下风头正劲。我通过耶鲁的一位好客和蔼的传教士和一位陈姓青年认识并结下了友谊。据他透露，他的祖父于多年前逝世，当时送葬队伍从长沙出发，经过一日行程后被安葬在祖墓中。他祖父膝下有十八个儿子，其中有十二位道台和四位巡抚。其中一位聘请长沙一名著名建筑师主持建造了这座美丽的祠堂（图219）。这座祠堂和民居紧紧相连。陈先生的父亲和陈的几位兄长住在一起，宽阔的宅院分为三部分，即庭院与大厅、花园、祖庙。客厅分为两间，一间宽敞明亮、富丽堂皇，另一间较小，但舒适雅致。客厅里摆放的都是经过精挑细选的名贵家具，产自广州和苏州，后者尤以出产精致家具而闻名。住宅区紧邻

图219 湖南省长沙府陈家祠堂入口大门

图 220　湖南省长沙府陈家祠堂主殿前的儿童

一座花园，内有水渠、假山、各色奇石和古塔，花草树木点缀其中（参见354页，图221）。过道、封闭或开放的凉亭与几座更加雄伟的大殿呈现在我们眼前。许多石碑镶嵌在墙里，依照欧洲风格装裱的对联与横批以及先人的画像则挂在墙上，起居室闲适惬意，整座建筑充满了艺术与自然和安逸生活所营造出的喜悦气息。人们总能被这种中式花园深深陶醉。桌椅等家具的表面镶嵌着精心挑选的带图案的大理石板。这些石板大多产自广州上面的西江下游，其上的天然图案使人联想到风景、传说、龙、凤或是人物形象，人们称之为"山水石"。这自然之趣花费了不少银两。石板中有几块比较有名，据说是出自当下四川一位著名的学者之手。大殿中摆放着两块产自广州的镜子，立于基座上。再远一点有几块上釉的瓷砖（道光年间产的三彩），上画山水和梅花鹿。最引人注目的作品是陈家祖父的画像，他身着红袍，外套黄马褂，头戴红帽子。这幅画由长沙一位著名的艺术家绘制，现在被小心翼翼地挂在帷幔后面，游人参观完毕后就会被即刻取出。墙上的漏窗用泥浆或石头做成镂空图案（参见354页，图221；355页，图222），漏窗孔眼的线条做成叶片或花的样子，十分精美，通过窗口不同的孔，人们可以看到花园中不同的景致。这种中国园林常用的主题在应用中也遵循了一定的建筑原理。在这座花园中，各种建筑结构与风格层出不穷，而石质的栏杆、矮墙、梁架与石柱等则给人一种稳重的感觉，凸显了祖庙的庄严肃穆（参见355页，图223）。祖庙的另一侧紧挨着园林，此处道路上有一个特别的入口。

祠堂的四幅图片中最引人注目的是柱类结构的应用。石柱为石灰石质地，长5.5米，截面极细。它们集中排布在封闭和狭小的主庭院中，使庭院显得略微拘束和古旧，和其他的建筑形式形成了鲜明的对比。我们不禁想起同样位于长沙的孔庙内的牌楼，那里对细长石梁石柱类结构的处理方式也产生了类似的比较生硬的效果。湖南还有许多其他寺庙，特别是圣山衡山中的庙宇，常常使用粗大的石柱或者木柱。在陈家祠堂中，柱子排布的方式与创造出的气氛是与祠堂和家庙相符合的。在大厅、小楼等建筑的部分位置上，利用曲折的托架使柱子与雀替接合处的生硬风格得以缓和，而托架有时又与中楣合二为一。与左文襄公祠类似，这里也有一座前庭与一座主庭院。入口大门的形式极为简洁，使祠堂显得通透宽阔。大门上的镶框风格严谨，与该建筑的特点相吻合。如左文襄公祠一样，主庭院前端角落过道旁边也设有钟鼓楼。楼为六角形，下方中空，好像立在高跷上，顶层封闭，里面有对应的钟鼓乐器（参见356页，图224、225）。在湖南，钟鼓是祠堂与家庙必不可缺的组成部分。主殿前的平台是由前殿的扩展部分构成的。大殿上方是简约的双坡屋顶（参见351页，图219；352页，图220）。内部什物和祭坛并无特别精美的装饰，只有楠木牌位上刻了些许简单纹饰并镀了金。墙上凿了个直通到天花板的精美壁龛，里面的基座之上便是祭坛。在两边的小房间里约有24副对联，大多是用带有漂亮纹理的樟木刻成。

总的来说，这所祠堂在装饰上并未耗费巨资，人们追求的是用严谨的线条和平面图案来达到理想的效果。如果因此而使建筑显得有些生硬，那么就必须让各部分的风格达到完美的统一。人们从生机勃勃的园林走出，去祭拜先人的在天之灵时，便会感受到这座祠堂的庄严气氛。

图 221 长沙府陈家祠堂花园中的过道，两侧有栏杆、石柱，墙上有漏窗

第七章 宗祠 | 355

图 222 透过墙上漏窗所见景色

图 223 游廊与假山

图 224 长沙府陈家祠堂，
从主殿望向钟楼和入口大门

图 225 长沙府陈家祠堂
主庭内的鼓楼

5 长沙府习家祠堂

长沙是中国最古老和繁华的大城市之一,望族习氏的家庙也是中国家族祠堂,我在青年友人陈先生的带领下,参观了那里。这座庙虽然仍处于住宅区,但不是和住宅一起建造的。如陈家祠堂一样挨着一座园林,虽然这座园林比陈家的大得多,更像是一座供人游赏的花园,但两者气氛实则相似。跟很多中国大户一样(最有名的当属苏州大富盛宣怀的留园),习家也会在某些时段将园子向民众开放,人们可以在那里漫步和品茶。园中有一座大荷花池,上有小桥与廊道贯通

图 226 长沙府习家祠堂带抱夏的主殿

或围绕，园中各处还有很多凉亭、大殿、茂密的古树与各色花草。在一条长长廊道的墙上，嵌着许多刻有长江和湘江图案的浮雕石板。园林部分日常是对外开放的，而这座祠堂本身几乎是不开放的。祠堂也建造得十分华丽。在此，我们又见到了细长的石柱、角落处的钟鼓楼、开放的过道，还有通往大殿的中间大道——"丹墀"（这一名字借鉴孔庙）。大道上有一个香炉，路两侧立着小树和石栏（陈家祠堂也有这种小树）。主殿前有一个露台，台上有石栏（参见357页，图226；图227）。四川、湖南常用的一个建筑主题就是在台上方建一座亭子，亭子屋顶与主顶合二为一。整个前端的构架都带有丰富的纹饰。这座祠堂要比陈家祠堂华丽得多，尤其是屋顶脊线处。

图227 长沙府习家祠堂，从主殿露台望向平台与钟楼

6 广州陈家祠堂

广州陈家祠堂南面前端的广场被一道高高的篱笆围住，需要通过两扇侧门才能进入（参见360—362页，图228—231；363页，图234）。在广场的外面有两个带着桅楼的旗杆，旗子上写着一位家族成员取得的科考等级与官阶，在入口门厅前面主轴两侧底座上各有一只形象滑稽的狮子（参见362页，图232）。建筑群的布局极其明了。横向看是三排平行的建筑，前面是入口门厅，中间是聚会大厅，末端是祭祖大殿；纵向看是五组轴对称的建筑群，共有六座庭院。中间的建筑群面阔五间，两侧各三间，最外侧各一间，于是形成了1—3—5—3—1的对称形式。最外侧面阔一间的建筑止于庭院后面向东西敞开的偏殿，不再沿主轴延伸。南面的轴线则是由两座与祭祖大殿对应的客厅构建的。各座大型建筑由狭窄的天井分隔开来，为了方便通行，建筑之间通过带有顶棚但侧面敞开的过道相互连通（参见367页，图238、239），辅路的尽头有小门。这些建筑的山墙都很坚固、高大，使天井显得十分空荡，又以此将各座大殿分开，使它们相互独立。在建筑平面图上可以看到，各座厅堂连为一体。通过屋顶的造型来看，建筑物间的相互独立这一特征显得更为突出。屋顶平面弧度极小，几乎笔直。而为了使屋脊达到所期望的华丽程度，山墙线条并没有和屋顶平面平行，而是呈一定角度，由此使屋脊与山墙尖端之间形成了一定的距离（参见361页，图229），但超出屋顶看似不太美观的楔形山墙处理得很好。仅出于人的意愿来刻画丰富的纹饰细节样式，这种非构造性的做法和中国建筑艺术的起源地——北方的建筑风格不相符，和中国中部的建筑风格也不相符。它体现的是东南亚艺术风格，即缺失正常建筑稳固的基本结构，更注重过于丰富的纹饰。这座祠堂便是中国艺术家也未能免俗的又一个例证。

通过房屋立面平放的宽大石梁、屋顶的突出物以及两面交错的山墙，中间主门厅五条轴线中的三条显得特别突出（参见361页，图230）。梁架和两个鱼尾装饰着山墙中间的建筑（生动的线条让人想到暹罗建筑），突出了主轴的位置。门厅本身被两面隔墙分成了外部和内部开放的大殿。这和中国式的大门是相对应的，

Canton.

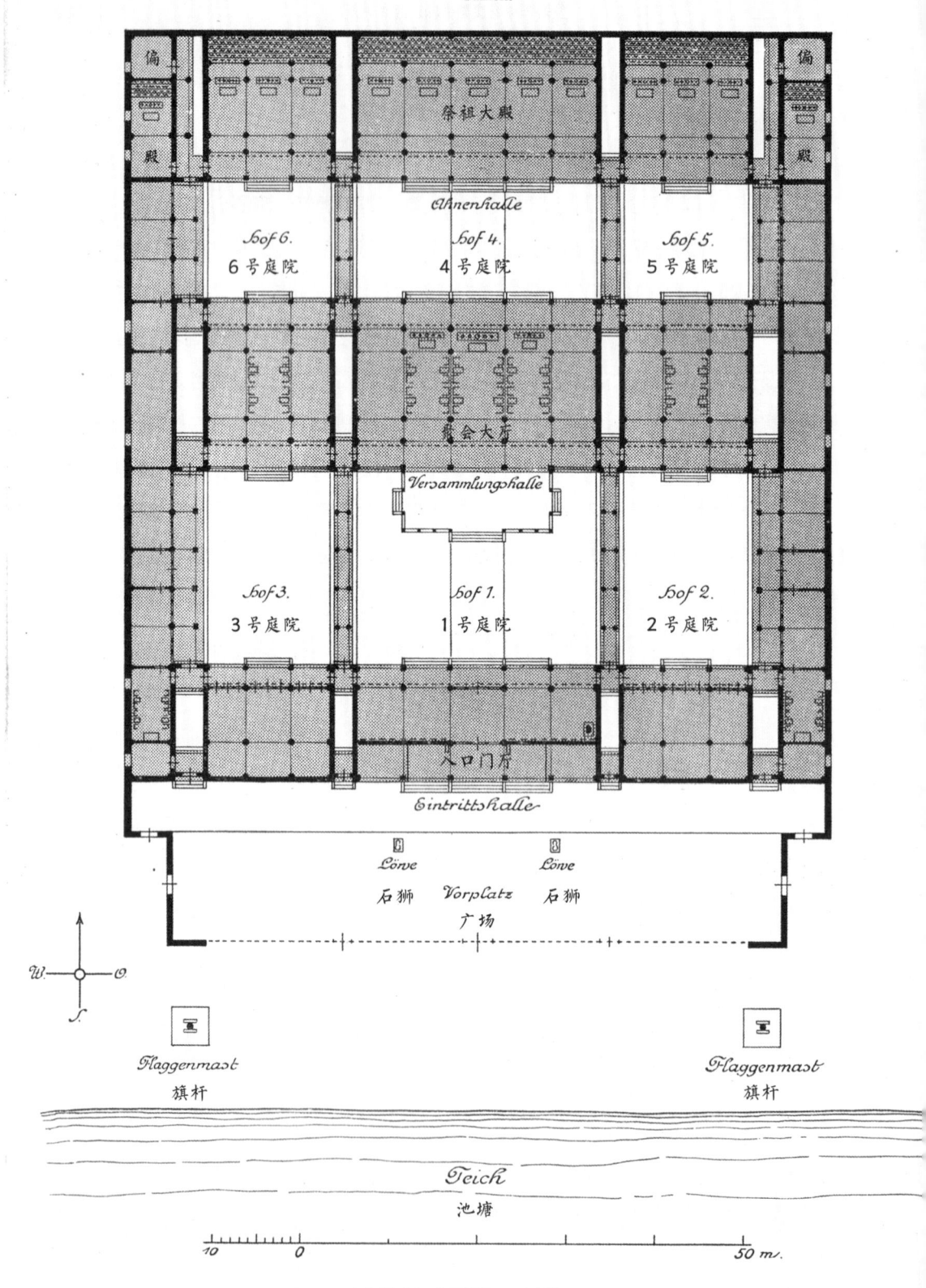

偏殿 祭祖大殿 偏殿

Ahnenhalle

Hof 6. / 6号庭院
Hof 4. / 4号庭院
Hof 5. / 5号庭院

Versammlunghalle
聚会大厅

Hof 3. / 3号庭院
Hof 1. / 1号庭院
Hof 2. / 2号庭院

入口门厅
Eintrittshalle

Löwe 石狮　Vorplatz 广场　Löwe 石狮

W — O
S

Flaggenmast 旗杆　　　　Flaggenmast 旗杆

Teich
池塘

10　0　　　　50 m.

图 228　广州陈家祠堂平面图，比例尺 1∶600

第七章 宗祠

图 229 广州陈家祠堂南面前端

图 230 广州陈家祠堂南面的池塘和木栅栏

图 231 广州陈家祠堂南端侧门

图 232 门厅入口前方东侧的石狮子

图 233 广州陈家祠堂第一进院落的聚会大厅与前部平台

图 234 广州陈家祠堂，位于入口大厅南端的东侧部分

但是墙壁并不在中间，最外面的部分只有一扇门，内部有一面独立的影壁，完全是前殿的模样。中国古代的建筑风格从中可见一斑，但是已经有所变化。第一排的侧面建筑结构不再是大门，而是几间从各庭院可到达的屋子。此处围墙上有十分精致的小门（参见362页，图231；图234），通向天井和游廊。

中间的一横排中有三座聚会大厅（参见362页，图233），中间大厅分成五部分，另两座分成三部分。大厅的后面是祭祖大殿（参见365页，图235）。大殿两侧敞开，装饰华丽。梁架上丰富的雕刻赋予中间最大一间房一种巴洛克式的奢华，再远观庭院那充满想象力的建筑造型，便更加深了这种奢华之感。中间轴线上的三间房内，每一间里都有四张桌子和八把椅子（参见365页，图236）。依照这里的风俗，家族成员在祖先面前人人平等，于是族人聚会时北面大殿中不设上座，上座的位置供奉着祖先牌位。别的地方会在北端摆放一个巨大的神龛来放牌位，但这里只是在神龛的位置上安放了一张雕花供桌，上面摆放贡品和祭器。欧洲的灯具配上吊灯显得有些古怪，然而当下中国人正钟情于异域风格，只要能够打动他们就行。这种灯具在广东和广西两省的寺庙、店铺和民居中十分常见。比中西结合更有趣的是，即便是欧洲人也逐渐习惯了这种奇怪的组合，以至于认为这是正常的。

家族祠堂的西面有座普通的平台，唯独祭祖大殿的前面没有这样的平台，中间的聚会大厅处倒有一座，有三块大格子那么宽。除中间主台阶之外，侧面还有两道阶梯。主轴线上没有龙雕，只有皇帝和圣贤才能用这种石雕，不允许用在家庙中。关于平台栏杆的装饰我们以后再说。

聚会大厅经过一段自然的抬升就到了祭祖大殿。这座大殿前面同样也是敞开的（参见366页，图237），北面则是封闭的，里面装饰极为丰富，有石碑、带雕刻纹饰的柱子以及雀替。祭坛处还有一道墙壁，这是我所了解的中国建筑主题之一。每一处供桌的雕饰都极为华丽，在轮廓线条和有浮雕的中楣装饰处，细节丰富，造型自然生动，显示出中国南方的雕刻风格，并且在建筑设计上十分严谨，达到了艺术上的完美。五个壁龛相邻排列，增强了艺术效果。在每个壁龛顶上装饰性雕刻的中心处都有银色的圆片（一般情况下是红色的，这一元素可以在广州各类陵墓建筑中发现），这里无疑是代表着太阳，和宝石一样是圣贤的象征和反映。按习俗每一张供桌上都放了五个上了蓝釉的祭器，每一个神龛内呈阶梯式排列的祭坛上都放着牌位。人们说，家族支脉的牌位是按照建造祠堂时分摊费用的高低排列的，最中间的贡献最大，最外面的付钱最少。祭坛上大概可放置上千个牌位，现在放置的牌位才占一半。

主轴的中路上安放了做工精细的石板，作为从入口到祭祖大殿的神道（参见367页，图238、239）。庭中树木和石柱石墩是对称的，庭院之间狭窄的开放廊道支柱是铁质的。

结尾还需详细地说明两点：一是建筑材料——瓦片与砖石；二是几个细节，尤其是纹饰。

墙壁的上升式墙体是由砖砌成的，其表面完全是磨光的（参见363页，图

第七章 宗祠

图 235　4 号庭院的祭祖大殿

图 236　广州陈家祠堂，从大堂往东看

图 237 广州陈家祠堂摆放着祭坛的祭祖大殿东侧

234）。这和中国一贯的风格是相符合的。许多纹饰用的也是同样的材料，但也运用了更大的陶板，尤其是在南端。陶板是先烧制再雕刻，需要用小火烧制，使其成形后更加精美，但结果就是不抗自然侵蚀，使得这种陶制雕塑的寿命很短。然而这种做工在全中国都很盛行。与之类似的是庙中到处使用的石膏，虽然是经过了特定工艺做得十分完美，但十分脆弱，尤其是龙雕，需要精心维护。

几处花岗岩石雕上的纹饰更加精美，展现了祠堂的奢华。引人注目的是长达6米的细长石柱和独立的石墩，让人不禁想到木质结构的样式。只有中间宽约6米的开口处没有过多装饰。支柱上方横梁用梁架进行支撑（参见368页，图240；369页，图242）。人们大胆地为中间前端脆弱的横梁又加了一个嵌板，对屋顶架构进行支撑。中国中南部常用的石头底座在这里以不同的主题呈现出来（参见370页，图246），排布和雕刻都富有生气。和西方的美学观念不同，基座直到石墩后面都是紧束的，从某种角度来看显得非常自然，毫不违和。中间门厅和祭祖大殿的阶梯从石柱处开始，被通过低处止步于石狮的波形纹饰分隔开来（参见370页，图

第七章 宗祠

图 238 4 号庭院的祭祖大殿与长廊

图 239 广州陈家祠堂 1 号庭院的聚会大厅与前部平台

图 240 偏殿的一部分

图 241 广州陈家祠堂 1 号庭院平台的栏杆局部

245、246）。精巧的光滑圆石排列在主入口大门处。从其安排来看，这些石头源自支撑独立石墩、石柱的石柱础，尤其是支撑牌楼的石柱（参见371页，图247）。在此，其作用是类似的。在中国中南部，这种类似形式的构件成为后代改良建筑中独特的组成部分。圆盘形状显然是一种鼓状结构的残存，原来有长长的鼓身，在北方常被用作石柱础。可以断定，南方对纤薄造型的追求使其变形，成了扁平的圆片。进一步联想会发现这种形式和代表太阳的圆片类似。作为一种象征，这种装饰在广州的建筑中随处可见，在这座祠堂的主坛上也有。对这种石柱础的造型进行类比，可以看出中国人的两种思路：一是对鼓的想象，鼓是寺庙中的乐器，带有高度神圣性；二是对太阳的想象，太阳是生命最主要的源头。了解这两种不同思路看似无条理的交汇是十分重要的，因为这与中国的精神完全符合，表现了生命的各部分是互相交融最后合为一体的思想。在建筑艺术中，建构学和美学上自生

第七章 宗祠

图 242 广州陈家祠堂 1 号庭院内主殿前端景观

图 243 广州陈家祠堂 1 号庭院平台的栏杆局部

图 244 主殿栏杆

图 245 一座偏殿的栏杆

图 246 门厅入口的前端

第七章 宗祠 | 371

的渐进式发展表达了这种形象，支撑了这种思路，并由此更加确立了精神与宗教的概念，故而成了思想典范。

大殿前石头护栏上的石板与上方悬着的石杆都用格子与浮雕装饰，十分精美（参见370页，图244、245）。相比之下，中间巨大平台栏杆上的浮雕则极具雄浑气魄（参见362页，图233；367页，图239；368页，图241；369页，图243）。广东石匠成功地模仿了丰富的木雕纹饰，但也没有舍弃处理石料的特殊工艺。石板、栏杆、中楣与雀替上皆是经斜切或截断处理而独立成形的藤与花、龙与狮以及人物形象，散发着浓重华丽的巴洛克气息。前端被拉长的四叶草状结构上的图画与屋顶和支架上线条简单的框架中的其他纹饰结合在一起，让人觉得更加眼花缭乱。

在屋顶浮雕和南面前端众多的装饰、阴影与连接处，还可以发现更加丰富的纹饰。南亚的纹饰风格受中国式建筑设计与轴线排布体系的约束较少，在这里得到了自由发挥（参见363页，图234）。限于篇幅，在此不再详述。各式各样的主题——华盖下的人物、传说中的形象、凤凰、游鱼与狮子以及花束融为一体，令人陶醉。而格子与中楣的划分、格中美观而分明的镶边、柔和的纹饰线条，以及宽大格子处吊饰线条的韵味，与中间大门建筑生动的石梁相辅相成，给整体结构带来了一种大气而祥和的特点。撇开纷乱的细节不谈，还是十分雅致的。

图 247 门厅入口的抱鼓石

整体印象

广州陈家祠堂是一座建筑古迹,在许多方面,如时间、地理位置以及风格上,皆可以看作是中国建筑艺术的一个衰落的分支,从中到处可见南亚的建筑风格。但是人们还是完全能够辨识和界定出中国的建筑风格精髓。极简的构图与简约的规划使建筑的布局清晰明了,激发了人们的想象空间。人们用象征的手段,尤其是通过纹饰来表现各种形式的神秘主义形象,由于强调要服从于建筑设计的要求,因此也有所限制。对各种材料的娴熟掌控大大增强了建筑的精美程度,宗教传统又将建筑艺术领域内新的建筑形式的发明局限在了一定的范围内。然而中国人在各种限制下却将艺术发挥得淋漓尽致,能够通过一种明了、简单而统一的形式反映整个世界。这里所说的传统主要基于祖先崇拜,过去和远古的建筑艺术肯定都与之密切相关。这种传统导致了局限性,但在局限的框架内又诞生了完美的艺术。同时,中国建筑艺术中传统的象征意义也表明,要研究一座建筑群,了解整个中国建筑设计非常重要,正如本章中所讲的祠堂类建筑。

参考文献

沙畹《北中国考古图录》，巴黎，1909。
韦廉臣《中国北方游记》，伦敦，1870。
花之安《中国史编年手册》，上海，1902。
恩斯特·伯施曼《普陀山》，柏林，1911。
白挨底《中国城乡地理词典》，东京，1879。
翟理斯《中国概要》，伦敦—上海，1898。
梅辉立《汉语指南》，上海，1910。
顾赛芬《中文古文词典》，巴黎，1904。
古伯察《中华帝国纪行》，莱比锡，1856。
包腊《中国评论》，1872—1873。
克劳德《杭州——天堂之城》，上海，1906。
杜博斯《美丽苏州》，上海，1899。
卫三畏《中国总论》，纽约，1900。
波乃耶《中国的节奏与韵律：中国诗歌与诗人》，香港，1907。
伟烈亚力《中国文献纪略》，上海，1902。
安德森《大英博物馆藏日本和中国绘画说明图录》，伦敦，1886。
穆乐、顾路柏译《封神演义》，莱顿：布里尔出版社，1912。
卜士礼《中国艺术》，伦敦，1906。
高延《中国宗教制度》，莱顿，1892—1910。
贝迪荣《讽刺文学》，上海，1909。
贝勒《基于东亚史料的中世纪研究》，伦敦，1910。
顾路柏《中国的宗教和祭仪》，莱比锡，1910。
迪森《李希霍芬中国旅行日记》，柏林，1902。
李希霍芬《中国》，柏林，1877—1912。
《人类学杂志》，柏林，1911。
《地理学会杂志》，柏林，1912。
《德国社会的东亚博物学与民族学报告》，东京，1912。

附录

主要祠庙平面图

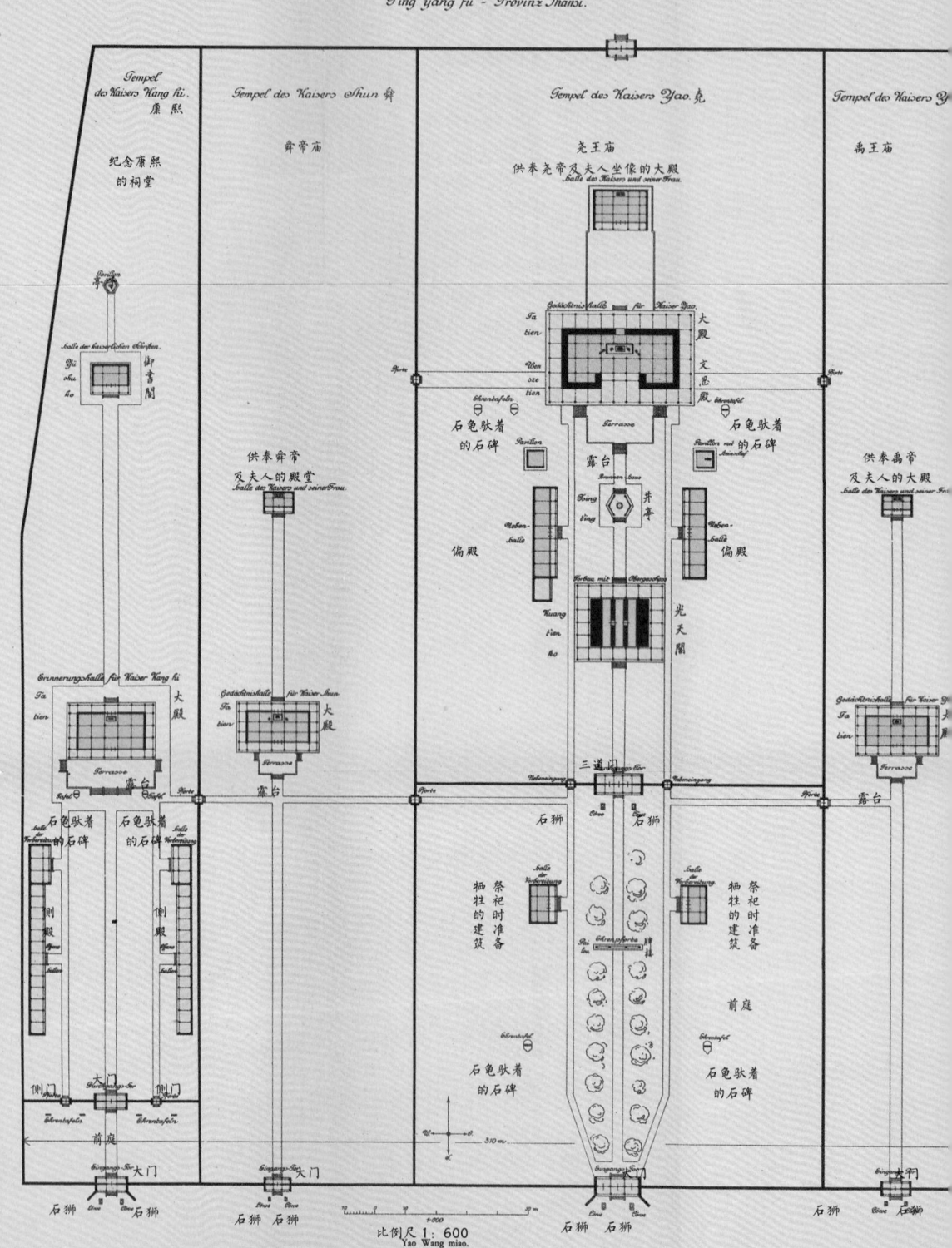

图 248 山西省平阳府尧王庙平面图

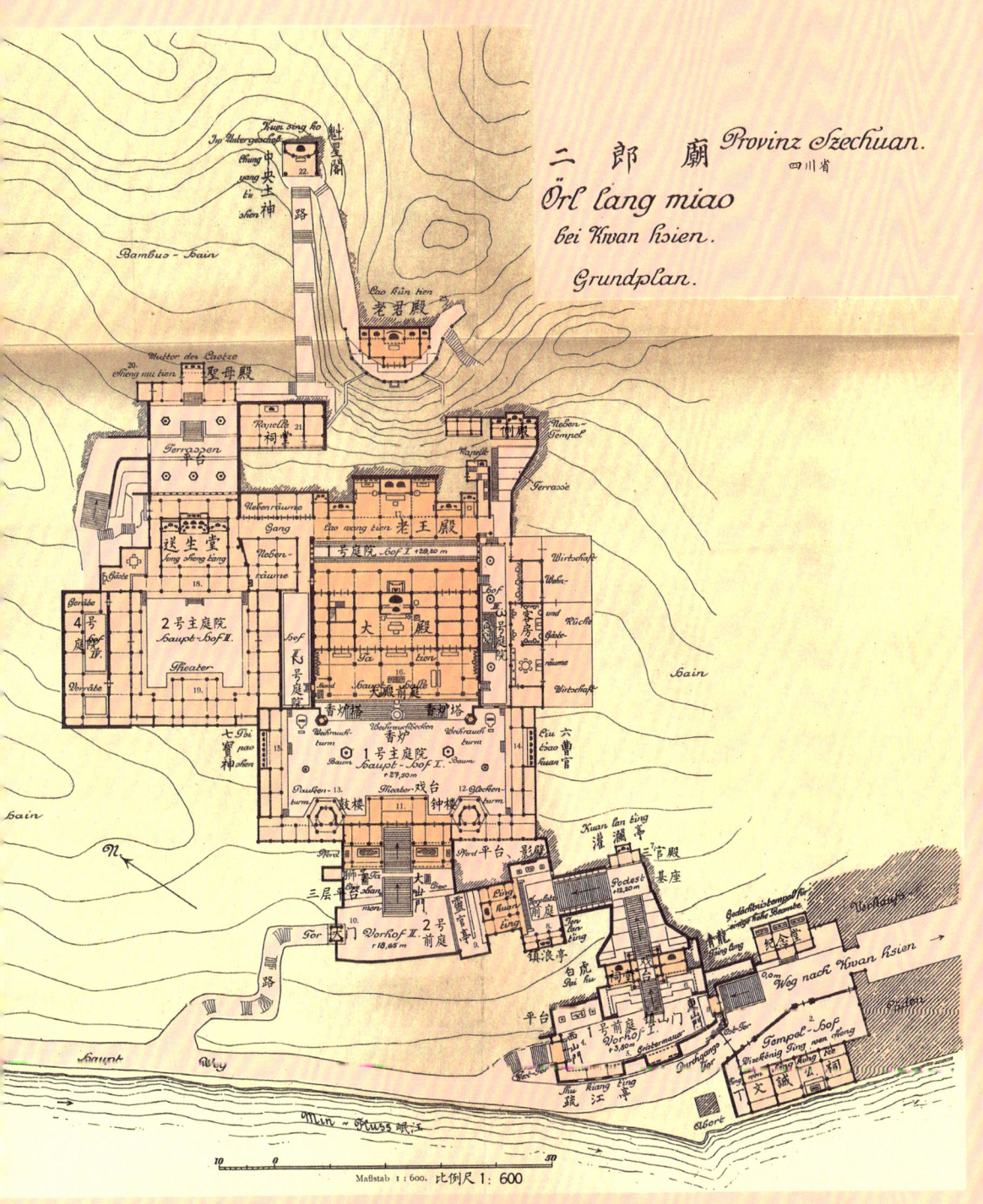

图 249 四川省灌县二郎庙平面图

图 250 秦岭张良庙庙台子平面图

Grundriß des Tempels für Chang Liang im Tzeposhan, dem Gebirge der Purpurzypressen, an der Reichsstraße über den Tsinlingshan im südlichen Shensi.

Text zu dieser Tafel im Abschnitt II Seite 95—153.

Genauere Beschreibung in der Folge der Gebäudeziffern 1—50 Seite 123—153. Bilder 70—88. Tafeln 1

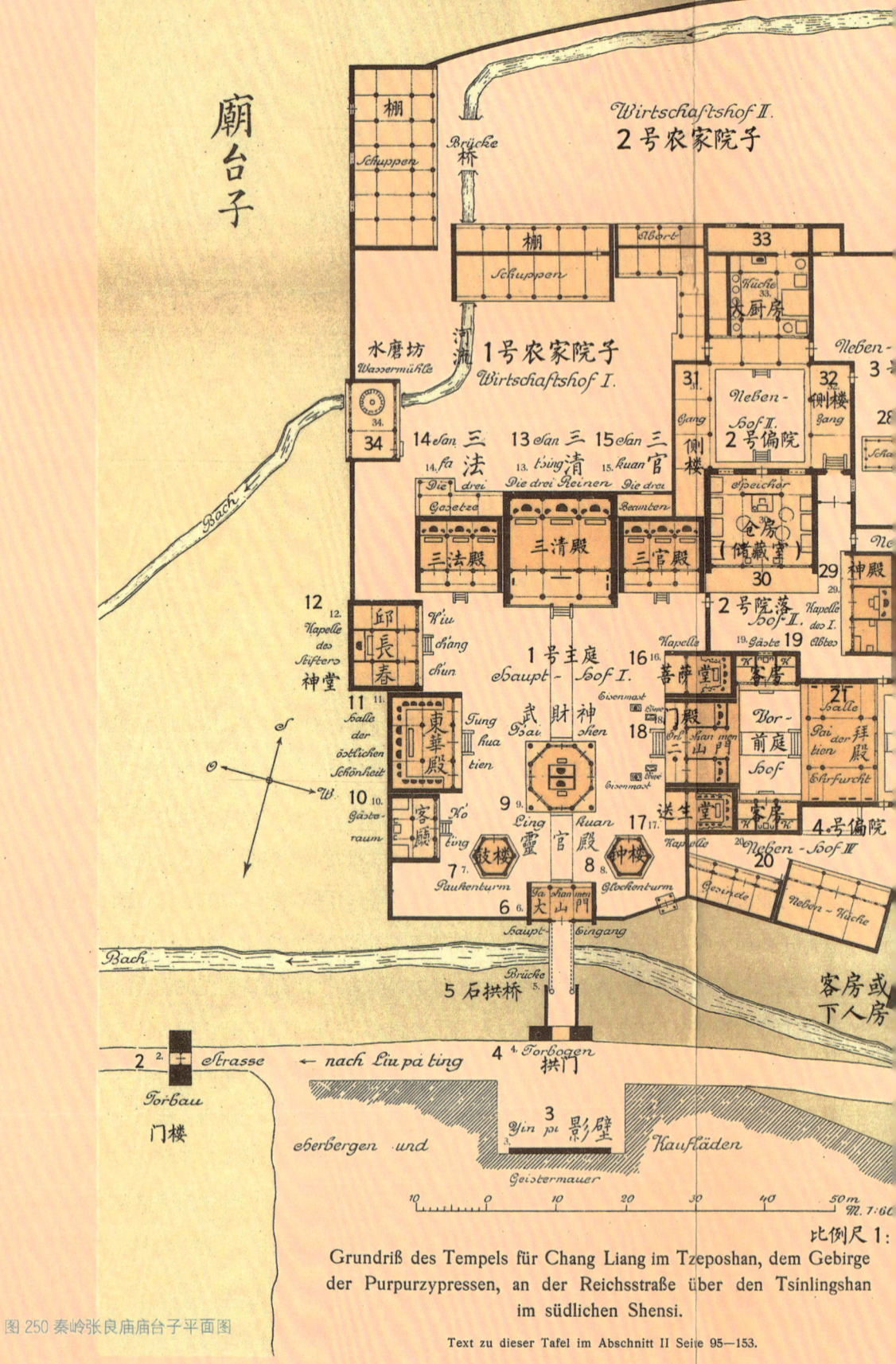

陕西省

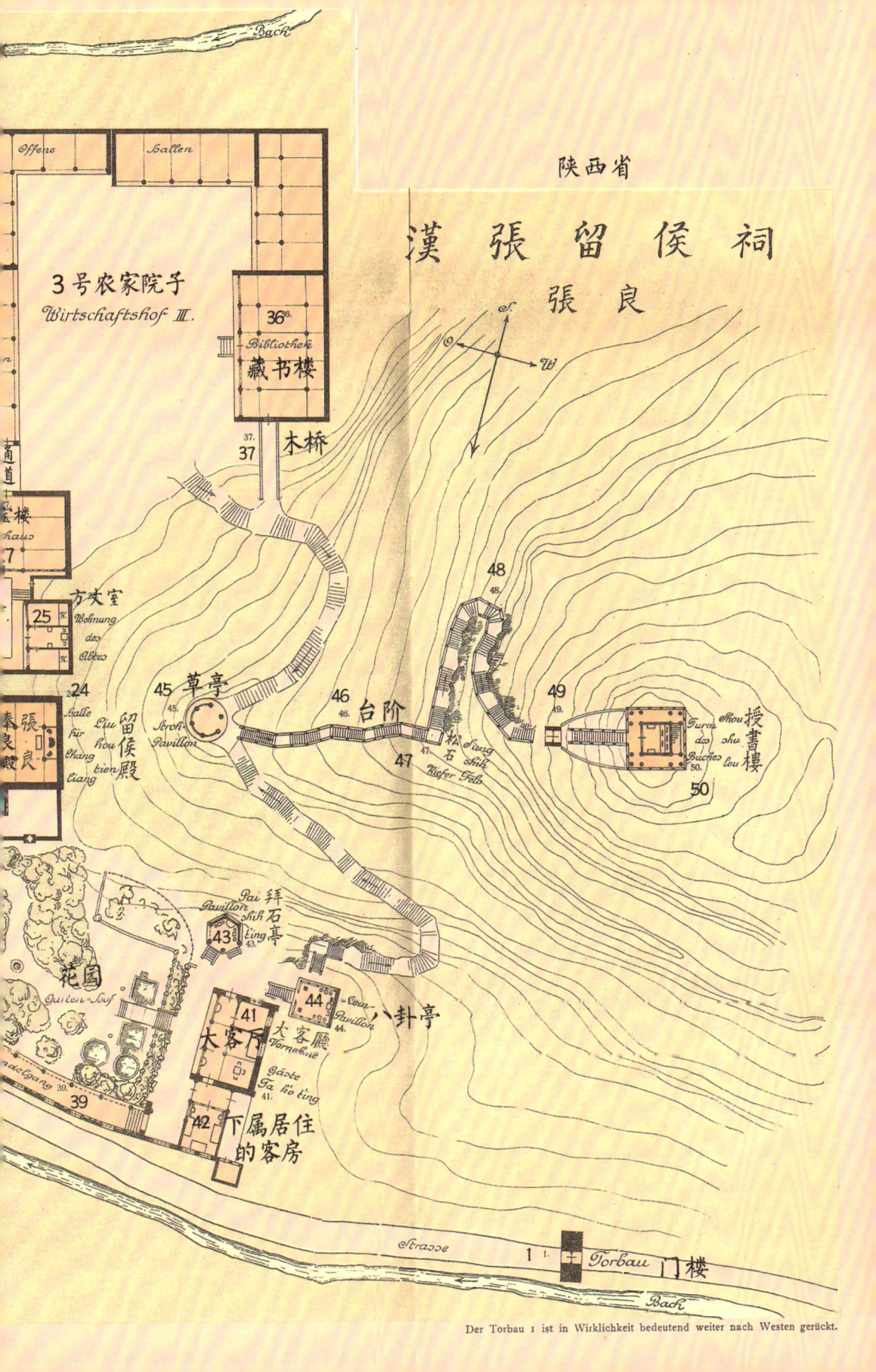

漢張留侯祠
張良

3号农家院子
Wirtschaftshof III.

Offene Hallen

36. Bibliothek
藏书楼

37. 木桥

方丈室
Wohnung des Abtes
25

24 奉張良殿
Halle für Chang Liang
留侯殿 Liu hou tien

45 草亭 Stroh-Pavillon

46 台阶

47 松石 Kiefer Fels Sung Shih

48

49

50 授书楼 Turm des Buches Shou shu lou

花園 Garten-Hof

43 拜石亭 Pai shih ting Pavillon

44 八卦亭 Kua Pavillon

41 大客廳 Vornehme
42 下属居住的客房 Gäste Ta ko ting

39

Strasse
1. 门楼 Torbau
Bach

Der Torbau 1 ist in Wirklichkeit bedeutend weiter nach Westen gerückt.

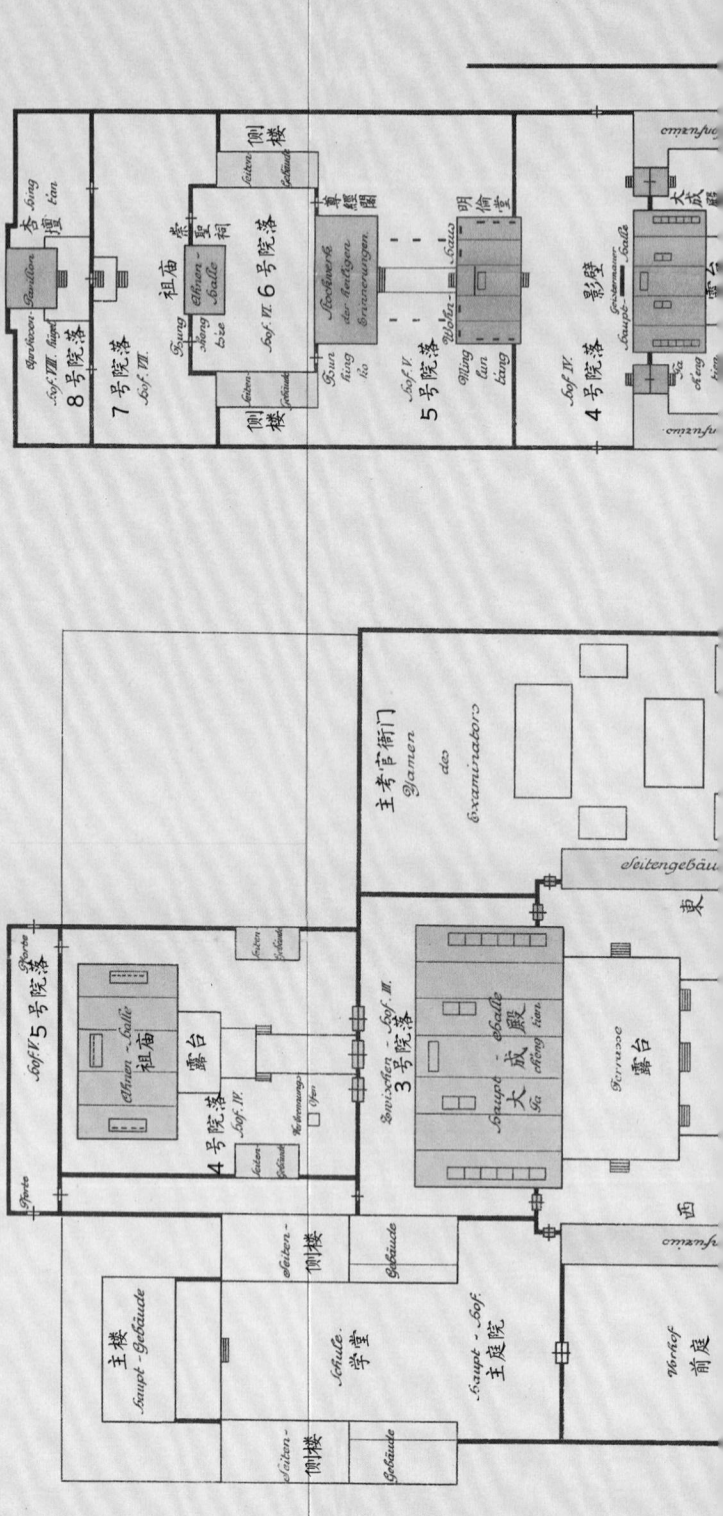

Tafel 36.

Wen miao 济宁州文庙
Tempel des Konfuzius in Tsi ning chou.
Provinz Shantung. 山东省

Wen miao. 山西太原府文庙
Tempel des Konfuzius in Tai yüen fu - Provinz Shansi.

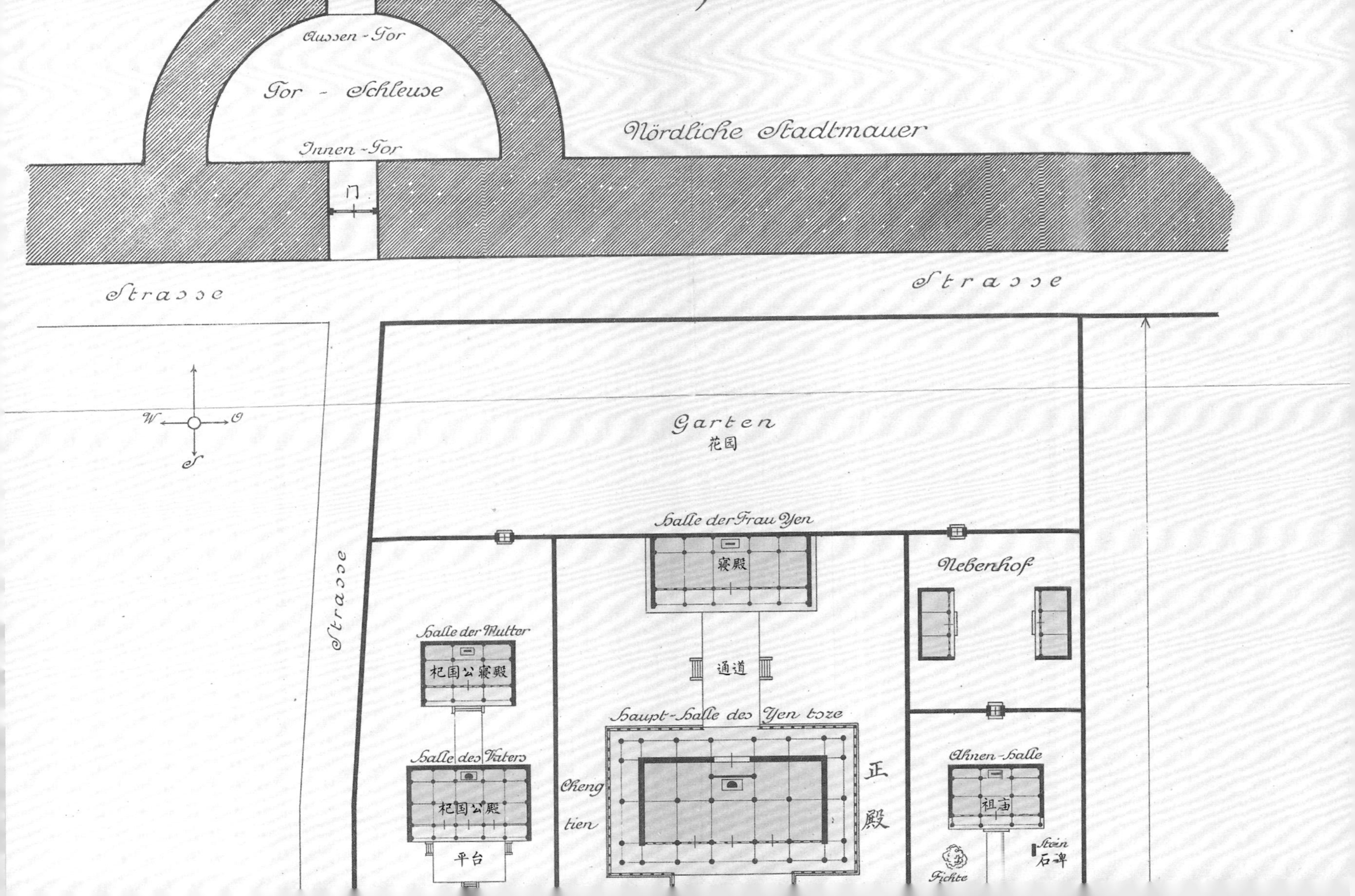
Aussen-Tor
Tor - Schleuse
Innen-Tor
门
Nördliche Stadtmauer
Strasse
Strasse
Strasse
W
O
S
Garten
花园
Halle der Frau Yen
寝殿
Nebenhof
Halle der Mutter
杞国公寝殿
通道
Haupt-Halle des Yen tze
Halle des Vaters
杞国公殿
Cheng
tien
正
殿
Ahnen-Halle
祖庙
平台
Stein
石碑
Fichte

Boerschmann, Gedächtnistempel.

Yen miao 顏阜頻庙
Tempel des Yen fu tsze
in
Kü hien
Provinz Shantung. 山东省

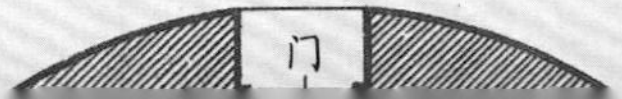

Tafel 35.

图 253 山西省太原府文庙平面图

图 254 山东省济宁州文庙平面图

Grundrißskizzen mit der Anordnung der Baulichkeiten der Konfuziustempel in Taiyüanfu, Provinz Shansi, und in Tsiningchou, Provinz Shantung.
Text zu dieser Tafel im Abschnitt IV Seite 232–254.

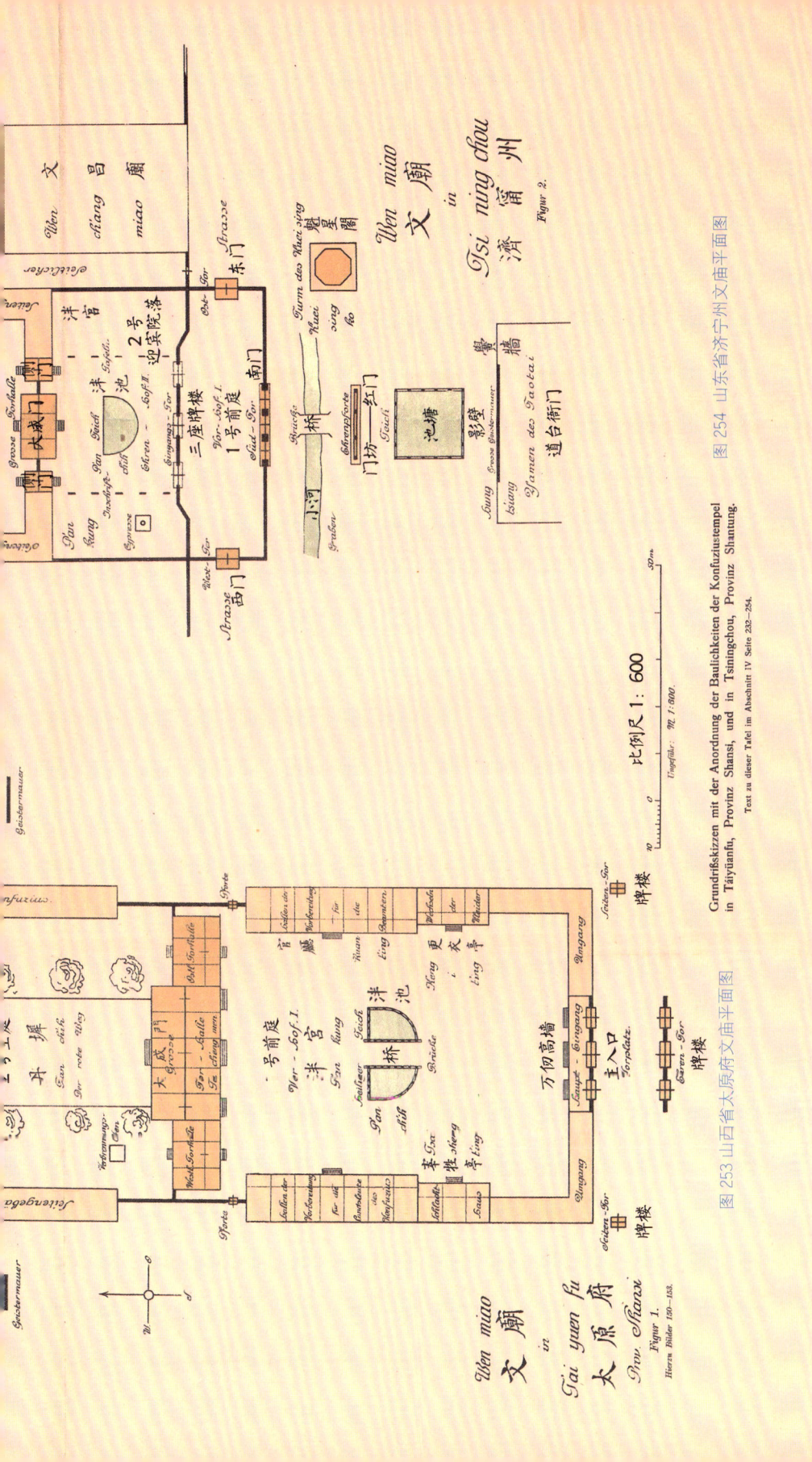

图书在版编目（CIP）数据

中国祠堂/（德）恩斯特·伯施曼著；贾金明译. -- 重庆：重庆出版社，2020.8
（遗失在西方的中国史）
ISBN 978-7-229-13575-1

Ⅰ.①中… Ⅱ.①恩…②贾… Ⅲ.①祠堂—中国—摄影集 Ⅳ.① K928.75-64

中国版本图书馆 CIP 数据核字 (2020) 第 024738 号

中国祠堂
ZHONGGUO CITANG

[德] 恩斯特·伯施曼　著
赵省伟　编　贾金明　译

策　　划：	华章同人
出版监制：	徐宪江
责任编辑：	徐宪江　李　翔
特约编辑：	赵开放
责任印制：	杨　宁
营销编辑：	史青苗　刘晓艳
装帧设计：	朗月行

重庆出版集团　出版
重庆出版社
（重庆南滨路 162 号 1 幢）
北京博海升彩色印刷有限公司　印刷
重庆出版集团图书发行有限公司　发行
邮购电话：010-85869375
全国新华书店经销

开本：787mm×1092mm　1/16　印张：25.75　字数：300 千
2020 年 8 月第 1 版　2024 年 6 月第 5 次印刷
定价：118.00 元

如有印装质量问题，请致电 023-61520678

版权所有，侵权必究